Zum Buch

Die meisten Autoren schreiben aus echter Liebe über Tiere, manche aber auch, um ihre dunklen, abgründigen Geschichten zu weben. Ob Pferde, Elefanten, Katzen oder Hunde – in dieser Anthologie geraten Tiere in die Abgründe eines Verbrechens, aber manchmal sind auch sie es, die ihren zweibeinigen Herren den Weg zur Lösung weisen. Da ist zum Beispiel der schlaue Kater Midnight Louie, der mit seinem tierischen Spürsinn bis jetzt noch jedes Verbrechen aufgedeckt hat. Katzen jagen eben doch nicht nur Mäuse. Ein tierisches Lesevergnügen von Carole Nelson Douglas, Dorothy Cannell, Anne Perry und vielen anderen.

Zur Autorin

Carole Nelson Douglas, die Herausgeberin dieser tierischen Anthologie, hat mit dem Kater Midnight Louie einen der ungewöhnlichsten Detektive im neuen amerikanischen Kriminalroman entworfen. Bevor sie begann, Krimis zu schreiben, war sie Journalistin. Carole Nelson Douglas lebt mit ihrem Mann und vielen Katzen in Fort Worth, Texas.

Carole Nelson Douglas (Hg.)

Tierisch kriminell

Kriminalgeschichten

von Anne Perry, Lilian Jackson Braun,
Dorothy Cannell und vielen anderen

Econ & List Taschenbuch Verlag

Veröffentlicht im Econ & List Taschenbuch Verlag 1999
Der Econ & List Taschenbuch Verlag
ist ein Unternehmen der Econ & List Verlagsgesellschaft, München
Deutsche Erstausgabe
© für die deutsche Ausgabe 1999 by Econ Verlag München
© 1998 by Carole Nelson Douglas
First published by Tom Doherty Associates, Inc., New York
Titel des amerikanischen Originals: Midnight Louie's Pet Detectives
Übersetzernachweis am Ende jeder Geschichte
Umschlagkonzept: Büro Meyer & Schmidt, München – Jorge Schmidt
Umschlagrealisation: Init GmbH, Bielefeld
Titelabbildung: Reiner Tintel
Lektorat: Dr. Stefanie Wewetzer
Gesetzt aus der Caslon, Linotype
Satz: Josefine Urban – KompetenzCenter, Düsseldorf
Druck und Bindearbeiten: Elsnerdruck, Berlin
Printed in Germany
ISBN 3-612-25249-6

Für meinen Mann, Sam Douglas,
dessen Idee es war, Louie mit einem blauen
Stift herumlaufen zu lassen,
und für Bambi, Onyx, Galadriel, Dido, Shadow,
Dione und Rynx sowie die pelzigen, gefiederten
und schuppigen Freunde all jener,
die die Rainbow-Brücke überquert haben

Inhalt

Anne Perry

Daisy und der Silberpokal

 **Die Sache mit** dem Silberpokal passierte ohne jede Vorwarnung. Bei gutem Wetter, und wenn ihr danach zumute ist, holt die Chefin die Hundekutsche aus der Garage und fährt mit uns hinunter zum Strand. »Uns«, das bin ich – Daisy, ein glatthaariger, schwarzweißer Collie … na ja, mehr oder weniger; meine Halbschwester Willow, mit starkem Spanieleinfluß, und Casper, unser Jüngster, der nur aus Beinen zu bestehen scheint… Noch nie habe ich einen Hund mit solchen Beinen gesehen! Wenn er sich hinlegt, klappt er zusammen wie ein Liegestuhl. Er sagt, seine Mutter sei ein Collie und sein Vater ein Hühnerhund, was ich nur schwer glauben kann. Er zeigt nicht die geringste Ähnlichkeit mit einem Collie. Die vierte im Bunde ist Tara, die auf der anderen Seite unserer Einfahrt wohnt, bei der Freundin von unserer Chefin. Tara ist ein gelber Labrador, ganz und gar reinrassig und trotzdem ohne Allüren. Manchmal frage ich mich, ob sie es überhaupt weiß.

Beim Hinunterfahren haben wir wie immer alle gesungen. Am Strand ist es einfach herrlich. Am Wasser liegt mir nicht soviel, aber der Sandstrand ist endlos und voll von wunderbaren Gerüchen und Dingen, die man jagen kann.

Diesmal war Mutter Perry zu einem ihrer täglichen Spaziergänge unterwegs. Sie ist die Mutter von Freundin und schon sehr alt. Wenn sie ein Hund wäre, wäre sie etwa vierzehn, oder vielleicht sogar noch älter. Sie wohnt unten im Dorf. Ich war noch nie in ihrem Haus, wohl aber Tara und Bertie, eine von unseren Katzen. Wir haben mehr Katzen, als ich zählen kann, trotzdem kenne ich sie alle! Jedesmal, wenn die Chefin zum Tierarzt geht und es dort ein heimatloses Kätzchen gibt, bringt sie es mit. Bertie ist schwarz und fährt furchtbar gern Auto. Er läßt keine Gelegenheit ungenutzt. Mir ist Autofahren zuwider, außer wenn es zum Strand geht. Aber wer versteht schon die Katzen. Ich weiß wirklich nicht, wie die Chefin sich das vorstellt, auf alle aufzupassen. Sie davon abzuhalten, wegzulaufen, sie daran zu hindern, sich die Krallen an den Möbeln zu schärfen und Dinge zu fressen, die ihnen nicht gehören und nur irgendwo rumliegen. Aber sie erwartet es! Dauernd heißt es »Daisy, paß auf Isadora auf!« und »Daisy, hol Freddie von der Treppe herunter!« Mitunter zeigt sie den Leuten Fotos von mir als Welpe, mit einem Lätzchen um den Hals, und Haferbrei futternd. Ich war als erste hier, und deshalb ist es mein Job. Seit ich zwei Wochen alt bin, lebe ich bei der Chefin.

Jedenfalls schien Mutter Perry an diesem Tag ziemlich aufgeregt. Sie stand mit ihrer Tochter und der Chefin im Sand, und alle drei tuschelten leise und schüttelten immer wieder den Kopf. Auf Tara, die Steine ausgrub und bellte, achteten sie überhaupt nicht. Auch nicht auf Willow, die fröstelnd im Wasser herumtanzte. Ich weiß auch nicht, was manchmal mit ihr los ist. Sie mag Wasser sehr. Ich mag nicht einmal den Regen, aber Willow braucht bloß eine Pfütze in der Einfahrt zu entdecken, und schon sitzt sie darin.

Casper rannte wie gewöhnlich einfach nur im Kreis herum. Aber ich konnte deutlich sehen, daß etwas nicht stimmte. Also ging ich hinüber, um zu lauschen. Ich muß wissen, was um mich herum passiert. Auch das gehört zu meinen Pflichten.

»Es ist wirklich sehr traurig.« Mutter Perry schüttelte den Kopf. »Wenn so etwas passiert und allen den Urlaub verdirbt. Dabei haben sie so gespart, um hierherzukommen. Sie werden es sich nicht leisten können, ein andermal wiederzukommen. Ich wünschte, ich könnte irgendwie helfen. Aber wenn Mrs. MacKinnon nicht darauf verzichtet, der Sache nachzugehen, kann das wirklich unangenehm werden, sehr unangenehm.«

»Und wie sind die Chancen, daß sie es bleiben läßt?« fragte Freundin.

»Schlecht, so wie ich sie kenne«, erwiderte Mutter Perry mit betrübter Miene.

Es war ein wunderschöner Tag voll Sonne und Wind, und ich hätte gerne mit den anderen herumgetobt oder ein bißchen herumgestöbert. Aber dies hier war ganz offensichtlich wichtig, also blieb ich.

»Können wir etwas tun?« fragte die Chefin.

»Nein, gar nichts«, antwortete Mutter Perry. »Ich fürchte, das ist eine von diesen Tragödien, die man einfach ihren Lauf nehmen lassen muß. Ein paar von uns haben versucht, ihr mit Vernunftgründen beizukommen und ihr gut zuzureden. Wir sind alles noch einmal durchgegangen, was an jenem Tag passiert ist, aber das machte sie nur noch wütender. Sie sind Cousinen und kennen sich schon ziemlich lange.«

»Wer sind Cousinen?« fragte Freundin. »Mrs. MacKinnon und Mrs. MacPherson?«

»Ja.«

»Oh . . .« Freundin sagte das so, als wäre damit alles klar. Mir war es das keineswegs.

»Haben sie die Polizei verständigt?« fragte die Chefin.

Mutter Perry sah ganz bedrückt aus. Sie lehnte sich auf ihren Stock, so als ob sie ohne ihn nicht zurechtkäme. Wie gesagt, sie ist furchtbar alt.

»Bis jetzt noch nicht«, sagte sie und biß sich auf die Unterlippe. »Aber ich fürchte, das werden sie, falls die Sache nicht in ein oder zwei Tagen geklärt ist.«

Ein älterer Mann kam in Sicht, und Casper rannte neugierig auf ihn zu. Dabei machte er den üblichen Lärm. Die Chefin rief ihn, alle verabschiedeten sich voneinander. Uns trieb man wieder in die Hundekutsche, dann ging es zurück nach Hause.

Die Sache ließ mich den ganzen Tag nicht los. Wenn es die Chefin betrifft, geht es schließlich auch um mich. Ich fragte die anderen, ob sie etwas wußten, aber sie hatten keine Ahnung. Katzen streichen ungebunden herum; sie haben ihre eigenen Türen zum Kommen und Gehen. Manchmal wissen sie eine ganze Menge. Am nächsten Morgen fand ich Gelegenheit, Thea zu fragen, die Siamesenkatze von Freundin. Sie ist eine Lilac-Point, was immer das bedeutet, und ihr Stammbaum reicht bis zur Arche Noah zurück. Wenn sie sich ärgert, gellt ihre Stimme einem in den Ohren. Aber sie wußte auch nichts, außer daß Freundin sehr beunruhigt sei und ständig das Licht an- und ausgeknipst habe, anstatt zu schlafen. Dann habe sie mit Mutter Perry telefoniert. Ich vermute, Thea wollte damit sagen, daß sie selbst geschlafen hatte und es nicht mochte, wenn man sie störte. Sie darf auf dem Bett schlafen und ist gründlich verzogen, genauso wie ein paar andere Leute, die ich jetzt aufzählen könnte.

Nach dem Frühstück sprach ich mit Bertie und schlug ihm vor, er solle sich bei nächster Gelegenheit in den Wagen schleichen – den blauen meine ich, nicht die Hundekutsche – und mit der Chefin Mutter Perry aufsuchen. Natürlich habe ich ihm das nicht *aufgetragen*. Es bringt überhaupt nichts, Katzen etwas aufzutragen, sie tun, was ihnen paßt, aber ich dachte mir, ich könnte ihn vielleicht neugierig machen. Allem Anschein nach war es mir gelungen, denn er erklärte sich einverstanden. Für einen Kater ist er wirklich ein feiner Kerl.

Er schaffte es noch am selben Nachmittag. Die Chefin brachte Mutter Perry einen Blumenstrauß, und Bertie schlüpfte ins Auto. Ich denke, er hat es gerne gemacht, denn Mutter Perry hält große Stücke auf ihn und sagt es auch immer wieder. Er mag es, im Mittelpunkt zu stehen. Jedenfalls machte er einen äußerst selbstzufriedenen Eindruck, als er zurückkam. Nicht daß das bei ihm etwas Ungewöhnliches gewesen wäre, er hatte das passende Gesicht dazu, ganz schwarz und mit einem ständigen Grinsen.

»Also, was ist?« sagte ich, als er in die Küche kam. Er schnurrte so laut, als wäre er kurz davor zu platzen, und wand sich ständig um die Stuhlbeine, so daß es schwierig war, ein vernünftiges Gespräch zu führen.

»Er ist verschwunden«, erwiderte er.

Ich bin ein sehr geduldiger Hund; bei all der Verantwortung, die ich habe, muß ich das schließlich sein. »Was ist verschwunden?« fragte ich.

»Der silberne Pokal«, erwiderte er und sprang mit einem Satz auf den Tisch, um nachzusehen, ob vielleicht zufällig etwas Eßbares herumlag. »Mrs. MacKinnons silberner Pokal.«

Ich mag es nicht, wenn ich den Eindruck erwecke, etwas nicht zu wissen – schließlich untergräbt das meine Autorität –, aber in diesem Fall mußte ich es wissen, also fragte ich ganz beiläufig: »Was ist ein Pokal? Und warum ist er so wichtig?«

»Das weiß ich nicht«, gab er offen zu. Katzen können das tun, ohne dabei ihr Gesicht zu verlieren. Sie sehen immer so aus, als sei ihnen das völlig egal.

Er drückte sich nicht gerade klar aus. »Was weißt du nicht?« fragte ich. »Und daß du mir diese Plätzchen in Ruhe läßt! Sie gehören nicht dir!«

»Ich mag keine Plätzchen«, sagte er angewidert. »Ich weiß nicht, was ein Pokal ist, oder warum er so wichtig sein soll. Eine ganze Menge Dinge verschwinden, ohne daß gleich ein solches Theater gemacht wird.«

Das ist völlig richtig. Freundin verliert immer irgend etwas und ruft dann die Chefin an, ob sie vielleicht wüßte, wo die Sachen sind. Erstaunlich oft weiß sie es auch.

»Machen sie denn wirklich ein solches Theater?« fragte ich Bertie. Ich war mir nicht sicher, ob er vielleicht übertrieb, um sich wichtig zu machen. Katzen tun das.

»Schrecklich«, antwortete er ganz ernsthaft und sah mich an. Er vergaß dabei ganz nachzusehen, was vielleicht sonst noch auf dem Tisch sein könnte. »Mutter Perry hat gesagt, die Leute fangen schon an, Partei zu ergreifen, manche für Mrs. MacKinnon, und manche gegen sie. Manche geben Mrs. MacPherson die Schuld, weil sie ihre Cousine ist. Das sagt Mrs. MacKinnon auch.«

»Und was sagen sie?«

»Daß Mrs. MacPherson ihn genommen hat natürlich!« Er sprang auf einen der Stühle, so daß ich sein Gesicht nicht mehr sehen konnte. »Andere sagen, daß es Jungs waren, wie damals, als die Zigaretten aus dem Laden verschwunden sind. Wahrscheinlich hat ihn jemand an einem sicheren Ort vergraben und dann vergessen. Mutter Perry tut das ebenfalls. Vor dem Krieg – was immer das heißen mag – hat sie es mit Pfeffer getan. Sie hat ihn nie mehr wiedergefunden, behauptet sie.«

Er hat völlig recht. Casper vergräbt ständig seine Knochen. Er vergißt immer, wo er sie gelassen hat.

»Auf dem Feld in der Nähe des Dorfes haben sie Knochen ausgegraben, als dort Leitungen verlegt wurden«, fuhr Bertie fort. »Casper geht für gewöhnlich nicht so weit weg. Er hat gesagt, daß es nicht seine waren. Aber manchmal vergißt er es auch.«

»Das waren nicht seine!« wies ich ihn spitz zurecht. »Es handelte sich um archäologische Fundstücke, die waren über zweitausend Jahre alt!«

»Vielleicht von Mutter Perry?« meinte Bertie. »So wie der Pfeffer. Sie gräbt gern. Dauernd gräbt sie Kartoffeln ein und wieder aus.«

Bertie ist erst zwei und hat keine richtige Vorstellung von Zeit. Ich machte mir nicht die Mühe, es ihm zu erklären. Er war sehr hilfsbereit gewesen, und ich dankte ihm. Vermutlich war er sehr erfreut darüber, in die Sache eingeschaltet worden zu sein, obwohl er das natürlich nie zugegeben hätte.

»Wir müssen etwas unternehmen«, sagte ich im Verlaufe des

Tages zu Willow. Sie war damit beschäftigt, sich in ein Federbett einzugraben, und drehte sich dabei ständig im Kreis. Ich habe noch nie jemanden gesehen, der so viel schläft. Sie ringelt sich in dem Ding ein und verschwindet einfach.

»Ich bin geübt darin, Sachen zu finden«, sagte sie, als sie schließlich die richtige Position gefunden hatte und zu einem Ball zusammengerollt war.

»Wenn du nicht weißt, was es ist, kannst du es auch nicht finden«, erklärte ich ihr geduldig.

»Das stimmt«, pflichtete sie mit geschlossenen Augen bei.

»Wach auf, Willow!« Ich stieß sie heftig an. »Jetzt ist nicht die Zeit zum Schlafen! Wir müssen etwas unternehmen!«

»Jetzt ist sogar eine sehr gute Zeit zum Schlafen.« Sie vergrub ihre Nase tiefer zwischen den Vorderpfoten und ließ die Augen geschlossen. »Es ist beinahe Nacht.«

Da sie beinahe auch den ganzen Tag schläft, war das irrelevant, und das sagte ich auch. »Überleg doch!« befahl ich.

»Ich habe einen Pokal gesehen«, sagte sie abwesend. »Aber ich kann mich nicht erinnern, wo. Er war sehr schön«, fügte sie nach einer Weile hinzu und schlief erneut ein.

Eine Weile später begegnete ich Humphrey. Humphrey ist ein großer, weißer Kater mit rötlichen Flecken und rötlichem Schwanz. Ich weiß nicht recht, ob er ein bißchen dumm, aber glücklich ist, oder wesentlich schlauer, als er aussieht. Er scheint sich nicht entscheiden zu können, wo er eigentlich wohnt, hier oder nebenan bei Freundin. Er kommt und geht, bei den Mahlzeiten ist er auf beiden Seiten stets pünktlich.

Ich wollte gerade eine beiläufige Bemerkung machen, als mir plötzlich etwas bewußt wurde: Wenn Willow wirklich einen Pokal gesehen hatte, mußte das entweder hier oder im Haus von Freundin gewesen sein. Sie hielt sich nirgendwo sonst auf, wo es einen solchen Gegenstand geben könnte.

»Haben wir einen Pokal?« fragte ich Humphrey.

Er sah mich verdutzt an. Vielleicht ist er doch so dumm, wie er aussieht, und es ist reiner Zufall, daß er doppelte Mahlzeiten bekommt.

»Nein«, sagte er nach einer Weile. »Die Chefin hat ihn Freundin geschenkt . . . zu Weihnachten.«

Ich hatte ihn falsch eingeschätzt. Irgendwann werde ich mich entschuldigen. Jetzt gibt es jedoch Dringenderes zu tun.

»Wie sieht er denn aus?« fragte ich schnell.

Man erkennt nie, ob er verblüfft ist oder nicht. Das liegt an seiner Gesichtsform.

»Er war in einer Schachtel«, antwortete er. »Freundin hat sich sehr gefreut. Sie hat ihn immer wieder herausgenommen, um ihn sich anzusehen.«

»Beschreibe ihn mir!« verlangte ich.

»Das kann ich nicht.« Dabei hatte er immer noch diesen rundäugigen Blick. Ich glaube, er kann gar nichts dafür. »Ich habe mich nicht dafür interessiert. Man kann ihn nicht essen, und er taugt zu nichts.«

Allmählich verlor ich die Nerven. »Ist er noch da?«

»Natürlich ist er noch da«, antwortete er.

»Nun, dann geh und sieh ihn dir an!« sagte ich erregt. »Und dann komm wieder her, und sag mir, was das für ein Pokal ist!«

Viel lieber wäre ich selbst gegangen, aber ich komme nicht durch die Katzentür. Humphrey schon, und deshalb schläft er auf Betten und bekommt zwei- bis dreimal Frühstück. Eigentlich ist er ein recht liebenswürdiges Geschöpf, und er kam meiner Bitte auch sofort nach. Vielleicht war er neugierig, oder möglicherweise begriff er sogar, wie wichtig es war. Bei Katzen weiß man nie. Sie tun so, als wäre ihnen alles gleichgültig, während das in Wirklichkeit gar nicht der Fall ist; das hat alles mit »Gesicht wahren« zu tun. Typisch Katze.

Er mußte drüben geschlafen haben, denn er kam erst nach dem zweiten Frühstück zurück und sah sich nach einem dritten um, aber die Information, die ich brauchte, hatte er nicht. Selbst Willow wachte lange genug aus ihrem Schlaf auf, um ihrer

Befriedigung Ausdruck zu geben, und Casper war so aufgeregt, daß er ewig um den Tisch herumrannte. Ein Pokal ist anscheinend ein Silberbecher mit zwei Henkeln, und sehr schön. Dieser war aus massivem Silber, und deshalb bewahrte Freundin ihn in einer blauen Schachtel auf.

Humphrey erklärte mir höchst beiläufig, wie raffiniert er die Schachtel vom Tisch gestoßen hatte, so daß sie aufging und er hineinsehen konnte. Der Pokal ist offensichtlich wertvoll, und wenn der von Mrs. MacKinnon verschwunden ist, kann ich mir gut vorstellen, daß das ganze Dorf sich aufregt. Ich weiß genau, was es mit Eigentum auf sich hat. Ich weiß, was mir gehört und wer was berühren darf und wer nicht, und wo die Leute hingehen dürfen. Welpen sind in solchen Dingen oft etwas leger, aber nicht ein guter Hund, der seine Aufgabe kennt. Ich habe meine eigene Schüssel und mein Bett und meine Spielsachen. Und ganz besonders gut kenne ich meine Knochen und meine Plätzchen. Anscheinend sind Pokale für Menschen so etwas ähnliches. Wir müssen unbedingt mehr darüber in Erfahrung bringen.

Am nächsten Morgen bot sich eine Gelegenheit. Die Chefin war im Garten, um Pflanzen zu vergraben, oder halb zu vergraben. Sie läßt die Blätter immer herausschauen, damit jeder sehen kann, wo sie sind. Und dann wird sie böse, wenn die Leute sie ausgraben. ... Das würde nicht passieren, wenn sie sie richtig vergraben würde. Ich grub ein paar Löcher, um ihr behilflich zu sein, und sah ihr zu. Der Mann, der immer die Gasflaschen bringt, kam, und ich hörte, wie er sagte, daß die Aufregung im Dorf stieg. Jeder beschuldige jeden, und die Leute redeten schon davon, daß jetzt bald die Polizei eingreifen würde.

Ein paar Stunden später war Willow verschwunden, ohne daß ich etwas bemerkt hatte. Sie kam später aus dem Garten von Freundin zurück, und ihr Schwanz kreiste wie ein Propeller. Eines Tages wird sie noch hinfallen.

»Ich weiß, wo er ist!« sagte sie im Tonfall höchsten Entzückens.

»Woher weißt du es?« fragte ich.

»Ich war mit Roddy zusammen«, erklärte sie.

Roddy kommt manchmal, um im Garten von Freundin zu arbeiten ... wenn ihm danach ist. Er besitzt die Fähigkeit, alles wachsen zu lassen. Willow liebt ihn heiß und innig, weil er mit ihr redet oder Stöckchen für sie wirft. Ich ziehe es vor, meine eigenen Stöckchen zu finden, wie zum Beispiel Spazierstöcke oder Besenstiele. Aber über Geschmack läßt sich ja bekanntlich streiten.

»Du weißt, wo der Pokal ist?« Ich konnte es kaum glauben.

Willow sah mich an, als sei ich nicht ganz bei Trost. »Nicht genau!« sagte sie scharf. »Aber ich weiß, wo er herkam und wo jeder ihn vergraben würde, wenn wir nur richtig nachsehen könnten.«

»Wo?«

»In einem von diesen Gärten am Strand«, sagte sie, immer noch höchst selbstzufrieden.

»Das ist schlau«, sagte ich großzügig. Schließlich ist sie meine Schwester. »Warum ist er dort?«

Sie sah mich mit einem vernichtenden Blick an. »Wenn du etwas Wertvolles verstecken möchtest, das du eigentlich nicht haben darfst und das du irgendwann einmal wiederhaben möchtest, wirst du es ja sicher in deinem eigenen Garten vergraben, oder etwa nicht? Sonst gräbt es ja jemand anders aus! Das weiß selbst Casper!«

Ich verkniff mir zu erwähnen, daß Casper tatsächlich Knochen im Garten von Freundin vergräbt und andere sie dann ausgraben, aber er ist ja schließlich noch ein Welpe und weiß es nicht besser ... selbst wenn er Beine hat wie ein Pferd. Tatsächlich klang Willows Idee sehr vernünftig.

»Du hast völlig recht«, pflichtete ich ihr bei. »Das ist sogar elementar, meine Liebe.«

Sie warf mir einen seltsamen Blick zu. »Das hast du sehr gut gemacht«, fügte ich hinzu. »Jetzt müssen wir einen Plan machen.«

»Wer?« fragte sie.

»Wir alle«, erwiderte ich.

»Du meinst Tara und Casper?«

»Und Bertie, wenn nötig, und jeder, der nützlich sein könnte.«
Sie nieste laut bei der Vorstellung, daß eine Katze nützlich sein
könnte, sagte aber nichts.

Wir erklärten den anderen unseren Plan und setzten ihn in die
Tat um, als wir am darauffolgenden Tag am Strand waren. Tara
und Willow schossen aus der Hundekutsche und rasten quer
über den Sandstrand geradewegs ins Wasser, dabei bellten sie so
laut sie konnten. Casper war so aufgeregt, daß er beinahe vergaß,
was er tun sollte, aber dann fiel es ihm wieder ein. Er rannte in
immer größer werdenden Kreisen herum, darauf bedacht, daß
die Chefin und Freundin ihn auch gebührend beachteten. Dann
verschwand er völlig, und sie waren genötigt, ihn zu suchen,
wollten sie verhindern, daß er in irgendein Schlamassel geriet.

Dann kamen Tara und Willow wieder herauf, und wir drei
machten uns an unser Vorhaben. Wenn man etwas sucht, das
erst kürzlich vergraben wurde, gibt es eine Menge Spuren, denen
man nachgehen kann: frisch aufgewühlte Erde, abgebrochene
Zweige und Blätter, Gerüche, die anders sind. Wenn man auch
nur ein wenig aufmerksam ist, ist so etwas nicht zu übersehen.
Wir machten uns ans Werk. Ich hörte, wie die Chefin aus der
Ferne meinen Namen rief, achtete aber nicht darauf.

Im ersten Garten gab es nichts auch nur annähernd Interessantes, also zwängte ich mich mit einiger Mühe durch den Zaun in
den zweiten Garten. Ich hatte gerade mit meinen Ermittlungen
begonnen, als ich Willow hinter der nächsten Mauer erregt kläf-
fen hörte.

Ich krabbelte über die Mauer und landete wesentlich würdeloser,
als ich mir das gewünscht hätte – und da stand sie, vom Kopf bis
zur Schwanzspitze vor Erregung zitternd, Gesicht und Zähne
mit Erde bedeckt. Sofort eilte ich zu ihr.

»Was hast du?« wollte ich wissen. »Was ist es?«

Sie antwortete nicht, sondern grub weiter, so daß die Erde nach allen Seiten flog. Ich bellte, um Tara zu informieren, und machte mich dann daran, Willow zu helfen. Tara kam und arbeitete wie ein Bulldozer – schließlich ist sie auch so gebaut –, und binnen Minuten hatten wir ein Loch, in das ein ganzes Skelett gepaßt hätte. Sie neigt gelegentlich zum Übertreiben. So sind Labradors nun mal.

Und dann wurde Willow fündig! Zuerst das metallische Geräusch, als ihre Krallen darauf stießen, und dann ein Blinken in der Erde. Augenblicke später hatten wir das Ding ausgegraben. Es war ein kleiner, polierter Pokal mit zwei Henkeln, genau so, wie Humphrey gesagt hatte. Wir bellten, so laut wir konnten. Als erster traf Casper ein, dann Freundin und die Chefin dicht dahinter. Als wir den Pokal untersuchten und allmählich begriffen, was geschehen war, trafen noch andere Leute ein, darunter auch die kleine Frau aus dem Haus, in dessen Garten wir uns befanden. Sie sah schläfrig und krank aus. Es stellte sich heraus, daß sie Mrs. MacPherson war, und von dem Augenblick an wurde die Lage äußerst unangenehm. Es fielen Worte wie »Diebstahl« und »Polizei«. Man schickte nach Mrs. MacKinnon, und sie erschien mit einem Ausdruck grimmiger Befriedigung und schwor, dies sei tatsächlich ihr Pokal und sie habe ihn ganz bestimmt nicht Mrs. MacPherson geschenkt. Sie seien zwar verwandt, aber sie hätte schon früher ihre Zweifel gehabt, und jetzt ... nun ... Fakten seien eben Fakten. Sie würde sich überlegen müssen, was zu tun wäre.

Ich fand, daß wir alle außergewöhnlich geschickt gewesen waren, aber niemand lobte uns, und so gingen wir bedrückt nach Hause. Wir hatten das Problem gelöst, der verschwundene Pokal war gefunden, und alles war schlimmer als zuvor.

Den ganzen Abend grübelten wir darüber nach, was als nächstes zu tun sei. Die Chefin und Freundin besuchten Mutter Perry und waren überzeugter denn je, daß es eine andere Erklärung geben mußte. Mrs. MacPherson war vermutlich viel zu aufgeregt, um klar denken zu können. Als Witwe war sie alleinstehend, und anscheinend war niemand auf ihrer Seite. Wie Mrs. MacKinnon gesagt hatte, Fakten waren eben Fakten. Und es war nicht zu leugnen, wo wir den Pokal gefunden hatten.

Am Morgen hörte ich, wie die Chefin mit Freundin telefonierte und ihr vorschlug, Mutter Perry zum Leuchtturm zu bringen. Das ist einer ihrer Lieblingsorte. Aber dort sind Hunde verboten, was sehr engstirnig ist, und deshalb bestand nicht die leiseste Chance, daß einer von uns mitkam und hörte, was gesagt würde.

Und wieder war es Bertie, der sich nützlich machte. Er schlüpfte blitzschnell in den Wagen, bevor ihn irgend jemand bemerkte. Zwei Stunden später kam er völlig erschöpft zurück. Es war ein ungeheuer weiter Weg gewesen, aber er wirkte noch selbstzufriedener als sonst. Während er dasaß und seine wunden Füße leckte, erzählte er. Einiges hatte er von Mutter Perry gehört, die allem Anschein nach mit Mrs. MacPherson befreundet war, und einiges hatte er auf dem Parkplatz vor dem Laden gehört. Natürlich redeten die Leute.

»Es ist eine lange Geschichte«, sagte er und musterte betrübt seine Füße. »In jungen Jahren war Mrs. MacKinnon die hübschere von beiden, aber Mrs. MacPherson die nettere. Sie waren damals beide unverheiratet. Stell dir vor, ich habe zwei abgebrochene Krallen an diesem Fuß.«

Ich empfand Mitgefühl, sagte ihm aber, er solle weiter berichten.

»Sie waren gute Freundinnen«, fuhr er fort. »Ganz gut, aber nicht sehr gut. So ähnlich wie Nachbarhunde. Das ist so lange in Ordnung, wie jeder weiß, wo er hingehört und auch dort bleibt.«

»Weiter!« sagte Willow ungeduldig. »Was war dann?«

»Was war dann?« kam es wie ein Echo von Casper.

Bertie wusch sich gemächlich und mit aller Sorgfalt die Füße, ehe er fortfuhr.

»Dann lernte Mrs. MacKinnon einen jungen Mann kennen und verliebte sich in ihn ... aber er hat Mrs. MacPherson geheiratet.«

Casper sah ihn verwirrt an. »Ich verstehe nicht.«

»Ich auch nicht«, fügte Boswell hinzu.

Er ist ein schwarzes Kätzchen. Erst sieben Monate alt, und niemand hatte bemerkt, daß er zugehört hatte.

»Jemand hat etwas genommen, das ihr gehörte«, erklärte ich so schlicht, wie mir das möglich war. »Wenigstens hat sie das so empfunden.«

»Wem?« wollte Boswell wissen.

»Mrs. MacKinnon.«

»Den silbernen Pokal.« Casper nickte.

»Nein – nicht den silbernen Pokal!« sagte ich. »Mr. MacPherson!«

»Wer ist Mr. MacPherson?« Jetzt war Boswell völlig durcheinander. »Ich dachte, du hättest gesagt Mrs. MacPherson!«

Mit jungen Kätzchen ist es manchmal zum Verzweifeln.

»Es ist Rache«, warf Bertie ein und leckte sich erneut die wunden Füße. »Mrs. MacKinnon rächt sich an Mrs. MacPherson für etwas, das vor langer Zeit geschehen ist.«

»So muß es sein«, nickte Willow. »Mrs. MacPherson braucht keine Rache. Sie hat ... damals ... gewonnen.«

»Diesmal gewinnt sie nicht«, erläuterte ich. »Und wir müssen etwas dagegen unternehmen.«

Alle waren ganz Ohr, aber niemand hatte einen hilfreichen Vorschlag.

»Ich werde rübergehen und mit den anderen reden«, erbot sich Bertie. »Mal sehen, ob denen etwas einfällt.«

Er kam einige Stunden später zurück und hatte seine wunden Füße vergessen. Er war so ehrlich zuzugeben, daß der Plan teilweise von Thea stammte. Ich konnte mir gut vorstellen, daß er von der raffinierten Siamesin stammte. Hinter ihren himmelblauen Augen blitzte ein scharfer Verstand.

»Wir werden etwas anderes vergraben«, begann Bertie, als wir alle in der Küche versammelt waren. »Etwas Wertvolles.«

»Und was soll das nützen?« Willow war sichtlich verwirrt. »Es könnte sein, daß sie ihr dafür auch die Schuld geben!«

»Nicht, wenn wir es in Mrs. MacKinnons Garten vergraben und es dann so ausgraben, daß alle es sehen!« erklärte Bertie. »Jeder wird glauben, daß sie selbst es vergraben hat, genauso wie sie es von Mrs. MacPherson geglaubt haben.«

Ich dachte angestrengt nach, und mir schien das die beste Idee, die wir bisher gehabt hatten. Sonst sagte keiner etwas. Alle sahen mich an.

»Ja«, stimmte ich schließlich zu. »Das werden wir tun.«

»Was sollen wir denn vergraben?« sagte Casper mit interessierter Miene.

»Wie wär's mit dieser Porzellankatze?« schlug Willow vor und blickte dabei zum Regal. »Die könnte ich leicht tragen.«

»Die gehört der Chefin«, ließ sich Boswell vernehmen.

»Stimmt«, pflichtete Bertie ihm bei. »Wir brauchen etwas, für das sie nicht uns die Schuld geben werden.«

»Etwas aus Mrs. MacPhersons Garten«, kam mir plötzlich die perfekte Idee. »Etwas Wertvolles, das sie nicht verlieren möchte.«

Das fand einstimmigen Beifall, obwohl ich glaube, daß ein paar der jungen Kätzchen gar nicht recht wußten, wovon wir redeten. Tara fand auch, daß das ein herrlicher Plan sei. Wir sagten ihr nicht, daß er von Thea stammte. Ich bin nicht sicher, was sie von Thea hält.

Später am Strand war es nicht so einfach, wie es sich angehört hatte. Zunächst einmal waren da die Chefin und Freundin, die uns viel zu aufmerksam beobachteten. Als ich das erste Mal davonschlenderte, um zu sehen, was ich finden könnte, wurde ich mit großem Nachdruck zurückgerufen und gewarnt, ich würde in die Hundekutsche gesperrt, falls ich das noch einmal täte. Das wäre katastrophal. Ohne mich konnten die anderen unmöglich zurechtkommen. Unser Plan erforderte alle Kräfte! Insbesondere den Kapitän!

Als nächster versuchte es Casper. Er entfernte sich im Galopp, aber die Drohungen, die hinter ihm herflogen, waren so düster, daß er mit eingezogenem Schwanz und hängenden Ohren zurückkam.

Die Lage war verzweifelt, als Willow schließlich der entscheidende Durchbruch gelang. Sie war im Meer, wie gewöhnlich, und schwamm und schwamm, als hätte sie vor, den Horizont zu erreichen.

Die Chefin sagte, Willow würde nie etwas so Verrücktes tun, und vermutlich glaubte sie das auch, aber Freundin wurde ganz nervös. Wie sie so am Meer standen und überlegten, was zu tun war, nutzten Casper und ich die Tatsache, daß sie anderweitig beschäftigt waren, und verschwanden. Wir hätten Willows hervorragende Nase gut brauchen können – sie hat die beste von uns allen –, aber sie setzte ja gerade tapfer ihr Leben aufs Spiel. Tara blieb bei ihnen, für den Fall, daß Willow in Schwierigkeiten geriet. Sie ist die beste Schwimmerin von uns allen. Und im übrigen wäre es bestimmt aufgefallen, wenn wir alle verschwunden wären.

Wir eilten auf schnellstem Wege zu Mrs. MacPhersons Garten und stöberten herum. Sie mußte uns wohl gehört haben, weil sie herauskam, um nachzusehen. Wenn man bedenkt, welchen Ärger wir ihr bereitet hatten, war sie überraschend nett. Ich gab mich ihr gegenüber ausgesucht höflich, während Casper ins Haus schoß und binnen fünf Minuten mit einem sehr schönen Konfitürelöffel im Maul wieder herauskam; die Konfitüre klebte noch daran. Aber es war eine perfekte Wahl.

Ich trat in aller Hast den Rückzug an, und gemeinsam rannten wir zu Mrs. MacKinnons Garten hinüber.

»Gut gemacht!« sagte ich in aufrichtigem Lob. Casper sagte nichts, er trug den Konfitürelöffel im Maul.

Ich grub ein Loch, und Casper ließ widerstrebend den Löffel hineinfallen.

»Ich mag Konfitüre«, sagte er sichtlich bewegt.

Wir füllten das Loch wieder zu, und ich hielt Wache, während er sich umsah, wo die Chefin und Freundin waren. Tatsächlich machte ich mir Sorgen um Willow und war hochgradig erleichtert, als sie zurückkam und sagte, alle seien sehr böse und hierher unterwegs. Das war gut, denn schließlich wußte niemand, wieviel Zeit uns blieb, bevor Mrs. MacKinnon zur Tür kam und alles umsonst sein würde.

Die Chefin und Freundin erschienen an der Gartentür und befahlen uns, sofort herauszukommen.

Ich setzte mich hin.

Casper sah mich an und setzte sich dann ebenfalls. Er war nervös, hielt aber aufrecht stand, bildlich gesprochen, weil er ja schließlich saß.

»Gut gemacht«, sagte ich halblaut und gab mir alle Mühe, unschuldig dreinzuschauen.

»Daisy! Komm sofort heraus!« Die Chefin war wütend und beunruhigt. Ich sah, daß Willow triefend naß war. So naß hatte ich sie noch nie gesehen. Tara sprang über die Mauer und schloß sich uns an. Eine äußerst noble Geste der Solidarität, wenn man es sich richtig überlegt.

Freundin schrie sie an, aber Tara ließ sich nicht beirren. Während sie geschrien und wir gebellt hatten, hatte sich eine Menschenmenge versammelt, darunter auch eine äußerst wütende Mrs. MacKinnon.

»Schaffen Sie Ihre ekelhaften Hunde aus meinem Garten!« befahl sie mit rot erhitztem Gesicht. »Sonst melde ich Sie und sorge dafür, daß jemand sich um diese Köter kümmert!«

Mrs. MacPherson erschien hinter der Menschenansammlung, hielt sich aber still.

Jetzt war eindeutig der richtige Augenblick, um mit Graben anzufangen. Ich gab das Kommando, und wir machten uns alle drei an die Arbeit. Es dauerte nur Sekunden, bis Casper triumphierend den Konfitürelöffel zum Vorschein brachte und ihn der Chefin vor die Füße legte.

Sie hob ihn auf und musterte ihn neugierig.

»Ist der schön!« sagte sie überrascht und sah Mrs. MacKinnon an. »Wie ist der in Ihren Garten gekommen?«

»Er sieht aus wie echtes Silber«, bemerkte jemand anderer.

»Das ist Silber«, erklärte Freundin und nahm den Löffel in die Hand. »Und er ist überhaupt nicht angelaufen. Er liegt noch nicht lange hier.« Sie musterte Mrs. MacKinnon finster.

Dann drehten sich alle um und sahen Mrs. MacPherson an. Freundin hielt ihr den Löffel hin.

»Der gehört mir«, sagte Mrs. MacPherson verblüfft. »Ich . . . ich dachte, ich hätte ihn noch!«

»Nun, es sieht so aus, als ob man Sie bestohlen hätte«, sagte die Chefin bedeutsam. »Die Hunde haben ihn gefunden . . . hier. Wir haben es alle gesehen!«

»Du liebe Güte!« Mrs. MacPherson war völlig durcheinander, aber man merkte ihr weder Schadenfreude noch Befriedigung an. »Wie traurig.« Sie sah Mrs. MacKinnon an. »Wirklich, Mabel, das hättest du nicht zu tun brauchen! Ich habe deinen Pokal nicht genommen, weißt du.«

»Und ich habe deinen armseligen Löffel nicht genommen!« Mrs. MacKinnon war wütend und zutiefst verlegen. Zugleich wirkte sie schrecklich schuldbewußt, so wie Casper, wenn er das Katzenfutter gefressen hat. Es war offensichtlich, daß sie den Pokal selbst in den Garten getan hatte, in der Hoffnung, Mrs. MacPherson zu schaden. Die Menschen sind manchmal wie wir . . . so leicht zu durchschauen.

»Wer weiß«, murmelte jemand und legte Mrs. MacPherson den Arm um die Schulter.

»Gut«, sagte Tara. »Ich denke, wir sind schrecklich schlau.«

Ich nickte. »Und Willow ist sehr tapfer«, pflichtete ich ihr bei.

»Oder unglaublich dumm.«

»Ich mag Konfitüre«, wiederholte Casper und leckte sich die Lefzen.

Tatsächlich war es rundum zufriedenstellend, und beide, die Chefin und Freundin, lobten uns, wir seien äußerst schlau. Dabei hatten sie keine Ahnung, wie schlau wir waren! Aber die Menschen wissen nicht halb soviel, wie sie immer glauben.

Originaltitel: Daisy and the Silver Quaich
Deutsch von Heinz Zwack

Toni L. P. Kelner

Wohin geht eine Herde Elefanten?

»**Welcher von ihnen** war es?« fragte ich und schaute auf die vier Elefanten, die auf der Koppel grasten.

»Der da«, antwortete Deputy Sweeney und zeigte auf das Tier.

»Hermia?« sagte ich. »Das ist doch Hermia, oder?«

Crabby, der die Tiere mit meinem Vater zusammen betreute, spuckte aus und erwiderte:

»Natürlich ist das Hermia, du dumme Stadtpflanze. Aber sie war es nicht.«

Ich hätte ihm das gern abgenommen, so wie ich gern geglaubt hätte, daß Pop immer noch lebte. Wieso war er von einem seiner Elefanten totgetrampelt worden? Er hatte sie fast ebensosehr geliebt wie mich und viel besser gekannt. Ich konnte mir einfach nicht vorstellen, daß er einen Fehler gemacht hatte, der ihn das Leben kostete. Und dennoch war es so. Ich stand hier im Zirkus Fox, und Pops Körper lag im Leichenschauhaus dieser Kleinstadt in North Carolina. »Sind Sie sicher, daß es Hermia war?«

»Wir haben sie neben der Leiche Ihres Vaters gefunden, May«, sagte Chris Fox, der Zirkusdirektor. »Ihre Füße waren voller Blut.«

Auf den dringenden Rat von Deputy Sweeney hin hatte ich darauf verzichtet, mir Pops Leiche anzusehen. Crabby hatte ihn bereits identifiziert. Sweeney war so beschönigend, wie es nur ein

Südstaatler sein konnte, aber mir war klar, daß Hermia nicht nur Blut an den Füßen gehabt hatte.

»Warum haben Elefanten runde, flache Füße?« fragte ich.

»Wie bitte?« sagte Fox.

»Das ist ein Elefantenwitz aus einem Buch, das Pop mir mal zum Geburtstag geschenkt hat. Warum haben Elefanten runde, flache Füße?« Als keiner etwas erwiderte, gab ich mir selbst die Antwort. »Damit sie auf Seerosenblättern laufen können.«

Natürlich waren sie alle der Meinung, daß ich jetzt entweder verrückt geworden sei oder vor Kummer langsam durchdrehte. Neben Sweeney, Fox und Crabby war da noch Mr. Waterson, dem das Gelände, auf dem der Zirkus stand, gehörte, und Madame Cassandra. Cassie legte den Arm um mich, aber ich ignorierte ihre freundliche Geste. Das lag nicht daran, daß ich sie nicht zu schätzen wußte, zumal Cassie ebenso traurig sein mußte wie ich. Aber ich konnte meinen Blick einfach nicht von den Elefanten losreißen. Ich war erstaunt, daß Hermia nicht mit Fußfesseln angekettet war, aber Crabby und Pop waren die einzigen, die dazu fähig waren. Crabby war offensichtlich nicht gewillt zu helfen. Also beauftragten sie einen Wächter, der darauf achten sollte, daß Hermia nicht bösartig wurde. Es sah jedoch nicht danach aus. Die Elefantendamen scharrten fröhlich mit den Füßen im Sand und warfen ihn mit den Rüsseln hoch über ihren Rücken, um die Fliegen davonzujagen.

Im Zirkusjargon werden die Elefanten Bullen genannt, obwohl die meisten Zirkuselefanten weiblich sind. Pop nannte sie immer »seine Mädels«, oder wenn er mit mir über sie sprach, dann waren es »seine anderen Mädels«. Ich hätte wohl eifersüchtig sein sollen, aber ich liebte sie ebenso wie er und brannte immer voller Ungeduld darauf, sie wiederzusehen. Meine Mutter erlaubte mir jedoch nur selten, sie zu besuchen: Titania, die mächtige und imposante Anführerin der kleinen Herde; und die kokette und schelmische Juliet, die die Leute mit Heu bewarf, wenn sie an ihr vorbeigingen, ohne sie zu begrüßen; die treue

Portia, die so verschmust war, wie es Elefanten eben so sein konnten; und dann die gutmütige Hermia, die es nie zu stören schien, daß sie ständig unterwegs waren. Auch das furchtbare Wetter, das Zirkuselefanten ertragen müssen, schien ihr nichts auszumachen.

Wie so viele Elefantendompteure besserte Pop sein Gehalt damit auf, daß er die Leute auf den Tieren reiten ließ. Dafür nahm er immer Hermia. Er konnte sich darauf verlassen, daß sie niemals zu schnell ging oder die Kinder erschreckte, oder mit ihnen auf dem Rücken davonjagte, denn ihr Temperament war ebenso ruhig und ausgeglichen wie ihr Schritt. Was war bloß passiert?

Ich fragte den Menschen, der es als einziger wirklich wissen mußte: »Crabby, war Hermia vielleicht krank? Hat ihr der Abszeß am Zahn zu schaffen gemacht?« Pop hatte seine Elefanten immer selbst behandelt, denn er hatte keine besonders hohe Meinung von den Tierärzten in den Kleinstädten. Ich konnte mir höchstens vorstellen, daß er ihr versehentlich weh getan hatte und sie wütend geworden war. Wenn du mit einem so großen Tier arbeitest, dann bedarf es nur den Bruchteil einer Sekunde, um verletzt zu werden.

»Sieht sie etwa krank aus? Selbst du solltest erkennen können, daß sie kerngesund ist. Man braucht sie sich doch nur anzuschauen. Mir ist egal, was diese Polizisten aus der Stadt sagen. Sie hat Leo jedenfalls nicht getötet! Ich war die ganze Nacht in meinem Wohnwagen. Ich hätte gehört, wenn sie auf ihn losgegangen wäre.«

Außer er hatte getrunken, so wie jetzt. Es war noch früh am Nachmittag, und er hatte eine derartige Fahne, daß ich nur einatmen mußte, um mich beschwipst zu fühlen. Vermutlich war das seine Art, um Pop zu trauern. Crabby hatte schon für ihn gearbeitet, da war ich noch gar nicht auf der Welt, und er liebte die Elefanten fast ebensosehr wie Pop es getan hatte. Deputy Sweeney klang entschuldigend, als er sagte: »Die Verletzungen stammen eindeutig von Elefantenfüßen, und keiner der anderen Elefanten hatte Blut an den Füßen. Es muß also Hermia gewesen sein.«

»Ich kenne diesen Elefanten besser als mich selbst«, sagte Crabby. »Sie würde so etwas niemals tun. Wenn Sie sie töten, dann . . .«

»Sie töten?« sagte ich. »Wer spricht davon, sie töten zu lassen?« Deputy Sweeny wirkte etwas betreten. »Sie müssen entschuldigen, aber ich dachte, Sie würden verstehen, daß wir diesen Elefanten erschießen müssen. So verlangt es das Gesetz dieser Stadt.«

»Sie haben ein Gesetz für Elefanten?« fragte ich ungläubig. Sweeney errötete leicht. »Nein, Ma'am. Man hat dieses Gesetz erlassen, weil es Hunde gab, die Menschen anfielen und töteten. Inzwischen wird es auch für Pumas, Schlangen und so weiter angewendet. Es ist das erste Mal, daß hier in der Gegend jemand von einem Elefanten getötet wurde.«

»Was haben Sie vor?« wollte Crabby wissen. »Wollen Sie sie auf dem elektrischen Stuhl hinrichten lassen? Oder soll sie vergiftet werden? Es soll schon mal ein Elefant erhängt worden sein, wußten Sie das?«

»Wir bemühen uns gerade darum herauszufinden, welches die humanste Methode ist. Der Chef hat sich bereits mit dem Zoo in Asheboro in Verbindung gesetzt.«

Crabby war jetzt dunkelrot im Gesicht und hatte die Fäuste geballt. »Sie hat es nicht getan!« sagte er noch einmal so empört, daß er dabei spuckte. Dann schaute er mich an und sagte: »Dein Vater hätte nie zugelassen, daß jemand einem seiner Mädels etwas antut.«

»Aber Pop ist nicht da«, sagte ich ruhig.

Crabby schaute noch einmal zu Hermia hinüber, dann ging er wankend davon und schimpfte leise über die unmöglichen Stadtmenschen. Mir war klar, daß er jetzt weitertrinken würde, und ich konnte es ihm nicht einmal verdenken.

»Sie haben doch nicht etwa vor, das auf meinem Grundstück

vorzunehmen?« fragte Waterson, der etwas mitgenommen aussah. »Wenn ich gewußt hätte, was hier passiert, dann hätte ich euch erst gar nicht engagiert. Ich wollte nur ein wenig Werbung für den Antiquitätenmarkt machen, das ist alles.«

Jetzt meldete sich Fox, der Zirkusdirektor, wie immer sanft und ruhig zu Wort. »Ich versichere Ihnen, Mr. Waterson, daß dieser Vorfall nicht vorhersehbar war. Mr. Solano war sich der Risiken bewußt, und er war ein vorsichtiger Mann, aber es gibt keine Garantie, wenn man mit wilden Tieren arbeitet. Auch wenn die Elefanten sehr friedfertig wirken, sind sie im Grunde doch Tiere des Dschungels geblieben.«

Fox trug ziemlich dick auf, so daß ich den Eindruck hatte, er wolle die Truppe auch noch für die nächste Saison haben. »Sollen wir die Vorstellung heute abend absagen?« fragte Waterson. Fox sah schockiert aus. »Auf keinen Fall! Das hätte Leo Solano sicherlich nicht gewollt. Sein Lebensmotto war ›the show must go on‹. Wir würden seinem Andenken nicht gerecht werden, wenn wir die Vorstellung heute abend absagen und die Kinder enttäuschen, die sich schon darauf gefreut haben.«

Ich hörte Cassie leise hinter mir schnauben, und als ich mich zu ihr umdrehte, sah ich, wie sie mit den Augen zwinkerte. Fast hätte ich gelacht bei der Vorstellung, wie Pop auf das Geschwätz von Fox reagiert hätte. Aber plötzlich war mir zum Weinen zumute.

Wie immer wußte Cassie, wie ich mich fühlte. Sie sagte: »Gentlemen, wenn Sie uns bitte entschuldigen würden, aber May muß sich jetzt um andere Dinge kümmern.«

»Natürlich«, sagte Mr. Fox. »May, wir sollten uns heute nachmittag noch einmal zusammensetzen, um gemeinsam zu überlegen, was mit den Elefanten geschehen soll. Abgesehen von Hermia natürlich.«

»Ja. In Ordnung.« Wie hatte ich nur vergessen können, daß ich mich darum kümmern mußte, was zukünftig mit den Mädels geschah.

»Später«, sagte Cassie energisch und führte mich zu ihrem blankpolierten Wohnwagen mit den Rüschenvorhängen. Auch das Wageninnere wirkte makellos. Alles war so hübsch zurechtgemacht und geordnet wie in einem kleinen Nähkästchen. Über dem Sofa war ein Regal, auf dem sich die Kristallkugel und die Tarotkarten befanden, mit denen sich Cassie ihren Lebensunterhalt verdient hatte, bevor sie die Kasse übernahm. Manche nannten sie noch immer Madama Cassandra, aber sie selbst bevorzugte Cassie.

»Setz dich!« sagte sie und schob mich aufs Sofa. Dann zauberte sie einen Becher heißen Kaffee und zwei Stück Zucker herbei und gab ihn mir. Wenn ich den Becher nicht selbst an den Mund geführt hätte, dann hätte sie das wohl auch noch für mich getan.

»Es wird schon wieder, May«, sagte sie.

Ich nickte und wußte, daß sie recht hatte, auch wenn ich mich nicht so fühlte. »Was ist mit dir? Ich meine, du und Pop, ihr wart doch . . . Ihr seid euch doch sehr nahe gestanden.«

»Wir haben uns geliebt, Süße. Wir schreiben das Jahr 1998, und du darfst es ruhig aussprechen.«

Ich lächelte hilflos. »Entschuldige.«

»Jedenfalls komme ich klar.« Sie streckte die Hand aus und berührte meine. »May, ich hätte dir gern persönlich von Leos Tod erzählt, aber Fox hat ständig das Telefon blockiert. Es tut mir leid, daß du es von einem Fremden erfahren mußtest.«

»Das ist schon okay, Cassie. Deputy Sweeney war sehr freundlich zu mir.« Er hatte mir die Nachricht nicht nur äußerst schonend beigebracht, er hatte mich auch noch vom nächstgelegenen Flughafen abgeholt und in die Stadt gefahren.

»Gut. Für einen Städter scheint er ja ganz nett zu sein. Hat Fox dir von der Gedenkfeier erzählt?«

Ich schüttelte den Kopf.

»Wir haben für heute abend eine kleine Feier vorbereitet, um Leos zu gedenken. Natürlich nur, wenn du nichts dagegen hast.«

»Natürlich habe ich nichts dagegen.« Die Leiche sollte nach

Massachusetts überführt werden, aber natürlich konnten seine Leute nicht dorthin fahren, um an seinem Begräbnis teilzunehmen. So hatten sie wenigstens die Möglichkeit, von ihm Abschied zu nehmen. »So hätte es Pop auch gewollt.«

»Das denke ich auch.« Sie hielt einen Moment inne. »Weiß es deine Mutter schon?«

»Als ich davon erfuhr, habe ich sie sofort angerufen. Sie sagte, sie wolle Gram und Papa Bescheid geben.« Pops Eltern waren immer dagegen gewesen, daß er zum Zirkus ging. Auch Mom wollte es nicht, deshalb kam es auch zur Scheidung. Wahrscheinlich haben die drei den Kopf geschüttelt, daß er ihre Warnungen vor langer Zeit in den Wind geschlagen hat, aber selbst sie hätten sich wohl kaum vorstellen können, daß er so sterben mußte.

»Cassie, wie ist es passiert?«

»Liebes, du weißt darüber soviel wie ich. Crabby verließ gestern nacht seinen Wohnwagen, um noch mal pinkeln zu gehen. Da sah er etwas auf dem Boden liegen und Hermia, die darüber gebeugt war. Er ging hin und erkannte Leo sofort. Er schrie so laut, daß die ganze Truppe erwachte. Ich sah, wie er deinen Vater in den Armen hielt und dabei brabbelte wie ein Baby. Crabby mag seine Fehler haben, aber er hat deinen Vater wirklich geliebt.«

»Ich weiß.« Crabby mochte seltsam sein und sich nur ungenügend um seine Körperhygiene kümmern, aber er war Pop und den Mädels treu ergeben. Sie waren die einzigen, an denen ihm überhaupt etwas lag. Für die anderen hatte er wenig übrig, und von mir oder irgend einem anderen Stadtmenschen hielt er gar nichts.

»Jedenfalls haben wir die Polizei gerufen, und die hat dich dann informiert. Das ist alles, mehr weiß ich auch nicht.«

Ich war mir nicht sicher, ob es richtig war, die nächste Frage zu stellen, aber ich konnte mich nicht zurückhalten. »Hast du die Kristallkugel zu Rate gezogen?«

Cassie schien Dinge zu wissen, die sie eigentlich nicht hätte wissen können. Vielleicht lag es daran, daß sie viele Jahre als Wahrsagerin gearbeitet hatte, vielleicht war ihr Wissen auch angeboren.

»Du weißt, daß ich die Toten nicht rufe, Liebes. Leo ist von uns gegangen, und wir können es nicht rückgängig machen.«

»Das weiß ich. Ich möchte nur wissen, ob du vielleicht versucht hast herauszufinden, was wirklich passiert ist.«

Sie schaute mich so durchdringend an wie ihre Kristallkugel. »Du glaubst nicht, daß es Hermia war?«

»Nein. Ich meine, doch, ich denke schon, aber es muß einen Grund dafür gegeben haben. Du weißt doch, wie Hermia ist. Etwas muß sie erschreckt haben, oder...« Sie schaute mich immer noch an. »Ich möchte einfach wissen, warum es passiert ist.«

»Die Menschen sterben eben, May. Es gibt nicht immer eine Erklärung dafür.«

Während sie sprach, griff sie jedoch hinter mich, nahm die Kristallkugel und hielt sie vor sich hin. Die Wahrsagerinnen im Fernsehen haben immer kunstvolle Sockel für ihre Kristallkugeln, aber Cassie zieht es vor, die Kugel in den Händen zu halten.

Ich verhielt mich ganz still, als sie mit leicht gerunzelter Stirn in die Kugel schaute. Dann rümpfte sie mehrmals die Nase, schüttelte sich und stellte die Kristallkugel wieder ins Regal zurück.

»Was hast du gesehen?«

»Nicht viel«, mußte sie zugeben. »Es war gestern nacht sehr dunkel. Wir hatten Neumond. Aber ich habe etwas gerochen.«

»Waren es die Elefanten?« Sie haben einen durchdringenden, scharfen Geruch, aber sowohl Pop als auch ich haben ihn immer gemocht. Selbst ihr Kot riecht nicht so schlecht, wenn man sich erst einmal daran gewöhnt hat.

Sie schüttelte den Kopf. »Nein, das war es nicht. Es war Marihuana.«

»Pop hat doch kein Gras geraucht, oder?«

»Ich habe ihn nie Marihuana rauchen sehen, aber es roch nun mal danach. Wahrscheinlich habe ich es schon gerochen, als wir Leo fanden, es war mir nur nicht bewußt.«

Cassie hat niemals von sich behauptet, besondere Fähigkeiten zu besitzen. Sie sagte immer, daß ihr die Kristallkugel helfen würde, sich besser zu konzentrieren. Und wenn sie die Tarotkarten legte, dann achtete sie mehr auf die Körpersprache und die Reaktionen ihrer Kunden als darauf, was die Karten vor ihr auf dem Tisch sagten. Was immer es auch sein mochte, sie hatte jedenfalls öfter recht als unrecht.

»Vielleicht hat Pop jemanden erwischt, der bekifft war und versuchte, die Elefanten zu ärgern«, sagte ich. »Oder jemand hat sich einen Spaß daraus gemacht, den Tieren etwas zu geben.« Ich hatte schon Leute erlebt, die es witzig fanden, einem Hund Drogen zu geben. Warum sollten sie vor Elefanten zurückschrecken?

Sie zuckte mit den Achseln. Ich trank meinen Kaffee aus und sagte: »Ich denke, ich gehe jetzt besser mal zu Pops Wohnwagen und fange an, seine Sachen zu ordnen. Außerdem muß ich mir überlegen, was ich mit den Mädels mache.«

»Du brauchst nichts zu überstürzen, May. Du hattest einen langen Flug von Boston hierher, und heute abend ist die Gedenkfeier. Egal, was Fox sagt, es reicht, wenn du dir mit deiner Entscheidung bis morgen Zeit läßt. Mach lieber einen Spaziergang, damit du in Ruhe nachdenken kannst. Auf dem Antiquitätenmarkt gibt es ganz hübsche Sachen.«

»Vielleicht hast du recht«, sagte ich unverbindlich und ging, um mich an die Arbeit zu machen. Ich umarmte sie kurz, doch sobald ich draußen war, führten mich meine Schritte von den Wohnwagen fort.

Die nächste Stunde verbrachte ich damit, über den Antiquitätenmarkt zu bummeln. Ob der Zirkus dazu beigetragen hatte, die Leute anzulocken, weiß ich nicht. Auf alle Fälle waren so viele Menschen unterwegs, daß ich aufpassen mußte, nicht ständig mit jemandem zusammenzustoßen. So blieb mir wenig Gelegenheit, über Pop nachzugrübeln.

Ich war an einem Stand mit bunten Schalen stehengeblieben. Sie schillerten in den herrlichsten Farben, und ich überlegte, ob sie wohl Mom gefallen würden. Da fiel mein Blick auf ein Bord voller Elefanten. Es waren kleine Figuren aus Porzellan oder Onyx, Aschenbecher aus Messing, auf deren Rand Elefanten tanzten; ein Schirm hatte einen Elefanten als Griff; es gab lackierte Döschen, auf deren Deckel ein Elefant gemalt war, und in der Mitte thronte ein Zirkuselefant aus Porzellan, der mit einer hellroten Feder geschmückt war. Mein erster Gedanke war, daß Pop diese Elefanten lieben würde, aber dann fiel mir ein, was geschehen war.

»Verdammt, es tut mir so leid«, sagte eine Stimme hinter mir. Als ich mich umdrehte, erkannte ich Mr. Waterson. Er war dabei, einen Elefanten nach dem anderen in eine Kiste zu räumen. »Ich hätte sie nicht aufstellen dürfen, nach dem, was passiert ist.«

»Machen Sie sich keine Gedanken darüber«, erwiderte ich. »Pop war ganz vernarrt in Elefanten. Wenn er gekonnt hätte, hätte er alles gekauft, was mit Elefanten zu tun hatte.« Zum Mißfallen meiner Mutter hatte Pop mir vom Tag meiner Geburt an immer wieder Elefanten geschickt.

Mr. Waterson war unsicher, ob er die Figuren weiter einräumen oder wieder aufstellen sollte, er hielt inne. Ich griff in die Kiste und holte die Zirkusfigur wieder heraus, um sie zurück auf das Regal zu stellen.

»Ihr Vater war sogar gestern hier«, sagte Waterson. »Er überlegte, ob er diese Figur für seine Tochter kaufen sollte. Damit waren vermutlich Sie gemeint.«

Ich nickte. »Das ist eine schöne Figur.«

Er nahm sie in die Hand, schaute sie einen Moment lang an und reichte sie mir. »Hier, nehmen Sie sie.«

»Das kann ich unmöglich annehmen.«

»Ich bestehe darauf. Irgendwie fühle ich mich für das, was geschehen ist, verantwortlich. Schließlich habe ich den Zirkus engagiert.«

Ich blickte ihn an und gab nach. Ihm ging es besser, wenn ich die Figur annehmen würde, und wenn Pop sie für mich ausgesucht hatte, dann hatte es auch etwas zu bedeuten. »Danke.«

»Das ist das mindeste, was ich tun kann.«

Als eine Frau an den Stand kam und nach einem Schirmständer fragte, den sie am Tag zuvor gesehen hatte, nutzte ich die Gelegenheit, um zu gehen. Cassie hatte recht gehabt. Die Verschnaufpause hatte mir gut getan, aber jetzt mußte ich mich langsam um Pops Angelegenheiten kümmern.

Inzwischen tummelten sich viele Leute auf dem Zirkusplatz. Manche probten für ihren Auftritt, die Tierpfleger säuberten die Gehege und Käfige, die Budenverkäufer kümmerten sich darum, daß sie genug Popcorn hatten, und die Arbeiter schleppten ihre Gerätschaften hin und her. Dieses Mal schaute ich nicht bei den Elefanten vorbei, sondern ging direkt in Pops Wohnwagen. Deputy Sweeney hatte mir die Schlüssel gegeben, die sie in Pops Hosentasche gefunden hatten. Seit sie Pop tot aufgefunden hatten, war niemand mehr in seinem Wohnwagen gewesen, und alles war so, wie er es verlassen hatte. Mit anderen Worten, es herrschte das totale Chaos.

In einer Ecke des Wohnraums lag ein Haufen mit Elefantengeschirr, das geflickt werden mußte, in einer anderen stapelten sich Zeitschriften, Bücher, Zirkusprogramme und vergilbte Zeitungsartikel, die über Elefanten berichteten. Auf dem Couchtisch lagen Feilen und Antiseptika für die Behandlung von Elefantenzähnen, und auf der Küchenanrichte standen viele Flaschen von der Spezialmischung, die Pop für eine ausgewogene Ernährung der Tiere selbst hergestellt hatte. Pop lebte mit den Elefanten und ging nur nachts in den Wohnwagen, um zu schlafen. Und da er mit Cassie zusammen war, benutzte er ihn noch nicht einmal jede Nacht. Ich konnte nicht gerade behaupten, daß ich mich darauf freute, seine Habseligkeiten zu ordnen.

Ich beschloß, mich auf das Wichtigste zu konzentrieren, und das war in diesem Fall das Elefantenfutter.

Elefanten benötigen um die hundert Pfund Futter pro Tag, Erdnüsse nicht mitgerechnet. Ich mußte überprüfen, ob genügend Futter vorhanden war, bis ich einen Entschluß gefaßt hatte, was zu tun war. Glücklicherweise hatte Pop immer genauestens darauf geachtet, daß er genug Vorräte hatte. In einer Schublade in der Küche fand ich sein Kassenbuch und fuhr mit dem Finger die Zeilen entlang, bis ich entdeckte, daß er vor zwei Tagen Heu, Obst und Gemüse gekauft hatte. Einen Tag später hatte er eine Ladung Timotheusgras besorgt. Das mußte für eine Weile reichen.

Ich schloß das Buch und wollte es gerade wieder in die Schublade zurücklegen, da fiel ein Briefumschlag heraus. Er enthielt zweihundert Dollar, was mich überraschte, denn Pop hatte nicht gern Bargeld im Haus. Vor einigen Jahren hatte ein Betrüger alle Mitglieder des Zirkus bestohlen, als sie mit der Nachmittagsvorstellung beschäftigt waren. Pop hatte sich danach eine Kreditkarte zugelegt und zahlte von nun an immer mit Schecks.

Als ich die Scheine gerade wieder in den Briefumschlag zurückschieben wollte, stieg mir ein merkwürdiger Geruch in die Nase. Ich hielt einen Zwanzig-Dollar-Schein an die Nase und roch daran. Eindeutig Marihuana.

Vielleicht hatte Pop ja doch Gras geraucht, auch wenn Cassie es bestritt. Dann hätte er natürlich Bargeld gebraucht. So wäre sogar die Todesursache zu erklären. Wenn ein Elefantendompteur bekifft war, dann war der Unfall vorprogrammiert. Das war schlüssiger als alles andere, was ich mir überlegt hatte. Aber da ich Pop kannte, machte es überhaupt keinen Sinn. Ich habe ihn nie rauchen sehen, und er wußte genau, daß er sich von den Elefanten fernhalten mußte, wenn er zuviel getrunken hatte. Was selten genug vorkam. Warum sollte er plötzlich Gras rauchen?

Und selbst wenn, warum sollte er seine eigenen Regeln brechen und bekifft zu den Elefanten gehen?

Ich überlegte, ob ich Deputy Sweeney anrufen sollte, um zu fragen, ob sie Spuren von Marihuana gefunden hätten, aber dann entschied ich mich dagegen. Ich würde später mit Crabby darüber reden. Sicherlich hätte er davon gewußt, und vielleicht konnte ich ihn überreden, es mir zu erzählen.

Ich legte das Geld und das Kassenbuch weg und verbrachte den restlichen Nachmittag damit, den Wohnwagen aufzuräumen. Vier Müllsäcke füllten sich mit Zeug, das niemand mehr haben wollte. Ich füllte einen Karton mit Dingen, von denen ich annahm, daß Crabby sie noch brauchen konnte, einen anderen für Cassie und einen Karton mit Dingen, die ich mit nach Hause nehmen wollte, darunter auch den Zirkuselefanten, den mir Waterson geschenkt hatte. Dennoch blieb eine Menge an Elefantengeschirr, Medizin und verschiedenen anderen Dingen übrig. Aber falls ich jemanden für die Tiere fand, konnte ich ihm die Sachen ja mitgeben.

Ich tat so, als wolle ich sie nicht verkaufen, sondern zur Adoption freigeben, aber in Wirklichkeit war ich sehr besorgt, was aus den Elefanten werden sollte. Fox würde sie natürlich noch für die laufende Saison haben wollen, denn was war ein Zirkus ohne Elefanten? Am Anfang und am Ende der Vorstellung bildeten sie einen wichtigen Bestandteil der Show.

Es war nicht klar, ob er sie kaufen oder nur leihen wollte. Würden sie beisammenbleiben können, wenn sie verkauft würden? Titania war es gewohnt, die Anführerin zu sein. Was würde passieren, wenn sie zu einer anderen Elefantengruppe kam? Wie konnte ich sicher sein, daß der neue Besitzer sich vernünftig um die Tiere kümmern würde?

Ich hatte Pop letztes Jahr zu Weihnachten ein Buch geschenkt, das von einer Elefantendame namens Madoc handelte. Der Mann, der sich um das Tier gekümmert hatte, hatte den Zirkus gewechselt. Jahre später sah er Madoc wieder. Sie befand sich in einem fürchterlichen Zustand, man hatte sie mißhandelt. Ich konnte den Gedanken nicht ertragen, daß es den Mädels ebenso ergehen könnte. Vielleicht konnte ich sie mit nach Massachusetts nehmen? Ich konnte es mir nicht leisten, sie zu behalten, so gern ich es auch getan hätte. Im Marketing verdient man gutes Geld, aber so viel nun auch wieder nicht. Das Gesicht meiner Mutter zu sehen, wenn ich sie mit den Elefanten aufgesucht hätte, hätte ich mir einiges kosten lassen. In der Umgebung gab es einige Zoos, und ich hätte die Gelegenheit gehabt, sie manchmal zu besuchen. Allein der Transport der Tiere würde mich schon ein Vermögen kosten, selbst wenn ich einen Platz für sie fände. Außerdem waren sie glücklich in ihrem Zirkus. Würden sie sich in einem Zoo überhaupt wohlfühlen?

Was sollte mit Crabby geschehen? Er konnte wunderbar mit Elefanten umgehen, aber sein Äußeres ließ zu wünschen übrig, und er war auch nicht sehr zuverlässig, was die Arbeitsmoral anbetraf. Nicht Fox, sondern Pop hatte ihn bezahlt, also wußte ich nicht einmal, ob er überhaupt noch einen Job beim Zirkus hatte, und wenn nicht, ob er je wieder Arbeit finden würde.

Ich machte mir auch immer noch Sorgen um Hermia. Egal was passiert war, ich konnte einfach nicht glauben, daß sie Pop verletzen wollte. Keiner der Elefanten hatte ihm je etwas getan. Sicher war Titania einmal wütend geworden, weil Pop ihr altes Heu geben wollte. Sie hatte ihn einfach umgeworfen, aber das war nicht vergleichbar, denn sie hatte nur einen Bruchteil ihrer Kraft dafür aufgewendet. Es mußte sich um einen Unfall handeln, egal was die Polizei auch vermutete. Mir schien es nicht richtig, Hermia dafür töten zu lassen.

Pop bekam wenigstens eine richtige Beerdigung und eine Gedenkfeier. Die arme Hermia würde bestenfalls einen schnellen Tod erleiden. Ich hatte keine Ahnung, was dann mit ihr geschehen würde. Pop hatte mir einmal von einem Elefantendompteur erzählt, der einen Elefanten erschossen hatte, weil er zu alt geworden war. Dann hatte er das tote Tier geschlachtet. Den Kopf verkaufte er einem Sammler, der ihn an die Wand hängen wollte, die Haut verkaufte er an die Schuhverarbeitung, der restliche Körper ging in die Fleischverarbeitung. Pop meinte, er hätte auch noch die Stoßzähne für ein Aphrodisiakum mahlen lassen und die Beine als Schirmständer verkauft, wenn sie ihn gelassen hätten. Bei dem Gedanken daran wurde mir ganz schlecht.

Ich war kurz davor, in Tränen auszubrechen, als ich ein Klopfen an der Tür hörte und Cassie, die Arme voller Tüten, eintrat. »Sitz nicht rum«, sagte sie. »Nimm mir etwas ab, sonst laß ich sie gleich fallen!«

Aus der Tüte duftete es wunderbar, und ich stellte fest, daß ich seit dem Brötchen im Flugzeug nichts mehr gegessen hatte. Ich wußte nicht, was Cassie zu mir geführt hatte, ich war jedenfalls froh, mit ihr das ausgiebige Mahl aus gegrilltem Schweinefleisch, Brot, Kohlsalat und süßem Eistee teilen zu können.

Nach dem Essen bat ich sie um Rat, was ich mit Crabby und den Mädels machen sollte, aber sie wiederholte nur, daß ich morgen früh klarer sehen würde. Dann erzählte sie noch eine verrückte Geschichte über Pop und einen von diesen schrecklichen Witzen über Elefanten. Warum sie Stoßzähne haben und wie man sie zum Schwimmen bringt. Ich kannte sie alle, und vielleicht hatte sie etwas in den Eistee getan, aber ich mußte so herzhaft lachen, daß ich darüber meine Sorgen vergaß. Später fiel mir ein, daß Cassie sich eine Vertretung hatte suchen müssen, um bei mir zu sein, denn wir unterhielten uns den ganzen Abend, während die Vorstellung lief. Wir hörten jedoch weder die Musik noch den Applaus. Ich wäre sowieso nicht gern zur Vorstellung gegangen. Es hätte mich sicherlich sehr traurig gemacht, die Elefanten ohne Pop bei der Arbeit zu sehen. Ich wußte nicht, was mich mehr gestört hätte: Hermia unter ihnen zu sehen oder zu wissen, daß sie sich wunderte, warum sie nicht bei den anderen sein konnte.

Als die Leute aus der Stadt sich auf den Heimweg machten, sagte Cassie, es sei nun Zeit für die Gedenkfeier. Da mein Koffer in ihrem Wohnwagen lag, gingen wir zu ihr, um uns umzuziehen. Sie wollte nicht, daß ich das Kleid anzog, das ich extra mitgebracht hatte. Sie fand es zu förmlich. Statt dessen zog ich eine helle Khaki-Hose und eine weiße Bluse an, während sie einen ihrer geliebten, bunten Kaftans trug.

Mr. Fox hatte gesagt, daß wir uns im Hauptzelt versammeln würden. Als wir eintraten, holten einige Männer Stühle von der Tribüne, die sie in der mittleren Manege aufstellten. Ich mußte unwillkürlich grinsen. Wie alle Zirkusleute war Pop völlig versessen auf den Platz in der Mitte. Es hätte keinen besseren Ort geben können, um von ihm Abschied zu nehmen.

Artisten, Dompteure, Budenverkäufer, selbst die Leute aus der Küche waren gekommen.

So wie Cassie vorausgesagt hatte, waren die Leute bunt gekleidet, trugen ihre Kostüme oder Jeans, Shorts und T-Shirts. Deputy Sweeney war gekommen, Mr. Waterson auch, aber er sah aus, als fühle er sich nicht wohl in seinem schwarzen Anzug. Nur Crabby war nicht zu sehen. Ich mußte Cassie fragen, ob wir später nach ihm sehen sollten.

Fox erhob das Wort, und ich muß zugeben, daß er eine schöne Rede hielt. Sicher, er stellte Pop so dar, als sei er eine Mischung aus Günther Gebel-Williams, Gandhi und Ozzie Nelson gewesen; aber für mich war er das auch. Fox hielt sogar einige Telegramme in der Hand, die er von anderen Elefantendompteuren erhalten hatte, Gebel-Williams und die legendäre Woodcock Familie eingeschlossen. Es flossen viele Tränen, vor allem als Cassie sprach. Wahrscheinlich wurde viel mehr geweint als auf seiner eigentlichen Beerdigung. Pop wäre stolz gewesen.

Einer der Clowns hielt gerade eine Lobesrede über Pop, als sich am Seiteneingang des Zeltes etwas bewegte. Crabby kam herein, im Gefolge die Mädels, eine nach der anderen, den Rüssel am Schwanz der Vorgängerin. Als er unsere überraschten Gesichter sah, rief er: »Sie haben es verdient, dabeizusein, verdammt noch mal!« Der Mann, der auf sie aufpassen sollte, trottete hilflos hinter ihnen her. Pop hatte immer gesagt: »Wohin geht eine Herde Elefanten? Wohin sie will!«

Da wir im Zirkus waren, hätten die Leute wohl Crabbys Beitrag zur Abschiedsfeier akzeptiert, wenn er nicht Hermia mitgebracht hätte. Bei ihrem Anblick verstummten wir. Sie kam auf uns zu, und alle starrten sie an. Zum ersten Mal, seit ich sie kenne, wirkte sie bedrohlich. Schließlich blieben die Tiere einige Meter vor uns in einer Reihe stehen. Ganz vorn stand Titania.

Deputy Sweeney sagte mit ruhiger, aber fester Stimme: »Sir, ich denke, Sie sollten die Elefanten wieder zurückbringen.«

»Warum? Wollen Sie sie alle umbringen?« Crabby weinte so heftig, daß er kaum noch etwas sehen konnte. Er stolperte schon über seine Füße. Titania, die die angespannte Atmosphäre spürte, begann laut zu trompeten, und einige Leute gingen langsam und vorsichtig zum anderen Zeltausgang.

»Sie werden euch nichts tun! Sie würden niemandem etwas zuleide tun!« schluchzte Crabby.

Normalerweise hatte er recht, aber die Situation war alles andere als normal. Die Elefanten waren nervös, und ich befürchtete, daß Panik die Situation noch verschlimmern konnte. Crabby lehnte sich gegen Titanias Vorderbein und konnte sich nur mit Mühe aufrechthalten.

Ich stand vorsichtig auf und ging mit ruhigen Schritten auf Titania zu. Ich spürte, wie einige Leute an meinem Ärmel zerrten, und ich hörte, daß Deputy Sweeney etwas sagte, kümmerte mich jedoch nicht um ihn. Meine volle Aufmerksamkeit galt der Anführerin.

Entgegen dem Mythos vom Elefantengedächtnis können auch diese Tiere vergessen. Ihr Erinnerungsvermögen entspricht dem eines durchschnittlichen Menschengehirns. Ich nahm also an, daß Titania sich an mich erinnern würde. Ob sie meinen Befehlen gehorchen würde, war eine andere Frage. Pop hatte mir beigebracht, daß man sich in einer unberechenbaren Situation wie dieser dem Elefanten am besten von der linken hinteren Seite nähert. Also ging ich an Titania vorbei und achtete darauf, daß ich außer Reichweite ihres Rüssels blieb. Dann trat ich näher an sie heran und beobachtete, wie sie reagieren würde. Sie bewegte sich nicht, also ging ich noch näher, bis ich auf ihre Schulter klopfen konnte, um sie darauf aufmerksam zu machen, daß ich neben ihr stand. Sie zeigte immer noch keinerlei Reaktion, woraufhin ich die Rückseite ihres Ohres tätschelte. Das hatte sie besonders gern, und sie schien sich zu entspannen.

Crabby lehnte immer noch gegen sie und hielt den Elefantenhaken in der Hand. Pop hatte ihn nicht oft benutzt, weil er lieber mit seiner Stimme arbeitete, aber ich wußte, daß ich mich wohler fühlen würde, wenn ich etwas in der Hand hielt. Jetzt mußte ich nur noch Crabby davon überzeugen, daß er ihn mir gab. Ich sagte: »Es ist okay, Crabby. Sie haben ihm die letzte Ehre erwiesen, und jetzt ist es Zeit für sie, ins Bett zu gehen. Ich lasse nicht zu, daß irgend jemand ihnen etwas antut.«

Er gab mir den Haken nicht, protestierte aber auch nicht, als ich ihn mir nahm.

Ich fühlte mich etwas sicherer und sagte: »Titania! Umdrehen.« Titania sah mich an. Ich hatte ihr noch nie vorher einen Befehl gegeben, ohne daß Pop im Hintergrund anwesend war. Daher war sie nicht ganz sicher, ob sie mich überhaupt als Autorität ernstnehmen sollte.

Ich nahm den Elefantenhaken zur Hilfe und zog an ihrem Bein. »Na los, Lady. Dreh dich um.«

Elefanten können sich sehr schnell bewegen, aber meistens tun sie es nicht. Es schien endlos zu dauern, bis sie sich schließlich umdrehte und den Weg zurückging, den sie gekommen war.

Ich mußte auch bei Juliet und Portia den Haken benutzen, aber Hermia folgte bereitwillig. Ich hielt mich neben ihnen und ging von hinten nach vorn und zurück, um sicherzugehen, daß sie auch zusammenblieben, bis wir die Koppel erreicht hatten.

Nachdem eine nach der anderen hineingegangen war, schloß ich hinter ihnen sorgfältig das Tor. Später mußten sie im Stallzelt festgebunden werden, aber fürs erste konnten sie hier bleiben.

Ich holte tief Luft, atmete den Geruch der Elefanten ein und fühlte mich ein wenig so, als hätte ich mit Crabby getrunken. In diesem Augenblick wurde mir klar, warum Pop sein Leben mit Elefanten hatte verbringen wollen. Deputy Sweeney mußte mir gefolgt sein, denn plötzlich stand er neben mir und fragte: »Sind Sie in Ordnung?«

Ich nickte nur.

»Ms. Solano, so etwas habe ich noch nie zuvor gesehen. Sie hätten getötet werden können.«

Ich hatte tatsächlich so viel Angst gehabt wie nie zuvor in meinem Leben, aber eine Elefantendompteuse gibt nicht gern zu, daß sie sich vor ihren eigenen Elefanten fürchtet, also antwortete ich: »Ich kenne diese Elefanten von klein auf. Sie brauchen einfach nur eine starke Hand, und dann machen sie, was man ihnen sagt. Hermia braucht nicht einmal das, sie hört auf jeden.«

Plötzlich hörte das Dröhnen in meinem Kopf, das durch das Führen der Elefanten entstanden war, auf. Hermia gehorchte wirklich fast jedem.

»Deputy, was wäre, wenn jemand meinen Vater ermordet hat? Wenn er mit Drogen vollgepumpt oder erschossen wurde? Dann hat man Hermia immer wieder über die Leiche laufen lassen. Würde das dann nicht aussehen, als hätte sie ihn getötet?«

Er schüttelte den Kopf. »Nein, Ma'am. In seinem Körper sind keine Spuren von Drogen gefunden worden, und der Gerichtsmediziner konnte keine anderen Verletzungen feststellen außer denen, die durch Elefantenfüße verursacht waren.«

Ich schaute mir die Füße der Elefanten an. Es gibt eigentlich nichts, was einem Elefantenfuß in Größe oder Form vergleichbar ist. Abgesehen natürlich von einem anderen Elefantenfuß. Und da wußte ich auf einmal, wie Pop ermordet worden war. Es war ganz einfach zu erraten, wer es getan hatte.

Inzwischen hatten sich die meisten Leute, die vorher im Zelt gewesen waren, um uns versammelt. Fox versuchte Mr. Waterson zu beruhigen, der sich immer noch Sorgen machte, wie es in der nächsten Saison weitergehen sollte. Ich zeigte auf die beiden und sagte: »Er hat es getan! Er hat meinen Vater umgebracht!«

Fox sah einfach nur überrascht aus, aber Waterson wurde leichenblaß und wollte wegrennen. Bevor ich etwas sagen konnte, hörte ich Cassie schreien: »Hey, Rube!« Das ist der Hilferuf unter den Zirkusleuten, und Waterson kam nicht sehr weit, denn ein Trapezkünstler und ein Helfer hielten ihn fest und zerrten ihn zurück.

»Ms. Solano, würden Sie uns das bitte erklären?« sagte Deputy Sweeney so ruhig, wie er auch mit Crabby gesprochen hatte.

»Es gibt Schirmständer, die haben unten einen Elefantenfuß, und er hat Pop damit entweder umgehauen oder getötet. Dann hat er Hermia geholt, damit sie über seinen Körper trampelt. Durchsuchen Sie seinen Laden, ich wette, Sie werden den Ständer dort finden. Sie waren mal ganz modern, aber heute findet man sie nur noch in Antiquitätenläden.«

»Sie ist verrückt«, sagte Waterson wütend. »Ich habe den Schirmständer gestern verkauft.«

»Beweisen Sie es!« fuhr ich ihn an.

»Ma'am, er muß überhaupt nichts beweisen. Wenn, dann müssen wir es tun. Warum sollte er Ihren Vater umgebracht haben?«

Crabby stand in der Nähe und sah verblüfft aus. Ich fragte ihn: »Crabby, hat Pop Elefantendung an Waterson verkauft?«

»Ja. Er sagte, er wolle ihn als Dünger für seinen Anbau nehmen.«

»Das ist richtig. Er wollte Marihuana anbauen«, sagte ich. Deshalb hatte auch das Geld in Pops Kassenbuch danach gerochen.

»Sweeney, Sie werden doch diesem alten Trunkenbold nicht glauben, oder?« sagte Waterson.

Aber Sweeney schaute durchaus interessiert und sagte: »Nun, Tatsache ist, daß Gerüchte umgehen, jemand aus der Gegend hätte eine Menge Marihuana verkauft. Aber wir konnten bis jetzt nicht herausbekommen, wer es war. Waterson, Sie haben doch sicherlich nichts dagegen, wenn wir uns Ihr Grundstück mal näher ansehen, oder?«

Waterson sackte in den Armen der Männer, die ihn festhielten, zusammen.

Ich sagte: »Ich wette, Pop hat herausgefunden, wofür Sie diesen Dünger benutzt haben, und wollte Ihnen keinen mehr verkaufen.«

»Ich hatte Angst, er würde es der Polizei erzählen«, sagte Waterson. »Ich hätte alles verloren. Sie hätten mir mein Land und mein Haus weggenommen. Dieses Land befindet sich seit Generationen im Besitz meiner Familie. Ich mußte ihn einfach zum Schweigen bringen.«

Da sah ich rot. Pop hatte wegen ein paar nutzloser Morgen dreckigen Landes sterben müssen? Wenn ich Titania gewesen wäre, dann hätte ich jetzt trompetet und wäre auf ihn losgegangen.

»Glauben Sie wirklich, Pop hätte sich um Ihr kleines, mit Marihuana bepflanztes Stück Land geschert?« sagte ich so verächtlich, wie ich konnte. »Nichts gegen Sie, Deputy, aber Pop hätte auf einen Telefonanruf kein Geld verschwendet. Er wollte mit der ganzen Geschichte nichts zu tun haben.« Ich ließ Waterson einen Augenblick Zeit, damit er merkte, daß er sich selbst geschadet hatte, dann sagte ich: »So dumm kann nur ein Städter sein.«

Ich nahm an, vor Gericht aussagen zu müssen, aber die Aussage des Angeklagten ging der Gerichtsverhandlung voraus. Waterson gab die Namen seiner Lieferanten an und gab seine Schuld zu, wodurch er der Todesstrafe entging. Ich fand das in Ordnung. Wäre Hermia erschossen worden, bevor man den Schuldigen gefunden hätte, dann schwöre ich bei Gott, daß ich alles unternommen hätte, damit er ihr ins Grab gefolgt wäre.

Was die Mädels angeht, so sind sie alle vier noch bei Fox's Zirkus. Crabby kümmert sich um sie, und es geht ihnen gut. Ich bin hiergeblieben, um dafür zu sorgen, daß es ihnen auch weiterhin gutgeht. Mom erklärte mich zwar für verrückt, weil ich meine gute Ausbildung vergeudete. Sie fand mich auch zu alt, um davonzulaufen und zum Zirkus zu gehen, aber sie hat sich damit abgefunden, denn ich bin schließlich Pops Tochter. Sie hat sogar versprochen, zur Vorstellung zu kommen, wenn wir mal in der Nähe von Massachusetts sind.

Natürlich hat Cassie die ganze Zeit über gewußt, daß ich bleiben werde. Ich habe sie gefragt, ob ihr das die Karten oder die Kristallkugel gesagt hätten, aber sie meinte, es hätte nichts mit Mystik zu tun. Mein Gesichtsausdruck, als ich die Elefanten ansah, hätte es ihr verraten.

Es ist eigentlich kein Witz, aber wissen Sie, warum eine Marketingleiterin sich dem Zirkus anschließt? Weil sie gern für Peanuts arbeitet.

Originaltitel: Where Does a Herd of Elephants Go?
Deutsch von Barbara Schäfer

Lilian Jackson Braun

Der Dunkle

 **Nur Dakh Won** kennt den wahren Grund für sein Handeln in jener Nacht auf dem mondbeschienenen Pfad. Katzen sind weder rachsüchtig noch heldenhaft. Sie sorgen nur dafür, daß sie Futter, Wärme, Geborgenheit und Ruhe bekommen, und hin und wieder hinter den Ohren gekrault werden. Aber Dakh Won ist eine siamesische Katze, eine Rasse, die für ihre Intelligenz und Treue bekannt ist. Er wurde schon immer »Der Dunkle« genannt, da sein Fell eine ungewöhnlich intensive Braunfärbung besitzt. Zwischen seinen braunen Ohren und dem braunen Schwanz hebt sich der seidige Rücken kaum ab. Nur sein weicher Bauch ist fast weiß. Er ist ein kräftiger Kater, dessen Muskeln sich unter seinem glatten Fell abzeichnen, und die schräggestellten saphirblauen Augen blicken geheimnisvoll in die Welt.

Die ersten Tage seines Lebens in der Katzenzucht hatte Dakh Won Futter, Wärme, Geborgenheit und vor allen Dingen Ruhe und Frieden genossen. Und dann eines Tages, als er ausgewachsen war, wurde er in fremde Arme gelegt und kam zum ersten Mal mit Feindseligkeit und Konflikten in Berührung. Bevor er in einen Korb gesetzt und mitgenommen wurde, hörte er eine sanfte und vertraute Stimme sagen: »Dakh Won ist etwas ganz Besonderes. Außer dir, Hilda, würde ich ihn niemandem verkaufen.«

»Du weißt doch, Elizabeth, daß er es bei mir gut haben wird.«

»Was ist mit deinem Mann? Mag er Tiere?«

»Er mag Hunde lieber, aber ich bin diejenige, die ein Haustier braucht. Jack ist fast immer unterwegs. Mir kommt es so vor, als seien seine Bauaufträge im ganzen Bundesstaat verstreut.«

»Mal ehrlich, Hilda, ich weiß nicht, wie du es draußen auf dem Land aushältst. Du hast so viel unternommen, als du noch in der Stadt gelebt hast.«

»Es ist schon einsam, aber ich habe ja mein Klavier. Ich würde so gern den Farmerkindern in der Nachbarschaft Unterricht geben.«

»Warum tust du es dann nicht? Es würde dir guttun.«

»Jack gefällt der Gedanke nicht.«

»Warum, um Himmels willen, sollte er etwas dagegen haben?«

Hilda blickte unbehaglich drein. »Hm, in manchen Dingen ist er halt etwas eigenartig... Ich hoffe, Dakh Won mag Musik. Mögen Katzen Musik?«

Elizabeth musterte das Gesicht ihrer alten Freundin. »Hilda, ist zwischen dir und Jack alles in Ordnung? Ich mache mir Sorgen um dich.«

»Natürlich ist alles in Ordnung... Jetzt muß ich aber gehen, wenn ich den Bus nicht verpassen will. Ich hoffe, dem Kater macht die Fahrt nichts aus.« Dakh Won roch an dem fremden Paar Schuhe und spielte mit den verlockenden Schnürsenkeln. Er hatte noch nie Schnürsenkel mit Troddeln gesehen. Hilda bemerkte: »Ist das nicht süß, Elizabeth? Er macht mir meine Schuhe auf.«

»Laß sie mich dir zubinden.«

»Danke.« Sie seufzte. »Sind diese Schuhe nicht schrecklich? Der Doktor sagt, ich werde nie wieder elegante Schuhe tragen können.«

»Das war ein furchtbarer Unfall, Hilda – in mehrfacher Hinsicht. Du hast Glück, daß du überhaupt noch am Leben bist.«

»Es war nicht wirklich Jacks Schuld.«

»Ja, ich weiß, das hast du mir schon mal gesagt. Hast du immer noch Schmerzen?«

»Nicht so sehr, aber das häßliche Hinken werde ich wohl nie wieder los. Das ist einer der Gründe, warum es mir nichts ausmacht, mich auf dem Land zu verstecken.«

Dann wurde ihr Dakh Won in die Arme gelegt, der leise protestierte und ängstlich die Krallen ausfuhr, aber als er sich in einem zugedeckten Korb wiederfand, machte er es sich bequem und gab während der langen Fahrt keinen Laut von sich. Hin und wieder wurde er von kräftigen Händen gestreichelt, die in den Korb langten und sanft sein Fell zerzausten und die Ohren kraulten, was er gerne mit sich geschehen ließ.

Dakh Wons neues Zuhause war ein kleines Haus auf dem Land mit Blick auf eine Schlucht – eine faszinierende neue Welt mit Fransenteppichen, warmen Heizungen, breiten Fensterbänken, weichen Sesseln und einem großen Klavier.

Schon bald entdeckte er die Annehmlichkeiten, in dieser höher gelegenen Schachtel mit dem halboffenen Deckel zu sitzen, aber dann stellte sich heraus, daß dieser Platz für Katzen verboten war. Wenn abends das Licht gelöscht wurde, durfte er ein weiches Bett mit einer warmen Armbeuge und einem beruhigenden Herzschlag teilen. Dort schlief er immer – außer an Wochenenden.

»Hilda, ich sage es dir zum letzten Mal. Nimm dieses Tier aus dem Bett!«

»Er stört dich doch nicht, Jack. Er liegt auf meiner Seite.«

»Ich will ihn nicht in meinem Schlafzimmer haben. Schließ ihn im Keller ein.«

»Dort unten ist es feucht. Er wird die ganze Nacht schreien.«

»Okay, wenn diese Katze wichtiger ist als ich, gehe ich nach unten und kampiere auf dem Sofa.«

»Mach dir keine Mühe. Ich gehe aufs Sofa.«

»Danke.«

»Ich wußte, daß dir dieser Vorschlag gefallen würde.«

»Knall die Tür nicht zu.«

Dakh Won sprang aus dem warmen Bett und folgte den Hausschuhen, die langsam und vorsichtig, Stufe für Stufe, die Treppe hinuntergingen. Er hatte die Ohren angelegt, und sein Fell stand ihm zerzaust zu Berge. Laute Stimmen mochte er nicht, und die Anspannung, die er spürte, löste ein unbehagliches Gefühl in ihm aus. Aber Auseinandersetzungen waren nicht der einzige Grund, was ihm an den Wochenenden mißfiel. Er war ständig Angriffen durch Füße ausgesetzt. Nirgendwo auf dem Boden konnte sich Dakh Won sicher fühlen. Er streckte sich gerne an den Stellen aus, an denen die Sonnenstrahlen den Teppich erwärmt hatten. Der Boden war sein Reich und er erwartete, daß die Füße einen Bogen um ihn machten. Aber an Wochenenden wurden seine Rechte ignoriert.

Eines Samstags erwachte er mit einem Schmerzensschrei, als ihm heftig auf den Schwanz getreten wurde, und am nächsten Tag folgte ein heftiger Tritt in den Bauch, als er sich ahnungslos mitten im Flur räkelte.

»Diese verfluchte Katze! Ich bin über sie gestolpert. Ich hätte mir das Bein brechen können. *Hilda, hörst du mir überhaupt zu?*«

»Du solltest darauf achten, wo du hintrittst. Hast du wieder getrunken?«

»Du machst dir mehr Gedanken über dieses stinkige Vieh als über mich.«

»Er riecht besser als die Zigarre, die du gerade rauchst.«

»Das ist mein Haus, und ich rauche, was ich will, und ich gehe da entlang, wo ich möchte, und wenn dieser Flohbeutel mir noch einmal vor die Füße kommt...«

»Du redest schon wie diese wertlosen Kerle, mit denen du dich umgibst.«

»Wenn er mir noch einmal vor die Füße kommt, ertränke ich ihn!«

»Er hat keine Flöhe und du wirst ihn nicht anrühren. Er gehört mir. Ich werde in diesem gottverlassenen Nest nicht vor Einsamkeit umkommen. Du hast ja keine Ahnung, was es heißt, die ganze Woche über hier draußen allein zu sein...«

»Was ist nur mit euch Frauen los? Ihr wollt alle arbeitssparende Schikanen, und dann meckert ihr herum, daß ihr nichts zu tun habt. Warum backst du kein Brot oder so etwas, statt alles fertig zu kaufen, wenn du dich so langweilst?«

»Hör auf, hin und her zu rennen, oder zieh wenigstens diese schweren Stiefel aus. Du ruinierst den Fußboden.«

»Versuch doch mal die Wäsche auf einem Waschbrett zu waschen, wenn du dich so langweilst.«

»Ich bin Pianistin, keine Wäscherin. Du scheinst zu vergessen, daß ich meine Karriere aufgab, als ich dich geheiratet habe. Irgendwann werde ich anfangen Klavierstunden zu geben...«

»Damit die Leute glauben, ich könnte keine... keine kranke Frau ernähren.«

»Wenn du endlich einmal aufhören könntest, auf und ab zu rennen, und mir zuhören...«

»Und eine Menge dreckiger Farmerskinder trampeln durch das Haus? Nur über meine Leiche.«

»Paß doch auf! Du wärst fast auf seine Pfote getreten.«

»Diese dämliche Katze!«

Dakh Won lernte schon bald, sich am Wochenende unsichtbar zu machen. Die meiste Zeit verbrachte er draußen. Er mochte hochgelegene Plätze, und der Weg, der am Rand der Schlucht entlangführte, war wie ein Balkon, auf dem Dakh Won sein Reich übersehen konnte. Am Fuß des felsigen Abhangs floß ein reißender Strom. Am gegenüberliegenden Ufer befand sich ein Wald, aus dessen Unterholz geheimnisvolle Geräusche drangen.

Stundenlang konnte Dakh Won am Rand der Schlucht sitzen und seine Sinne beschäftigen. Er beobachtete ein Blatt, das sich leicht im Wind bewegte, er nahm den Duft von Vogelkirschen und den von der Sonne aufgewärmten Geruch nach Erde in sich auf; er probierte bitteres Gras und den sauren Geschmack von Insekten, die er mit der Pfote fing, er hörte das Flüstern des Bodens, wenn eine Wurzel nach Feuchtigkeit grub.

Gleichzeitig nahm er auch Geräusche aus dem Haus wahr – die lauten und gellenden Stimmen, das Türschlagen, das Aufstampfen der grausamen Stiefel. Hochgeschnürt, mit dicken Sohlen und abgeflachten Spitzen, gaben sie ihm das Gefühl, ein kleines und verletzliches Wesen zu sein.

Wenn das Wochenende vorbei war, fühlte er sich wieder sicher. Als ob er wußte, daß er gebraucht wurde, blieb er in ihrer Nähe und saß neben ihr auf dem Klaviersitz, während ihre Finger über die Tastatur glitten und ihr Fuß die Pedale bediente. Die Schuhe hatten Schnürsenkel mit Troddeln, die bei jeder Bewegung auf und ab wippten.

Am Nachmittag folgte er den wippenden Troddeln den engen, ausgetretenen Lehmpfad hinunter, der an der Schlucht entlangführte. Auf der einen Seite des Weges standen Büsche mit Vogelkirschen, und auf der anderen Seite wuchsen Grasbüschel, die über den Rand der Schlucht hingen. Die Troddelschuhe bewegten sich unsicher und machten an einer Bank Rast, bevor sie den Weg zum Drahtzaun am Ende des Pfades fortsetzten. Dort befand sich ein Tor, und dahinter ein anderes Haus, aber die Troddelschuhe gingen nie weiter als bis zum Zaun.

Eines Tages, nach dem Nachmittagsspaziergang, wurde der große, runde Tisch in der Küche mit einem einzelnen Teller und einer einzelnen Tasse und Untertasse gedeckt. Dakh Won saß auf einem Stuhl und sah zu, wie Essen vom Teller auf die Gabel und weiter in den Mund wanderte.

»Du bist ein guter Begleiter, Dakh Won. Du bist mein bester Freund.«

Er blinzelte.

»Du bist ein großer, starker, mutiger und intelligenter Kater.«

Dakh Won leckte sich die Pfote und strich mit ihr sanft über sein braunes Gesicht.

»Würdest du gern einmal Krabbenfleisch probieren?«

Dakh Won schnurrte zustimmend und sprang auf den Tisch.

»Ach, du meine Güte! Katzen haben auf dem Eßtisch eigentlich nichts zu suchen.«

Dakh Won hatte sittsam Platz genommen und blieb in gebührendem Abstand zum Milchkrug sitzen.

»Aber es ist schon in Ordnung, wenn wir allein sind – nur du und ich. Wir werden es keinem sagen.«

Für den Rest der Woche aßen sie einträchtig beieinander, aber Freitag abend spürte Dakh Won, daß sich etwas verändert hatte.

Auf dem braunen Tischtuch mit Kerzenhaltern aus Messing wurden zwei Teller statt einem aufgelegt. Er war allein in der Küche und betrachtete den gedeckten Tisch. Die Stelle, an der er normalerweise saß, war vollgestellt mit Geschirr, aber es gab noch genügend Platz für ihn zwischen den Kerzenständern. Leichtfüßig sprang er hinauf, bewegte sich anmutig zwischen den Gläsern und dem Porzellan und machte es sich als dunkler Tafelaufsatz auf dem braunen Tischtuch bequem.

Im gleichen Augenblick waren bedrohliche Geräusche von draußen zu vernehmen. Ein Auto war knirschend über den Kies in den Hof gefahren, und die schweren Stiefel, die Dakh Won fürchtete, stampften auf die hintere Veranda. Er verwandelte sich in ein kleines, geräuschloses Bündel. Auf dem Tisch war er unerreichbar für Stiefel, die ihn verletzen konnten.

Die Hintertür öffnete sich und wurde mit einem Knall zugeschlagen.

»Hey, Hilda! Hilda! Wo zum Teufel steckst du? Was ist mit der Tür passiert?«

»Hier bin ich. Ich war oben und habe mich umgezogen.«

»Warum? Wer kommt zu Besuch?«

»Niemand. Ich dachte, es wäre nett . . .«

»Was zum Teufel hast du mit der Hintertür gemacht?«

»Das ist eine Katzenklappe. Ich habe sie einbauen lassen, damit

Dakh Won rein und raus kann. Sie ist mit einem Scharnier versehen...«

»Eine Katzenklappe. Du hast eine intakte Tür ruiniert. Wer hat das gemacht? Wer hat sie kaputtgesägt?«

»Ein sehr netter Mann von der Farm unten an der Straße. Es hat nichts gekostet, wenn es das ist, worüber du dir Gedanken machst.«

»Wie bist du an diesen Mann gekommen? Warum hat das nichts gekostet?«

»Ich habe gerade meinen üblichen Spaziergang die Schlucht entlang gemacht – wie mir der Arzt geraten hat – und der Farmer reparierte den Zaun an seinem Grundstück. So sind wir ins Gespräch gekommen. Dakh Won war bei mir, und der Mann schlug vor, eine Katzenklappe für ihn zu machen. Er ist mit seinem Werkzeug vorbeigekommen...«

»Und dieser Mann war mit dir allein im Haus?«

»Jack, der Mann ist siebzig Jahre alt. Er hat dreizehn Enkel. Einer seiner Enkel möchte Klavierunterricht nehmen, und ich werde dem Jungen Stunden geben, ob es dir nun gefällt oder nicht.«

»Wie alt ist er?«

»Was spielt das für eine Rolle?«

»Ich möchte wissen, was hier vor sich geht, wenn ich nicht da bin.«

»Sei nicht albern, Jack.«

»Du hast kein Interesse mehr an mir, daher nehme ich an, daß du etwas anderes laufen hast.«

»Das ist beleidigend – und ordinär.«

»Du weißt einen richtigen Mann wie mich nicht zu schätzen. Du hättest einen von diesen langhaarigen Musikern heiraten sollen.«

»Jack, du machst mich krank. Ziehst du dich jetzt um, oder willst du den Fußboden mit diesen duseligen Stiefeln ruinieren.«

»Das ist ja wohl ein Witz. Du schneidest ein Loch in die Tür und machst mir die Hölle heiß, daß ich den Fußboden zerkratzen könnte.«

Als die Stimmen immer lauter wurden, fühlte sich Dakh Won von Minute zu Minute unwohler. Er bewegte sich nervös.

»Hilda! Er ist auf dem Tisch! Verschwinde!«

Eine harte Hand schubste Dakh Won auf den Boden, und ein unbarmherziger Stiefel traf ihn unter dem Bauch und warf ihn in die Luft.

»Jack! Wag es nicht, diese Katze zu treten!«

»Auf meinen Tisch kommt keine lausige Katze.«

Dakh Won flitzte durch die Katzenklappe und über die Veranda. Er hielt nur kurz inne, um seinen zitternden Körper zu lecken, bevor er in Richtung Schlucht davonjagte. Im Gebüsch am Wegesrand rollte er sich zu einem nachdenklichen Knäuel zusammen und lauschte dem abendlichen Surren der Insekten.

Bald darauf hörte er, wie das Auto lauter als gewöhnlich davonfuhr, und dann sah er den Schuh mit den wippenden Troddeln, der den Pfad hinunterhumpelte.

»Dakh Won! Wo bist du? ... Armer Kater! Bist du verletzt?«

Kräftige Hände hoben Dakh Won hoch und streichelten sein Fell. Er ließ es sich gefallen, daß sie ihn fest an sich drückte, und zuckte mit dem Ohr, als ein Tropfen Wasser darauf fiel.

»Ich weiß nicht, was ich machen soll, Dakh Won. Ich weiß es einfach nicht. So kann es nicht weitergehen.«

Die bösen Stiefel blieben das ganze Wochenende weg, das nächste und übernächste ebenfalls, aber plötzlich waren fremde Schritte im Haus zu hören. Die Besucher kamen durch das Tor am Ende des Weges. Sie hatten angenehme Stimmen, die gerne lachten, und brachten kleine Leckerbissen für Dakh Won mit. Und sie paßten auf, wo sie langgingen.

Eines Nachts, nach einem Abend voller Musik, gingen die Besucher den Weg zurück durch die Schlucht, und Dakh Won hatte sich in voller Länge mitten auf dem Wohnzimmerteppich ausgestreckt. Plötzlich hob er den Kopf. Draußen in der Dunkelheit ertönte ein bedrohliches Geräusch – das vertraute Poltern von schweren Stiefeln auf der Veranda. Unsicher stampften sie ins Haus.

»Jack! . . . Hast du dich also entschlossen zurückzukommen. Wo bist du gewesen?«

»Was spielt'n das für 'ne Rolle?«

»Du hast schon wieder getrunken.«

»Ich habe getrunken und getrunken und getrunken . . .«

Dakh Won hörte ein Krachen aus der Küche.

»Du bist ja völlig betrunken! Du kannst ja noch nicht einmal auf einem Stuhl sitzen.«

»Ich will diese Katze. Wo ist der Stinker? Ich werde ihn ersäufen.«

»Jack, du gehst jetzt besser.«

Wieder war ein Krachen zu hören, und Dakh Won flitzte durchs Haus – wie ein brauner Fleck jagte er durch die Küche und durch die Katzenklappe hinaus. Unter der Verandatreppe kauerte er sich zusammen und lauschte den wütenden Stimmen.

»Ich warne dich, Jack. Mach mir keinen Ärger. Geh wieder.«

»Du versuchst, mich aus meinem eigenen Haus zu werfen?«

»Ich bin fertig mit dir. Und zwar endgültig.«

»Was soll'n das heißen?«

»Ich reiche die Scheidung ein.«

»Hurra. Jetzt kann ich mich endlich amüsieren.«

»Du hast dich schon ausgiebig amüsiert, wie du es nennst. Ich weiß alles über diesen Wohnwagen, in dem du lebst. Ich weiß, was da vor sich geht, wenn du beruflich unterwegs bist – du und deine Flittchen!«

»Mach ruhig – laß dich scheiden. Dich will doch eh keiner. Es will doch keiner einen – einen Krüppel!«

»Deine Trunkenheit am Steuer hat mich zum Krüppel gemacht! Und dafür wirst du bezahlen – teuer bezahlen.«

»Du Biest!«

»Du wirst nicht einen Dollar für deine Flittchen übrig haben – wenn das Gericht erst mit dir fertig ist.«

»Du verkrüppelte, alte Hexe! Ich breche dir jeden einzelnen Finger!«

»Faß mich nicht an!«

»Ich bringe dich um...«

»Hör auf!... HÖR AUF...«

Dakh Won hörte die Schreie und das Poltern von Schuhen. Dann sah er, wie die Troddelschuhe eilig aus dem Haus in die Nacht humpelten. So schnell hatte er sie noch nie auf die Schlucht zulaufen sehen.

Er folgte ihnen mit einem Satz und hörte gleichzeitig ein Stöhnen und Schluchzen, als die Füße unsicher den Weg auf das Tor zuhumpelten. Der Lehmpfad schimmerte weiß im Mondlicht und schlängelte sich durch die dunklen Vogelkirschen und die Dunkelheit der Schlucht.

Im Haus hörte man ein Krachen und Poltern und eine brüllende Stimme. Dann sah Dakh Won, wie die brutalen Stiefel über den Hof auf den weißen Pfad zutaumelten.

Vor ihm liefen die Troddelschuhe in Panik davon, und hinter ihm kamen die Stiefel immer näher. Der Kater legte die Ohren an, und sein geschmeidiger Schwanz wurde zu einer buschigen Feder. Er blieb auf dem Weg stehen und machte einen Buckel. Aus unerklärlichem Grund streckte sich Dakh Won plötzlich träge auf dem Weg aus und blieb bewegungslos liegen. Die Stelle, an der er seinen dunklen Körper auf dem mondbeschienenen Pfad ausgestreckt hatte, lag im Schatten der Vogelkirsche, und so war Dakh Won eine unsichtbare, dunkelbraune Fellkugel.

Die Stiefel torkelten heran, und die Stimme dröhnte: »Ich krieg' dich schon, du Hexe. Ich bring' dich um!«

Dakh Won schloß die Augen. Die Stiefel stolperten über ihn, nachdem sie sich tief in seine ungeschützte Seite gebohrt hatten. Mit einem Schmerzensschrei sprang er auf – gerade in dem Augenblick, als die bösen Stiefel über ihn fielen und verschwanden. Man hörte das Rumpeln loser Felsbrocken in der Schlucht. Dann war nur noch das Rauschen des reißenden Stroms tief unten in der Schlucht zu hören, während sich der Kater die verletzte Seite leckte. Nur Dakh Won kennt den wahren Grund für sein Handeln in jener Nacht auf dem Pfad am Rande der Schlucht. Katzen sind nicht rachsüchtig – oder heldenhaft. Aber Dakh Won ist eine siamesische Katze, und wenn die Leute über den tödlichen Unfall in der Schlucht sprechen, blicken seine saphirblauen Augen geheimnisvoll in die Welt.

Originaltitel: The Dark One
Deutsch von Ursula Graf

Nancy Pickard

Dr. Couch rettet einen Vogel

»Was ist los mit ihm, Grandpa?«
»Ich weiß es nicht, mein Schatz.«
Wenn es etwas gab, was Dr. Franklin Couch haßte,
dann, seine zehnjährige Enkelin und Namensschwe-
ster Frankie zu enttäuschen. »So viel ich auch über
Hunde und Katzen weiß«, war der pensionierte Tierarzt gezwungen, ihr gegenüber zuzugeben, »so wenig weiß ich
über Vögel.« Während sie in den geräumigen, gepflegten Käfig
ihres neuen Haustiers blickten, bemerkte er ihre Enttäuschung,
und er fühlte sich schlecht. Er hatte sie noch nie hängenlassen, wie
er es bei Frankies Mutter und seiner anderen Tochter getan hatte.
Er war selten zu Hause gewesen, hatte sich stets um die Notfälle
von anderen Leuten gekümmert. Doch mit Frances, bekannt als
Frankie, hatte er sich so bemüht, immer dazusein, wenn sie ihn
brauchte. Es tat dem alten Mann weh, die Enttäuschung zu
sehen, die das liebe Kind vor ihm zu verbergen suchte.
Sie war um ihren neuen blauen Sittich besorgt, und das der
ungeäußerten und unsachgemäßen Meinung des alten Tierarz-
tes nach ganz zu Recht. Allerdings hatte er nicht den Mut, ihr
das zu sagen. Zudem hatte er keine Ahnung, was das arme Tier
plagte, doch er erkannte ein krankes Tier, wenn er eines sah,
selbst wenn es einen Schnabel statt eines Mauls und Flügel statt
Pfoten hatte.

»Du weißt es wirklich nicht?« fragte Frankie ungläubig flüsternd.

Ihr Großvater wußte angeblich alles, was man über Tiere wissen konnte. Jeder in der Stadt glaubte das von Dr. Frank, und was kleine, behaarte Haustiere anging, war die hohe Meinung zutreffend. Doch dieses blaue gefiederte Wesen, das ihn aus dem einen offenen, trüben Auge lethargisch anstarrte, war eine völlig andere Spezies. Es hätte genausogut ein Wesen vom Mars sein können, dachte Dr. Frank unglücklich, was sein Wissen über Vogelkrankheiten anbetraf. Es konnte sich weder um Staupe, Katzenleukämie oder Hundetollwut handeln. Er wußte, daß Vögel von Viren befallen wurden. Er fragte sich, ob sie unter Erkältungen oder Grippe litten, so wie Warmblütler. Während seines Studiums hatten sie nicht einmal einen Tag der Vogelwelt gewidmet, erinnerte er sich bedauernd.

»Nein«, erwiderte er. »Ich wünschte, ich wüßte es, doch Tatsache ist, ich weiß es nicht.«

»Er will nicht essen.« Frankies ansonsten so kräftige Stimme bebte, sie war kurz davor zu weinen. »Er kommt auch nicht heraus und fliegt im Zimmer herum. Er sitzt einfach nur so da.«

Die Beschreibung kam Dr. Frank persönlich und auch als Arzt vertraut vor, und plötzlich meinte er zu wissen, was dem kleinen Kerl fehlte. Es hatte eine Zeit gegeben, in der die Symptome, die seine Enkelin gerade beschrieben hatte, auf ihn zugetroffen waren, doch das sagte er dem Kind nicht.

»Wird er sterben, Großpapa?«

Dr. Frank wandte seinen Blick vom lustlosen Vogel zu den glänzenden Augen seines geliebten Enkelkindes.

»Nein, Kind«, sagte er mit einer plötzlichen Überzeugung. »Ich weiß zwar nicht einmal soviel über Vögel, um damit den Schnabel eines Kolibris zu füllen, doch ich denke, ich weiß, was mit diesem kleinen Kerl nicht stimmt. Hab' ich dir je die Geschichte von der Turteltaube erzählt, die einen Mord aufklärte?«

»Wirklich? Ich meine, nein!«

»Nicht? Nun, dann muß ich das nachholen. Und zufällig hat sie auch mit dem traurigen Fall deines kleinen Freundes hier zu tun. Sie könnte auch die Lösung seines Unglücks beinhalten. Möchtest du die Geschichte hören?«

»O ja, Großpapa.« Taktvoll drängend fragte sie: »Kannst du sie mir schnell erzählen, damit wir Percy retten können?«

»Ich werde sie dir erzählen, während wir auf dem Weg zur Rettung sind. Wir werden sozusagen zwei Vögel mit einer Klappe schlagen. Komm mit, Frankie. Wir nehmen das Auto.«

»Soll ich Percy mitnehmen?«

Dr. Frank wollte ihr großzügiges Angebot der Vogelbegleitung ablehnen, doch dann änderte er seine Meinung. »Gute Idee, Percy muß unbedingt mit uns mitkommen. Die Rettungsaktion könnte ohne ihn erfolglos sein.«

Das kleine Mädchen hüpfte voller Hoffnung und Begeisterung auf und ab, doch sie beruhigte sich, um Percys Käfig mit ruhiger Hand zu packen. Ihr Großvater nahm ihr den Käfig ab, um ihn zum Auto zu tragen, dabei hoffte er inbrünstig, daß er die versprochene Hilfe auch leisten konnte.

»Soll ich Mom fragen, Großpapa?«

»Nein«, riet er ihr nach einer Sekunde Nachdenken. »Wir gehen einfach zur Hintertür raus und nehmen mein Auto. Wir sind bald zurück, deine Mutter wird nicht einmal Zeit haben, sich Sorgen zu machen. Sicherheitshalber hinterlassen wir eine Nachricht.«

Die unleserliche Nachricht nannte weder Ziel noch Zweck ihres Ausflugs. »Sind ausgegangen«, stand dort, wenn es überhaupt jemand lesen konnte, »Bald zurück.« Er unterschrieb mit zwei großen »F«s, die für Franklin und Frances standen.

Auf der Fahrt klammerte sich Percy in seinem Käfig an der Stange fest. Großvater lenkte Frankie mit seiner Geschichte von ihren Sorgen ab.

»Es geschah in den 50er Jahren«, begann er. »Unsere Stadt war damals viel kleiner, weißt du, und jeder kannte jeden. Ich war damals der einzige Tierarzt in der Stadt, also wurde ich gerufen, wann immer ein Tier krank war, egal, ob es sich um ein Eichhörnchen handelte, das von einem Auto angefahren worden war, oder um eine Turteltaube, die jemandem zugeflogen war.«

»Ist das wirklich passiert?«

»Die Turteltaube? Bestimmt, Frankie. Ich wußte natürlich nicht, daß es eine Turteltaube war, jedenfalls nicht gleich. Als Mrs. Tommy Alexander mich eines Tages anrief, war sie wegen eines merkwürdigen Vogels, der auf ihrer Veranda aufgetaucht war, so aufgeregt, daß sie kaum reden konnte. Er ist rosa! waren ihre ersten Worte. Und ich sagte, nun, es ist wahrscheinlich ein Hausfink, die haben einen rosafarbenen Kopf und eine rötliche Brust. Nein, nein, sagte Mrs. Alexander. Sie verstehen nicht, Dr. Frank, er ist grün! Nun, dann ist es ein entflogener Sittich, sagte ich ihr. Daraufhin verlor sie die Geduld. Ich sei ein junger Kerl, der glaube alles zu wissen und sie nicht einmal ausreden ließe. Nein, Dr. Frank, hören Sie mir doch zu, bat sie, er ist rosa, blau und grün, und hat einen auffallenden Schnabel und große dunkle Augen, und er macht den lautesten Vogelruf, den Sie je gehört haben. Ich beobachte Vögel, sagte sie, und ich weiß, daß es kein Fink ist, und auch kein Sittich, er ist in keinem meiner Vogelbücher zu finden. Ich glaube auch nicht, daß es ein Papagei ist. Was könnte es sein, und wo kommt er her?«

Er sah zu seiner Enkelin, dann wandte er den Blick wieder auf die Straße. Als achtzigjähriger Fahrer durfte er keinen Unfall riskieren, sonst würden ihm die maßgeblichen Stellen seinen Führerschein und seine Freiheit wegnehmen.

»Ich muß dir sagen, Frankie, ich war versucht, Mrs. Alexander zu fragen, was sie getrunken hatte.«

Frankie kicherte, wie er gehofft hatte.

»Sie bat mich, mir den Vogel selbst anzusehen, da sie vermutete, daß er in ihrer Regenrinne Unterschlupf für die Nacht suchen würde. Sie wollte Tips, wie sie ihn einfangen sollte und was sie ihm zu fressen geben könnte. Ich sagte ihr, daß ich es nicht wüßte, selbst wenn ich den Vogel sähe, doch sie wollte sich nicht entmutigen lassen. Sie bat mich, schnell zu kommen, und warf mir vor, daß ich wie der Blitz gekommen wäre, wenn es sich um ihren Schnauzer oder ihre alte Katze gehandelt hätte. Sie hatte recht, ich konnte es nicht abstreiten. Ich sah ein, daß ich dem Vogel helfen mußte.«

»Gut gemacht, Großpapa.«

»Eigentlich verdiene ich dafür keine besondere Anerkennung, wenn man bedenkt, wie griesgrämig ich war. Nun, auf dem Weg zu Mrs. Alexanders Haus hielt ich bei der Bibliothek und lieh mir ein Buch über exotische Vögel aus. Glücklicherweise enthielt es Fotos, und ich hoffte, daß es mir weiterhelfen würde. In Wahrheit erwartete ich noch immer, daß der Vogel sich als etwas ganz Gewöhnliches entpuppen würde und daß Mrs. Alexanders Phantasie ihr einen Streich gespielt hatte.«

Frankie lachte und streichelte die dünnen Metallstangen, die dem Sittich am nächsten waren, als ob sie ihn liebkosen und trösten wollte.

Percy reagierte nicht.

Anscheinend hatte sich sein Zustand verschlechtert. Es wäre furchtbar, wenn Percy sterben würde, bevor sie ihr Ziel erreichten, dachte er. Er trat aufs Gaspedal und nahm das Risiko eines Strafzettels um der Liebe willen auf sich.

Er erzählte die Geschichte, wie er am Haus der Alexanders ankam und den Ruf des Vogels hörte, bevor er ihn gesehen hatte.

»Sie hatte recht«, sagte Dr. Frank. »Es war weder ein Fink noch ein Sittich. Es sei denn, es war ein Fünfzehn-Kilo-Sittich! Nein, ich hörte einen viel größeren Vogel. Und dann schaute er aus der Regenrinne hervor. Er war etwa 15–20 Zentimeter groß, so groß wie ein Kardinal, nur mit einem kürzeren Schwanz. Oh, es war der schönste Vogel, den ich je gesehen hatte, Frankie, ich hab' mich auf der Stelle in ihn verliebt. Er war offensichtlich an Men-

schen gewöhnt, denn er begann, Mrs. Alexander und mich auszuschimpfen.«

»Wirklich?« fragte Frankie lachend.

»Ja, es war, als ob er Hunger hatte und wissen wollte, wo sein
Fressen wäre und was wir deswegen zu tun gedachten.«

Er erzählte, wie er mit Mrs. Alexander auf der Veranda gesessen
hatte und das Buch über exotische Vögel durchgeblättert hatte,
bis sie zu dem wunderschönen Bild von einem Vogel mit rosi-
gem Kopf und rosiger Brust, grünem Körper und gelbem Schnabel, großen dunklen Augen mit weißen Ringen und einer leuch-
tend blauen Schweifspitze kamen.

»Das ist er!« hatte Mrs. Alexander gesagt und aufgeregt darauf
gezeigt.

Es war eine westafrikanische Turteltaube mit pfirsichfarbenem
Gesicht. Dem Buch zufolge schien es sich um ein Männchen
zu handeln. Sie erfuhren, daß er in seiner Heimat in kleinen
Schwärmen in Wassernähe lebte und daß er sein Leben lang
monogam war.

»Wie du dir denken kannst, sind westafrikanische Turteltauben
mit pfirsichfarbenen Gesichtern in dieser Gegend nicht hei-
misch«, meinte Dr. Frank zu seiner Enkelin in einem trockenen
Ton, der sie wieder zum Lachen brachte. »Weißt du, was hei-
misch heißt?«

»Es bedeutet, daß sie nicht von hier sind.«

»Kluges Kind! Nein, nirgendwo aus der Nähe. Etwa Tausende
von Kilometern von hier kommen sie her. Und plötzlich wurde
mir bewußt, warum Mrs. Alexander so aufgeregt war, abgesehen von der Überraschung, einen so exotischen Vogel auf ihrer
Veranda zu sehen. Es war die zweite Novemberwoche, Frankie.
Was sagt dir das?«

Das Kind saß nachdenklich da, während Dr. Frank an der roten
Ampel hielt, und dann sagte sie: »O Gott, das hieß, daß der
Winter kam, oder? Es wurde kalt, und die Turteltaube konnte
sterben?«

»Ja, genau. Das Buch sagte, daß einige Turteltauben 1500 Meter über dem Meer leben können, doch sie waren gewiß nicht für Minus-Temperaturen und den eisigen Regen gemacht, den wir in unseren Wintern haben.«

Er machte eine Pause, um sich auf eine enge Kurve zu konzentrieren.

»Und da war noch etwas Besorgniserregendes, Frankie.«

»Was, Grandpa?«

»Ich möchte dich nicht beunruhigen, doch während ich mir diesen wunderschönen Vogel ansah, bemerkte ich, daß das Rot seiner Brust dunkler war, als es dem Foto zufolge sein sollte. Und ich sagte zu Mrs. Alexander: Mrs. Alexander, ich glaube, daß dieser Vogel voller Blut ist.«

»O Gott!«

»Mach dir keine Sorgen, Frankie, es war nicht das Blut des Vogels, obwohl wir das zuerst nicht wußten. Ich hatte Angst, er könnte tödlich verwundet sein, daß er von einer Katze angegriffen worden war, obwohl er munter, gesund und laut wirkte für einen Vogel, der angeblich im Sterben lag.«

Frankies Hand ruhte auf dem Käfig.

Dr. Frank hätte sich für diese letzten Worte die Zunge abbeißen können. Er beeilte sich weiterzuerzählen, um sie von ihren unmittelbaren Sorgen abzulenken.

»Wenn es nicht sein eigenes Blut war, Frankie, wessen Blut, meinst du, könnte es gewesen sein?«

»Von der Katze?«

Der alte Tierarzt lachte laut. »Von der Katze? Sehr gut, Frankie, doch es war kein Katzenblut. Von wem sonst könnte es gewesen sein?«

Das intelligente Kind dachte lange nach, bevor es sagte: »Jemand, dem er gehört hatte?«

»Ah, das ist es. Und siehst du, du hast es schneller als wir herausgefunden. Wir wußten das erst viel später. In dem Moment dachten wir nur darüber nach, wie wir den Vogel fangen und uns um ihn kümmern könnten, besonders, wenn er verletzt war. Während wir da so saßen und diskutierten, passierte etwas Schreckliches.«

»Was, Großpapa?«

»Er flog davon.«

»O nein!«

»Doch, er flog einfach davon.«

»Was habt ihr dann getan?«

»Nun, was hättest du getan?«

Diesmal dachte das Kind noch länger über die Frage nach, bevor es eine äußerst intelligente Antwort hatte. »Ich hätte das Tierheim angerufen, um herauszufinden, ob jemand einen vermißten Vogel gemeldet hat. Wenn nicht, würde ich alle Tierärzte der Stadt anrufen..., oh, du warst der einzige Tierarzt, nicht wahr? Okay, dann würde ich die Polizei anrufen, um ihnen zu sagen, daß sie nach einem wunderschönen, blutigen Vogel Ausschau halten sollen. Und schließlich würde ich die Zeitung anrufen, um sie zu überreden, daß sie eine große Geschichte darüber drucken, damit jeder die Augen offen hält, falls der Vogel wiederauftaucht.«

»Hervorragende Ideen. Wir haben das Tierheim angerufen, und wir haben die Polizei gefragt, ob jemand angerufen hätte, um einen vermißten Vogel zu melden. Am wirkungsvollsten war aber die Nachbarin von Mrs. Alexander. Sie wollte wissen, warum ich auf der Veranda einer verheirateten Frau saß. Es war damals noch eine kleine Stadt, denk dran, und jeder kannte jeden. Als wir der neugierigen Nachbarin erzählten, was los war, rate mal, was als nächstes passierte?«

Er sah nach hinten, um das Grinsen seiner Enkelin zu sehen.

»Die Nachbarin rief alle ihre Freunde an?«

»Richtig! Und die riefen wiederum ihre Freunde an, und bevor der Tag um war, hielt die ganze Stadt Ausschau nach einer westafrikanischen Turteltaube.«

»Aber, Großpapa, wenn die ganze Stadt davon wußte, warum

meldeten sich dann nicht die Besitzer und sagten, daß es ihr verlorener Vogel war?«

»Ja, Frankie, das hätten sie, wenn sie das gekonnt hätten.«

Sie schwiegen, bevor das Kind plötzlich bestürzt Luft holte. »Oh, mein Gott. Sie konnten nicht, weil sie tot waren! Es war ihr Blut auf dem Vogel, nicht wahr? Waren sie tot, Großpapa?«

Er nickte feierlich. »Der Fall klärte sich, weil die Nachbarn sich wunderten, warum sie sich nicht als die Besitzer des Vogels meldeten. Die Nachbarin ging hinüber, um sie zu fragen, ob ihr Vogel entflogen war. Als sie an die Tür klopfte, öffnete sie sich, und sie sah ihre Körper auf dem Wohnzimmerteppich liegen.«

Frankie riß erstaunt den Mund auf.

»Sie waren aus nächster Nähe erschossen worden, Frankie.«

»Wie war der Vogel aus dem Haus gekommen?«

»Das«, sagte er zustimmend, »ist eine wichtige Frage für den Verlauf der Geschichte.« Er parkte vorsichtig zwischen zwei großen Lieferwagen. »Doch jetzt sind wir erstmal da. Laß uns Percy nehmen und hineingehen.«

Seine Enkelin starrte auf die Geschäftsfront vor ihnen. »Die Tierhandlung, Großpapa?« Frankie brach in Tränen aus. In ihrer Stimme schwang der Schmerz über seinen Verrat mit. »Bringen wir Percy in die Tierhandlung zurück?«

Ihr Großvater war über seinen Fehler, sie nicht in seinen Plan einzuweihen, entsetzt. »Natürlich nicht, mein Kind! Um Himmels willen, nein! Wir sind hier, um einen Freund für Percy zu holen! Ich denke, daß es das ist, was ihm fehlt. Er hat Sehnsucht nach den Freunden, die er zurückgelassen hat.«

Frankie hörte einige Minuten lang nicht auf zu weinen, es war, als ob ihre ganze Sorge für Percy auf einmal aus ihr herausbrach. Hilflos tätschelte ihr Großvater ihr den Rücken.

Schließlich wischte sie ihr Gesicht mit dem Handrücken ab und lächelte ihn an. »Ich habe mich so erschreckt. Ich dachte, ich müßte ihn zurückgeben. Es tut mir leid, daß ich so ein Theater gemacht habe.«

Dr. Frank tätschelte ihr den Kopf. »Percy ist das Theater wert, Frankie, alle Tiere sind das. Du mußt nie ein schlechtes Gewissen haben, wenn du dich ihretwegen schlecht fühlst. Das ist völlig in Ordnung, glaube mir.« Er entschuldigte sich dafür, daß er ihr einen Schrecken eingejagt hatte, und dann gingen sie in die Tierhandlung, um nach einem Freund für Percy zu sehen.

Natürlich waren die Leute von der Tierhandlung überrascht, sie mit Percy zurückkommen zu sehen, und sie nahmen an, daß er zurückgegeben würde.

»O nein«, rief Frankie selbstbewußt aus. »Wir sind hier, um für ihn einen Freund zu finden.«

Der kleine blaue Vogel lebte bei dem Anblick und dem Geräusch der zwitschernden Sittiche sichtlich auf. Keine zwanzig Minuten später war Dr. Frank um fünfzehn Dollar ärmer und im Ansehen seines Enkelkindes enorm gewachsen, denn schon liebkoste Percy den Schnabel seines hübschen neuen Spielgefährten, der mit der neuen Übereinkunft auch zufrieden schien. Die beiden schienen sich gesucht und gefunden zu haben. Darauf hatten Dr. Frank und Frankie geachtet, und sie wurden durch die ausgetauschten Zärtlichkeiten bestätigt. Natürlich erforderte der Kauf auch den Erwerb eines zweiten Wetzsteins sowie einer zusätzlichen Schaukelstange, doch Dr. Frank betrachtete das als sinnvolle Investition. Insgeheim dachte er, daß fünfzehn Dollar für etwas so Schönes und Wertvolles wie ein Lebewesen viel zuwenig waren, um es zu schätzen.

»Danke, Großpapa«, sagte Frankie zum x-ten Mal, als sie wieder im Auto waren. »Vielen, vielen Dank. Wirst du mir jetzt den Rest der Geschichte über die Turteltaube, die einen Mordfall löste, erzählen?«

Sie war aufgeregt und glücklich. Die Geschichte, das wußte er, war nur noch das fehlende I-Tüpfelchen.

»Als die Nachbarin in das Haus trat und das Ehepaar auf dem Wohnzimmerteppich sah, war sie erstaunt, denn ansonsten war

nichts mehr da! Es stellte sich heraus, daß die beiden Ende Siebzig waren und über fünfzig Jahre ihres Ehelebens in diesem
Haus gelebt hatten, doch es waren nicht einmal Möbel da. Kein
Fernseher, kein Sofa, keine Stühle, Betten oder Tische, nicht
einmal ein Kühlschrank oder ein Ofen. Es gab auch keinen
Vogelkäfig, der bewies, daß der Vogel je dort gelebt hatte.« Er
sah erwartungsvoll zu ihr hinüber. »Was glaubst du, bedeutet das
alles, Frankie? Kannst du über das Verbrechen etwas sagen, nach
dem, was ich dir erzählt habe?«

»Sie wurden ausgeraubt!«

»Genau, ihr ganzes Hab und Gut wurde gestohlen. Aber was für
Einbrecher würden alles mitnehmen? Selbst die Papiere und
ihre Kleider? Und wie würden die Einbrecher das alles einsam-
meln und aus dem Haus schaffen, ohne bemerkt zu werden?
Selbst wenn es in der Nacht geschähe, würde doch jemand es
bemerken, wenn ein Haus völlig leergeräumt wurde, und sich
fragen, ob da etwas Kriminelles vor sich ging?«

Während Frankie stirnrunzelnd nachdachte, steuerte Dr. Frank
ruhig den Wagen und versuchte, offensichtlichere Hinweise zu
finden, falls sie es nicht erriet.

»Hab ich dir gesagt, daß sie ein altes Paar waren?« fragte er, in
der Hoffnung, sie in die richtige Richtung zu lenken. »Und alle
ihre Kinder waren ausgezogen? Es war ein großes altes Haus, das
den alten Leuten viel Arbeit gemacht haben muß?«

Sie starrte auf die beiden Sittiche, die auch schon wie ein altes
Ehepaar vor sich hinzwitscherten, und dann meinte sie zögernd:
»Erinnerst du dich daran, wie Großmama noch lebte, Groß-
papa?«

Die Frage überraschte ihn, doch es gelang ihm, seine Reaktion
zu verbergen.

»Ja«, sagte er ernst, »das tue ich.«

»Und wie ihr in eurem großen alten Haus gelebt habt?«

Er lächelte, weil er merkte, daß Frankie auf der richtigen Fährte
war.

»Ja?« ermutigte er sie.

»Und wie Großmama es leid wurde, alles sauberzuhalten und meinte, du würdest vom Dach fallen und dir den Hals brechen, wenn du weiterhin wie ein Dummkopf hinaufklettern würdest, um die ... die ...«

»Schindeln.«

»Genau, festzumachen. Also habt ihr das Haus verkauft und euer jetziges Haus gekauft, erinnerst du dich?«

An jedes Detail erinnerte er sich ... wie er nicht in ein kleineres Haus ziehen wollte, doch Emma darauf bestanden hatte, und wie sie recht bekam, aus dem allertraurigsten Grund. Innerhalb eines Jahres war sie an Krebs gestorben, und er wußte, er wäre in ihrem großen Haus herumgestreunt wie ein einsamer alter Hund. Im neuen Haus verfolgten ihn wenigstens keine Erinnerungen. Dr. Frank blickte auf die Sittiche; er wußte, wie es war, wenn man sich vor Einsamkeit verzehrte. Wenn das liebe Kind neben ihm nicht gewesen wäre, um ihn zu verzaubern, dann hätte er vielleicht aufgehört zu essen und das Interesse am Leben verloren, genau wie der kleine Vogel.

»Großpapa?«

»Ich erinnere mich«, sagte er nach einem Räuspern.

»War dieses alte Paar dabei, in ein Altersheim zu ziehen, oder so? Und die Möbelspediteure haben sie umgebracht oder beraubt?«

»Ausgezeichnete Detektivarbeit!« lobte er sie und wurde durch ein Strahlen auf ihrem kleinen, süßen Gesicht belohnt. »Ganz genauso war es. Sie hatten einen zwielichtigen Trupp von Männern beauftragt. Und eines habe ich dir nicht gesagt, das Paar war sehr wohlhabend, und alle wertvollen Gegenstände waren in Schachteln verpackt, fertig zum Mitnehmen für die Spediteure.«

»Hat die Polizei die Mörder gefaßt, Großpapa?«

»Das hat sie, und zwar problemlos. Ich frage mich, ob du dir vorstellen kannst, wie. Denk dran, ich habe dir gesagt, daß die Turteltaube den Fall gelöst hat. Siehst du, die Einbrecher waren sich nicht im klaren darüber, daß auch die Turteltaube von Wert war, und da sie sich nicht mit ihr herumplagen wollten, haben sie die Taube aus dem Käfig gelassen. Sie entkam, während die Mörder die Möbel rückten. Wenn du Polizist wärst, Frankie, und Verdächtige ausfindig machen wolltest, und du wüßtest, daß der Vogel aus dem Käfig entkam, als die Verdächtigen noch im Haus waren, auf welches verräterische Zeichen würdest du bei ihren Kleidern achten?«

Frankie dachte eine Minute nach, und dann legte sie die Hände auf den Mund und kicherte, bevor sie ausrief: »Vogelkacke!«

»Ja, Frankie, auf der Jacke, die einer von ihnen getragen hatte.«

Sie lachten zusammen, bis Frankie die wirklich wichtige Frage in den Sinn kam, und sie wurde wieder ernst. »Was ist denn mit der Turteltaube geschehen, Großpapa?«

Die Turteltaube, erzählte er ihr, wurde in der ganzen Stadt gesehen. Alle machten sich ernsthaft Sorgen. Die ganze Stadt schien sich persönlich dafür zu interessieren, und es wurde berichtet, daß ihr lautes Zwitschern immer schwächer wurde, daß sie Gewicht verlor und daß sie aufhörte, die Leute auszuschimpfen.

»Und dann hatte jemand eine großartige Idee«, sagte er. »Sie besorgten sich eine zweite Turteltaube und setzten sie in einem Käfig auf Mrs. Alexanders Veranda. Und bevor der Tag anbrach, hatte der erste Vogel den zweiten Vogel rufen gehört und war zum Käfig geflogen. Als wir den Käfig in das Wohnzimmer der Alexanders brachten, folgte der Vogel, und er lebte mit seinem Partner glücklich bis ans Ende ihrer Tage bei Mrs. Alexander, die sich um die beiden kümmerte.«

»War es deine großartige Idee?«

»Nun«, gab er bescheiden zu, »ich denke schon.«

Sie tätschelte den Käfig. »Und das war auch deine großartige Idee.«

Sie hatten den Käfig bereits wieder an seinen Platz gestellt, bevor Frankies Mutter bemerkte, daß sie weg gewesen waren.

Schließlich kam sie doch noch, um zu fragen, ob sie Cheese-burger oder gegrillten Käse zum Mittagessen wollten.

Nervös sah Dr. Frank, wie seine Tochter zum Käfig blickte, stutzte und dann hinging, um genauer hinzuschauen.

Hinter ihr nahmen sich ein großer alter Mann und ein kleines Mädchen bei der Hand und hielten den Atem an.

Als Frankies Mutter sich umdrehte, sagte sie lediglich: »Es ist erstaunlich, wieviel besser er aussieht, nicht?«

»Kann ich ihn behalten?« bettelte Frankie.

»Ja, das darfst du. Danke, Dad.«

Doch auf ihrem Weg aus dem Zimmer beugte sich seine Tochter hinüber, um in sein Ohr zu flüstern: »Ich bin heilfroh, daß wir ihr kein *Pferd* zum Geburtstag geschenkt haben.«

Nachdem seine Tochter gegangen war, fragte Dr. Frank: »Wie wirst du deinen neuen Vogel nennen, Frankie?«

»Lovie«, sagte sie prompt, »nach der Turteltaube, die den Mord gelöst hat.« Sie sah zu ihrem Großvater auf, daß es ihm das Herz erwärmte. Er hatte plötzlich das Gefühl, als habe sich die Trauer über den Tod seiner Frau zum Besten gewendet, da sie ihm geholfen hatte, Einsamkeit in Gottes Geschöpfen zu erkennen.

»Lovie«, sagte er, »ist wirklich ein sehr guter Name.« Und er lehnte sich im Sessel zurück, und als Frankie glücklich auf seinen Schoß geklettert war, um auf das Mittagessen zu warten, sagte er: »Aus irgendeinem Grund erinnert mich das daran – hab ich dir je die Geschichte von dem Pferd erzählt, das ein Feuer löschte?«

Originaltitel: Dr. Couch Saves a Bird
Deutsch von Beatrice Beckmann

Dorothy Cannell

Fetch

»**Tut mir leid**, altes Haus, aber ab und zu muß ein Ehemann Stellung beziehen, und um es kurz zu machen – und es auf den sprichwörtlichen Punkt zu bringen –, ich dulde unter meinem Dach keinen notorischen Dieb.« Mr. Richard Ambleforth, der mit fünfundzwanzig noch immer wie ein Primaner aussah, der in den Ferien nach Hause reist, war ziemlich zufrieden mit seiner an seine vor zwei Tagen angetraute Ehefrau gerichteten Rede.

»Also ehrlich, Dickie! Wie kannst du nur so spießig sein!« Die ehemalige Lady Felicity Entwhistle, im engen Freundeskreis unter dem Namen Foof bekannt, schüttelte ihr seidiges schwarzes Haar, stampfte mit dem zierlichen Fuß auf und stürmte zum Fensterplatz. Niedergeschlagen sah sie zur Decke und sagte, an die Stuckverzierung gewandt: »Deine Mutter hatte recht. Du hättest mich nie heiraten sollen; irgendwann mußte es ja herauskommen, daß ich lieber mit Verbrechern plaudere als mit dem Pfarrer Tee zu trinken.«

»Hör mal.« Dickie warf einen nervösen Blick über die Schulter, als erwarte er, daß seine dominante Mutter Gestalt annehme und ihn an den mütterlichen Busen drücke. »Du solltest das Schicksal nicht herausfordern, indem du meine Mutter ins Spiel bringst. So schnell, wie sie an die Tür klopft, können wir uns gar nicht hinter den Vorhängen verstecken. Und präsentiert mir eine lange Liste, was ich in den Flitterwochen auf keinen Fall essen sollte.«

»Oh, je länger, je lustiger!« Foof lachte trocken. »Schließlich nehmen wir Woodcock mit. Wir dürfen ihn auf keinen Fall vergessen, sonst steht er womöglich mit traurigem Gesicht mit Eimer und Schaufel da!«

In diesem ungünstigen Augenblick betrat ein großer Mann mit stahlgrauem Haar in Butlerlivree das mit Büchern umsäumte Wohnzimmer, das einst Dickies Londoner Junggesellenbude gewesen war. Er stellte ein Silbertablett mit Karaffe und Gläsern auf den Tisch hinter dem abgenutzten Ledersofa. Trotz seiner Körpergröße bewegte er sich mit einer ans Ätherische grenzenden Leichtigkeit.

»Na, wenn das kein Grund zur Freude ist! Zeit für den Sherry!« Foof schwang ihre lange Perlenkette in hohem Bogen, so daß diese fast wie ein Lasso die Uhr auf dem Kaminsims eingefangen hätte. »Wie wär's mit einem Toast, Dickie? Auf daß dieser erbärmliche Bösewicht, den ich bedauerlicherweise ins Haus gebracht habe, auf der Straße landen möge.« Ihre Stimme brach. »Ich bin überzeugt, Woodcock ist deinen Anweisungen gefolgt und hat den armen Kerl über die Feuerleiter rausgeworfen.«

»Ich muß gestehen, daß ich es in dieser Hinsicht am nötigen Gehorsam habe fehlen lassen.« Der Butler sah beim Sprechen auf das Sherryglas, das er ihr reichte. »Nach vierzig Dienstjahren im Hause Ambleforth pflege ich mir, wenn es mir für die Harmonie im Hause als zuträglich erschien, gelegentlich die Freiheit zu nehmen, die mir gegebenen Anweisungen in gewisser Weise abzuändern. Sollte ich dieses Mal bei meinem Handeln die Grenzen der Nachsicht überschritten haben, so werde ich die Konsequenzen ziehen und ehrerbietig meine Kündigung einreichen. Ich muß nur noch meine Reisetasche packen.«

»Ich dachte, sie sei für die Flitterwochen schon längst gepackt.« Dickie war derart bestürzt, daß er nur auf diesen belanglosen Punkt eingehen konnte.

»Sie haben mich überführt, Sir.« Das Aufblitzen in Woodcocks Augen strafte sein ernstes Benehmen Lügen. Im gleichen Moment sprang Foof auf, wobei sie ihr elegantes Kleid von oben bis unten mit Sherry bespritzte, und gab Woodcock einen Kuß auf die Wange.

»Sie sind ein Schatz! Wie schrecklich von mir, auch nur einen Moment lang zu glauben, Sie würden die Sache nicht genauso sehen wie ich. Mir war immer schon klar, daß Dickie nur deshalb den Mut aufgebracht hat, um meine Hand anzuhalten, weil Sie ihm dabei souffliert haben, und daß er nur deshalb zur Tür hinauslief, weil Sie ihn mit der Hutnadel seiner Mutter gepiekt haben. Ach, wenn Sie ihn doch davon überzeugen könnten«, Foof stellte die Reste ihres Drinks auf den Tisch und faltete flehentlich die Hände, »daß es seine Christenpflicht ist, eine abtrünnige Seele bekehren zu helfen, dann will ich Dickie ganz bestimmt eine Mustergattin sein und Ihnen, mein allerbester Woodcock, die perfekte Vorgesetzte.«

»Tut mir leid, Foof! Aber ich lasse mich nicht von meiner Meinung abbringen.« Dickie ging zum Couchtisch und nahm sein Sherryglas. »Wenn ich nachgebe und diesen Kerl hierbehalte, dann steht uns eine schreckliche Zeit bevor. Noch ehe wir uns versehen, setzt keiner unserer Freunde mehr den Fuß in diese Wohnung, aus Angst, die Jacken- und Hosentaschen würden geleert und die Handtaschen geplündert.«

»Dummes Zeug!« Foof drehte sich abrupt um und ging zu ihrem Fensterplatz zurück. »Ich habe ihm erklärt, daß er Glück hatte, nicht mit diesem Gauner, der ihn zu seinem verbrecherischen Lebenswandel verführt hat, im Gefängnis zu landen. Wenn du die Reue in seinen sanften braunen Augen gesehen hättest, dann wüßtest du, daß er seinen Fehler eingesehen hat. Er ist fest entschlossen, zu einem nützlichen Mitglied der Gesellschaft zu werden.«

»Selbst verstockte Sünder sehen zuweilen das Licht am Ende des Tunnels.« Woodcock bot seine Bemerkung zusammen mit einem Teller hauchdünner Mandelplätzchen an. »Ich denke dabei, Mr. Ambleforth, ganz besonders an meinen Cousin Bert, der eine lasterhafte Jugend verbrachte und sich mit Frauen von zweifelhaftem Ruf amüsierte. Seit Jahren hatte er keinen Gottesdienst mehr besucht; aber eines Sonntagmorgens betrat er die Kirche der Plymouth-Bruderschaft. Er suchte nur ein ruhiges Plätzchen, um seinen Rausch der vergangenen Nacht auszuschlafen. Doch während er dort saß, traf ihn wie ein greller Blitz die Erkenntnis, daß sein früheres Leben nichts als Bosheit und Sünde war.«

»Was für eine schöne Geschichte«, rief Foof begeistert. »Man hat ihn sicher wieder in den Schoß der Familie aufgenommen.«

»Man hat zumindest den Versuch unternommen«, entgegnete Woodcock. »Doch einige reagierten unwillig, als er ihnen davon abriet, sich weiter mit so profanen Dingen wie dem Zuschauen beim sonntäglichen Cricket-Spiel zu beschäftigen. Ich habe die Erfahrung gemacht, daß eine so vollständige und langanhaltende Bekehrung durchaus nichts Ungewöhnliches ist. Genau daran mußte ich denken, Mr. Ambleforth, als ich der fraglichen Person, die sich zur Zeit in der Küche befindet, eine leichte Mahlzeit zubereitete. Und da ich bei ihr die Bereitschaft verspürte, ihre Lebensweise zu überdenken, war ich geneigt, Lady Felicity in ihrer Fürsprache zu unterstützen.«

»Ach, bringen Sie ihn schon rein! Vorher habe ich sowieso keine ruhige Minute mehr.« Dickie ließ sich schwer in den Sessel zurückfallen und vermied den Blick seiner jungen Frau. Unterdessen zog sich Woodcock in die Diele zurück, um nach ein paar Sekunden lautlos ins Zimmer zurückzukehren. Begleitet wurde er von einer Gestalt, die aussah wie die Reue in Person.

»Dickie, mein Liebling! Sieht er etwa wie ein Halsabschneider aus?« fragte Foof mit ihrer schmeichlerischsten Stimme.

»Nein, wohl kaum, aber für seinen Job wäre das auch nicht gerade vorteilhaft. Ja, ja, schon gut, laßt uns mal hören, was er selbst vorzubringen hat.«

»Wuff!« lautete die Antwort.

»Na bitte«, rief Foof, tänzelte durchs Zimmer und nahm den kleinen schwarzbraunen Hund, dessen Gesicht wie ein Wischmop aussah, auf den Arm. »Fetch sagt, es tut ihm außerordentlich leid, daß er in schlechte Gesellschaft geraten und vom rechten Weg abgekommen ist. Wenn du aber sein neuer Herr sein willst, Dickie, dann wird er in Zukunft nicht mal mehr ein Streichholz stehlen. So ist es doch«, sie küßte die haarige Stirn, »nicht wahr, mein allerliebster Schatz?« Das kleine Tier blickte über ihre Schulter und bellte mit großer Überzeugung.

Dickie hatte sich noch nicht völlig erweichen lassen. »Ja, ja, altes Haus, es klingt so, als täte es ihm leid. Aber wir dürfen nicht vergessen, daß er ein ausgemachter Schwindler ist.«

»Sehr wahr, Sir«, pflichtete ihm Woodcock bei. »Andernfalls hätte Lady Felicity wohl auch nicht so viel Mitleid mit ihm gehabt, daß sie ihn von der Straße auflas. Ihre Hutmacherin hatte sie davon unterrichtet, daß er obdachlos sei, seit sein Herrchen, Lord Bentbrook, auf Staatskosten untergebracht worden ist. Vielleicht sollte man jedoch in Betracht ziehen, Mr. Ambleforth, daß man auf allen Lebenswegen, egal ob man sie nun auf zwei oder auf vier Füßen zurücklegt, immer wieder auf Kreaturen trifft, die durch widrige Lebensumstände gezwungen sind, List zum Überleben anzuwenden.«

»Miss Honeywell hätte Fetch nur zu gern selbst aufgenommen, doch das Risiko, er könne ihre entzückenden Hüte beschmutzen, war ihr dann doch zu groß. Wie dem auch sei, Dickie, ich bin überzeugt, daß er sich bei uns viel besser fühlt. Flitterwochen sind genau das Richtige, um ihn seine Vergangenheit vergessen zu lassen . . .«

»Das geht entschieden zu weit«, protestierte Dickie, »der Hund kommt auf gar keinen Fall mit.«

Die Worte klangen noch in seinen Ohren, als er eine Stunde später zusammen mit Foof, Woodcock und Fetch im Zug saß, der in Richtung Little Biddlington-on-Sea den London Bridge

Bahnhof verließ. Sie hatten sich gegen das Auto entschieden und statt dessen ein Abteil dritter Klasse gewählt, weil Dickie die nicht ganz unbegründete Furcht hegte, seine Mutter könnte ihre zahlreichen Bekannten angewiesen haben, nach ihnen Ausschau zu halten. Und sobald man sie gesichtet und ihr Bericht erstattet hätte, würde sie sich an ihre Fersen heften. Es war sogar nicht ausgeschlossen, daß sie das Paar bereits in der Honeymoon-Suite erwartete. Welche Mutter, die diesen Namen verdient, läßt ihren Sohn in seine allerersten Flitterwochen fahren, ohne an Ort und Stelle dafür zu sorgen, daß er auf seine Gesundheit achtet, regelmäßig ißt und ausreichend schläft.

»Little Biddlington-on-Sea klingt einfach toll!« Foof sah zum Anbeißen aus in ihrem schmalen braunen Kostüm, den geknöpften Schuhen und einem von Miss Honeywells weniger auffälligen Hüten, den sie etwas ins Gesicht gezogen hatte. Träumerisch blickte sie aus dem Fenster auf die Häuserfassaden, die am Bahndamm vorbeisausten. Fetch saß derweil wie ein kleines Fellpaket neben ihr.

»Ja, bestimmt ist es ideal.« Damit wollte Dickie sagen, es sei der letzte Ort auf der Welt, wo seine Mutter sie suchen würde. Es war als hübsches Seebad bekannt, von Leuten der Arbeiterklasse bevorzugt, die einen ruhigen Urlaub genießen wollten, ohne überfüllte Promenaden, Volksfeste und grölende Jugendliche. Fetchs Anwesenheit hatte Dickie zwar etwas verstimmt, aber er mußte zugeben, daß der Hund sich bisher tadellos benommen hatte. Allerdings betrachtete der kleine Kerl die ganze Zeit die Notbremse, als überlege er, ob er nicht hochspringen und daran ziehen solle. Foofs besänftigende Hand hielt ihn jedoch an seinem Platz. Zumindest bis der Zug am nächsten Bahnhof hielt und eine Frau das Abteil betrat, das sie bis dahin für sich allein gehabt hatten. Sie war eine nichtssagende Person, mittelgroß, mit einem grauen Flanellmantel und einem zweckmäßigen Hut, der mit einer spitzen Hutnadel im Nackenknoten befestigt war. Foof, die sich gerade laut fragte, wie weit es wohl noch bis Little

Biddlington-on-Sea sei, bemerkte die Frau. Dickie hatte das unbestimmte Gefühl, sie schon mal irgendwo gesehen zu haben. Könnte sie vielleicht eine von Mutters Spioninnen sein, die in ihrer raffinierten Verkleidung wie eine x-beliebige Haushälterin aussah? Woodcock, der bis jetzt aufmerksam in einer Weinzeitschrift gelesen hatte, stand auf und legte den Koffer der Frau in das obere Gepäcknetz. Dann nahm er wieder seinen Platz vis-à-vis den Fensterplätzen seiner Herrschaft ein. Die Frau setzte sich ihm gegenüber, und als der Zug abermals losratterte, öffnete sie ihre Handtasche, holte einen Stopfpilz heraus und wollte einen schwarzen Socken über das breite Ende ziehen, als Fetch in Aktion trat. Er schlich sich an und attackierte die Schuhe der Frau so vehement, daß man nur noch ein rotierendes schwarzbraunes Fellknäuel sah. Gleichzeitig zog er an ihren Schnürsenkeln und bellte laut.

Dickies Mutter hätte das Gebell als ziemlich ordinäres Cockney bezeichnet. Es sollte jedoch noch schlimmer kommen. Die Frau beugte sich herab, so daß ihre Näharbeit vom Schoß fiel; währenddessen sprang Fetch mit Lichtgeschwindigkeit auf die Sitzbank und durchwühlte ihre Handtasche. Woodcock packte ihn mit drohender Geste am Genick und ließ ihn in der Luft baumeln.

»Ich hoffe, das Tier hat keinen Schaden angerichtet, Madam.«
Das war Woodcock in seiner besten Butler-Manier. Er kümmerte sich um alles und blieb dennoch die Ruhe selbst. Foof gelobte sich im stillen, daß sie nie ohne ihn in die Flitterwochen fahren würde.

»Schon gut, er hat mir nichts getan.« Die Frau blickte auf ihren verhedderten Schnürsenkel. Dickie, der unter den Mitgliedern seines Clubs nicht gerade als besonders scharfsinnig galt, hatte das merkwürdige Gefühl, daß sie Woodcocks Blick auswich, fast so, als sei sie diejenige, die Grund zur Verlegenheit hätte.

»Das war furchtbar ungezogen von ihm.« Foof hielt vor Schreck beide Hände vors Gesicht. Während Dickie mit hochrotem

Kopf dasaß, war sie kreidebleich. »Ich hätte ihn an der Leine halten sollen. Meinem Mann und mir tut es schrecklich leid.«

»Wir können Ihnen gar nicht sagen, wie leid es uns tut«, krächzte Dickie.

»Fetch, ich möchte, daß du dich bei der Dame entschuldigst«, wies Foof ihn zurecht.

Ein äußerst zerknirschtes Wuff war die Antwort. Woodcock setzte das Tier dorthin zurück, wo es hingehörte, und reichte der Frau ihre Näharbeit.

Sie steckte sie wieder in die Handtasche und sagte: »Ich glaube, ich werde lieber ein bißchen schlafen. Das hilft mir sicher über den Schreck hinweg.« Sie machte die Augen zu und hielt sie die nächsten anderthalb Stunden krampfhaft geschlossen. Danach fuhr der Zug schnaufend in den Bahnhof von Little Biddlington-on-Sea ein. Sofort wurde die Frau munter und nahm, noch ehe Woodcock ihr helfen konnte, ihren Koffer herunter. Foof und Dickie entschuldigten sich nochmals bei ihr, während sie vor ihnen aus dem Zug stieg. Obwohl der Himmel voller Wolken hing, fühlten sie sich heiterer, sobald die Frau aus ihrem Blickfeld verschwunden war. Sogar Fetch, der angeleint neben ihnen hertrottete, wurde wieder lebhafter. Woodcock fand einen Gepäckträger, der ihnen mit den Koffern half, und schon bald standen sie vor dem Bahnhof und sahen sich erwartungsvoll nach einem Taxi um.

»Ich muß mich bei Ihnen entschuldigen, Mr. Ambleforth und Lady Felicity. Es war telefonisch vereinbart, daß bei unserer Ankunft ein Taxi bereitstehen sollte.« Woodcock schüttelte den Kopf. Es kam nur selten vor, daß sein Organisationstalent nicht für einen reibungslosen Ablauf sorgte, und obwohl er sich äußerlich nichts anmerken ließ, war er zutiefst betroffen.

»Ich kann mir ganz gut vorstellen, was passiert ist, Sir«, bot der Gepäckträger seine Hilfe an. »Smith stand vor fünfzehn Minuten mit seinem Taxi hier. Wenn eben möglich, ist er gerne überpünktlich, damit er ein Käsebrot essen und einen Kakao trinken kann. Dann kam noch ein Zug an, der Drei-Uhr-fünfzig von Nottingham, und ein Herr stieg aus. Nun ja, um's kurz zu machen, er hat Smith überredet, ihn zu seinem Hotel zu bringen.«

»So eine Frechheit!« sagte Foof.

»Smith verdient sich immer gern 'nen Fünfer dazu. Ich habe gehört, wie der Mann sagte, er fühle sich krank, vielleicht hat das sein Herz gerührt, und er hat gar nicht an das Trinkgeld gedacht.« Der Gepäckträger zeigte Verständnis für ihre miß-liche Lage. Allerdings hatte auch er keine Lösung parat. Es gab weder eine Busverbindung zum Gästehaus Sea Breeze noch exi-stierte ein anderes Taxiunternehmen. Es sah so aus, als müßten sie zu Fuß gehen.

»Das kann ja nicht so weit sein«, versuchte Dickie Woodcock zu trösten und nahm, bevor dieser ihn daran hindern konnte, einen der Koffer.

»Das sollte man annehmen, Sir. Als ich mich nach der Lage des Gästehauses erkundigte, sagte man mir, es sei nur fünf Minuten vom Bahnhof und nur einen Steinwurf vom Meer entfernt.«

»Genau dasselbe hat mir mein Freund Binkie Barbottle erzählt. Seine Vermieterin verbringt hier regelmäßig ihre Ferien. Kopf hoch, Woodcock! Nur nicht aufgeben, Foof. Kommt, wir ma-chen uns auf den Weg. Wir können unterwegs Ten Green Bott-les singen; wenn wir im Takt laufen, geht es schneller.«

Da Dickie entschlossen war, sich von Fetchs Fehltritt nicht die Flitterwochen verderben zu lassen, stimmte er munter das Lied an und marschierte frohgemut den Hügel hinauf. Schon bald schien es ihnen, als sei der Hügel Teil einer Gebirgskette. Keuchend stiegen sie höher und höher. Ohne ein einziges Mal stehenzubleiben, aus Angst, sie könnten wieder hinunterrut-schen. Vielleicht hatten sie die Wegbeschreibung des Gepäck-trägers nicht richtig verstanden. Er hatte gesagt, wenn sie aus dem Bahnhof kämen, sollten sie sich immer geradeaus halten und bergauf gehen, bis sie ans Gästehaus Sea Breeze gelangten.

Für Juni war der Abend eher kühl, aber Foof war es in ihrem ganzen Leben noch nie so warm gewesen. Sie sehnte sich nach einer Tasse Tee.

Zwar überholten sie niemanden, doch ein paarmal schien es Dikkie, als sehe er weit vor ihnen eine Gestalt, die denselben mühseligen Marsch zurücklegte. Endlich, als Foof flüsterte, sie könne nicht weiter, sie müsse sich hinlegen und sterben, sahen sie das Tor. Es trug das Schild »Sea Breeze Guest House« und stand einladend offen. Mit frischer Energie humpelten alle, einschließlich Fetch, der aussah, als hätten sich auch seine Pfoten geschlagen gegeben, den kurzen Weg zur Tür. Woodcock klingelte, und Dikkie bemühte sich unterdessen, seine Stimme wiederzufinden.

»Dem alten Binkie hat seine Vermieterin eine faustdicke Lüge aufgetischt, von wegen, The Sea Breeze sei nur einen kurzen Fußweg vom Bahnhof entfernt. Es stimmt jedoch, daß es nur einen Steinwurf vom Meer entfernt liegt. Wir befinden uns auf einer verfluchten Klippe. Ich nehme an, wenn wir hinters Haus gehen, stehen wir direkt am Abgrund und können Steine in die Brandung werfen.«

»Wenn The Sea Breeze nicht mehr zu bieten hat, dann bin ich morgen in aller Herrgottsfrühe weg.« Foof sank an der Tür zusammen. Im gleichen Moment wurde diese von einer behäbig aussehenden Frau mit Haarnetz geöffnet, die sie in einen dunklen Flur mit einem langen roten Teppich geleitete und als Mr. und Mrs. Ambleforth willkommen hieß. Gemäß dem Wunsch seiner Herrschaft hatte Woodcock Foofs Titel bei der Zimmerreservierung nicht erwähnt, um das sonst übliche Katzbuckeln zu vermeiden.

»Ich bin Mrs. Roscombe. Lassen Sie die Koffer nur hier stehen, mein Mann bringt sie hoch. Wir führen das Haus schon seit vielen Jahren. Wir wissen, wie wir es unseren Gästen behaglich machen können. Sie hatten bestimmt eine angenehme Fahrt? Na, das ist doch fein! Und Ihrem Aussehen nach zu urteilen, zeigt unsere gute salzige Luft auch schon ihre Wirkung.«

Während Dickie und Foof noch nach Erwiderungen suchten, kramte sie aus ihrer Kitteltasche einen Schlüsselbund und eilte vor ihnen die steilen, engen Stufen hinauf. Woodcock und Fetch ließen sich zu keiner Äußerung herab.

»Die frisch Vermählten bekommen immer dieses Zimmer.« Mrs. Roscombe schloß die Tür auf und übergab Dickie den Schlüssel.

»Da vorn steht eine Waschschüssel und ein Krug Wasser, aber wenn Sie das Bad benutzen wollen, brauchen Sie bestimmt nicht lange zu warten. Im Moment sind außer Ihnen nur noch drei andere Gäste einquartiert. Zwei Türen weiter wohnen Mr. und Mrs. Samuels aus Mittelengland. Letztes Jahr waren sie auch schon hier. Und ihre Cousine, Miss Hastings, wohnt am Ende des Flurs. Sie ist gerade angekommen. Wir haben oft Familien zu Besuch.« Mrs. Roscombe strahlte vor Stolz. »Bei uns ist eben alles recht unkompliziert. Das mögen die Leute. Die Haustür ist immer offen, und Sie müssen nicht ständig daran denken, einen Schlüssel mitzunehmen. Es ist auch kein Problem, wenn jemand zu spät zum Frühstück kommt oder das Abendessen versäumt. Es steht übrigens gleich bereit, wenn Sie soweit sind.«

»Haben Sie nichts dagegen, daß wir einen Hund mitgebracht haben?« fragte Dickie.

»Nicht im geringsten! Wenn es um Tiere geht, schmelzen mein Mann und ich förmlich dahin.«

Fetch bekundete seine Zustimmung mit einer Lautstärke, die Uriah Heep alle Ehre gemacht hätte. Mrs. Roscombe nannte ihn einen netten kleinen Kerl und sagte, nun wolle sie Woodcock sein Zimmer zeigen, das auf demselben Flur gegenüber läge. Foof und Dickie betraten ihr Zimmer und sahen sich mit gewollt guter Laune in ihrer neuen Umgebung um. Sie waren Besseres gewohnt, aber zumindest wirkte alles sehr reinlich. Auf dem Bett lag eine Tagesdecke aus Seidenimitation, mit demselben dunklen Rosenmuster bedruckt wie die Vorhänge. Die

Wände säumten zwei ältere Kleiderschränke und ein geräumiger Frisiertisch, dessen Spiegel das Zimmer größer erscheinen ließ, als es in Wirklichkeit war. Im nächsten Augenblick erschien Mr. Roscombe in gebeugter Haltung und überreichte ihnen die Koffer mit einem Lächeln.

Kaum hatte er das Zimmer verlassen, da klopfte Woodcock an die Tür. Er trat ein und schlug vor, Mr. Ambleforth könne mit Lady Felicity hinuntergehen, er würde unterdessen ihre Sachen auspacken. »Ich habe Mrs. Roscombe gegenüber geäußert, daß Sie gegen eine Kanne Tee nichts einzuwenden hätten, Mylady.« »Mein bester Woodcock!« Foof hatte Fetch die Leine abgenommen und erhob sich. »Was sind Sie doch für ein aufmerksamer Mensch.«

»Das war mir schon immer bewußt«, sagte Dickie, »was ich aber gern wüßte, Woodcock – und es läßt mir keine Ruhe: Wer war nur die Frau im Zug? Der Teufel soll mich holen, wenn ich sie nicht schon irgendwo gesehen habe. Und wenn ich das Aufblitzen in Ihren Augen richtig gedeutet habe, als die Frau unser Abteil betrat, dann haben Sie sich dasselbe gefragt.«

»Über ihre Identität habe ich mir nicht den Kopf zerbrochen, Sir. Ich habe sie gleich erkannt, als sie in unser Abteil kam. Sie heißt Miss Hastings und ist Haushälterin bei Sir Isaac Gusterstone. Wenn er sich in London aufhält, was in seinem fortgeschrittenen Alter in letzter Zeit nur noch selten vorkommt, dann wohnt er in Ihrer Straße, in einer Wohnung auf der gegenüberliegenden Seite. Wahrscheinlich haben Sie die Frau beim Betreten oder Verlassen des Hauses gesehen.«

»Haargenau!« rief Dickie. »Das ist es, Woodcock! Ich habe sie dort gesehen, als ich sie auf der Straße überholt habe. Ich dachte immer, sie sieht aus wie jemand, der ein verflixt trübseliges Leben führt. Aber wenn Sie nicht versucht haben, sich im Zug darauf zu besinnen, wer sie ist, Woodcock, was hat Sie dann an ihr gestört?«

»Nur, Sir, daß sie vorgab, mich nicht zu erkennen. Wenn wir

auch nicht gerade gute Bekannte waren, so haben wir immerhin gelegentlich miteinander gesprochen.«

»Vielleicht war sie verwirrt, weil wir dritter Klasse reisten«, schlug Foof vor.

»Schon möglich, Mylady.« Woodcock schritt lautlos zu den Koffern. »Ich will mich auch in keinster Weise darüber beklagen. Vielleicht gelingt es mir sogar, während unseres Aufenthaltes hier den Grund herauszufinden.«

»Und wie soll das funktionieren?« fragte Dickie.

»Mrs. Roscombe hat uns mitgeteilt, Sir, daß Miss Hastings auch hier wohnt. Offenbar ist sie gut zu Fuß, sie war vor uns hier oben. Es kann natürlich auch andere Gründe dafür geben. Wenn Mylady und Sie mich entschuldigen wollen, werde ich jetzt auspacken.«

Die Jungvermählten verstanden den Wink und verließen das Zimmer, dicht gefolgt von Fetch. Als sie jedoch unten an der Treppe ankamen und Foof sich nach ihm umdrehte, entdeckten sie, daß er verschwunden war. Dickie eilte zurück ins Zimmer, fand aber nur Woodcock, der seelenruhig seine Hemden in der Herrenkommode verstaute. Der Butler betonte mit Nachdruck, daß Fetch nicht wieder ins Zimmer gekommen sei. Trotzdem sah Woodcock unter dem Bett, hinter den Vorhängen und überall sonst im Raum nach, wo ein Hund sich hätte verstecken können.

Schließlich begleitete Woodcock Dickie auf den Flur hinaus. Alle Türen waren geschlossen, mit Ausnahme der Tür am Ende des Flurs. In der Annahme, daß dort das Bad sei, gingen sie hinein und fanden eine mögliche Erklärung für Fetchs Verschwinden. Das Badezimmerfenster ging zur Veranda hinaus. Für Fetch wäre es ein Leichtes gewesen, auf das Verandadach zu springen und von da aus auf den Boden.

»Ist doch allerhand von dem kleinen Bettler, daß er aus Dankbarkeit für Lady Felicitys Freundschaft gleich bei der ersten Gelegenheit türmt, finden Sie nicht auch, Woodcock?« Dickie stieß einen tiefen Seufzer aus. »Vielleicht ist es das beste so. Wir hätten nie gewußt, was er als nächstes vorhat. Eines schönen Tages hätte sicher die Polizei an die Tür geklopft, nach dem Diebesgut gesucht und uns als Komplizen angeklagt.«

»Das mag sein, Sir.«

»Na ja, dann gehe ich mal lieber runter und sage Foof Bescheid. Wahrscheinlich glaubt sie immer noch, er sei in unser Zimmer zurückgelaufen. Würde mich nicht wundern, wenn sie einen Weinkrampf kriegt, sobald sie die Neuigkeit hört.«

Dickie ging ins Wohnzimmer, um Foof zu benachrichtigen. Im Augenblick war Foofs Aufmerksamkeit jedoch blockiert. Eine Frau mittleren Alters mit ausgeblichenem, aschblondem Haar und hervortretenden Augen redete unablässig auf sie ein. Auch Miss Hastings war anwesend, deren Erscheinung lückenlos in die beige Tapete überging.

»Mein Ehemann, Mr. Samuels«, der Tonfall der Frau verriet ihre Herkunft aus Mittelengland, »ist Handlungsreisender für Hartwoods Haarbürsten. Der beste Verkäufer des Unternehmens. Beruflich ist er natürlich viel unterwegs. In letzter Zeit klagt er oft über starke Kopfschmerzen. Aber ich sage ihm immer, er hat schließlich nur noch fünfzehn Jahre zu arbeiten. Dann kann er sich zurücklehnen und genießen, was er in seinem Arbeitsleben erreicht hat.«

Mrs. Samuels ließ Foof gerade genug Zeit, den Mund zu öffnen, bevor sie weitersprach: »Manchmal muß ich ihn allerdings daran erinnern, daß auch ich meinen Teil dazu beigetragen habe, uns ein behagliches kleines Nest zu bauen. Von Anfang an habe ich das Geld eingeteilt, die Rechnungen bezahlt, ihm seine Garderobe gekauft, von den Anzügen bis zu den Taschentüchern. Immer habe ich das Urlaubsbudget bestimmt. Es gehört schon einiges dazu, wenn man sagen kann, daß einem bis zur letzten Sicherheitsnadel alles selbst gehört.«

Foof hatte Dickie erblickt, der immer noch am Eingang stand. Sie wollte Mrs. Samuels unterbrechen, um ihn vorzustellen.

Doch unbarmherzig wie ein Zug, der nicht anhalten will, fuhr diese fort.

»Aber ich sage immer, es ist ein gewaltiger Unterschied, ob man sparsam oder knauserig ist. Jedenfalls habe ich immer dafür gesorgt, daß Mr. Samuels ein Paket Plätzchen und eine Thermosflasche Kaffee mit auf seine Reisen nahm. Und ich habe ihm auch immer zugeredet, meine Cousine, Miss Hastings, jedes Jahr an einen hübschen Ort wie diesen in Urlaub mitzunehmen und ihr bei den Kosten für das Zimmer unter die Arme zu greifen. Stimmt das nicht, Ethel?«

Endlich holte Mrs. Samuels tief Luft.

»Worum geht's, Mavis?« Miss Hastings zuckte zusammen und stach sich mit der Stopfnadel in den Finger.

»Ich habe der jungen Dame gerade erzählt, daß wir dich immer mit in Urlaub nehmen.«

»Nicht immer.« Miss Hastings ließ den Stopfpilz und den Sokken in ihren grauen Rock fallen und saugte an dem verletzten Finger. »Erinnere dich, meine Liebe, daß du zweimal ohne mich nach Margate gefahren bist.« Sie hielt dem anklagenden Blick ihrer Cousine nicht stand und schlug die Augen nieder. »Aber natürlich bin ich dankbar für alles, was du und Leonard die ganzen Jahre über für mich getan habt.«

»Wie du uns gerade auf deine komische Art bewiesen hast!« Mrs. Samuels stieß ein bellendes Gelächter aus, das Dickie daran erinnerte, daß er Foof noch die Nachricht von Fetchs Verschwinden mitteilen mußte. Aber mittlerweile hatte man ihn entdeckt. »Ach, hier kommt ja Ihr Ehemann, Mr. Ambleforth. Meiner mußte heute morgen zur Hauptgeschäftsstelle und ist noch nicht zurück. Wahrscheinlich wird es spät, bis er hier wieder aufkreuzt. Aber schließlich kann man einen Mann nicht die ganze Zeit an der Leine halten, nicht wahr? Ich hoffe, daß Sie in vielen Jahren mit Ihrem Mann immer noch so glücklich sind wie ich mit Mr. Samuels. Es ist noch kein Morgen vergangen, an dem er mir nicht gesagt hätte, daß er den Boden anbetet, auf dem ich stehe.«

»Wie reizend.« Foof stand auf und stellte Dickie den beiden Frauen vor (wobei Miss Hastings sich nicht anmerken ließ, daß sie sich zuvor im Zug begegnet waren), und nachdem er ihnen die Hand geschüttelt hatte, sagte sie, es sähe so aus, als habe ihr Ehemann ihr etwas zu sagen. Sie folgte ihm hinaus in den Flur, schloß die Tür, legte ihm plötzlich die Arme um den Hals und küßte ihn leidenschaftlich. »Versprich mir, Liebling, daß du nicht zuläßt, daß ich eines Tages zu dieser Sorte von Ehefrauen gehöre. Man kann gar nicht sagen, wie gräßlich sie war. Kein Wunder, daß die arme Miss Hastings wie eine arme Verwandte aussieht. Ich bin überzeugt, daß Mrs. Samuels sie nur deshalb mit in Urlaub nimmt, damit sie ihr unter die Nase reiben kann, daß sie keinen erfolgreichen Handlungsreisenden zum Ehemann hat.«

»Und wehe, wenn Miss Hastings sich nicht als dankbar erweist.« Dickie gab Foof auch einen Kuß. »Laß uns nicht mehr an sie denken, altes Haus! Ich muß dir was erzählen. Ich fürchte, es ist ein Wermutstropfen für unsere Flitterwochen.« Er holte ein makelloses weißes Taschentuch aus der Tasche, und als er Foof schonend beibrachte, daß Fetch sie ebenso schnell, wie er in ihr Leben getreten war, auch wieder verlassen hatte, machte sie ausgiebig Gebrauch davon.

»Oh, mein armer Liebling! Wie sehr haben wir versagt!«

»Quatsch!« Dickie legte in ehemännlicher Fürsorge den Arm um ihre bebenden Schultern. »Der Hund hat genau gespürt, daß wir von ihm erwartet haben, er solle sein Leben ändern. Wahrscheinlich glaubte er, wir würden ihn zu solchen Treffen schikken, durch die Woodcocks Cousin Bert das Licht gefunden hat.«

»Aber ich war überzeugt, daß er sich an uns gewöhnt hatte.« Foof schluchzte stärker.

»Wir besorgen dir einen anderen Hund.«

»Es gibt keinen zweiten Fetch.«

»Kopf hoch, altes Haus!« Dickie steckte das tränennasse Taschentuch in die Tasche zurück. »Laß uns nach Mrs. Roscombe sehen. Du wirst dich besser fühlen, wenn du etwas gegessen hast. Danach machen wir einen Spaziergang, bevor die Dunkelheit hereinbricht.«

Da Foof zu diesem vernünftigen Vorschlag keine Alternative anzubieten hatte, willigte sie ein. Sie nahmen eine kalte Mahlzeit ein, bestehend aus kaltem Roastbeef, Salat, dick geschnittenem Brot, Butter und Käse. Danach holte Dickie Foofs Mantel, und sie machten sich auf den Weg entlang der Klippen, über ihnen der seidig graue Himmel, an dem der Mond einer angesteckten, sichelförmigen Brosche glich. Nachdem Foof sich von dem ersten Schreck erholt hatte, ärgerte sie sich nun über Dickie und sich selbst.

»Wir hätten ihn sofort suchen müssen.«

»Und wozu? Er wäre bei der nächstbesten Gelegenheit wieder weggelaufen.«

»Vielleicht wolltest du ihn auch gar nicht finden.«

»Das stimmt nicht.« Zu seiner Überraschung bemerkte Dickie, daß er auch meinte, was er sagte. In der kurzen Zeit hatte er eine heimliche Sympathie für den kleinen Hund entwickelt. Da er selbst eher ängstlich war, konnte er nicht umhin, Fetchs Wagemut zu bewundern. »Vielleicht kommt er zurück, man weiß nie«, sagte er auf dem Rückweg.

Aber im Grunde genommen hatte keiner von ihnen noch Hoffnung. In ihrem Zimmer angelangt, war von Fetch keine Spur. Foof nahm ihren Toilettenbeutel vom Frisiertisch, wo Woodcock ihn hingestellt hatte, warf sich Handtuch und Bademantel über den Arm und ging ins Bad. Sie wollte sich richtig ausweinen, selbst wenn sie sich mit Rücksicht auf die übrigen Gäste beim Duschen beeilen mußte. Auf dem Rückweg ins Zimmer traf sie Miss Hastings, die ebenfalls ins Bad wollte. Ihr Gesicht war geschwollen, so als hätte auch sie geweint. Auch die Tatsache, daß die Tür zu ihrem Zimmer nicht richtig geschlossen war, ließ auf ihren erregten Zustand schließen. Man war schließlich nicht in London, wo man erheblich vorsichtiger sein mußte. Es befanden sich keine weiteren Gäste im Hause außer ihr, Dickie und Woodcock, Miss Hastings Cousine und deren Ehemann, der sicher noch gar nicht zurück war.

Foof ermahnte sich, sie würde noch zu einer neugierigen Matrone, und ging deshalb rasch in ihr Zimmer. Dort fand sie Woodcock, der Dickie ein Glas Brandy einschenkte und dem ausführlichen Bericht seines Dienstherrn darüber lauschte, was Mrs. Samuels im Wohnzimmer gesagt hatte.

»Wie es sich anhört, Sir, hat die Frau die Hosen an.« Der Butler drehte sich um und wollte fragen, ob Lady Felicity auch einen Schlummertrunk wünsche, wurde jedoch unterbrochen, als jemand die Tür aufstupste. Fetch kam ins Zimmer gehuscht, zwischen den Zähnen einen pilzförmigen Gegenstand, von dem ein schwarzer Socken baumelte. Er legte Foof seine Beute zu Füßen, setzte sich auf die Hinterpfoten, bellte stolz, warf den Kopf in den Nacken und wartete auf ihre Zustimmung.

»Na hör mal!« Dickie stand da wie vom Donner gerührt. »Er ist also wieder in seine alten Gewohnheiten verfallen.«

»Es hat durchaus den Anschein.« Woodcock bückte sich und hob Stopfpilz und Socken auf. »Man muß sich allerdings fragen, Sir, wenn der Hund darauf abgerichtet ist, Brieftaschen und Geldbörsen wegzuschnappen, warum er Lady Felicity dann voller Stolz diesen Haushaltsgegenstand bringt.«

»Vielleicht hat er Miss Hastings Börse nicht gefunden«, fühlte sich Foof genötigt zu entgegnen.

»Ich halte es für unwahrscheinlich, daß sie Schmuck herumliegen hat, den es sich zu stehlen lohnt«, sagte Dickie. »Und wenn es noch so verrückt klingt, ich habe nicht den geringsten Zweifel, daß Fetch zwischen wertlosem Plunder und kostbaren Dingen unterscheiden kann.«

»Mir ist das ein Rätsel.« Woodcock stand immer noch mit Stopfpilz und Socken in der Hand da.

»Also, eigentlich ist ja kein Schaden entstanden.« Foof hob Fetch auf den Arm. »Sicher wird Miss Hastings keinen Ärger machen, wenn wir ihr Eigentum an sie zurückgeben und ihr erklären, daß Fetch manchmal etwas übermütig ist.«

Plötzlich hörte man ganz in ihrer Nähe einen Schrei, der sie am Weiterreden hinderte. Er war so laut, daß Fetch sich an Foofs Hals schmiegte und diese ausrief: »Miss Hastings macht offenbar doch großen Wirbel.«

Woodcock steckte Stopfpilz und Socken in die Jackentasche.

Dann liefen die vier – Fetch hing noch immer wie eine Fuchsstola an Foofs Hals – in den Flur und fanden sich nicht in Miss Hastings Zimmer, sondern in dem ihrer Cousine, Mrs. Samuels, wieder. Auf dem Bett lag ein Mann, mit einem Straßenanzug bekleidet, auf dem Bauch. Falls es sich nicht um eine Leiche handelte, so spielte er seine Rolle ausgezeichnet. Am Fußende kauerte Miss Hastings, und mitten im Raum stand Mrs. Samuels, deren fahle Gesichtsfarbe sich kaum vom Aschblond ihrer Haare unterschied. Sie zitterte wie ein Blatt im Wind.

»Jemand muß einen Arzt holen«, rief sie, kaum daß Mr. und Mrs. Roscombe eingetreten waren. »Ich glaube, mein Mann ist tot. Als ich eintrat, habe ich ihn so vorgefunden. Heute morgen ging es ihm noch ausgezeichnet. Vermutlich ist er früher nach Hause gekommen, weil er sich nicht wohl fühlte. Alle Zeichen deuten auf einen Herzschlag hin.«

»Ja, so muß es wohl gewesen sein. Unser guter, armer Leonard.« Miss Hastings hielt die Hände vors Gesicht und weinte.

»Mach schon, ruf du den Arzt an«, sagte Mrs. Roscombe zu ihrem Mann und scheuchte ihn zur Tür. »Wie wär's, wenn ich währenddessen eine Kanne Tee mache? Das tut Ihnen jetzt bestimmt gut, Mrs. Samuels, und Ihnen auch, Miss Hastings.«

»Wenn ich mir erlauben dürfte, einen Vorschlag zu machen?« Woodcock neigte den Kopf zu Dickie. »Ich halte es für ratsam, die Polizei zu verständigen.«

»Was reden Sie denn da?« stotterte Mrs. Roscombe.

»Es besteht die Möglichkeit, daß Mr. Samuels keines natürlichen Todes gestorben ist.«

»Was soll es denn sonst gewesen sein?« Die frischgebackene Witwe wirkte bestürzt. »Ich habe Ihnen doch schon gesagt, daß es bestimmt das Herz war.«

»Allerdings, Madam.« Woodcock setzte eine ausdruckslose Miene auf. »Für eine Frau in tiefster Trauer haben Sie Ihre Sicht der Situation in erstaunlich klarer Weise dargelegt. Wir alle haben deutlich das Bild vor Augen, wie Ihr Mann das Gästehaus eine Stunde früher als erwartet betritt. Deshalb wußten Sie bis vor ein paar Augenblicken noch gar nicht, daß er schon zurück war. Dennoch vermute ich, und zwar aus Gründen, die ich lieber erst der Polizei darlegen möchte, daß hier etwas weit Schwerwiegenderes als ein Herzschlag vorliegt.«

»Ich weiß nicht, worauf Sie hinauswollen«, sagte Mrs. Roscombe. »Arme Mrs. Samuels, als ob Sie nicht schon genug durchmachen! Aber es bleibt uns wohl keine Wahl. Wenn hier von Mord die Rede ist«, sie warf Woodcock einen abschätzigen Blick zu, »dann müssen wir wohl die Polizei verständigen.«

Mrs. Roscombe schob ihren Mann mit einem Schwall von gutgemeinten Vorschlägen, was er der Polizei zu sagen habe, zur Tür hinaus. Sie stellte sich neben Mrs. Samuels und rührte sich erst wieder, als sich die Tür öffnete und der Arzt und ein uniformierter Polizist eintrafen.

»Worum geht es denn?« knurrte der Wachtmeister.

»Ich bin Mr. Richard Ambleforth, meine Frau, Lady Felicity.« Dickie sprach mit dem Selbstbewußtsein eines Mannes, der nur zufällig in Zugabteilen dritter Klasse reist. »Unser Butler«, fuhr Dickie fort und klopfte Woodcock mit der Hand auf die Schulter. »Ich ersuche Sie dringend, ihn anzuhören. Er ist äußerst scharfsinnig.«

»Wenn das so ist«, sagte der Arzt, der die Leiche untersuchte, »dann nur zu, klären Sie uns auf. Erzählen Sie uns, woran dieser Mann gestorben ist.«

»Sehr wohl, Sir. Möglicherweise unterliege ich einem Irrtum.« Woodcock klang nicht so und sah auch nicht so aus, als bestünde diese Möglichkeit. »Ich vermute, daß Mr. Samuels erstochen wurde, höchstwahrscheinlich von hinten.«

»Ich sehe aber kein Tranchiermesser in seinem Rücken stecken.« Dem Wachtmeister war die Verärgerung deutlich anzusehen.

»Angenommen, mein Verdacht bestätigt sich, dann war die Mordwaffe kein Messer, sondern etwas viel Feineres, höchstwahrscheinlich eine Hutnadel. Und man hat sie aus der Leiche entfernt und hier versteckt.« Woodcock faßte in die Tasche und holte den Stopfpilz heraus.

»Das verstehe ich nicht.« Foof drückte Fetch ans Herz, das bei dem Gedanken, ihr hochgeschätzter Butler könne sich zum Gespött machen, wie wild zu klopfen begann.

»Das können Sie auch nicht, Mylady«, sagte der Butler sanft, »weil Sie noch nie Socken gestopft haben. Die Mehrheit der Frauen weiß jedoch, daß man den Griff abschrauben kann.« Während er sprach, demonstrierte er seine Ausführungen. »Von innen ist er hohl, so daß man die Stopfnadeln darin aufbewahren kann. In diesem Fall«, er betrachtete den Gegenstand in seiner Hand, »hat man ihn allerdings als Behälter für die Tatwaffe benutzt. Entweder ist sie verrostet, oder sein Blut klebt noch daran.«

Die Witwe schrie auf. »Das ist doch dein Stopfpilz, Ethel! Und die Hutnadel gehört auch dir. Warum«, sie ließ sich in Mrs. Roscombes Arme sinken, »hast du meinen Mann umgebracht, wo wir doch immer so gut zu dir gewesen sind?«

»Sie hat ihn geliebt«, erklärte Woodcock unerbittlich. »Ich vermute, daß Mr. Samuels so manche Nacht mit ihr verbrachte, während Sie dachten, er sei unterwegs. Miss Hastings Dienstherr, Sir Isaac Gusterstone, hält sich nur selten in seiner Londoner Wohnung auf, so daß die beiden dort ungestört waren.«

»Das ist wahr!« Miss Hastings rang die Hände.

»Und dann hat Mrs. Samuels heute abend in Ihrer Gegenwart und in Gegenwart meiner Herrschaft erwähnt, ihr Mann habe sich nie von ihr verabschiedet, ohne ihr zu sagen, wieviel sie ihm bedeute. Diese Worte mußten Ihren Stolz zutiefst verletzen, zumal Sie an Mr. Samuels' Zuneigung zu Ihnen glaubten.«

»Leonard hat mir erzählt, daß er ein erbärmliches Familienleben führte. Und warum hätte ich ihm das nicht glauben sollen, Mavis, nachdem ich mit angesehen hatte, wie du ihn behandelst. Du hast ihn immer nur gedrängt, noch mehr zu arbeiten, und dich nie darum gekümmert, daß er völlig erschöpft war.« Obwohl Miss Hastings Tränen über die Wangen liefen, hob sie den Kopf. »Zuerst ist er nur zu mir gekommen, um einen Happen zu essen, damit er Mavis nicht um Geld fragen mußte, aber nach und nach wurden seine Gefühle für mich immer stärker. Du hast mich ja nur mitgenommen, damit ich dir die Liegestühle zum Strand runterschleife, aber wenigstens habe ich dafür gesorgt, daß Leonard etwas Frieden und vielleicht sogar ein bißchen Glück gefunden hat.«

»Und als du merktest, daß alles nur vorgetäuscht war, bist du heimlich nach oben geschlichen und hast ihn erstochen.« In dem Moment hätten die meisten Männer Mrs. Samuels' Züge nicht gerade als liebenswert bezeichnet. Sie sah aus, als wolle sie sich mit Gewalt aus Mrs. Roscombes Armen befreien, um auf ihre Cousine loszugehen. Fetch winselte und vergrub das Gesicht an Foofs Hals, er war nicht annähernd der verstockte Sünder, für den man ihn gehalten hatte.

»Ich habe die Einstichwunde gefunden.« Der Arzt richtete sich auf.

»Sie haben uns noch nicht erzählt, wo Sie den Stopfpilz gefunden haben.« Der Wachtmeister sah Woodcock an und kratzte sich am Kinn. »Nur gut, daß Sie ihn haben.«

»Danke sehr.« Der Butler neigte den Kopf. »Er wäre allerdings auch ohne mein Zutun aufgetaucht. Gehe ich nicht recht in der Annahme, Mrs. Samuels?«

Es wurde still im Raum.

»Keine Ahnung, wovon Sie sprechen«, sagte sie schließlich.

»Oh, das glaube ich aber doch«, fuhr er sie an. »Sie haben die

Hutnadel Ihrer Cousine abgenommen und Ihren Ehemann damit umgebracht, und dann haben Sie sie in dem Stopfpilz versteckt, denn Sie wollten ihn nicht nur umbringen, sondern auch, daß eine andere für das Verbrechen bezahlt. Vermutlich hatten Sie vor dem heutigen Abend von der Affäre überhaupt keine Ahnung. Erst als Sie erkannten, daß der Socken, den Miss Hastings stopfte, Ihrem Ehemann gehörte, wurden Sie mißtrauisch. Ich nehme an, daß Sie auf Ihr Zimmer gingen – wahrscheinlich hatten Sie Miss Hastings gar nicht darauf angesprochen – und Ihren Ehemann auf dem Bauch schlafend im Bett vorfanden. Ich hatte ein Taxi bestellt, das meine Herrschaft vom Bahnhof abholen sollte. Ein Gepäckträger sagte uns, daß kurz vor uns ein Herr mit einem Zug aus Nottingham angekommen war. Er hatte dem Taxifahrer gesagt, daß er sich nicht wohl fühle, so daß dieser ihn hierherfuhr. Und wenn es zutrifft, daß Mr. Samuels heute in Nottingham war, dann liegt wohl die Vermutung nahe, daß er der fragliche Herr ist.«

»Ständig hatte er Kopfschmerzen«, brachte seine Witwe mühsam hervor.

»Diese Beschwerden werden Mr. Samuels in Zukunft nicht mehr zu schaffen machen«, antwortete Woodcock mit sanfter Stimme. »Man kann nur hoffen, daß der Tod unverzüglich eintrat. Trotz der ziemlich kleinen Nadel, die Ihnen sehr gelegen kam und Sie auf die Idee brachte, sie im Stopfpilz zu verstecken.«

Die Witwe machte nicht einmal den Versuch zu leugnen. »Er hat den Tod verdient«, sagte sie mit monotoner Stimme, »nach allem, was ich getan habe, um uns ein anständiges Leben zu schaffen. Und ich bin froh, daß dir genug Zeit zum Leiden bleibt, Ethel.«

»Ich glaube, ich verständige jetzt lieber die Wache«, sagte der Wachtmeister. »Kriminalinspektor Wilcox wird begeistert sein«, wieder sah er Woodcock an und kratzte sich am Kinn, »wenn er hört, wie Sie nach und nach die ganzen Beweisstücke zusammensetzen.«

»Das war nicht schwierig.« Der Butler streichelte Fetch zwischen den Ohren. »Sehen Sie, ich hatte eben das Glück, einen fähigen Assistenten zu haben, der mir das Hauptbeweismittel im wahrsten Sinne des Wortes zu Füßen gelegt hat, ist es nicht so, Lady Felicity?«

»Anders kann man das wohl nicht erklären, nicht, Dickie?«

»Allerdings«, sagte er und unterdrückte ein schwaches Lächeln, das er unter den gegebenen Umständen nicht ganz passend fand. Zu seinem äußersten Entsetzen hörte er plötzlich eine Stimme, die der seiner Mutter sehr ähnlich war. Selbst Woodcock wurde blaß, doch Foof wuchs über ihre Rolle als Ehefrau hinaus.

»Wer als letzter durchs Badezimmerfenster kommt, zahlt die erste Runde im Pub«, flüsterte sie, was Fetch mit einem entzückten Wuff beantwortete, bevor er dem Wachtmeister durch die Beine schlüpfte und zur Tür hinaus verschwand.

Originaltitel: Fetch
Deutsch von Ursula Guinaldo

Jan Grape

Katzenjunge spielen Detektiv

 **Sie lebte in** der Nachbarschaft und sah ein wenig faltig aus. Ihr dunkles Haar war mit grauen Strähnen durchsetzt. Ihr Alter war schwer zu schätzen, doch man zweifelte keine Minute daran, daß jemand sie »Großmutter« nannte. Man hätte sich nicht nach ihr umgedreht. Ihr Enkel sagte später, sie sei von Geburt an geistig zurückgeblieben, doch ich glaube, ihr Gehirn funktionierte einwandfrei, wenn auch ein wenig langsam. Delilah Miller war ihr Name, und ich wünschte, ich wäre ihr eine bessere Nachbarin gewesen.

Nach dem Mord an meinem Mann, Tommy, hatte ich unser Haus vermietet und lebte in einem Apartment. Doch in Austin schossen die Mieten konstant in die Höhe. Deshalb beschloß ich vergangenen Sommer, in mein Haus zurückzukehren. Mit der Hilfe von Freunden renovierte und dekorierte ich es neu, bis nichts mehr so war wie zuvor. Ich hatte mich in das Haus verliebt, als Tommy und ich es vor vielen Jahren gekauft hatten, und ich genoß es, wieder darin zu wohnen. Die Anwesen der Nachbarschaft mit ihren großen Bäumen, Blumen und feudalen Rasenflächen garantierten eine ruhige, freundliche Gegend. Ich fühlte mich rundum wohl.

Meine Nachbarin, die um die Ecke wohnte, sah ich fast jeden Morgen, als ich mehrere Wochen lang Walking betrieb. Manchmal hielt ich an, etwa wenn sie mir frisches Gemüse aus ihrem Garten anbot. Oft ging ich jedoch weiter, denn sie erzählte gerne von ihrem Enkel, der Manager in einem Nobelhotel war, und es war jedes Mal die gleiche Geschichte. Sie vergaß offensichtlich, daß sie sie schon erzählt hatte.

Kalte Regentage waren für Zentraltexas im Herbst nicht die Regel. Zweifelsohne rührten sie von El Nino her. Sie verkürzten meine Laufstrecke und zwangen mich sogar, ganz mit dem Laufen aufzuhören. Delilah war selten zu sehen, doch ich machte mir wegen des Wetters keine Gedanken. Aber als der Regen aufhörte und das sonnige Herbstwetter einsetzte und ich sie immer noch nicht sah, wunderte ich mich. Nach drei Tagen hielt ich an, um nachzufragen.

Als ich klingelte, rief der Enkel, er kaufe nichts. Nachdem ich erklärt hatte, wer ich war und was ich wollte, lugte er hinaus, öffnete die Tür einen Spalt, hielt jedoch seinen Fuß dagegen, als wolle er mich davon abhalten, mir meinen Weg an ihm vorbeizubahnen.

»Sie besucht ihre Schwester in Oklahoma City«, sagte er. Er sah aus, als ob er in seinem ganzen Leben keine nahrhafte Mahlzeit zu sich genommen hätte. Seine Haut war käsig weiß, und seine blaßblauen Augen blickten lustlos. »Sie überlegt sich sogar, dorthin zu ziehen. Sie sagt, sie möchte gern in der Nähe von jemand in ihrem Alter wohnen.«

»Wahrscheinlich eine gute Idee«, sagte ich. »Ich habe mir nur Sorgen gemacht, sie könnte krank sein.«

»Ich weiß es zu schätzen, daß Sie fragen«, sagte er, bevor er abrupt die Haustür schloß und mich draußen stehenließ. Ich überlegte, noch einmal zu klingeln.

Vielleicht war es nur Einbildung, aber als ich die geschlossene Tür anstarrte, stellten sich mir alle Haare auf. Ich wußte, er log das Blaue vom Himmel herunter, doch ich hatte keine Ahnung, woher.

Natürlich war ich neugierig, doch das gab ihm noch lange nicht das Recht, so unhöflich zu sein. Meine Neugierde hat mir noch nie geschadet, vor allem beruflich nicht.

Früher hatte ich als radiologische Technologin gearbeitet, ein hochtrabender Name für den Beruf einer diagnostischen Röntgentechnikerin. Meine Neugierde hatte sich auf den Körper konzentriert. Mittlerweile arbeitete ich als Privatdetektivin, und meine Neugier war eindeutig ein Plus.

Ich verließ die Veranda meiner Nachbarin und ging rasch nach Hause. Als ich eintrat, begrüßten mich Nick und Nora, als wäre ich eine Woche lang weg gewesen und nicht nur eine knappe Stunde, die ich für den Heimweg brauchte. »Hey, Leute. Habt ihr mich vermißt?« Beide miauten, daß sie gedacht hätten, ich hätte sie verlassen und wie ich nur so grausam sein könne.

Als ich aus meinem Apartment auszog, ließ ich Sam Spade bei meiner Nachbarin, Glenda Knipstein, die ihn ursprünglich gefunden hatte. Er kannte und mochte sie, und es schien nicht fair, mit ihm umzuziehen, nachdem er fünf Jahre dort gelebt hatte. Ältere Katzen finden sich nur schwer mit Veränderungen ab. Spade war im Frühjahr Vater geworden, und ich konnte mir ein Haus ohne Katze nicht vorstellen. Kurz vor dem Umzug waren die Kleinen soweit, entwöhnt zu werden, und schließlich nahm ich zwei Katzenjungen mit, ein Männchen und ein Weibchen. Die beiden könnten sich Gesellschaft leisten, dachte ich. Ich hatte keine Vorstellung davon, daß zwei Katzen auch doppelten Ärger bedeuteten. Da ihr Vater Sam Spade hieß (ich nannte ihn kurz Spade), beschloß ich, Nick und Nora wären angemessene Namen für die Babys. Sie waren nicht reinrassig, sie sahen aus wie schokoladenfarbene Birmanen.

Die schwarzen Fellkugeln tollten vor mir durchs Schlafzimmer, wo ich meinen Jogginganzug auszog, bevor ich ins Bad ging und das heiße Wasser aufdrehte. Ich schloß die Katzen aus dem Badezimmer aus – sie leckten gerne das Wasser von meinen Beinen, wenn ich aus der Dusche trat, und ihre Sandpapierzungen kitzelten.

»glaubt sie wirklich, daß wir sie vermissen?« fragte nick, als die katzenjungen sich vor die tür setzten. nora schob eine pfote darunter und zog, in der hoffnung, die tür würde sich öffnen. nick versuchte herauszufinden, wie die tür funktionierte – irgendwie verwirrte sie ihn.

»natürlich nicht, sie redet nur so dahin. hast du dich noch nicht daran gewöhnt?«

»nun, ich weiß meine zeit besser zu nutzen.« er schlenderte zum papierkorb, stellte sich mit seinen vorderpfoten auf dessen rand und sah hinein. »hey, hier ist eines dieser knalldinger . . . ah ja, sie nannte sie gummiringe. es macht spaß mit ihnen zu spielen.« er zog das band heraus und begann darauf rumzuhauen. »siehst du, ich hab dir ja gesagt, ich bin zu beschäftigt, um mamma jenny zu vermissen.« (die menschenfrau hatte sie hergebracht, als sie neun wochen alt gewesen waren, und sie wußten, daß sie nicht ihre mutter war. doch sie hatten nicht gewußt, wie sie sie außer mamma jenny nennen sollten.)

nora dachte weiter darüber nach, wie mamma jennys gesicht aussah. »irgendwas beschäftigt sie.«

»was meinst du? ich finde, sie sieht aus wie immer.«

nora hüpfte auf das bett. »nein. sie hat diese falte zwischen ihren augen. sie sieht immer so aus, wenn sie sich um etwas sorgen macht.«

nick hüpfte auf das bett, faßte nora am nacken und begann ihr ohr zu lecken. »du bist immer so achtsam. wem macht das schon was, wenn sie sich sorgen macht? sie ist ein mensch, und ich habe bemerkt, daß die das oft tun.«

»mir macht das was aus. sie ist eine nette menschengesellschaft, und ich möchte bei ihr bleiben«, sagte nora, während sie ihn wegschob. »außerdem möchte ich auch privatdetektivin werden, so wie sie und onkel louie. wenn sie wegen eines falls besorgt ist, kann ich vielleicht helfen.«

»das ist so ziemlich die dümmste idee, die du je hattest.« nick sprang auf die frisierkommode und schaute in eine kleine samtschachtel. er fand ein paar glänzende kugeln mit drähten an einem ende und kleinen hängenden dingern am anderen. er kickte sie auf den boden.

beide fielen über den gegenstand her und fingen an, darauf herumzuschlagen und ihn durch das zimmer herumzujagen. nicks lieblingsspiel war »komm nicht näher«.

»warum ist das dumm?«

»weil du eine katze bist.«

»ich weiß, daß ich eine katze bin, bruder, und deswegen sollte ich wirklich gut darin sein. ich bin neugierig, ich bin einfallsreich, ich bin intelligent. onkel louie ist ein spitzendetektiv, und ich möchte genau wie er sein. ich habe geschichten über seine fälle gelesen.« midnight louie war ein direkter onkel väterlicherseits.

nick ließ seinen schwanz zweifelnd in ihre richtung zucken.

»wenn du denkst, katzen könnten nicht lesen, irrst du dich gewaltig«, sagte nora. »onkel louie sagt, wir lesen die worte nicht zeile für zeile, sondern nehmen die ganzen seiten auf, wenn wir auf ihnen oder unter ihnen sitzen oder daneben. ich habe es schon gelernt, und ich bin sicher, du wirst es auch bald lernen.«

»du bist verrückt«, sagte nick. er jagte nora, doch da sie doppelt so groß war wie er, war sie zu schnell für ihn. sie lief den gang hinunter in die küche, wo sie sich im schatten des eßtisches versteckte. nach einer weile gab er auf und schlenderte ins schlafzimmer zurück. er sprang auf das bett, leckte sich seine pfote und putzte sein ohr. zum teufel mit den beiden, dachte er. als seine ohren sich sauber genug anfühlten, rollte er sich zusammen und schlief. nora kehrte einige minuten später ins schlafzimmer zurück. als sie sah, daß ihr bruder schlief, setzte sie sich, um auf mamma jenny zu warten.

als mamma jenny aus der dusche kam und sich anzog, beobachtete nora sie weiter und fragte sich, warum ihre menschenmutter sich sorgen machte. vielleicht redet sie mit mir, wenn ich auf ihren schoß komme, und ich finde heraus, was ihr problem ist, dachte sie. nora sprang auf den frisiertisch, lief auf ihm entlang und sah tief in die menschenaugen. sie wußte, daß sie und mamma jenny manchmal fast telepathisch kommunizierten.

»Hey, Kleine«, sagte Jenny. »Was hast du vor?« Sie hob den Ohrring auf, den Nick zuvor über den Boden gejagt hatte. »Nick mag glänzende Gegenstände, nicht?« Sie drehte sich um, ließ den Ohrring wieder in seine Schachtel fallen und verschloß sie. Dann sah sie sich nach Nick um. »Oh. Ich verstehe. Dein Bruder schläft, und du möchtest Gesellschaft. Komm hier hoch, und ich werde dich streicheln.«
Jenny setzte das Kätzchen auf ihren linken Vorderarm, so daß Noras Beine auf beiden Seiten ihres Arms herunterhingen. Sie ging zu ihrem dick gepolsterten Lieblingssessel im Wohnzimmer, dabei nahm sie die Morgenzeitung mit.
Einige Minuten später läutete das Telefon. Das Geräusch schreckte Nora auf, doch Jenny fuhr fort, die Katze zu streicheln, als sie den Hörer abnahm. »Hallo? Oh, hi, C.J.« Jenny hörte einen Moment lang zu.
»Die Dinge laufen etwas schleppend hier. Langweilig. Jetzt erzähl mir mal, was du für eine fantastische Zeit in Hawaii hast.« Sie lauschte und kicherte. »Hat er nicht! Er hat ein ganzes Lied lang Hula auf der Bühne getanzt?« Diesmal lachte sie herzlich. »Das hätte ich gern gesehen.«
Jennys Partnerin, C.J., war zu einer Privatdetektiv-Tagung auf Hawaii gefahren.

jetzt wird es langweilig, dachte nora und schlief wieder ein.

»Du brauchst dich gar nicht beeilen zurückzukommen. Hier ist nichts los. Bleib noch eine Woche, wenn du möchtest ... Quatsch, ich würde es dir nicht übelnehmen. Nein. C.J. Ich mein es ernst. Bleib, solange du möchtest. Nächstes Mal fahre ich dann, und du bleibst zu Hause und arbeitest. Ich hoffe nur, es ist irgendwo, wo es Spaß macht.«

Sie machten noch ein bißchen Small talk und sprachen ein wenig über die Geschäfte. Dann sagte Jenny: »Ich bin ein bißchen beunruhigt. Meine Nachbarin – erinnerst du dich an Mrs. Miller? In den vergangenen Tagen habe ich sie nicht gesehen, und als ich heute morgen anhielt, um nach ihr zu fragen, hat mir ihr Enkel fast den Kopf abgebissen.«

nora wachte auf und hörte zu. das also beschäftigte sie! nick und ich müssen einen weg hinaus finden und zu mrs. millers haus gehen. ich habe dort in der nähe einen großen weiß-grauen kater gesehen. vielleicht weiß er was. nora hörte lange genug zu, um sicher zu sein, daß sie keine wichtigen informationen verpaßte, dann schlief sie wieder ein.

In jener Nacht schlief ich schlecht. Ich träumte ständig von Delilah Miller, es waren alles Alpträume. Am Morgen rang ich mich dazu durch, in dieser Angelegenheit etwas zu unternehmen.

Eine alte Gebirgskette, die als Balcones Fault bekannt ist, verläuft westlich von Austin. Der östliche Teil der Stadt geht in eine sanfte Hügellandschaft über, während die westliche Seite in Canyons und Kalksteinklippen abfällt. Darüber hinaus schlängelt sich der Texas Colorado River durch die Stadt. Das Geschäftsviertel liegt größtenteils am Nordufer des Flusses. Er ist auf seiner Reise von der Berglandschaft bis zum Golf von Mexiko viele Male eingedämmt worden. Eine Kette von neun Seen, die von den Dämmen gebildet werden, macht die Highland-Lakes-Gegend als Erholungs- und Wohngebiet berühmt.

Wir sind nah genug an der Golfküste, um feucht-tropischer Luft ausgesetzt zu sein. Wenn sie auf die einfallende kalte kanadische Luft trifft, entstehen häufig heftige Nebelschwaden.

An diesem Tag ließ der Nebel einen dunstigen Dreck auf meiner Windschutzscheibe zurück und verlieh allen Lichtern eine diesige, beinah surreale Dunstglocke. Der graue Tag paßte zu meiner Laune, als ich meinen Weg zu meiner Arbeit zurücklegte.

Unser Büro im vierten Stock des La Grange-Gebäudes kam mir ohne C.J. immer dunkel und leer vor. Sie ist nicht nur meine Partnerin, sondern auch meine beste Freundin. Ich schob die Tür mit dem diskreten Zeichen G & G ERMITTLUNGEN auf, schloß sie und rief unseren Antwortdienst auf. Keine Nachrichten.

Im Umgang mit Computern werde ich nie gut sein. Schon im Kindergarten war ich in mechanischen Fähigkeiten ein Versager. Aber C.J. hat mir ein paar Tricks beigebracht. Wie etwa das Suchen von Adressen im Internet. Ich erinnere mich daran, daß Delilah erwähnt hatte, ihre Schwester sei unverheiratet und daß ihr Mädchenname Bayliss war. Ich fand eine Marilee Bayliss, wohnhaft in Oklahoma City, Drakestone Avenue, plus Telefonnummer.

Als ich anrief, nahm niemand ab, doch ein Anrufbeantworter bat, eine Nachricht zu hinterlassen, was ich dann auch tat. Eine Stunde später läutete das Telefon, und eine leise Altstimme fragte nach Jenny Gordon.

»Das bin ich«, sagte ich.

»Ich bin Marilee Bayliss. Meine Schwester ist nicht hier. Wie sind Sie nur auf die Idee gekommen?«

»Der junge Mann in ihrem Haus ... ihr Enkel, richtig? Er sagte mir, Mrs. Miller sei vor ein paar Tagen abgereist, um Sie zu besuchen.«

»Du meine Güte! Grady hat das gesagt? Warum erzählt der Junge solche Lügen? Er hat schon mehr gelogen als sonst was – selbst als er noch ein kleiner Bengel war. Seit einer Woche habe ich von Delilah nichts gehört oder gesehen. Lassen Sie mich nachdenken. Dienstag abend war ich zur Chorprobe – ich singe im Chor in der Second-Baptist-Kirche –, und ich habe mit ihr gesprochen, kurz bevor ich ging. Es stimmt, ich habe mir ein wenig Sorgen gemacht, da ich sie letzten Sonntag telefonisch nicht erreichen konnte. Wir sprechen fast immer Sonntag, weil es da billiger ist.« Sie machte eine Pause, um Luft zu holen, und fuhr dann fort: »Ich weiß sowieso nicht, was Grady in ihrem Haus macht. Er sollte in diesem Nobelhotel sein, würde ich meinen. Außer er hat sich frei genommen. Doch zu behaupten, Delilah sei bei mir, ist glattweg gelogen.«

»Kennen Sie einen anderen Ort, wo Mrs. Miller hingehen würde, Miss Bayliss?«

Sie bat mich, sie Marilee zu nennen. »Du lieber Himmel, nein. Ich wüßte nicht, wo. Jetzt haben Sie mich wirklich beunruhigt. Meinen Sie, ich sollte zur Polizei gehen?«

»Lassen Sie mich erst Erkundigungen einholen. Vielleicht ist sie krank und mußte in ein Krankenhaus.«

»Aber Delilah würde bestimmt anrufen. Oder das Krankenhaus. Ich bin als ihre nächste Verwandtschaft für Notfälle angeführt.« Sie holte tief Luft. »Oh, meine Güte, meine Güte. Ich habe Angst, daß ihr etwas Schlimmes zugestoßen ist. Warum hat Grady mich nicht angerufen, um Bescheid zu geben? Ich werde ihn anrufen und fragen, was los ist. Nein. Vielleicht sollte ich besser kommen und selber nach dem Rechten sehen.«

»Miss Bayliss, äh … Marilee, bleiben Sie ruhig. Es gibt sicherlich mehrere Gründe, warum Mrs. Miller nicht da ist. Grady könnte für sie das Haus hüten. Wahrscheinlich wollte er nur eine neugierige Nachbarin loswerden.« Ich dachte das nicht wirklich, aber ich wollte Miss Bayliss nicht noch mehr beunruhigen. »Lassen Sie mich das überprüfen, Marilee. Ich werde Sie später wieder anrufen.«

»Was verlangen Sie für die Ermittlungen?«

»Keine Bezahlung. Mrs. Miller ist eine Nachbarin und Freundin. Außerdem mache ich nur ein paar Anrufe.«

Ich verbrachte den Rest des Morgens damit, Krankenhäuser der

Gegend anzurufen, darunter auch die der Schlafsilovorstädte Round Rock, Georgetown, New Braunfels und San Marcos. Ich rief sogar Scott & White an, eine medizinische Einrichtung nördlich von Austin, wo viele Leute aus dem Bundesstaat hingehen. Um ganz sicherzugehen, rief ich auch das Leichenschauhaus an, um herauszufinden, ob dort eine unbekannte Person lag, auf die Delilah Millers Beschreibung zutraf. Mein letzter Anruf galt der Abteilung für vermißte Personen. Alle Antworten waren negativ. Inzwischen war mein Verdacht gewachsen, daß Delilahs Enkel seiner Großmutter etwas angetan hatte, und das war kein angenehmer Gedanke.

Mein verstorbener Mann war Polizist gewesen, bevor er gekündigt hat, um eine Privatdetektei zu eröffnen, und aus diesen Tagen hatte ich noch einige Kontakte in der Polizeizentrale. Ich überredete Linda Cooper vom Rauschgiftdezernat, mir eine Liste der Vorstrafen von Grady Miller zu beschaffen.

»Ich ruf dich morgen früh zurück«, sagte Linda.

»Ich zahl dir heute abend im Outback ein Steak, wenn du bis dahin einige Informationen für mich hast.«

»Ist sieben zu früh?« wollte sie wissen.

»Perfekt. Bis dann.«

Ohne C. J. wollte ich mit Sicherheit nicht in diesem einsamen Büro bleiben, bis es dunkel wurde, also ging ich kurz nach Mittag. Ich hielt unterwegs an, um Katzenfutter und einen großen Sack Katzenstreu zu kaufen.

Nick und Nora hörten die Garagentür und trafen mich an der Tür, die zur Küche führte. »Hey, Leute! Wie läuft's? Ich hab einen großen Sack leckeres Katzenfutter für euch. Und ich hab das beste für den Schluß aufgehoben. Ta-ta.« Ich streckte den Katzenstreusack hin. »Frisches, geruchloses Zeug für eure Kiste.«

Sie gähnten beide, reckten sich und schlenderten zu ihren Futterschüsseln.

»na, echt schnieke«, sagte nick.

»mann, bist du heute den ganzen tag schlecht gelaunt?« fragte nora. »du beschwerst dich immer als erster. merkst du nie, wenn die dinge mal prima laufen?«

»laß ich sie mich etwa nicht streicheln? schlaf ich etwa nicht jede nacht am fuß ihres bettes? okay, tut mir leid. denk dran, ich bin in meinen teenagerjahren und neige dazu, launisch und schlecht drauf zu sein.«

»das ist keine entschuldigung. du scheinst zu glauben, daß greinen und meckern clever ist oder so. glaub mir, das ist es nicht.«

»okay. ich sagte, es tut mir leid.« nick sprang davon, während er dachte, sie ist bloß eifersüchtig, weil ich mein neues spielzeug versteckt habe und sie es nicht finden kann. sonst findet sie alles, was ich verstecke, doch ich habe ein neues versteck, das sie noch nicht entdeckt hat, und das kann sie nicht leiden. er brummte ein paarmal vor sich hin, als er in das wohnzimmer lief und in den blumentopf sah. ja, da war es noch.

nora saß ruhig da und tat so, als ob sie aß, dabei sah sie ihrem bruder die ganze zeit zu. er verrät natürlich alles, mit diesen geräuschen, die er von sich gibt, dachte sie. er schnüffelte am blumentopf herum und schlenderte dann lässig weg. das ist also sein neues versteck, dachte sie. gut. in ein paar minuten, wenn er die sache vergessen hat, hole ich das ding mit den schwarzen schnüren und verstecke es, wo er es nie finden wird.

nick hatte das kleine glänzende spielzeug gefunden, als sie draußen waren. mamma jenny war nicht allzu scharf darauf, daß sie draußen waren – sie hatte angst, sie könnten verlorengehen oder überfahren werden. sie waren durch die katzentür gegangen, die in die garage führte, und nora hatte einmal mehr die kiste gefunden, die das garagentor öffnete, eine alte kiste, klein und schmucklos, doch magisch.

die kiste lag auf einem regal in der nähe der garagendecke.

mamma jenny dachte wahrscheinlich, daß sie nicht so hoch zu springen vermochten, doch nora hatte herausgefunden, daß sie auf die große waschkiste springen konnte, und von dort war es nur noch ein kleiner sprung bis zum obersten regal. wenn sie ihre pfote auf die richtige stelle der kiste setzte, öffnete sich die garagentür. wenn sie einen moment wartete und ihre pfote auf die gleiche stelle drückte, hörte die tür auf, sich zu bewegen, und eine öffnung blieb, gerade groß genug, damit die beiden hindurchschlüpfen konnten. sie blieb offen, so daß sie wieder zurückkonnten. bald würde sie die tür weiter »öffnen«, da nick immer größer wurde.

nachdem mamma jenny zur arbeit gefahren war und beide katzen ein nickerchen gemacht hatten, waren sie hinausgegangen, um nach dem grau-weißen kater zu suchen, der in der nähe des eckhauses lebte.

»hi«, sagte nora, als sie ihn unter einer tomatenstaude dösend fand. »ich bin nora, und mein bruder heißt nick. wir leben da drüben.« sie zeigte mit der nase zu ihrem haus. »lebst du hier?«
natürlich mußten er und nick sich erst beschnuppern, dann zischten sie ein wenig, bevor sie schließlich beschlossen, ihr altersunterschied sei groß genug, um freunde statt feinde zu sein.

»nein, ich wohne nebenan. mein name ist bing clawsy.«
»hi, bing. kennst du die lady, die hier lebt?«
»klar. mrs. miller. aber ich hab sie seit ein paar tagen nicht mehr gesehen.« bing hatte ein nettes melodisches schnurren und eine nette stimme. »ich frag mich, ob sie ferien macht oder so. das mann-kind, das jetzt da ist, ist fies. er verjagt mich ständig aus dem garten hier, obwohl es so ein wunderschöner ort ist für ein schläfchen. die erde ist weich und kühl. mrs. miller hat es nie was ausgemacht, wenn ich hier geschlafen habe.«
er spazierte zu einer anderen pflanze und begann zu scharren.
»jemand hat vor nicht allzu langer zeit in dieser erde gegraben, und es ist leicht, eine nette schlafkuhle zu graben.«

»ja, ich kann sehen, wie nett es ist«, sagte nick. er lief herum, fand einen flecken, der ihm ziemlich stechend zu riechen schien, und fing an, den dreck wegzuscharren. dabei fand er das glänzende ding mit den schwarzen schnüren.

»hey, benütz meine schlafkuhle nicht als toilette!« rief bing. er bemerkte nicht, womit nick spielte.

»ach, komm schon«, sagte nick. »ich hab' bessere manieren. wir benutzen sowieso eine streukiste im haus.«

»tut mir leid, ich denke, ich bin an kinder nicht mehr gewöhnt. ihr seid noch jung, nicht?«

»klar!«, sagte nora, während sie schaute, was nick machte. sie konnte es nicht mit gewißheit sagen, aber es sah aus, als ob er etwas im maul hätte. »wir werden erst in drei monaten ein jahr alt, hat mamma jenny neulich zu einer freundin am telefon gesagt.« sie sah, daß nick seinen schatz aufhob und sich richtung haus wandte. »ich glaube, wir gehen jetzt«, sagte sie. »wir dürfen nicht draußen sein.«

»wahrscheinlich eine gute idee«, stimmte bing zu. er war sich offensichtlich nicht allzu sicher, daß nick seine schlafstellen nicht verdorben hatte.

weil mamma jenny früher als erwartet nach hause kam, hatte nora keine gelegenheit mehr, das spielzeug aus nicks versteck zu holen.

Wie immer in Zentraltexas hatte die Sonne den Nebel verscheucht, und der Tag war recht schön geworden. Ich hatte keinen Erfolg, Mrs. Miller als Patientin oder Leiche ausfindig zu machen, was mich erleichterte. Aber was sollte ich Marilee Bayliss sagen? Sie würde herkommen wollen, und wahrscheinlich war das das beste. Vielleicht wäre Grady Miller gezwungen, ihr zu sagen, wo sich ihre Schwester aufhielt.

Nach einem späten Mittagessen und einem Kleiderwechsel beschloß ich, die Pflanzen auf die Terrasse zu stellen, damit sie ein paar Sonnenstrahlen einfangen konnten. Bald würde es zu kalt sein, und sie würden drinnen eingesperrt stehen müssen. Ich wußte, daß ich den Anruf an Marilee hinausschob, doch ich nahm mir vor, sie anzurufen, sobald ich die Pflanzen umgestellt hatte.

Doch als ich den kleinen Ficus hochhob, sah ich, halb in der Erde vergraben, einen glänzenden, goldenen Gegenstand. »Was ist das?« frage ich Nick und Nora, die so taten, als hörten sie nichts und nicht einmal in meine Richtung blickten.

»Verdammt noch mal«, murmelte ich. »Es ist ein Uhr.« Erstaunlicherweise sah diese Uhr genauso aus wie die, die Delilah Miller getragen hatte. Eine altmodische Uhr mit schwarzen Bändern aus einem elastischen Material.

»verdammt noch mal«, echote nora. »sie hat deinen schatz gefunden.«

»ich hab's gesehen«, sagte nick. »was sollen wir tun?«

»tun? nichts, wir werden unsere strafe hinnehmen müssen.«

»strafe? wofür? ich hab' nichts gemacht.«

»Okay, Leute«, sagte ich. »Wo habt ihr diese Uhr her?« Die Katzen blinzelten unschuldig mit den Augen und blickten untätig umher.

»Seht mal. Ich weiß, daß diese Uhr gestern abend noch nicht da war, weil ich geprüft hab', ob die Pflanze Wasser braucht.« Die Katzen gähnten und streckten sich und stellten sich dumm.

»Nora, mich beunruhigt, daß die Lady, der diese Uhr gehört, vermißt wird. Und ich mache mir große Sorgen um sie.« Ich sah mir die Uhr genauer an und bemerkte die Erdkruste um den Aufziehnoppen. »Nun, vielleicht war sie doch die ganze Nacht über im Blumentopf«, sagte ich zu Nora. »Sie muß schon dagewesen sein, als ich die Pflanze heute morgen goß, deswegen ist sie voller Erde. Ich kann mir auch nicht vorstellen, wie ihr an Mrs. Millers Uhr kommen solltet, ohne daß ihr aus dem Haus wart.«

Nora sprang auf meinen Schoß und sah mir direkt in die Augen. Ich hätte schwören können, daß sie etwas sagen wollte, doch ich wußte nicht genau, was.

Während ich Nora streichelte, streunte Nick in die Küche zu seinem Futternapf. Ich konnte hören, wie er fraß. Seine Geräusche klangen ebenfalls so, als ob er etwas erzählen wollte.

Das Telefon läutete und schreckte beide Katzen auf. Wie der geölte Blitz liefen sie ins Schlafzimmer. »Spreche ich mit Jenny Gordon?« fragte eine vertraute Frauenstimme.

»Ja. Marilee?«

»Ja. Ich bin am Austiner Flughafen – wäre es zuviel verlangt, wenn Sie mich abholen kämen?«

Das kam nicht überraschend. Marilee war wegen ihrer Schwester ziemlich in Sorge gewesen, und daher war es nur natürlich, daß sie nach Austin gekommen war. »Natürlich nicht. Ich werde gleich dasein.«

als mamma jenny gegangen war, sagte nora: »wir müssen noch mal rüber zum haus an der ecke.«

»nora, ich bin nicht sicher, ob ich das möchte. wir haben schon ärger gekriegt, weil wir einmal da waren . . .«

»nick, ich gehe, ob du mitkommst oder nicht. wenn du den angsthasen spielen willst, soll mir das recht sein. aber ich weiß, daß onkel louie nicht hier sitzen und däumchen drehen würde. er würde rausgehen und etwas unternehmen.« sie steuerte auf die katzentür zu und sprang hinauf, um auf die kleine magische kiste zu drücken.

»was können wir tun?« nick folgte ihr, wie sie es vorausgesehen hatte.

»ich hab' keine ahnung, aber wir müssen etwas überprüfen.« als sie bei mrs. millers haus ankamen, war der freundliche mr. bing clawsby nirgends zu sehen.

»bing muß wieder nach hause gegangen sein«, sagte nora.

»schlauer bursche. den trifft man nicht beim detektivspielen.

eine menschliche beschäftigung auszuprobieren! katzen sollten ihre zeit mit sonnen, schlafen, essen, spielen verbringen ...«

nora steuerte wieder auf den garten und die tomatenstaude zu, wo nick die uhr gefunden hatte. »ich hab' dir gesagt, wenn du zu hause bleiben möchtest, mir ist es recht. du hättest nicht mitkommen müssen.«

»warum sollst du den spaß alleine haben? und außerdem muß ich dasein, um dich zu beschützen, falls du in schwierigkeiten gerätst.«

»du mich beschützen? daß ich nicht lache.« nora grub einen ohrring aus, der aus kleinen weißen perlen und drahtanhängern bestand.

»hier ist noch ein schatz.« sie hob ihn auf, um ihn nick zu zeigen.

»Was tut ihr Tiere da?« Die laute Männerstimme erschreckte die Katzenjungen.

Nora drehte sich um und flitzte an dem Mann vorbei, doch Nick war langsamer, und der Mann fing ihn. »Verflixte Katzen. Euch möchte ich in meinem Garten nicht sehen.« Grady folgte Nora, doch sie war viel zu schnell. Sie huschte um die Ecke ihres Hauses und schlüpfte unter das Garagentor.

Grady nahm Nick und sperrte ihn in den Geräteschuppen.

nora hatte so große angst, daß sie rannte und sich unter dem bett versteckte. sie vergaß völlig, daß sie die garagentür nicht geschlossen hatte, sie merkte nicht einmal, daß sie den perlengegenstand noch in ihrem maul hielt. als sie wieder atmen konnte, war ihr einziger gedanke, was der riese ihrem bruder antun würde. junge, junge, wir sind in großen schwierigkeiten. mamma jenny, bitte, komm nach hause!

Als ich in die Einfahrt fuhr, bemerkte ich, daß das Garagentor nicht ganz zu war. »Das ist merkwürdig.«

Marilee fragte. »Was?«

»Die Garage ist nicht geschlossen. Ich bin sicher, daß ich sie zugemacht habe, als ich ging.« Die Katzen waren solche Angsthasen, daß ich mir nie Sorgen machte, sie könnten hinauslaufen, wenn das Tor aufging. Ich benutzte die Fernbedienung, und das Tor öffnete sich langsam. »Na ja, es war nicht weit genug offen, als daß jemand hätte reingehen können.« Ich fuhr das Auto hinein, schloß das Tor und ging ins Haus.

Marilee hatte mich in mehr als einer Hinsicht überrascht, als ich sie am Flughafen traf. Sie war jünger und hübscher als Delilah und hatte Sinn für Humor. Sie war schlank, hatte dunkle Augen und Strähnen im Haar. Auf meine Frage, warum sie nie geheiratet hatte, antwortete sie: »Ich hab' gesehen, was für ein hartes Leben Delilah hatte – sie mußte Ray von vorn bis hinten bedienen. Ich wollte für niemand die Sklavin spielen.«

»Ich kann es Ihnen nicht verdenken.«

»Nach Rays Tod mußte Delilah sich um Grady kümmern. Seine Eltern kamen bei einem Autounfall ums Leben, als er drei war.«

»Das ist traurig«, sagte ich mitfühlend. Ich hatte meine Mutter durch Krebs verloren, als ich zehn war. Meine Großmutter hatte meinem Vater geholfen, mich großzuziehen. Ich wußte, wie es war, wenn man einen Elternteil verlor und sich auf einen älteren Menschen verlassen mußte. Meine Großmutter hat mich verwöhnt, und ich hatte das Gefühl, daß auch Delilah Grady verwöhnt hatte.

Marilee sagte mir, daß sie bei ihrer Schwester angerufen hatte, und Grady war am Apparat. »Er klang so merkwürdig und schwor, er wisse nicht, wo seine Großmutter sein könnte. Er habe sie seit letzten Donnerstag nicht mehr gesehen.«

Seltsam, dachte ich.

»Deshalb dachte ich, ich sollte nach Austin kommen.«

Auf der Fahrt zu meinem Haus hatten wir beschlossen, vorsichtig vorzugehen. Marilee würde mit zu mir kommen, statt zu

Delilah zu gehen. Ich überredete sie, mein Gästezimmer wäre besser als ein Motelzimmer.

»Ich frage mich, wo die Kätzchen sind?« Ich sah mich drinnen um, ging dann hinaus in die Garage und konnte sie auch dort nicht finden.

»Sie kommen fast immer, um mich zu begrüßen«, erklärte ich. Ich holte meine Taschenlampe und ging ins Schlafzimmer. Manchmal erschreckten sie sich und versteckten sich unter dem Bett.

Tatsächlich funkelten mir ein paar grüne Katzenaugen entgegen, als ich mit der Lampe unters Bett leuchtete. »Nora, bist du das?« Das Katzenjunge machte ein kleines Geräusch – kein Miauen –, es klang seltsam. »Wo ist Nick?«

Nora verhielt sich nicht so, als ob sie daran interessiert war, herauszukommen, doch ich ging auf die Rückseite des Bettes, ergriff ihr Vorderbein und zerrte daran. Sie kam heraus, und ich konnte spüren, wie sie zitterte.

»Was ist los, Kleines?« Ich sah sie behutsam an und konnte keine Verletzung entdecken. Dann bemerkte ich etwas in ihrem Maul und nahm es ihr weg.

»Ein Perlohrring. Er ist ebenfalls erdverkrustet.«

»Er gehört Delilah!« rief Marilee. »Sie trug diese Ohrringe fast immer. Sie waren ein Geschenk ihres Mannes. Es sind keine echten Perlen, aber sie war so stolz darauf.«

»Es ist ausgeschlossen, daß er ebenfalls im Blumentopf lag. Ich frage mich, wo Nora ihn nur gefunden hat.« Ich streichelte sie, bis sie ruhig war. »Und was ist mit Nick passiert?« Ich durchsuchte das Haus, doch ich konnte ihn nicht finden.

»Ich denke, es ist an der Zeit, daß ich einen Bekannten im Austin Police Department anrufe«, erklärte ich Marilee. »Lieutenant Larry Hayes, der mit meinem verstorbenen Mann gearbeitet hat. Er ist jetzt beim Morddezernat.«

Marilee zuckte zusammen, doch sie faßte sich, so gut sie konnte. Larry war nicht im Büro, ich erreichte ihn zu Hause. Larry und mein Mann waren zehn Jahre Partner gewesen. Seit Tommys Ermordung paßt Larry gerne wie ein großer Bruder auf mich auf. Es funktioniert ganz gut, außer wenn er denkt, ich hätte den falschen Job gewählt. Heute dachte er, ich hätte den Verstand verloren.

»Ich weiß, es überschreitet deine Befugnisse, aber ich rieche es förmlich, daß etwas nicht stimmt.«

»Okay, nehmen wir mal an, ich komme mit. Wir haben keinen Grund, das Haus oder das Grundstück zu durchsuchen. Kein Richter würde mir aufgrund deines Gefühls einen Durchsuchungsbefehl geben.«

»Ich weiß, daß du recht hast. Marilee könnte doch einfach mit ihrem Koffer in der Hand an der Tür klopfen und Einlaß verlangen. Vielleicht kann sie sagen, daß Delilah wünschte, daß sie auf ihre Sachen aufpaßt, solange sie weg ist?« Ich konnte Marilee nicken sehen.

»Das könnte vielleicht funktionieren«, stimmte Larry zu.

»Abgesehen davon suche ich meine Katze. Es spricht nichts dagegen, daß ich in den hinteren Garten gehe, während Marilee an der Vordertür klopft.«

Als ich aufhing, sagte Marilee: »Ich glaube, ich habe den Schlüssel für die Hintertür von Delilahs Haus.« Sie kramte in ihrer Tasche und zog den Schlüssel hervor. »Wir haben vor Jahren die Schlüssel getauscht, für den Fall, daß man sich aussperrt.«

»Okay, dann gehen wir einfach rüber, und Sie können Einlaß verlangen. Wenn er sich weigert, benutzen Sie Ihren Schlüssel.«

Marilee ging in mein Gästezimmer, um ihren Koffer zu holen. Ich setzte mich hin, während ich weiterhin Nora hielt und ihr sanft zusprach, sie streichelte und ihr versicherte, alles sei in Ordnung und wir würden Nick finden. »Okay, Süße. Vielleicht kannst du mir helfen. Da du meine Sprache nicht sprechen kannst und ich nicht deine, kannst du mir ja vielleicht zeigen, was passiert ist.«

Nora sah tief in meine Augen, bevor sie von meinem Arm sprang und auf die Garage zuging. Sie sprang auf die Waschmaschine und dann auf das oberste Regal. Einen Moment später öffnete sich das Garagentor – aber nur ein klein wenig.

»Wie hast du ...?« Ich langte nach oben und fand die zweite Fernbedienung. »Oh, ich verstehe. Das erklärt einiges. Ihr seid wahrscheinlich beide rausgegangen, und dann müßt ihr zu Delilah Millers Haus gegangen sein, richtig?«

Ich ließ das Kätzchen wieder runter. Sie sah sich um, als ob sie sagen wollte »folge mir« und flitzte die Straße hinunter, bis sie das Eckhaus erreichte, wo sie sich in den Hintergarten schlich. Marilee folgte mir, und wir folgten Nora.

Grady Miller war im Hintergarten und grub ein Loch.

»Verflixte Katzen«, murmelte er. »Ich werde es euch heimzahlen. Ich werde sie hinbringen, wo ihr sie nie finden werdet. Warum könnt ihr sie nicht einfach in Ruhe lassen? All das Gescharre hier – ihr grabt sie aus. Verflixte Schlaubergerkatzen.«

»Grady?« fragte Marilee. »Was, zum Teufel, machst du da?«

»Tante Mari, wußtest du, daß Großmutter hier draußen beerdigt liegt? Ich verstehe nicht, warum diese schwarzen Katzen ihr Grab nicht in Ruhe lassen. Sie lag doch gut hier draußen im Garten.«

Sein merkwürdiger Blick sagte uns mehr, als wir wahrhaben wollten. Grady Miller war durchgedreht, und sein Gehirn funktionierte nicht mehr.

Marilee stand wie angewurzelt da. Sie weinte. Die nächsten paar Stunden würden zur Tortur werden.

Larry kam gerade rechtzeitig, um zu sehen, wie Grady Marilee die Schaufel reichte, die er benutzt hatte. Larry führte den passiven jungen Mann zu seinem Wagen und half ihm auf den hinteren Sitz.

Ich sah es nicht mehr, weil ich Nora an der Schuppentür bemerkte. Nick war nicht zu hören, doch ich war sicher, daß er dort drin war. Wahrscheinlich hatte Grady mein Katzenjunges mit dieser Schaufel erschlagen. Wenn ja, dann wußte ich nicht, was ich ihm antun würde – wahnsinnig oder nicht.

Die Tür war abgesperrt, doch auf Larrys Bitte gab Grady ihm den Schlüssel.

Ich hatte solche Angst, daß meine Hände zitterten und ich Mühe hatte, die Tür zu öffnen. Schließlich bekam ich die Tür auf und erblickte Nick, der auf der Seite lag. Seine Augen waren verschlossen. Nora war mit mir hineingelaufen. Sie leckte Nick das Gesicht. Einen Augenblick später hatte er seine Augen geöffnet und miaute mitleiderregend.

»hast lang genug gebraucht, um herzufinden«, sagte nick zu nora, als er aufstand. er war noch ein wenig wacklig auf den beinen, begriff aber nicht, weshalb.
»es ist nicht einfach, menschen dazu zu kriegen zu tun, was man will«, sagte sie ihm, als mamma jenny ihn hochhob. »und ich brauchte ihre hilfe. ich hätte ewig gebraucht, um herauszufinden, wie ich in diesen schuppen komme.«

Marilee weinte, doch ich überredete sie, Nora zu nehmen, während ich Nick nach Hause trug.

Larry rief den Arzt an, dann brachte er Grady ins Seton Hospital.

Nick hatte eine Beule am Kopf. Als ich meinen Tierarzt anrief, sagte der, der Kater hätte wahrscheinlich eine Gehirnerschütterung. »Wenn er keine Schnitt- oder Schürfwunden hat, beobachten Sie ihn einfach ein paar Stunden. Wenn er sich auffällig verhält, bringen Sie ihn in die Praxis.«

Larry rief später an und informierte mich über das, was er zu diesem Zeitpunkt wußte. Ich tat mein Bestes, um Marilee alles zu erklären. »Natürlich gehen die Ermittlungen noch weiter, doch Grady hat gestanden, Delilah mit Pilzen vergiftet zu haben. Er wurde böse, weil sie ihm nicht das Geld gab, um ein eigenes Restaurant zu eröffnen. Er sagte, er wollte nur, was ihm vom Erbe zustand.«

»Er war ein so merkwürdiger kleiner Junge, ich bin gar nicht mal überrascht«, sagte Marilee. »Nachdem seine Eltern beim Autounfall umkamen und meine Schwester die Verantwortung für ihn übernahm, verhielt er sich immer merkwürdiger.«

»Ich denke mal, daß er einfach ausgerastet ist, als Delilah ihm das Geld nicht geben wollte.«

»Es war gar kein Geld da. Delilah hatte jeden Pfennig für Grady ausgegeben.«

»War denn kein Geld von seinen Eltern übrig?«

»Nein. Sie hatten keine Lebensversicherung und waren noch dazu schwer verschuldet. Als Ray starb, verwendete Delilah das bißchen Versicherungsgeld, das ihr blieb, um Gradys Ausbildung zu finanzieren.«

»Das ist wirklich traurig. Er hat sie völlig umsonst umgebracht.«

»Ich frage mich, ob er wahnsinnig wurde und sie umbrachte, oder ob er sie umbrachte, weil er wahnsinnig war?«

»Ich denke, das werden wir nie herausfinden.« Ich sah mich nach meinen Katzen um. »Ich bin nur froh, daß es den beiden hier gutgeht. Aber ich werde dafür sorgen, daß sie nicht wieder rausgehen. Es ist zu gefährlich da draußen.«

später am abend hatten sich nick und nora neben mamma jenny auf dem sofa zusammengerollt. »haben wir das gut gemacht, schwester?« fragte nick.

»prima haben wir das gemacht. aber wir werden mit onkel louie sprechen müssen. seine tricks lernen, wie man schlösser knackt und wie er seinen menschen überredet, ihn draußen rumstreunen zu lassen.« nora leckte das gesicht ihres bruders noch einmal. »hmm«, sagte sie. »ich frage mich, ob es eine juniordetektivauszeichnung oder so gibt, die wir kriegen können?«

Ich sah meine Katzen an. »Ihr habt so tolle Arbeit geleistet. Ich werde euch offiziell zu Katzendetektiven erklären und auf die

Gehaltsliste setzen. Ich frage mich, wieviel Shrimps und Fisch ich euch jede Woche zahlen soll?«

»was sind shrimps und fisch?« fragte nora.
»wer weiß?« antwortete nick, »aber ich bin ziemlich sicher, daß du es bald herausfinden wirst.«

Originaltitel: Kittens Take Detection 101
Deutsch von Beatrice Beckmann

Bill Crider

El Lobo reitet allein

 **Einer der ersten** Ratschläge, die man in Hollywood bekommt, ist, daß man weder mit Kids noch mit Tieren arbeiten soll. Ein guter Rat, wenn man es sich leisten kann, ihn zu befolgen. Ich kann es nicht. In letzter Zeit hatte ich notgedrungen mit einem Papagei, einem Kakadu, ein paar Katzen, und, Gott steh mir bei, selbst mit dem Osterhasen zu tun. Im großen und ganzen war dennoch alles gutgegangen.

Trotzdem war ich mir nicht sicher, ob ich mich mit einem Wolf einlassen wollte.

»Gottverdammt, Ferrel«, sagte Mr. Gober. Er klang wie ein erkältetes Kamel, und der Telefonhörer vibrierte in meiner Hand. »Wie oft muß ich Ihnen das noch sagen. Es ist kein richtiger Wolf. Es ist ein Hund, der einen Wolf spielt. Der Hund heißt Drifter.«

Mr. Gober ist Chef der Gober Filmstudios, nicht gerade einer der ganz Großen, dennoch ging es ihm in den Jahren nach dem Krieg finanziell ganz gut.

Hin und wieder gab es einen kleinen Unfall, wodurch der Geldfluß auf sein Konto gestoppt wurde. So wie damals, als man Brett Morris (mit richtigem Namen Willy Benarski), der in einer Reihe von Detektiv-Filmen den hartgesottenen Helden mimte (*Küß' mich und stirb* war sein letzter), in einem hauchdün-

123

nen Nachthemd und einer Federboa fotografiert hatte, von dem Lippenstift und den Ohrringen ganz zu schweigen. Wenn so etwas vorkommt, dann ruft Gober mich an, damit ich die Fotos und Negative zurückhole und dem Studio aus der Patsche helfe. Gober bezahlt mich ganz gut für meine Arbeit, deshalb beschwere ich mich nicht, daß er meinen Vornamen stets vergißt. Ich heiße Bill, nicht Gottverdammt.

»Für mich sieht er aus wie ein Wolf«, sagte ich.

»Das sagt jeder, aber das macht nur die Maske und die Rolle. Was glauben Sie, wie viele Hunde einen Wolf so gut spielen könnten, daß man es ihnen abnimmt? Wenn je ein Hund einen Oscar verdient hat, dann ist es Drifter.«

»Okay«, sagte ich. »Dann ist es eben ein Hund. Und Sie sagen, jemand versucht, ihn umzubringen?«

»Jemand versucht, ihn zu *vergiften*, habe ich gesagt. Und Sie sollen rausfinden, wer das ist.«

»Warum verständigen Sie nicht die Polizei?« fragte ich.

Nicht, daß ich das Geld nicht gebraucht hätte. Ich war mir nur einfach nicht sicher, ob ich etwas mit einem Wolf zu tun haben wollte, selbst wenn er ein Hund war.

»Als ob Sie das nicht selbst wüßten«, brüllte Gober. Eigentlich brüllte er nicht, es klang nur so. »Es darf nichts davon an die Öffentlichkeit dringen. Kein Aufsehen, keine Polizei. Das Team ist draußen auf der Stilson Ranch, wo der Film gedreht wird; es muß also einer von uns sein, der den Wolf vergiften will.«

»Ich dachte, Sie hätten gesagt, es ist ein Hund.«

»Das meinte ich auch. Fahren Sie raus, und sehen Sie sich mal um.«

Seufzend legte ich den Hörer auf. Ich hatte eine lange Fahrt vor mir.

Santiago Canyon, wo die Stilson Ranch liegt, war von meinem Büro aus nur etwa vierzig Meilen Luftlinie entfernt, doch leider hatte ich keinen Flugschein. Ich fuhr meinen kleinen Chevrolet,

Baujahr 40, der nicht gerade viel PS hatte. Das war auch gut so, denn die kurvenreichen Straßen waren auch nicht für hohe Geschwindigkeiten geeignet.

Während der Fahrt dachte ich an den Wolf (bzw. Hund) und daran, wie wichtig er für die Gober Filmstudios war. Das alles hing mit ein paar Western zusammen, die zunächst vorgesehen waren. Der erste, mit dem Titel *El Lobo reitet!*, hatte sowohl William Berry als auch dem Wolf eine Menge Fanpost eingebracht. Das heißt für den Hund. Im Film hieß er Fiero, was wohl soviel wie »der Feurige« bedeutete. Mein Spanisch ist nicht besonders gut.

Berry spielte die Hauptrolle. Er war Don Jaime Cortez, ein affektierter junger Landbesitzer aus El Lobo, der sich nachts (im Schutz der Dunkelheit) in den fanatischen Verteidiger der unterdrückten Einwohner Alt-Kaliforniens verwandelte. El Lobo ritt ein schwarzes Pferd, war schwarz gekleidet mit schwarzer Maske, und schwarzer Stierpeitsche. Sein Schwert war silbern, mit schwarzem Griff.

Bei all seinen Einsätzen begleitete ihn sein treuer Gefährte Fiero, der an seiner Seite lief und, während El Lobo mit Peitsche und Schwert Gerechtigkeit übte, die Bösewichte in den Hintern zwickte oder in die Fersen biß.

Macht nichts, wenn Ihnen das irgendwie bekannt vorkommt. Gobers Anwälte waren auf Draht; sie verletzten kein Copyright, wenigstens nicht so, daß jemand damit vor Gericht gehen konnte. Zorro hat keinen Wolf bzw. Hund.

El Lobo reitet! erfüllte nicht nur die Erwartungen als Vorfilm des double features, er avancierte in kürzester Zeit zu einem der beliebtesten Filme überhaupt. In vielen Kinos war er wochenlang die Nummer eins. Gober ließ sich so leicht nichts vormachen, und er wußte, daß er einen Trumpf in der Hand hatte. So wurde die Fortsetzung zum Hauptfilm des double features. Sie hieß – Sie haben es bestimmt längst erraten – *El Lobo reitet wieder!* Man kann sagen, was man will, aber die Jungs, die sich die Titel ausdachten, waren einfach genial. Wie dem auch sei,

El Lobo reitet wieder! füllte überall im Land die Kinos, und der dritte Streifen aus der Serie, *El Lobos Rache!*, lief als Einzelfilm. Er brachte doppelt soviel ein wie die beiden anderen zusammen, und Gober triumphierte.

In der Hitliste der Kassenschlager stand William Berry auf Platz zehn, und Fiero, der Wolf (oder Hund), war der Liebling aller. Überall im Land bastelten sich die Kids El Lobos Peitsche, indem sie ein Seil an einen Stock nagelten und ihre jüngeren Geschwister damit durchs Haus jagten. Die Hälfte aller Welpen nannte man Fiero, die andere Hälfte Drifter. Gobers Stern stand hoch am Himmel.

Daher hatte Mr. Gober die Idee, den nächsten El Lobo-Western zu drehen, *El Lobos Sohn*, eine aufwendige Produktion, und sogar in Farbe. Dazu heuerte er Donnie Powell an, den besten Kinderdarsteller in der ganzen Stadt. Er spielte die Rolle des Waisen Raul, der El Lobos geheime Identität entdeckt und von Don Jaime adoptiert wird. Dann entführt ihn der böse Alcalde, weil auch er El Lobos wahre Identität vermutet.

Natürlich wäre es eine Tragödie, wenn Drifter vergiftet würde. Nicht, daß man ihn nicht ersetzen könnte, aber wahrscheinlich würde die Qualität der Darstellung darunter leiden. Vor allem würde es die Dreharbeiten in Verzug bringen, und Drifters letzte Krankheit hatte schon für mehr Verzögerungen gesorgt, als Gober lieb war.

Einen neuen Hund zu trainieren würde zu lange dauern, und es ließ sich nicht voraussehen, wie gut der neue »Wolf« mit den menschlichen Stars zusammenarbeiten würde. Falls er sie nicht akzeptierte, konnte es heikel werden.

Unmittelbar bevor ich abbog und auf die Ranch zusteuerte, überholte mich ein funkelndes, schwarzes Nachkriegsmodell eines Buick Roadmasters. Ich fragte mich, ob ich mir wohl je so einen Wagen würde leisten können. Bestimmt nicht bei dem Lohn, den Gober mir zahlte, das war klar; der kleine Chevrolet lief allerdings noch ganz gut. Er würde es noch ein paar Jährchen tun.

Eine ausgefahrene, staubige Straße führte mich ans Ziel, wo ich bei den anderen Autos, LKWs und Wohnwagen, die direkt vor einer kleinen Westernstadt parkten, anhielt. Für jeden neuen Film tauschte man die Schilder an den künstlichen Fassaden aus. Manchmal machte man sich nicht mal die Mühe, die Schilder überhaupt auszutauschen, doch soviel ich weiß, hat sich noch nie ein Zuschauer darüber beschwert.

Als ich aus dem Wagen stieg, stürmte Harry Gallun auf mich zu. Harry war der Produzent, und wir kannten uns von anderen Jobs, die ich für Gober übernommen hatte. Galluns Nachname reimt sich auf »Saloon«, doch das wußten nur wenige. Die meisten dachten, er würde wie das Hohlmaß »Gallon« ausgesprochen. Gallun verbesserte sie nie. »Sie kommen gerade richtig, Ferrel«, sagte er. »Es ist schon wieder passiert.«

Gober mußte ihn gewarnt haben, daß ich unterwegs war. Gallun war klein und nervös, trug ein schäbiges Toupet und einen noch mickrigeren Schnurrbart, der ganz so aussah, als hätte man ihn mit einem Augenbrauenstift gezogen. Vielleicht hatte er das so gemacht.

»Was ist passiert?« fragte ich ihn.

»Drifter ist krank. Es hat ihn schlimm erwischt. Sieht so aus, als ob er draufgeht.«

Harry sah besorgt aus und klang auch so, doch darauf konnte man nicht viel geben. Produzenten sind oft so, selbst wenn alles gut läuft.

Es war heiß und staubig, und ich fing allmählich an zu schwitzen. Ich nahm den Hut ab und fuhr mir mit meinem Taschentuch über die Haare. Eigentlich gab es da nicht viel zu kämmen, aber wenigstens trug ich kein billiges Toupet.

Ich steckte das Tuch in die Tasche zurück und sagte: »Lassen Sie uns nach dem Wolf sehen.«

»Drifter ist kein Wolf«, erinnerte Harry mich. »Er ist ein Hund.«

»Stimmt. Das vergesse ich dauernd.«

Drifter war ein Star: Er hatte seinen eigenen Wohnwagen. Er lag auf dem Boden ausgestreckt, japste und glich einem Wolf, wenn auch einem sehr kranken. Von der Nasenspitze bis zum Schwanz war er fast einen Meter achtzig lang und überwiegend schwarzgrau. Ich vermutete, daß er eine Menge von einem deutschen Schäferhund hatte, aber er war ein Mischling, sein zottiges Fell ließ schon darauf schließen. Ich konnte noch nie gut schätzen, ich nahm an, daß er über hundert Pfund wog. Er war ein großer Hund, oder Wolf.

Die schlechte Luft im Wohnwagen rührte von einem unangenehmen Geruch her, und als erfahrener Detektiv folgerte ich, daß er von Drifter ausging oder von der widerlichen Flüssigkeit, die aus seinem Maul tropfte. Ein paar Leute standen um den Hund herum. Einer war William Berry, der genausowenig wie ein spanischer Don aussah wie etwa Monte Hale oder Johnny Mack Brown oder sonst einer von dem Dutzend zweitklassiger Westernhelden. Immerhin war er gutaussehend und wirkte sanft, und er machte das Beste daraus. Jahrelang hatte er neben Roy Barcroft den zweiten Bösewicht gespielt, bis er sich zu besseren Rollen hochgearbeitet und schließlich mit *El Lobo reitet!* den Durchbruch geschafft hatte.

Terence James, der für seine Tüchtigkeit bekannte Regisseur, betrachtete ebenfalls den Hund. Nur William »One-Shot« Beaudine arbeitete noch schneller als James, jedoch nicht wesentlich.

Auch Donnie Powell war anwesend, der neben einer umwerfenden Blondine stand.

Und natürlich war Ray Olan, Drifters Trainer, auch da. Er kniete neben dem Hund, streichelte seinen Nacken und wischte ihm die Schnauze mit einem feuchten Tuch ab. Olan fragte, wer ich sei und was zum Teufel ich hier wolle.

»Er ist ein Privat-Schnüffler, den Mr. Gober ab und zu beauftragt«, sagte Harry. »Er soll rausfinden, was hier vorgeht.«

Daß man mich einen Schnüffler nannte, gefiel mir ganz und gar nicht. Allerdings hatte man mich schon schlimmer tituliert, deshalb schwieg ich.

»Dann soll er es, verdammt noch mal, möglichst schnell rausfinden«, sagte Olan. »Wenn sich bis morgen nichts getan hat, bringe ich Drifter von den Dreharbeiten weg. Falls er solange lebt.«

Olan war klein, mit borstigem roten Haar und Sommersprossen, die das halbe Gesicht bedeckten. Man hatte uns zwar gerade erst miteinander bekannt gemacht, dennoch glaubte ich nicht, daß er mich besonders mochte. Mir war es egal. Ich wirkte auf viele Leute so.

Nicht dagegen auf die Blondine, die sich mir als Evelyn Powell, Donnies Mutter, vorstellte. Sie war nicht viel größer als Donnie, und fast krankhaft dünn, wobei die Kurven jedoch genau an den richtigen Stellen saßen. Für die Mutter eines Zwölfjährigen sah sie viel zu jung aus.

Als ich ihr das sagte, lächelte sie und warf mir einen Blick zu, daß mir ganz heiß wurde. Olan warf mir einen noch feurigeren Blick zu, doch Evelyn achtete nicht darauf. Jedenfalls ließ sie es sich nicht anmerken.

Sie sah mir in die Augen und sagte: »Donnie ist erst elfeinhalb. Im Film ist er älter.«

Wenn man mich fragte, sah Donnie wie fünfzehn aus, und ich würde zwanzig Dollar wetten, daß er hinter den Wohnwagen Glimmstengel stibitzte, aber diesem Unschuldsblick mußte man einfach glauben.

Und selbstverständlich war Donnie höflich. Das muß man ihm lassen. Wie ein Erwachsener schüttelte er mir die Hand und nannte mich »Mr. Ferrel«.

Nicht so Terence James. »Was denken Sie, Ferrel?« fragte er.

»Ich bin gerade erst angekommen. Ich hatte noch keine Zeit zum Nachdenken. Haben Sie einen Tierarzt konsultiert?«

»Ja, vor zwei Tagen«, sagte Olan. »Der konnte uns auch nicht mehr sagen. Er vermutete, daß es am Futter liegen könne.«

»Wer füttert ihn denn?«

»Ich«, sagte Olan. »Daß ich meinem eigenen Hund kein Gift gebe, ist ja klar. Schließlich verdiene ich meine Brötchen mit ihm.«

Es ist immer rührend, sich mit jemandem zu unterhalten, der Tiere wirklich mag. Wahrscheinlich empfindet das nicht jeder so, aber ich bin nun mal sensibel. Ich sah Drifter an. Er japste immer noch, schien aber nicht mehr in Lebensgefahr zu sein.

»Sonst noch Schwierigkeiten bei den Dreharbeiten?« fragte ich.

»Zum Teufel, nein«, sagte Terence James. »Ich fahre einen harten Kurs. Aber wir sind jetzt schon zwei Tage im Verzug. Entweder helfen Sie uns aus dem Schlamassel heraus, oder ich werde selbst zum Wolf.«

»Er ist kein Wolf!« sagte Olan.

»Ist mir scheißegal, wenn er ein reinrassiger Eisbär wäre«, sagte James. »Ich werde die Aufnahmen termingerecht beenden. Laßt euch das gesagt sein. Das Tier – egal, was es ist – sollte heute nachmittag lieber soweit sein.«

Mit langen Schritten verließ er den Wohnwagen, von den Blicken aller Anwesenden gefolgt. Ich fragte: »Stirbt der Hund oder nicht?«

Olan sah mich an und sagte: »Das kann ich Ihnen auch nicht sagen. Er war schon zweimal krank. Beide Male hat er sich wieder erholt, aber wir müssen herausfinden, wovon es kommt. Und das ist Ihre Aufgabe, stimmt's?«

Das stimmte, doch wenn ich nur hier herumstand, würde ich sicher nichts erfahren. Ich sagte Gallun, daß ich ihn draußen sprechen wolle, und wir traten hinaus in die Sonne. Gegenüber sah ich die kleine Stadt mit ihrem Saloon, dem Pferdestall und den Wassertrögen. Ich wußte, daß fast alles Attrappe war, doch es sah so echt und stabil aus wie die Autos, die draußen parkten.

Es war schon immer mein Wunsch gewesen, einmal in einem alten Westernsaloon zu sitzen, deshalb fragte ich Gallun, ob wir uns dort unter vier Augen unterhalten könnten.

»Warum nicht«, sagte er. »Ich glaube, Terence dreht heute nachmittag ein paar Szenen im Haus des Alcalden, wir stören also nicht.«

Wir gingen die staubige Straße entlang, und es roch nach Pferden, die am Geländer angebunden waren. Man hörte die Fliegen um die Pferdeäpfel und um die Pferde summen. Pferd zu sein war auch kein Honiglecken.

Gallun und ich wichen den Pferdeäpfeln aus und liefen auf dem hölzernen Gehsteig. Dann schoben wir in bester William-S.-Hart-Manier die Pendeltür auf. Im Saloon sah es aus wie im Film: eine Menge runder Tische, links die lange Theke, die Treppe zum Obergeschoß, der billige Kronleuchter und die Hintertür, die zum Büro führte.

Wir waren allein. Ich nahm den Hut ab und legte ihn auf einen Tisch, zog das Jackett aus und hängte es über eine Stuhllehne. Gallun und ich setzten uns; ich ließ meinen Stuhl auf zwei Beinen nach hinten kippen und kam mir vor wie Bob Steele.

»Der Tierarzt hatte also keine Ahnung, was mit Drifter los war?« fragte ich.

Gallun schüttelte den Kopf. »Nein. Er hat gesagt, es sei keine Krankheit, deren Symptome er je gesehen habe.«

»Was uns auf die Idee mit dem Gift bringt.«

»Genau. Was sollte es sonst sein?«

Darauf hatte ich keine Antwort. Woran auch immer es lag, dieser Wolf war schon ein armer Hund. Oder umgekehrt.

»Und sonst gab's keine Schwierigkeiten?«

Gallun sah sich um, als könne uns jemand bespitzeln, und mir wurde klar, daß Terence James nicht die volle Wahrheit gesagt hatte. Wer erwartet schon, daß Regisseure ehrlich sind?

»Ein paar von uns hatten ein bißchen Ärger«, sagte Gallun, nachdem er sich vergewissert hatte, daß sonst niemand da war.

»Was für Ärger?« fragte ich.

»Denselben wie Drifter.«

»Sie wurden vergiftet?«

»Stimmt.«

Diese Kleinigkeit hatte Gober unterschlagen, doch niemand erwartet, daß der Chef eines Filmstudios so ehrlich ist wie sein Produzent.

»Erzählen Sie's mir«, sagte ich.

»Na ja, nicht ganz so wie bei Drifter«, sagte Gallun. »Wir wissen, wer's war, der Essenslieferant.«

»Der hat versucht, Sie zu vergiften?«

»Glaub' nicht, daß er das absichtlich gemacht hat. Bei manchen Dreharbeiten kriegt man ganz gutes Essen. Bei Mr. Gobers Filmen ist das nicht immer der Fall.«

Er mußte nicht ausdrücklich sagen, daß Gober ein Geizkragen war. Unter einem fürstlichen Mahl für das Team verstand Gober Sandwiches mit Erdnußbutter und Gelee – die Sorte in Gläsern, die man nachher, wenn das Gelee aufgegessen ist, auswaschen und weiterverwenden kann. Anscheinend wollte Gober kein Risiko eingehen, schließlich hatte er den Erfolg noch nicht in der Tasche, obgleich es, wenn man überlegte, was die anderen Filme eingespielt hatten, ganz nach einer sicheren Sache aussah.

Ich sagte: »Also haben Sie sich an der Erdnußbutter vergiftet?«

»Nein, nicht an der Erdnußbutter. Am Thunfisch, oder vielleicht auch am Geflügelsalat. Ich schmecke den Unterschied nie.«

Ich schon, aber nur, weil ich weder das eine noch das andere mag. Ich fragte Gallun, was genau passiert sei.

»Die Sandwiches wurden geliefert, als Terence eine Szene drehte, und der Lieferant hat sie einfach auf dem Tisch stehenlassen. Sie waren wohl verdorben.«

Das war kein Wunder bei der Hitze. »Und Sie haben sie trotzdem gegessen?«

Gallun setzte ein schiefes Lächeln auf. »Wir hatten Hunger, und kein Mensch dachte an eine Lebensmittelvergiftung.«

»Aber gestorben ist niemand, und keiner mußte ins Krankenhaus gebracht werden?«

»Nein. Wir sind auf Notfälle eingerichtet. Wir haben einen Medizinmann.«

»Einen Arzt?«

»Nicht direkt. Wir haben einen Beleuchter, der ein oder zwei Jahre Medizin studiert hat. Der weiß, was er tut.«

»Ich sollte wohl besser mal mit ihm reden«, sagte ich.

Herb Ward war groß und knochig, mit zu langem Haar und Schmutz unter den Fingernägeln. Er sah nicht so aus, als hätte er eine höhere Schulbildung, geschweige denn eine medizinische Ausbildung absolviert. Aber oft trügt ja der Schein, ganz besonders hier in Hollywood.

Gallun brachte ihn in den Saloon, und wir setzten uns an den Tisch. Ich dachte, ein Bier wäre toll, aber es gab keins. In den Krügen, die man auf der Leinwand sieht, ist kein Bier. Keine Ahnung, was darin ist, ich möchte es auch gar nicht wissen. Ich fürchte, es könnte etwas mit den Pferden zu tun haben.

Ward freute sich, daß er über die Lebensmittelvergiftung reden konnte.

»Ich hab' ihnen den Arsch gerettet«, erzählte er. »Eigentlich müßte ich eine Belohnung bekommen.«

Wir mußten beide darüber lachen. Gober verschenkte ebensowenig Geld, wie Bob Feller beim Baseball einen Ball verschenkte.

»Wie haben Sie sie gerettet?« fragte ich, als wir mit dem Geblödel aufgehört hatten.

»Brechmittel«, sagte er. »Brechwurzsirup.«

Ich hatte von Brechwurz gehört. Es handelte sich um ein gefährliches Pflanzenderivat, und wenn man es nicht in der verdünnten Sirupform einnahm, war man so gut wie tot. Wenn aber mal etwas ganz schnell wieder aus dem Magen raus mußte, dann war es genau das Richtige.

»Sicher nicht ganz einfach, die richtige Dosierung abzumessen«, sagte ich.

Ward zuckte mit den Schultern. »Hab' da so meine Erfahrung. Die Dosierung hängt vom Gewicht ab. Hat gut hingehauen.«

»Ich frage mich, ob's auch bei einem Hund hinhauen würde.«

»Davon hab' ich keine Ahnung«, entgegnete Ward. »Ich hab' Humanmedizin studiert, nicht Veterinärmedizin. Sie sollten dem Hund aber lieber nicht soviel davon geben.« Er dachte noch einmal darüber nach und meinte dann: »Beschuldigen Sie mich etwa?«

»Keine Ahnung. Vielleicht. Wo bewahren Sie den Brechwurz auf?«

Er wollte es mir sagen, aber ich unterbrach ihn. »Zeigen Sie es mir lieber.«

Wir mußten nach draußen, deshalb zog ich mein Jackett wieder an und setzte den Hut auf. Nun war es sogar noch heißer als vorher, aber ich bin hart im Nehmen, das bringt der Beruf so mit sich. Die Hitze war auszuhalten.

Wir gingen durch den Staub, und Ward sagte: »Ich habe keinen Grund, den Hund zu vergiften. Das wissen Sie doch, oder?«

»Glaube schon. Und wo wir gerade beim Thema sind, wer hätte Ihrer Meinung nach ein Motiv?«

»Das müßten Sie doch wissen. Sie sind der Detektiv.«

Da hatte er recht. Und ich hatte auch einen Verdacht. Darüber würde ich allerdings nicht mit Ward reden.

Er nahm mich in seinen kleinen, nicht gerade reinlichen Wohnwagen mit und wies auf einen alten Crosley-Kühlschrank. Früher war er mal weiß gewesen, doch nun war er schmutziggelb mit Rostflecken an einigen Stellen. Ringsherum hatte jemand ein Eisenband angebracht, so daß man ihn direkt unter dem Griff mit einem Vorhängeschloß abschließen konnte.

»Bevor Sie mich wieder fragen, ja, ich bin der einzige, der einen Schlüssel hat«, sagte er und schloß auf.

Er öffnete die Tür und zeigte mir den Brechwurz. »Hier ist er. Zum Teufel, das Zeug kann man doch in jedem Drugstore kaufen. Man braucht nicht mal ein Rezept.«

»Man muß aber unterschreiben.«

»Tja. Aber es gibt 'ne Menge Drugstores in Südkalifornien.«

»Ohne Zweifel«, entgegnete ich.

Ich glaubte nicht, daß Ward etwas mit Drifters geheimnisvoller Krankheit zu tun hatte. Für ihn gab es nichts zu gewinnen. Ich wollte mich nur vergewissern, daß die Medizin wirklich dort war, wo sie sein sollte.

Das war der Fall, und ich hatte nicht den Eindruck, daß ein Unbefugter leichten Zugriff hätte. Also mußte jemand einen Privatvorrat haben. Es mußte nicht unbedingt Brechwurz sein. Vielleicht war es etwas ganz anderes, womöglich etwas viel Schlimmeres.

Logisch, daß William Berry verdächtig war. Schon seit dem ersten Film gingen Gerüchte um, daß der Hund (oder Wolf) seiner Meinung nach zu oft auf der Leinwand zu sehen sei. Und in den meisten Wochen erhielt der Hund mehr Fanpost als er. Berry wußte, daß die El-Lobo-Rolle vielleicht seine einzige Chance war, sich als Star einen Namen zu machen, und höchstwahrscheinlich wollte er sich das nicht von einem Hund vermasseln lassen.

Außerdem war es eine Tatsache, daß Berry keine Tiere mochte, auch wenn das nur wenige wußten. Wenn man ihn auf der Leinwand gesehen hatte, wie er über die Prärie galoppierte und im Hintergrund der »El-Lobo-Song« erklang, konnte man glauben, er sei ein ausgezeichneter Reiter.

Allerdings galoppierte nicht Berry, sondern sein Double. Eine Rolle zu spielen, die eine Maske erforderte, ist von Vorteil. Bei den Großaufnahmen saß Berry rittlings auf einem Faß mit einem Sattel obenauf. Das Faß war mit einem Seil zwischen ein paar Pfosten aufgehängt, und einige Bühnenarbeiter schüttelten Berry durch, so daß es aussah, als würde er reiten. Vielleicht ist Ihnen schon aufgefallen, daß man nie das Pferd und sein Gesicht gleichzeitig sieht.

Also mußte ich nur noch rauskriegen, wie Berry ein Brechmittel oder Gift ins Hundefutter gemischt hatte. Wenn Olan sich um das Füttern kümmerte, dann kontrollierte er auch den Futtervorrat. Es war Zeit, mit ihm zu reden.

Ich ging zu Drifters Wohnwagen zurück. Der Hund (oder Wolf) saß nun aufrecht, blickte sich um und schien sich wesentlich besser zu fühlen, seit ich ihn das letzte Mal gesehen hatte. Als ich eintrat, knurrte er mich an, und Olan saß neben ihm und lachte.

»Drifter mag Sie wohl nicht besonders«, meinte er.

Es war klar, daß auch Olan mich nicht mochte, und meine erste Frage trug nicht gerade zu meiner Beliebtheit bei: »Wo bewahren Sie Drifters Futter auf?«

»Wo außer mir niemand dran kann«, antwortete er. »Keiner kommt auch nur in die Nähe des Futters, und Ihnen traue ich auch nicht mehr als den anderen hier. Ich werde Ihnen nicht verraten, wo ich es aufbewahre.«

»Wetten? Denken Sie drüber nach.«

Das tat er, und seine Miene verriet mir, daß es ihm keineswegs leichtfiel. Schließlich sagte er: »Sie wollen mich bei Gober verpfeifen, was?«

»Das gehört zu meinem Job. Also, wo bewahren Sie das Futter auf?«

Er führte mich in den hinteren Teil des Wohnwagens, wo ein ähnlicher Kühlschrank stand wie der, den Ward mir vorhin gezeigt hatte, nur ohne Schloß.

»Nicht gerade Fort Knox«, bemerkte ich.

Er sah beleidigt aus. »Kein Mensch weiß, daß es hier drin ist. Das ist genauso sicher wie ein Safe.« Ich war anderer Ansicht.

»Machen Sie ihn auf.«

Er öffnete ihn. Drinnen lagen eine Menge Päckchen, in weißes Metzgerpapier eingewickelt und mit weißem Klebestreifen gesichert.

»Rinderkeule«, sagte Olan. »Drifter bekommt nur das Allerbeste.«

»Und niemand weiß, daß es hier drin ist?«

»Hab' ich doch schon gesagt.«

Das stimmte nie im Leben. Jeder, der über mehr als fünf aktive

Gehirnzellen verfügte, würde den Futtervorrat in ungefähr anderthalb Minuten gefunden haben.

»Okay«, erwiderte ich. »Das ist alles, was ich wissen wollte. Wir sehen uns bei den Dreharbeiten.«

»Nicht, wenn ich Sie zuerst sehe«, sagte er.

Wie geistreich. Immerhin wußte ich jetzt, daß er auf Milton Berle abfuhr.

Den Rest des Nachmittags hing ich bei den Dreharbeiten herum und sah mir an, wie Terence James eine Szene mit Raul, El Lobo und dem Alcalden drehte. Sein Haar war inzwischen etwas dünner geworden, aber meines schließlich auch. Er verstand sich immer noch gut auf den schleimigen Typ.

In der Szene kam auch Drifter vor, und genau das bereitete James Kopfzerbrechen.

»Schafft er es überhaupt?« fragte er Olan.

Olan stand etwas abseits, fern von Kameras und Kabeln und den Mitgliedern des Teams. Drifter saß neben ihm und sah immer noch reichlich mitgenommen aus. Evelyn Powell befand sich auch dort, doch sie sah alles andere als mitgenommen aus.

»Allerdings«, antwortete Olan.

Das bezweifelte ich, ganz gleich, worum es ging, und ich war überzeugt, daß James ähnliche Zweifel hegte. Dennoch schickte er jeden an seinen Platz. Als alles seinen Vorstellungen entsprach, rief er: »Und los, Film ab.«

Ich hörte die Klappe, und James sagte: »Action!«

Zugegeben, die Szene hatte etwas. Der Alcalde hielt Rauls Kopf fest unter den Arm geklemmt und drückte ihm die Pistole an die Schläfe.

»Eine Bewegung«, sagte der Alcalde, »und ich leg den Jungen um.« Er schien die Trümpfe in der Hand zu haben. El Lobo stand wie angewurzelt, und seine Peitsche hing schlaff herab. Ihm war klar, daß er nicht die geringste Chance hatte, dem Alcalden die Pistole zu entreißen, ohne daß dieser zuerst schoß.

Sandstrom spielte den bösen Alcalden kongenial.

»Und jetzt, Señor, darf ich Euch bitten, die Maske abzunehmen!«
El Lobo seufzte und machte Anstalten, sich zu fügen, allerdings wußte der Alcalde nicht, daß Fiero sich von hinten anschlich.
Als El Lobo die Hand zur Maske erhob, rief er: »Jetzt, Fiero!«
Der Hund (oder Wolf) tat sein Bestes. Von den Hinterläufen aus sprang er hoch und wollte die Hand des Alcalden samt Pistole fassen. Wahrscheinlich sollte er ihm die Waffe entreißen, doch er verfehlte sie und prallte an Sandstroms Oberschenkel ab und fiel schwer zu Boden. Sandstroms Pistole ging los, Donnie Powell schrie, und Terence James brüllte: »Schnitt! Schnitt!«
Donnie rannte quer durch die Filmkulisse und preßte seine Hände auf die Ohren. Seine Mutter jagte hinter ihm her, ohne ihn einzuholen. Er schrie, er sei taub, was ich bezweifelte, und rannte zu den Wohnwagen.
Olan kniete neben Drifter, der aussah, als kapiere er nicht ganz, was passierte.
William Berry ging zu Sandstrom hinüber und sprach mit ihm über die Szene.
»Versteh nicht, wie du auf so kurze Entfernung danebenschießen konntest.«
»Du weißt selbst, daß die Pistole nicht richtig geladen war«, sagte Sandstrom. »Nur 'ne Platzpatrone.«
Berry zuckte mit den Schultern. »Zu schade.«
Ich hätte den beiden gern weiter zugehört, doch Terence James rief nach Olan.
»Ich will, daß der Hund hier verschwindet!« sagte er. »Morgen kriege ich einen neuen!«
Das würde nicht so einfach sein, und das wußte James natürlich auch. Es liefen nicht so viele Hunde herum, die wie ein Wolf aussahen, ganz gleich, wieviel falsches Fell man ihnen aufklebte. Außerdem hatte man bereits einige Szenen mit Drifter gedreht. Wenn sie einen anderen Hund wollten, mußten sie schon seinen Zwillingsbruder finden.

Das alles gab Olan dem Regisseur zu bedenken, und weil es allmählich spät wurde, gab James schließlich unwillig nach.

»Wenn dieser Hurensohn morgen nicht so weit ist«, sagte er, »dann fliegt er raus. Das ist mein voller Ernst.«

Olan brachte Drifter ohne ein Wort weg. Wahrscheinlich sparte er sich all seine schlagfertigen Antworten für mich auf. Ich folgte ihm. Ich wollte ihm noch eine Frage stellen.

»He, Olan«, sagte ich. »Warten Sie.«

Er drehte sich um. Er wirkte nicht so, als sei er besonders erfreut über meine Gesellschaft.

»Wenn Sie nicht rauskriegen, wer meinen Hund vergiftet«, meinte er, »verlier' ich meinen Job, und der Hund ist raus aus dem Film. Ich glaube kaum, daß Mr. Gober das freut.«

Er hatte recht, doch das machte den Umgang mit ihm nicht leichter. »Wenn Sie den Hund füttern, sehen Sie ihm dann immer beim Fressen zu?« fragte ich.

»Na klar. Glauben Sie, ich bin blöd?«

Ich hielt es für keine gute Idee, darauf zu antworten, deshalb bedankte ich mich und ging.

Am Abend aß ich im Corona. Natürlich war es kein Zufall, daß ich ausgerechnet in demselben kleinen Restaurant landete, in dem Olan, Evelyn und Donnie Powell, William Berry und Donald Sandstrom zu Abend aßen.

Evelyn bat mich an ihren Tisch, und ich willigte ein, obwohl Olan mich so finster anblickte wie ein Wolf. Oder Hund. Sandstrom und Berry schienen nichts dagegen zu haben, und Donnie war höflich wie immer, klagte jedoch über seine Ohren. Wir aßen alle mexikanisch, und alle außer Donnie tranken Bier.

Als wir fertig waren, entschuldigte sich Evelyn Powell, und ich fragte Olan, wer sich um Drifter kümmere.

»Dem geht's gut. Der ist im Wohnwagen. Alles ist abgeschlossen, und ich bin in einer Stunde wieder zurück. James hat außerdem eine Wache aufgestellt, also besteht keine Gefahr.«

Falls sich nicht schon vorher jemand an dem Futtervorrat zu schaffen gemacht hat. Ich schlug vor, daß Olan frische Rinderkeule reinlegen solle.

»He, das Zeug kostet 'ne Menge Geld, und Gober zahlt nichts davon. Ich bezahle alles, und das Futter ist einwandfrei. Kein Mensch hat die Päckchen aufgemacht, seit ich sie besorgt habe.« Davon war ich nicht überzeugt, doch es hatte wohl keinen Zweck, darüber zu streiten. Ich fragte, ob sich jeder, abgesehen von den Problemen mit Drifter, bei den Dreharbeiten wohl fühle.

»Verdammter Hund«, sagte Berry. »Ich wollte, wir könnten ihm das Maul stopfen und ihn einfach streichen. Wir brauchen keinen Hund.«

Olan schob seinen Stuhl zurück. »Was redest du für'n Scheiß. Nur Drifter macht euren verdammten Film interessant!«

»Ach, leck mich«, entgegnete Berry. »Du weißt genausogut wie ich, daß ich die Hauptattraktion bin. Die Leute zahlen doch nicht, um einen Hund zu sehen, der ein paar blöde Tricks kann.«

»Ach ja? Was ist mit Rin Tin Tin? He? Und was ist mit Lassie? He? He?«

Ich hatte Olan falsch eingeschätzt. Er hatte ein paar seiner schlagfertigen Antworten für Berry aufgehoben.

Donnie beobachtete den Streit mit großen Augen. Ich wollte gerade etwas sagen, um ihn zu beenden, als Evelyn zurückkam, die völlig verändert aussah. Sie hatte sich Wasser ins Gesicht geklatscht und ihr Make-up abgewaschen. Auch die Haare hatte sie naß gemacht und etwas anders gekämmt.

Als Olan sie sah, sprang er auf und vergaß Berry völlig.

»Bist du okay?« fragte er.

»Natürlich«, entgegnete Evelyn. »Mir geht's gut. Ich hatte nur zuviel gegessen. Ich glaub', es ist Zeit, daß Donnie und ich schlafen gehen.«

Ich stimmte ihr zu, das sei eine gute Idee. Sie und Donnie gingen mit Olan, während Berry, Sandstrom und ich noch eine Runde Bier bestellten.

»Was läuft zwischen Olan und Mrs. Powell?« fragte ich.

»Sie mögen sich«, sagte Berry mit einem Grinsen.

»Sogar sehr«, fügte Sandstrom hinzu. Er konnte noch besser grinsen als Berry, er verstand sich besser darauf als jeder andere Hollywood-Schauspieler.

»Was meinen Sie damit?« fragte ich.

Die Kellnerin brachte Bier in Flaschen, so wie ich es mag. Sandstrom nahm einen Schluck und sagte: »Ich glaub', man kann sagen, daß sie sich gegenseitig vergnüglicher finden als den Film.«

»Und wie die sich vergnügen«, fügte Berry hinzu. »Ich hab' gesehen, wie der Wohnwagen wackelte.«

Ich dachte darüber nach und entschloß mich, es zu glauben. Sie hatten keinen Grund zu lügen.

»Sie mögen den Wolf nicht besonders, stimmt's?« fragte ich.

»Er ist ein Hund, aber stimmt, ich kann ihn wirklich nicht leiden. Ich bin der Star, und nicht der verfluchte Köter.«

Sandstrom lachte. »Star? An deiner Stelle würde ich noch nicht so großspurig reden. Warte wenigstens, bis der Film ein Erfolg ist.«

»Ich hatte schon viele Erfolge. Das weiß Gober auch. Noch einen Film mache ich nicht mit dem verdammten Köter. El Lobo reitet allein.« Seine Miene hellte sich auf. »El Lobo reitet allein! Klingt gut! Welch ein Titel! Ein sicherer Erfolg.«

Er hatte recht. Erstaunlich, daß Gobers geniale Titelgeber noch nicht darauf gekommen waren.

»Was hast du mit dem Jungen vor?« fragte Sandstrom. »Von dem Hund ganz zu schweigen.«

Berry drehte seine Bierflasche zwischen den Handflächen hin und her. »Dieser verdammte Junge. Er hat versucht, mir jede Szene zu stehlen, in der er auftaucht. Der ist noch schlimmer als der Hund.«

»Du hast ihn nun mal am Hals«, sagte Sandstrom. »Er ist El Lobos Sohn.«

Berry nahm einen großen Schluck Bier. »Man wird sehen«, sagte er.

Wir tranken unser Bier aus und unterhielten uns. Als wir das Café verließen, hatte ich eine ziemlich klare Vorstellung davon, was passiert war. Ich mußte es nur noch beweisen.

Am nächsten Morgen war Terence James in aller Frühe startklar, genauso wie alle anderen. Ich hatte mir zusammen mit den anderen ein Zimmer in dem kleinen Motel in Corona genommen.

James hatte sich erweichen lassen und die Szene mit Drifter verschoben, so daß dem Tier mehr Zeit blieb, sich zu erholen. Statt dessen wollte er eine Szene drehen, in der die Leute des Alcalden Donnie Powell als Raul über die Prärie verfolgten. El Lobo würde ihm zu Hilfe kommen, sein Double, besser gesagt.

Anders als Berry war Donnie Powell ein ausgezeichneter Reiter, deshalb würde er in der Szene auch selbst reiten. Es war nicht gefährlich. Er galoppierte einen Weg hinab, der jedem, der je einen Gober-Western gesehen hat, nur allzu bekannt sein dürfte: dieselben Bäume, dieselben Felsen, dieselben Berge im Hintergrund.

Die Cowboys sattelten die Pferde, und Olan, mit Drifter zu seinen Füßen, beobachtete die Szenerie, so daß ich ein Gespräch mit ihm anknüpfen konnte.

»Wie geht's denn heute dem Wolf?« fragte ich.

Olan warf Drifter einen Blick zu. »Er ist ein Hund, und es geht ihm gut. Heute nachmittag drehen wir seine Szene, er wird einfach großartig sein. Sie werden schon sehen.«

Ich hoffte, bis dahin schon weg zu sein. Es wurde langsam Zeit, in die Stadt zurückzufahren. So viel Sonne und Himmel machten mich ganz nervös.

»Sie haben mir nicht die Wahrheit gesagt, Olan«, bemerkte ich.

Er ballte seine Hände zur Faust. »Ich weiß nicht, was Sie meinen.«

Er wußte es sehr gut, doch ich sagte es ihm trotzdem. »Sie haben ab und zu ein Schäferstündchen mit Mrs. Powell.«

Er holte mit der Faust aus, doch ich machte einen Schritt zur Seite, und er traf ins Leere. Ich bin zwar klein und übergewichtig, aber immer noch recht beweglich.

»Versuchen Sie das kein zweites Mal«, sagte ich. »Ich könnte Sie über den Haufen knallen.«

Drifter knurrte und fletschte die Zähne, rührte sich aber nicht.

»Den Hund genauso«, fügte ich hinzu.

Ich hatte gar keine Pistole, aber das wußte Olan nicht. Wahrscheinlich hatte er seine Vorstellungen über Privatdetektive aus Bogart-Filmen. Er ließ die Hände sinken.

»Was geht Sie das überhaupt an, was Evelyn und ich machen?«

»Mir ist völlig gleichgültig, was zwischen Ihnen läuft. Es beweist nur, daß Sie nicht die ganze Zeit über bei Drifter sind, wie Sie behauptet haben.«

»Und wenn schon. Niemand kann in den Wohnwagen rein.«

»Jeder könnte rein. Erst recht, wenn er Bescheid wüßte. Außerdem glaube ich, daß Sie mich auch in einer anderen Sache belogen haben.«

»Verdammt, ich hab' nicht gelogen.«

»Okay. Aber wenn ich rauskriege, daß Sie den Hund nicht immer selbst gefüttert haben, nutzt kein Leugnen. Ich werde Donnie fragen.«

Olans Gesicht war so rot, daß man die Sommersprossen kaum mehr sah. »Schon gut. Schon gut. Der Junge füttert den Hund manchmal. Evelyn und ich brauchen ein bißchen Zeit für uns, und wir können den Jungen nur loswerden, wenn wir ihn zu Drifter schicken.«

»Genau das hab' ich mir gedacht. Und wenn Sie so weitermachen, schafft der Junge es, den Hund loszuwerden.«

»Sie glauben, daß Donnie Drifter das antut? Das ist ja lächerlich! Donnie ist ein guter Junge. Er würde Drifter nie etwas tun. Die beiden sind Kumpel.«

»Bestimmt nicht. Evelyn hat Probleme, ihre mädchenhafte Figur zu behalten, und ich glaube, sie nimmt nach dem Essen ein Brechmittel.«

So etwas hatte ich schon mal gesehen, und es erklärte ihr Aussehen nach dem Essen am letzten Abend. Ich nahm an, daß Donnie das kleine Problem seiner Mutter kannte und deshalb wußte, wie er an das Brechmittel kam.

Ich erklärte Olan: »Donnie stiehlt den anderen die Schau, und er weiß genauso wie Berry, daß der Hund auf der Leinwand Zeit für sich beansprucht. Zum Teufel, vielleicht steckt Evelyn dahinter. Vielleicht ermutigt sie den Jungen, dem Hund irgend etwas zu füttern, und lenkt Sie absichtlich ab.«

Er holte noch einmal gegen mich aus, allerdings nur halbherzig. Er wußte, daß ich recht hatte. Ich griff seinen Arm und drehte ihn auf den Rücken. Er wehrte sich kaum. Drifter sah interessiert zu, machte sich aber nicht mal die Mühe zu knurren. Vielleicht gefiel es ihm, daß Olan für das, was ich wußte, hin und her geschubst wurde.

»Okay, okay, vielleicht stimmt das sogar«, sagte Olan. »Und wie geht's jetzt weiter?«

»Ich werde mit dem Jungen reden«, sagte ich.

Donnie beobachtete Berry, wie er mit seinem Double sprach und ihm erklärte, daß er möglichst heroisch aussehen sollte, wenn er hoch zu Roß dem Jungen zu Hilfe eilte.

»Machen Sie das so, daß ich gut dabei wirke«, sagte Berry. »Die Zuschauer sollen wissen, was für ein ausgezeichneter Reiter ich bin.«

Donnie sah ihn verächtlich an, sagte aber kein Wort.

»Hi, Donnie«, rief ich und stellte mich zu ihm. »Ich möchte dich etwas fragen.«

»Gerne, Sir«, entgegnete er, höflich wie immer.

»Was hast du eigentlich die ganze Zeit in Drifters Futter getan?« fragte ich ihn.

Das muß man dem Jungen lassen, er hat nichts abgestritten. Er trat so fest er konnte auf meinen Fuß, und während ich herum-hüpfte und jammerte, sprang er auf sein Pferd und raste davon. Alle anderen standen herum und glotzten, als wüßten sie nicht, was los ist, und wenn ich es recht bedenke, so konnten sie es auch gar nicht wissen.

Ich mußte den Jungen aufhalten. Ich hatte schon viele Jahre auf keinem Pferd mehr gesessen, stellte mir jedoch vor, daß Reiten ähnlich wie Radfahren sei: Wenn man es einmal kann, verlernt man es nicht mehr.

Also schob ich Berry und sein Double zur Seite und kletterte aufs Pferd. Zuerst bewegte es sich nicht, doch dann ließ ich die Zügel knallen, und es galoppierte los. Ich spürte den Wind im Gesicht, und als mir mein Hut vom Kopf flog, fühlte ich mich wie El Lobo, der wild und frei dem Sonnenuntergang entgegen-ritt.

Dann stiegen andere, weit weniger angenehme Gefühle in mir auf. Ich hüpfte im Sattel, als hätte ich einen Gummihintern. Die Muskeln verkrampften sich. Die Zügel brannten in meinen Händen. Ich hatte nicht die geringste Chance, Donnie einzu-holen.

Ein anderer dagegen schon. Rechts schoß verschwommen etwas Graues an mir vorbei und schnellte mit typischen Wolfsbewe-gungen vorwärts. Drifter war ein großartiger Schauspieler, alles was recht ist. Fiero der Wolf war auf dem Plan und sah aus, als sei er nie krank gewesen.

Es war wie im Film. Donnie ahnte nicht, daß Drifter hinter ihm her war. Er ritt einen flachen Hügel hinauf, während Drifter seitlich hochlief; oben angelangt, sprang er ausgestreckt durch die Luft.

Er traf Donnie mitten am Körper. Beide fielen zu Boden und rollten übereinander. Donnie hatte keine Chance. Als ich oben ankam, saß Drifter auf seiner Brust, starrte ihm in die Augen und geiferte in sein Gesicht.

Donnie wagte nicht mal, sich den Geifer wegzuwischen. Von Entsetzen gepackt, lag er steif auf dem Boden.

Mit einiger Mühe brachte ich mein Pferd zum Stehen, was sich als wesentlich leichter herausstellte als das Absteigen. Jetzt weiß ich, warum Cowboys O-Beine haben.

»Gut gemacht, Drifter«, sagte ich. »Jetzt übernehme ich.«

Drifter bewegte sich nicht. Wahrscheinlich war er nicht sicher, ob er mir das zutrauen sollte. Ich konnte es ihm nicht verdenken. Es dauerte ein paar Minuten, bis die anderen auf der Bildfläche erschienen. Als erster kam Olan und redete seinem Tier gut zu, Donnie freizugeben. Donnie setzte sich auf und hielt nach seiner Mutter Ausschau. Sie kam als nächste, und Donnie stürzte in ihre Arme.

»Möchten Sie mir vielleicht noch irgend etwas über den Hund erzählen?« fragte ich Olan.

Er sah sich um, und als er sich vergewissert hatte, daß sonst niemand zuhörte, sagte er: »Er ist wirklich ein halber Wolf.«

»Hab' ich es mir doch gedacht«, sagte ich.

»Gottverdammt Ferrel«, sagte Gober, nachdem ich ihm berichtet hatte, »wofür wollen Sie noch 'ne Extraprämie? Sie haben vielleicht Nerven, überhaupt danach zu fragen.«

Ich stand in seinem Büro, bis zu den Knöcheln im Teppich versunken. Sitzen konnte ich immer noch nicht. Das würde noch ein paar Tage dauern. Gober störte es nicht. »Schließlich haben nicht Sie den Film gerettet«, fuhr er fort. »Sie haben Donnie zu Tode erschreckt, so wie der abgehauen ist, hätte er dabei draufgehen können. Drifter hat den Film gerettet. Er wußte die ganze Zeit, wer schuld hatte. Er ist ein besserer Detektiv als Sie. Wenn er reden könnte, hätte er uns schon längst alles erzählt.«

»Stimmt«, sagte ich und meinte es so. Fiero bzw. Drifter hatte gewußt, wer ihn vergiftet hatte. So weit stimmte ich Gober zu. Bis auf eines. »Wenn der Hund reden könnte, bräuchten Sie mich nicht. Weil er's aber nicht kann, brauchen Sie mich eben doch. Außerdem hab' ich mir ein Schmerzensgeld verdient.«

Ich sah nicht ein, warum Gober sich so querstellte. Ganz gleich wie, aber der Film war gerettet. Ich hatte recht gehabt, daß Evelyn Powell ein Brechmittel einnahm. Durch die Lebensmittelvergiftung war Donnie auf die Idee gekommen, dem Hund etwas ins Essen zu mischen. Er hatte gedacht, wenn er Drifter aus dem Weg schaffen könnte, wäre er selbst häufiger auf der Leinwand zu sehen. Ich war froh, daß er nicht wußte, daß Berry ihn ebenfalls loswerden wollte. Wer weiß, was er dann erst gemacht hätte.

Gober tat so, als dächte er über alles noch einmal nach. »Also gut«, sagte er schließlich. »Schätze, wir könnten diesmal noch etwas zu Ihrem Vorschuß dazutun. Aber glauben Sie bloß nicht, daß das jetzt immer so geht. Nächstes Mal ist der Hund nicht da, um Ihren Arsch zu retten.«

»Er ist kein Hund. Zumindest ist er ein halber Wolf.«

Gober sah mich mit durchdringendem Blick an. »Er ist eben ein guter Schauspieler. Wäre zu gefährlich, einen Wolf bei den Dreharbeiten zu haben.«

»Sie haben recht. Das wäre gefährlich. Der Hund da ist allerdings ein verteufelt guter Schauspieler.«

»Und ein verdammt guter Detektiv dazu«, meinte Gober. »Wenn Sie mal 'nen Assistenten brauchen . . .«

Kids und Tiere, dachte ich. Nie wieder. Aber das mußte ich Gober ja nicht auf die Nase binden.

»Werde es mir merken«, sagte ich.

Originaltitel: El Lobo Rides Alone
Deutsch von Ursula Guinaldo

Esther M. Friesner und Walter J. Stutzman

Ein unbedeutender Hamster

»Ein Juwelendieb ist ein Bursche, der sowohl den Preis, als auch den Wert aller Dinge kennt«, sagte Algy. Nach dieser geistreichen Bemerkung blickte er hoffnungsvoll in die Runde, um zu sehen, ob er mit seinem Bonmot einen gesellschaftlichen Triumph in dem erlauchten Kreis erzielt hatte, der diese kleine Ecke des Café Royal für sich beanspruchte.

Das war nicht der Fall. Die fünf anderen jungen Männer am Tisch bedachten den armen Algy mit einem Stirnrunzeln, das in seiner gemeinschaftlichen Mißbilligung so einheitlich war, als wäre es das Mienenspiel eines einzigen Gesichts.

»Ich wollte nur . . .«, begann Algy stockend.

». . . dich selbst zum Esel machen?« beendete Bertie den Satz für ihn. Er gehörte einer Familie aus der gehobenen Mittelschicht an, dessen Oberhaupt sein Vermögen mit der Herstellung von Damenstiefeln gemacht hatte. Trotzdem stand er hier auf gleicher Stufe mit den Söhnen des englischen Adels, und der Himmel mochte der Seele gnädig sein, die das vergaß!

Algy dagegen würde den Titel eines kleineren Baronets erben, aber die Regeln der Gruppe galten auch für ihn, und so wagte er es nicht, Berties Sarkasmus mit Hinweis auf sein Geburtsrecht hinwegzufegen. Abgesehen davon, daß Bertie schlagfertiger war als Algy, sah er auch besser aus. Was die Gesichtszüge und den Teint betraf, tendierte er zu dem klassischen griechischen Ideal, einem Vorbild, dem Algy vergeblich gerecht zu werden versuchte. Auch wenn er von sich selbst behauptete, rotblond zu sein, mußte ein neutraler Beobachter sein Haar rötlichbraun nennen. Von der Stirn bis zur Nasenpartie war sein Gesicht ganz passabel, doch vom Mund abwärts schien es sich schreckhaft in sich selbst zurückzuziehen und ging in ein Kinn über, für das selbst die Bezeichnung fliehend noch geschmeichelt gewesen wäre, ein Makel, den er durch Bart und Koteletten zu kaschieren versuchte. Unglücklicherweise löste seine Gesichtsbehaarung mehr Heiterkeit aus als jeder seiner Witze.

Wie die Dinge standen, mußte sich die Baronetswürde sprühendem Esprit und männlicher Attraktivität unterordnen. An diesem Tisch herrschte eine Demokratie des Geistes, gepaart mit einer Monarchie der äußeren Erscheinung. So war es vom unangefochtenen Meister dieses illustren Kreises bestimmt worden, und so mußte es sein.

»Du hast wirklich Glück, daß *er* nicht hier ist«, bemerkte Bertie. Er lehnte sich im Bewußtsein, einen Punkt für sich verbucht zu haben, in seinem Sessel zurück, und begutachtete nachlässig seine sorgfältig manikürten Fingernägel. »Hätte *er* deinen halbgaren Versuch einer spitzfindigen Pointe gehört – wobei du dich sogar noch eines seiner eigenen Wortspiele bedient hast! –, würde er dich auf Lebzeiten des Feldes verweisen.«

»Tatsächlich?« klang eine tiefe, volltönende Stimme, in der mehr als nur ein Anflug von Belustigung mitschwang, so unvermittelt hinter Bertie auf, daß der hübsche Händlersohn vor Schreck beinahe aus seinem Sessel aufgesprungen wäre. Schlagartig verschwand der dem bedauernswerten Algy geltende Ausdruck von Vorwurf und Tadel aus allen Gesichtern und wich serviler Bewunderung für den beeindruckenden Gentleman, der schließlich doch noch gekommen war.

»Oscar!« rief Monty. Er war ein Sprößling aus den höchsten

Kreisen des britischen Adels, jener Schicht, in die kaum eingeheiratet wird, ein stolzer Vertreter des gleichen Zuchtprogramms, das zur Entstehung von Rassehunden führt, die zu nichts anderem als dümmlichem Gekläff taugen, oder zu überzüchteten Pferden mit einem so feinen Knochenbau, daß ein strenger Blick ausreicht, um ihnen ein Bein zu brechen. Im Fall des jungen Montys waren die kräftigen angelsächsischen Wurzeln, die vor längst vergangenen Zeiten blauäugige und goldhaarige Krieger hervorgebracht hatten, so weit verkümmert, daß ihnen nur noch bläßliche und ziellose Ästheten entsprossen, denen trotz allem eine Art hinreißender elfenhafter Schönheit zu eigen war, die sich besonders in den Wangenknochen manifestierte.

Schönheit war etwas, das Oscar zu würdigen verstand. Seiner Aussage nach war Schönheit alles, was das Leben lebenswert machte. (Auch wenn er auf hartnäckige Nachfrage vielleicht einräumen mochte, daß zur Schönheit noch ein zuverlässiger Schneider gehörte.) Er blieb einen Moment lang hinter Monty stehen, um ihm den Kopf mit der Zärtlichkeit eines Kindermädchens zu tätscheln, das sich dem zartesten seiner Schutzbefohlenen widmet, bevor er zwischen seinen Bewunderern Platz nahm.

»Ich komme gerade aus dem Theater«, verkündete er. »Wie ich es nicht anders erwartet habe, verlaufen die Proben zu meinem Stück hervorragend. Die Schauspieler werden ihren Dialogen beinahe gerecht.«

»Ich kann es kaum erwarten, die Aufführung zu besuchen«, versicherte Clarence eifrig. Unter den sechs jugendlichen Stutzern wirkte sein rabenschwarzes Haar wie ein dissonanter Ton in einer Symphonie in Blond.

»Oh, auch ich kann es kaum erwarten«, sprudelte Algy hervor. »Ich wünsche dir viel Glück für dieses Stück, lieber Oscar.«

Ein Schweigen, wie es jedem besseren Begräbnis zur Ehre gereicht hätte, senkte sich über den Tisch.

Es war Geoffrey, der es brach. »Algy, du Idiot«, knurrte er. »Man wünscht nie ›viel Glück‹ beim Theater. Das bedeutet Pech der allerübelsten Art.«

»Oh ... oh, mein Gott.« Algys schlanke rosige Hände fingerten nervös an der kleinen, mit merkwürdigen Löchern durchsetzten Holzkiste herum, die er heute ins Café Royal mitgebracht hatte. »Ich entschuldige mich *vielmals,* Oscar. Das habe ich nicht gewußt.«

»Unsinn«, erwiderte Wilde mit seiner vollen Baritonstimme. »Ich hätte nicht von dir erwartet, mit dem am Theater typischen Aberglauben vertraut zu sein. *Mich* hast du keineswegs beunruhigt. Mit dem Aberglauben ist es wie mit schlechten Kritiken, so etwas betrifft immer nur die anderen. Der einzige Fauxpas, dessen du dich schuldig gemacht hast, war anzudeuten, mein Werk hätte *Glück* zu seinem Gelingen nötig, obwohl es genug *künstlerischen* Wert besitzt.«

»Ich ... also ... ich wollte nicht ...«

»Ach, halt den Mund, Algy. Das interessiert niemanden«, sagte Philip fröhlich. Er war der einzige in der Runde mit *wirklich* rotblondem Haar, ein Bursche mit einer derart gesunden Robustheit, wie sie außerhalb von Jagd-, Schützen- und Angelgesellschaften ziemlich unüblich war. Dieser Makel wurde von Oscar und den anderen zugunsten seiner vielen wohlhabenden Verwandten großzügig übersehen, die stets bereit waren, Philips Freunde so verschwenderisch und häufig zu bewirten, wie diese es wünschten. »Vergiß die Geschichte, und komm zu deiner Überraschung zurück.«

»Überraschung?« Einen Moment lang verriet Oscars fleischiges Gesicht kindliche Neugier. »Algy ist selten überraschend.«

»Überraschend oder das Opfer von Überraschungen?« fragte Geoffrey und strich sein dunkelgoldenes Haar zurück. »Wer weiß das schon? Er *behauptet,* er hätte etwas Erstaunliches in seiner Kiste. Clarence meinte, es könnte die Ormondperle sein.«

»Dieselbe, die vor zwei Wochen aus Lord Reddingworths Stadthaus verschwunden ist?« Oscar hob kaum merklich die Brauen. »Algy, du ungezogener Junge!«

Algy errötete, bis seine Wangen beinahe die Farbe seiner Koteletten annahmen. »Ich fürchte, es ... es ist nicht ... ich meine, ich *fürchte* nicht, daß es nicht die Ormondperle ist, aber ... aber sie ist es nicht. Das heißt, ich würde niemals ...«

»Guter Gott, Algy, niemand beschuldigt dich des Diebstahls!« fauchte Bertie. »Das würde Einfallsreichtum deinerseits voraussetzen.«

»Sogar ein verblüffendes Maß an Einfallsreichtum, da der Dieb nur die Perle mitgenommen und den Rest der Reddingworthjuwelen zurückgelassen hat«, sagte Philip. »Ebenfalls eine Menge wert und in direkter Reichweite des Perlendiebes. Trotzdem wurden sie nicht angerührt. Die Polizei weiß nicht, was sie davon halten soll.«

»Die Reddingworthjuwelen bestehen hauptsächlich aus großen Rubinen, die so geschliffen und gestaltet sind, daß man glauben könnte, gewisse Juweliere in London würden Berber-Affen beschäftigen«, stellte Oscar fest. »Ich habe gesehen, wie die Steine den Busen der Lady Reddingworth zierten, und ich kann euch nicht sagen, was davon geschmackloser war.«

»Du bewunderst diesen Juwelendieb, Oscar«, sagte Clarence. »Du und er scheinen der gleichen Ansicht zu sein, was den überragenden Wert ästhetischer Gestaltung betrifft.«

»Tatsächlich?« Oscar wirkte nur mäßig interessiert. »Mein Wissen über Juwelendiebe und dergleichen ist nicht der Rede wert. Ich bin allgemein weniger als *au courant* mit den Berichten der Tagespresse, deren Zweck darin besteht, die gemeine Leserschaft zu fesseln und in Erstaunen zu versetzen. Ich brauche nur einen Blick in mein Tagebuch zu werfen, um Aufregenderes zu entdecken.«

»Also, es hat in letzter Zeit eine ganze Serie von Diebstählen gegeben«, begann Algy.

»*Juwelendiebstähle*«, fiel ihm Monty ins Wort.

»Aber nicht von der gewöhnlichen Art.« Algy war fest entschlossen, die Leitung des Gesprächs und damit Oscars Aufmerksamkeit für sich zu beanspruchen.

»Und was ist ›die gewöhnliche Art‹ beim Diebstahl von Juwelen, mein lieber Junge?« erkundigte sich Oskar liebenswürdig. »Ich gestehe freimütig, in diesen Belangen weniger als ausreichend gebildet zu sein.«

»Äh... du weißt schon.« Algy geriet unweigerlich ins Trudeln, wenn er mit einer unerwarteten Frage konfrontiert wurde, selbst wenn sie nur scherzhaft gemeint war. »Die Art, bei der ein Dieb *alles* stiehlt. Alle Juwelen, meine ich.«

»Ja, während *dieser* Halunke wählerisch zu sein scheint«, kam ihm Geoffrey zu Hilfe. »Die Ormondperle ist lediglich das letzte Stück in seiner Reihe von... Sammlungen. Ich glaube, auf sein Konto gehen auch der Sforzasmaragd aus Lady Gregorys Stadthaus, der Hadrianturmalin von Sir Hilary Brougham, der ›Milch-von-Kali‹-Mondstein aus der Grimshawsammlung und Lord Fellowes' Saphir – derjenige, der allgemein als der Blaue Pfau bekannt ist.«

Oscar runzelte flüchtig die Stirn. »Den Sforzasmaragd darf er gern behalten, da bin ich mir sicher. Was auch immer Lady Gregory bewogen hat, einen Stein dieser Güte in eine Brosche von einer derart barocken Monstrosität setzen zu lassen...«

»Oh, der Dieb nimmt die *Fassungen* nicht mit.« Monty schnalzte mit der Zunge. »Nur die Steine. Er bricht sie tatsächlich heraus.«

»Ach?« Oscars volle sinnliche Lippen zuckten leicht, seine Mundwinkel hoben sich. »Dann, schätze ich, muß ich euch zustimmen, was die makellose ästhetische Haltung dieses Burschen betrifft. Seine Beutezüge sind unverkennbar nicht nur monetären Gesichtspunkten unterworfen. Alle Juwelen, die ihr erwähnt habt, sind berühmt für ihre Schönheit – ich hatte einmal das Privileg, den ›Milch-von-Kali‹-Stein sehen zu dürfen, und der Anblick hat mich veranlaßt, in Sonette auszubrechen –, aber trotzdem wäre eine einzige von Lady Reddingworths grauenhaften Rubinenhalsketten auf dem offenen Markt rund zwanzig Mondsteine wert.«

»Ja, aber andererseits ist der Blaue Pfau allein auch das Doppelte der gesamten Reddingworthjuwelen wert«, warf Algy ein. »Und es ist immer leichter, lose Steine zu verkaufen.«

»Was bist du doch für ein Experte auf diesem Gebiet«, sagte Bertie gehässig. »Wie ich gehört habe, war dein Vater schon immer etwas knausrig mit deinem Taschengeld. Also hast du deine Finanzen *dadurch* ein bißchen aufgebessert? Durch ein paar Raubzüge?«

»Wie kannst du es wagen!« rief Algy wütend und sprang auf. Zu seinem Kummer lachten die anderen – einschließlich Oscar – über seine Entrüstung. »Mein lieber Junge, das war nur ein Scherz«, sagte Oscar, legte ihm eine Hand auf die Schulter und drückte ihn mit festem Griff in den Sessel zurück. Obwohl der Dramatiker eine modische Weltfremdheit kultivierte, war er ein großer Mann mit überraschenden Körperkräften. Wenn er wollte, daß sich irgend jemand setzte, dann geschah das auch. »Niemand beschuldigt dich, diese Diebstähle begangen zu haben, auch wenn ich mich frage, wo du diese Informationen über die Verkäuflichkeit von Diebesware aufgeschnappt hast.«

Algy senkte den Blick und versuchte, dem Thema auszuweichen, doch Monty krähte bereitwillig: »Oh, aus all diesen Detektivgeschichten, die er gelesen hat! Das muß es sein. Das *stimmt* doch, Algy, nicht wahr? Als wir bei den Grimshaws zu Besuch waren und alle draußen beim Rudern waren, bin ich in die Bibliothek gekommen und habe dich lesen gesehen ... Wie war noch mal der Titel?«

»Nichts, das war gar nichts«, murmelte Algy. »Nichts, das gelohnt hätte, sich daran zu erinnern.«

»*Der blutige Beryl der Borgia-Bande!*« Monty schnippte mit den Fingern, voller Entzücken, den Titel aus den Tiefen seines Gedächtnisses hervorgekramt zu haben. »Du hast es mir geliehen, nachdem du es durchgelesen hattest. Erinnerst du dich noch, Algy?«

»Nein«, stöhnte Algy und wand sich unbehaglich. Sein kraftloser Widerspruch half ihm nicht. Er war ziemlich vernarrt in sein heimliches Laster, wie jeder am Tisch wußte, außer Monty, der wie üblich nicht die geringste Ahnung hatte, welchen Schaden er Algys gesellschaftlicher Reputation mit seiner unschuldigen Bemerkung zugefügt hatte.

»*Der blutige Beryl?*« wiederholte Bertie. »Klingt, als ginge es dabei um Juwelendiebstahl. Recherchen, Algy?« stichelte er.

»Und er *war* bei den Grimshaws«, fügte Clarence, der allmählich Gefallen an dem Spiel fand, hinzu. »Ich glaube, die Polizei nennt so etwas eine Gelegenheit.«

»Schön, was das angeht, trifft das auch auf dich zu!« fauchte Algy.

»Stimmt, aber *mein* Vater ist nicht so berühmt für seine Knausrigkeit wie deiner«, gab Clarence schlagfertig zurück.

»Ach, du vergißt, daß es bei diesen Verbrechen nicht nur um Geld geht«, stellte Geoffrey klar. »Wir alle wissen, wie sehr Algy von Oscars Arbeit angetan ist. Eine Zeitlang konnte man ihn nirgendwo antreffen, ohne daß er in eine Ausgabe von *Das Bildnis des Dorian Grey* vertieft war. Dorian war ebenfalls ein Sammler exquisiter Edelsteine, und schließlich heißt es, Imitation sei die reinste Form der Schmeichelei.«

»Also, jetzt hört mal . . .!« sprudelte Algy hervor. Seine Wangen wurden dunkelrot, ein beunruhigender Kontrast zum Rotbraun seiner Koteletten, der Oscars ästhetisches Empfinden beleidigte.

»Das ist jetzt weit genug gegangen«, mischte sich Oscar ein, um die Wogen zu glätten. »Wenn wir von Indizien reden, müßt ihr zugeben, daß jeder von uns – auch ich – Algys angebliche Gelegenheit geteilt hat. Wir *alle* haben dann und wann die Gastfreundschaft aller Opfer dieses Diebes genossen, jeder für sich allein oder als Gruppe. Ich trage mich sogar immer noch mit dem Gedanken, den Küchenchef der Gregorys in meinem Testament zu berücksichtigen, als Anerkennung für seine geradezu lyrische Form der Zubereitung von gebratenem Frühlingslamm.«

Bertie hatte zuviel Spaß damit, Algy zu quälen, um das Thema auf sich beruhen zu lassen. »Wie steht es dann mit dem Motiv?«

»Welches?« fragte Oscar sanft. »Geld oder Kunst?«

»Oh, beides käme für Algy in Frage«, erwiderte Bertie mit einer wegwerfenden Handbewegung.

»Während du es nur der Kunst wegen zu tun bräuchtest«, bemerkte Oscar. »Nein, nein, Bertie, ich fürchte, auch was das Motiv betrifft, teilen wir alle zwangsläufig wieder Algys angebliche Schuld.«

Die jungen Männer tauschten nervös verstohlene Blicke. Oscars Ausführungen klangen überzeugend. Es gab niemanden unter ihnen, der nicht entweder das Geld aus dem Verkauf der gestohlenen Juwelen gebrauchen oder sich an dem Wissen hätte berauschen können, so einzigartig schöne Exemplare zu besitzen.

Monty waren derartige Gefühle inneren Aufruhrs egal, aber die Verwirrung bereitete ihm Kopfschmerzen. Es war pure Notwehr, die ihn bewog, dem Gespräch die Schärfe zu nehmen. »Nun, zumindest was die Ormondperle betrifft, ist Algy unschuldig. Er hat ein perfektes Alibi, wie diese schrecklichen Leute von Scotland Yard sagen würden. Vor zwei Wochen war er nicht einmal in England.«

»Dürfte ich dich daran erinnern, daß der Diebstahl vor zwei Wochen lediglich *entdeckt* wurde?« gab Clarence ein wenig frostig zurück.

»Hmm. Lord Reddingworth gehört zu deinem Umfeld, nicht wahr?« erkundigte sich Oscar.

»Er ist mein Onkel.«

»Und du also sein Erbe?«

Clarence warf beleidigt den Kopf in den Nacken. »Ich bin zuallererst der Erbe meines *Vaters*. Für meinen künftigen Wohlstand benötige ich weder das Vermögen noch die Juwelen meines Onkels.«

»Was ein junger Mann braucht und was er sich wünscht, ist selten ein und dasselbe. Das ist die Grundlage so mancher Ehe in unseren besseren Gesellschaftsschichten.« Oscar versuchte, einen Ober heranzuwinken, während er Desinteresse für das beifällige Tuscheln und Nicken heuchelte, mit dem die jungen Männer seine Bemerkung quittierten. Sogar Geoffrey lachte, was ihm nicht wenige verblüffte Blicke einbrachte.

Das Opfer dieser kritischen Musterung war sich der Aufmerksamkeit der anderen sehr wohl bewußt. Von einer Sekunde auf die andere verschwand sein belustigter Gesichtsausdruck und wurde durch einen Anflug von Gereiztheit ersetzt. »Ach, um Himmels willen, Monty, sieh mich nicht so an. Das ist jetzt über ein Jahr her!«

»Äh ... ja, aber ...« Monty rutschte unruhig in seinem Sessel herum.

»Es geht mir gut. Alles vergessen und vergeben, wie man so sagt. Onkel Simon hat mich für den nächsten Donnerstag zum Essen eingeladen. Was beweisen sollte, daß *er* über diesen Sturm im Wasserglas längst hinweg ist. Ich wünschte, du würdest dir ein Beispiel an ihm nehmen.«

»Äh ... ja, Monty, mach das«, sagte Algy etwas hastig. »Eine Einladung zum Dinner dürfte ein eindeutiger Beweis sein, daß sich die ganze alberne Geschichte erledigt hat.«

Monty zog ein mürrisches Gesicht, bis er bemerkte, daß er die Stirn in Falten gelegt hatte. Schnell setzte er wieder seine gewohnt liebenswürdige Miene auf und erwiderte: »Ach, Quatsch. Ich habe all diese unzähligen Onkel gründlich satt und würde viel lieber Algys Geheimnis erfahren, auch wenn es nichts mit der Ormondperle zu tun hat. Erzähl schon, Algy.«

Algy legte die Hände mit einem kleinen entschuldigenden Lächeln auf den Deckel der Holzkiste. »Es ist keine so große

Überraschung«, erklärte er. »Es ist eher eine Rarität. Mein Onkel Ludovic, müßt ihr wissen . . .«

Monty stieß bei dem Wort »Onkel« ein kurzes Quietschen aus, einen unterdrückten Laut der Verzweiflung.

»Beherrsch dich, Monty«, forderte Oscar ihn mit der ihm eigenen heiteren Leichtigkeit auf. »Algy kann schließlich nichts dafür, einen Onkel zu haben, auch wenn ich vermute, daß er liebend gern irgend etwas unternehmen würde, um zu verhindern, daß sein Onkel Ludovic heißt.«

»Äh . . . nun ja, wenigstens verbringt Onkel Ludovic viel Zeit außer Landes«, räumte Algy ein. »Er ist Amateurarchäologe.«

»Wenn er so versessen darauf ist, alte Ruinen auszubuddeln, sollte er mehr Zeit im House of Lords verbringen«, witzelte Geoffrey, was ihm ein anerkennendes Lächeln von Oscar einbrachte.

Algy blinzelte schnell. »Ähm . . . ja. Wie auch immer, das war mein Aufenthaltsort während der letzten Wochen. Ich war zu Besuch bei meinem Onkel im Heiligen Land. Und von dort habe ich . . . das mitgebracht.«

Er öffnete den Deckel der Kiste. Alle beugten sich vor, um einen Blick hineinzuwerfen. Da die ungeschriebenen Regeln ihrer Gruppe die Verehrung aller schönen Dinge verlangten, hatten die jungen Männer wahrscheinlich erwartet, daß es sich bei Algys Überraschung um ein antikes Artefakt oder ein Schmuckstück handelte, zum Beispiel um einen Edelstein, der vielleicht einmal den Busen einer Pharaonentochter geziert hatte. Deshalb war keiner auf das vorbereitet, was sich tatsächlich in der Kiste befand.

Diesmal war Montys Aufschrei weder kurz noch unterdrückt. Der Ober, der sich gerade mit Oscars Getränk näherte, ließ vor Schreck beinahe sein Tablett fallen, als Monty mit schriller Stimme rief: »Eine *Ratte!*«

Algy lehnte sich schützend über die offene Kiste. »Das ist *keine* Ratte«, sagte er ein wenig hitzig. »Wenn du dir die Mühe gemacht hättest, genauer hinzusehen, wäre dir aufgefallen, daß er keinen Schwanz hat.«

»Es ist eine *schwanzlose* Ratte!« erregte sich Monty weiter. »Das ist noch *viel* schlimmer! Ich habe gehört, daß die giftig sind.«

»Unsinn!« Algy verzog das Gesicht. »Du hast ja keine Ahnung von der Fauna, Monty. Eine schwanzlose, giftige Ratte! Was denn noch? Schau dir die Kopfform an, du Idiot! Es mag ein Nagetier sein, aber es ist keine Ratte.«

»Was ist es dann?« wollte Bertie wissen. »Von Ungeziefer einmal abgesehen, meine ich.«

»Es ist . . .« Algy zögerte. »Also, wir sind uns nicht völlig sicher. Niemand hat jemals zuvor ein solches Geschöpf gesehen. Onkel Ludovic hat es im Basar von Damaskus entdeckt. Die Tiere mögen in diesem Teil der Welt so zahlreich wie Stubenfliegen sein, aber der Gauner, der es meinem Onkel verkauft hat, hatte herausgefunden, daß man sie den Sahibs nur als Seltenheit andrehen kann. Er wollte diese Sitte beibehalten und hat dem Tier nicht mal einen Namen gegeben.«

»Wahrscheinlich hat er sie kistenweise in irgendeinem grauenhaften opiumverseuchten Loch gestapelt«, sagte Monty. Jetzt, da er wußte, daß das kleine pelzige Geschöpf keine Ratte war, ließ er sich bereitwillig von seinem Äußeren verzaubern. »Hübsches kleines Ding. Feiner Pelz, schöne Farbe, klare Augen, niedlicher Körperbau . . .«

»Gott, Monty, hast du vor, damit zu schmusen, oder willst du es für eine Fuchsjagd benutzen?« fragte Clarence scharf.

»Du mußt es *irgendwie* nennen, Algy«, sagte Philip freundschaftlich. »Du kannst schließlich nicht damit in der Gegend herumlaufen und sagen: ›Schaut euch nur mal diese hübsche kleine Nicht-Ratte an‹, oder?«

Algy streichelte die kleine goldene Pelzkugel in der Kiste zärtlich. »In unserem Hotel wohnte ein Deutscher. Er hatte ebenfalls so ein Tier erstanden und erzählte von seiner Angewohnheit, Nahrung in den Backentaschen zu horten. ›Ein richtiger kleiner Raffzahn‹, hat er gesagt und seinem Tier einen entsprechenden Namen in seiner Muttersprache gegeben.«

»Und das war?« fragte Monty.

»*Deutsch*, du . . .!«

»Mensch, Algy, *so* blöd bin ich nun auch wieder nicht. Ich wollte wissen, welchen Namen er ihm gegeben hat.«

»Oh«, murmelte Algy verlegen. »*Hamster.*«

»Hamster . . .« Oscar sprach das Wort sorgfältig aus, ließ es sich auf der Zunge vergehen, so wie ein Weinliebhaber einen Schluck Burgunder im Mund schwenken mochte. Er schüttelte den Kopf. »Dem Wort fehlt es an Schönheit, was mich allerdings kaum überrascht. Die Deutschen erschaffen herrliche Musik, aber davon einmal abgesehen, neigen sie dazu, alles groß, plump und schwer zu machen, einschließlich ihrer Wörter, ihrer *Würste* und ihrer Frauen. *Hamster* erinnert mich an *Hameln,* was mich wiederum an die Geschichte von dem Rattenfänger denken läßt. Das ist zwar besser als die Ratten an sich, aber keine sonderliche Verbesserung. Ich fürchte, Algy, mit einem solchen Namen wird sich dein Tierchen in diesem Land nie großer Beliebtheit erfreuen.«

»Schon gar nicht, da Algys Exemplar das einzige seiner Art hier ist«, gab Geoffrey zu bedenken. »Ganz unabhängig von ästhetischen Gesichtspunkten, schon die biologischen Zwänge sorgen dafür . . .«

Oscar bedachte ihn mit einem unterkühlten Blick. »Ich würde die Ästhetik nicht so leichtfertig geringschätzen. Darf ich dich daran erinnern, daß die Ästhetik Michelangelos *David*, Botticellis *Venus* und da Vincis *Mona Lisa* hervorgebracht hat? Die Biologie dagegen hat zur Entstehung deines Onkels geführt.«

»Schon wieder *Onkel!*« stöhnte Monty, während sich Geoffrey auf ein düsteres Schmollen beschränkte.

»Jetzt komm schon, Monty.« Philip klopfte seinem Kameraden freundschaftlich auf die Schultern. »Zumindest an diesem Wochenende werden wir von onkelhaften Einflüssen verschont bleiben. Wir sind bei meiner Tante Lady Barbara Delpaye eingeladen, und sie beweist genügend Geschmack, um Witwe zu sein.«

»Eine Witwe«, wiederholte Algy. »Eine Witwe ist eine Frau, die den Wert der Ehe und den Preis von . . . Liebe . . .« Unvermittelt wurde er sich der äußerst kritischen und stechenden Blicke aus sechs Augenpaaren bewußt. Er begann zu stottern und zu stammeln und flüchtete sich schließlich in die Frage: »Äh . . . was, meinst du, sollte ich einpacken?«

Ich habe sie gesehen, diejenigen, von denen mein Quell-all-der-guten-Dinge *gesprochen hat, bevor er meinen Palast nach Art der* Dschins *aus den alten Legenden an diesen Ort brachte. Er hat mich gebeten, sie nicht zu beißen, sollten sie mein Fell berühren. Ich habe sie nicht gebissen. Sie haben mich nicht genügend beeindruckt, um meine Aufmerksamkeit zu verdienen, einschließlich der gebotenen Züchtigung durch meine Zähne. Ich werde wieder schlafen und die Gaben des* Quells-all-der-guten-Dinge *erwarten.*

»Das ist *nicht* wahr, Algy.« Monty stand in der Tür zu Algys Zimmer und starrte mit vor Entsetzen zitternden Lippen den Gegenstand an, der auf der Kommode thronte. »Sag mir, daß du *das* nicht eingepackt hast.«

»Ich habe ihn nicht . . . direkt *eingepackt*.« Algy eilte durch das Zimmer und überprüfte die Holzkiste, die sein exotisches Haustier beherbergte. »Tiere werden nicht *eingepackt*.«

»Versuch nicht, mich zu verwirren. Du hast ihn *mitgebracht*. Das ist alles, was zählt. Lady Delapye wird einen hysterischen Anfall bekommen.«

»Das wird sie nicht.« Algy reckte trotzig das kaum vorhandene Kinn vor. »Sie hat Oscar bereits gesehen und ihn bezaubernd genannt.«

Montys Augenbrauen stiegen in die Höhe. »Oscar‹?«

Algy begann, krampfhaft zu husten. »Ja ... ja ... ja«, brachte er endlich hervor. »So habe ich den kleinen Burschen getauft.«

Man hatte Montys Lachen oft mit dem schrillen Wiehern verglichen, wie es vielleicht ein Fohlen ausstoßen würde, das von einem unvorsichtigen Stallknecht mit der Hinterhand gegen eine spitze Mistgabel gedrängt wurde. »Oh, du liebe Güte, das ist grandios! ›Oscar‹, ausgerechnet!« Er wirbelte auf dem Absatz herum, hastete davon, und seine Schreie hallten durch die imposanten Gänge von Bishops Ashlar. »Wartet, Jungs, wartet nur, bis ihr *das* gehört habt!«

Mit hängendem Kopf betrachtete Algy den Bewohner der kleinen Holzkiste. »Also, *das* war ein Fehler«, erklärte er dem schlafenden Tier. »Wann werde ich jemals lernen, den Mund zu halten? Ich scheine ihn nur zu öffnen, um mich selbst zu beschämen oder das Leben anderer zu ruinieren. Allerdings vermute ich, mich selbst zu demütigen ist die harmlosere Variante von beidem.« Er liebkoste das weiche Fell des Hamsters sanft mit einer Fingerspitze.

»Es gab eine Zeit, da habe ich Bertie zur Weißglut getrieben, weil ich offenbar nicht mehr als zwei zusammenhängende Wörter sagen konnte, von denen mindestens eins mit Schuhwerk zu tun hatte. Sollte jemals irgendwer daran gezweifelt haben, daß Bertie eine Aversion gegen das Handwerk seines Vaters hat, dann war die Frage spätestens *damit* geklärt. Dann habe ich Philip einmal im Café Royal gefragt, wie es ihm auf der Jagd mit den Quorns gefallen hat, weil ich gerade Tante Wilhemina besuchte und zufällig in der Gegend war und hätte schwören können, ihn inmitten der Jagdgesellschaft gesehen zu haben. So vehement, wie er es abgestritten hat, hätte man glauben können, ich hätte ihn mit den Massakern an den heiligen Märtyrern in Verbindung gebracht. Kein Wunder. Schließlich kennen wir alle Oscars Abscheu und Verachtung für die Fuchsjagd, nur ... ich hatte einfach nicht mehr daran gedacht. Monty sagt, ich hätte Schuld, daß die Hochzeit zwischen Geoffrey und Lady Mary

Bythorn geplatzt ist, aber das ist unmöglich. Ich bin überzeugt, daß es eine ganz einfache Erklärung dafür gab, was er während des Krocketspiels im Arbeitszimmer von Lady Pengrades Anwesen mit diesem merkwürdigen dunkelhaarigen Mann getan hat. Ich habe lediglich gefragt, ob Lady Mary diesen Burschen kenne. Er kam mir irgendwie bekannt vor. Sie ging ins Zimmer, um nachzusehen, und hat die Verlobung noch am nächsten Tag gelöst. Geoffrey sagt selbst, sein Onkel wäre zuerst furchtbar wütend gewesen – er hatte die Verbindung so sehr gewollt –, aber jetzt hätte er sich beruhigt und verstünde die Situation, kein böses Blut mehr, Frauen ändern ihre Heiratspläne ja schon wegen der lächerlichsten Kleinigkeiten. Tja, Monty wird quatschen, nur um sich selbst reden zu hören. Andererseits war es dasselbe Wochenende, an dem ich Lady Marys Mutter den Vorschlag unterbreitet hatte, ein hübsches Buntglasfenster wäre das perfekte Denkmal für ihren kürzlich verstorbenen Gatten. Sie hätte mich um ein Haar für diese Bemerkung geohrfeigt. Natürlich hatte ich seinen Nachruf gelesen, deshalb wußte ich, daß er durch einen Sturz ums Leben gekommen war, aber ... Guter Gott, woher hätte *ich* wissen sollen, daß er aus dem Fenster gefallen ist?«

Der in einem Lager aus Baumwolle in seiner Kiste zusammengerollte Hamster gähnte gewaltig und entblößte dabei Nagezähne, deren Größe und Schärfe erstaunlich war. Das beeindruckende Gebiß schien ein Ding der Unmöglichkeit zu sein, Zähne dieser Länge dürften in einem so winzigen Maul eigentlich keinen Platz finden. Algy bedachte sein Haustier mit einem liebevollen Lächeln.

Ein Klopfen an der Tür riß ihn aus seinen Überlegungen. Als er sich umdrehte, erblickte er Clarences Kammerdiener, einen jungen Mann namens Thompson. Es wurde gemunkelt, Clarence hätte Thompson eher wegen seines Aussehens als wegen seiner Fähigkeiten als würdigen Begleiter eines Gentleman eingestellt. Tatsächlich hätte man den Kammerdiener, angemessen gekleidet, leicht für einen der schmucken jungen Männer halten können, die regelmäßig Oscars bevorzugten Tisch im Café Royal besuchten. Wie sie alle, mit Ausnahme seines eigenen Herrn, hatte er goldenes Haar, das in einen prächtigen Bronzeton überging.

Dann öffnete er den Mund, und der Traum von Schönheit zerschellte.

»Oi, Sir, mein 'ärr läßt ausrichten, daß er gärn mit Ihnen unter vier Äugen sprächen würd', wenn es Ihnen angenähm wär'.«

»Äh . . . ja«, sagte Algy. »Wo kann ich ihn finden?«

»Er iss' in der Bibliothäk, Sir. Kennen Sie den Wäg, oder wünschen Sie, daß iech Sie 'inführe?«

»Nein, danke, Thompson. Ich kenne mich recht gut hier aus.«

»Sähr gut, Sir. Dann zieh' iech mich jetz' wiedär zurück.« Mit einem Aufblitzen perfekter weißer Zähne, die *beinahe* seinen grauenhaften Akzent vergessen ließ, war Thompson verschwunden.

Algy schickte sich an, die Kiste des kleinen Oscar zu verschließen, bevor er sich auf den Weg zur Bibliothek machte. Dabei bemerkte er, daß der Hamster wieder einmal die weichen Baumwollpolster so verschoben hatte, daß große Stücke davon sich an den Wänden türmten und mehr als die Hälfte der Luftlöcher gründlich verstopften.

»Also, so geht das nun wirklich nicht«, murmelte Algy, aber die Kiste wieder in Ordnung zu bringen würde Zeit kosten, und da er sein schlafendes Tierchen nicht stören wollte, beschloß er, den Deckel nicht so dicht wie sonst zu schließen, um zu verhindern, daß Oscar erstickte. »Ich bin in einer Minute zurück«, sagte er, ohne zu wissen, ob er damit den Hamster oder sein eigenes Gewissen beruhigen wollte.

Ich habe den angemessenen Namen für ihn gewählt, meinen geliebten Quell-all-der-guten-Dinge, *denn jetzt bietet er mir sogar die Freiheit an. Es dauert nur einen kurzen Moment, mich aufzuraffen und gegen das Dach meines Palastes zu drücken. Ich kann den wilden Forscherdrang in mir nicht verleugnen. Meine Art wühlt sich dorthin, wohin sie will.*

Ein weiterer Druck, noch einer und ... ah! Das Dach ist weg. Ich klettere über die Wand und bin frei. Was für ein Ort ist das? Alle Gerüche sind fremdartig. Es gibt zu viele blumenartige Düfte auf dieser Hochebene. Meine Nase hat mir schon immer bessere Dienste als meine Augen geleistet, trotzdem kann ich hier viele große funkelnde Objekte entdecken, die wie die glitzernden Türme einer sagenumwobenen Stadt aufragen. Ich denke, es sind Flaschen oder Glasbehälter von der Art, die, wie die Geschichtenerzähler im Basar berichten, Dschins *beherbergen können.*

Ich habe nicht vor, die Verschlüsse zu entfernen, um mich zu überzeugen, ob das zutrifft, auf keinen Fall jetzt, denn ... da kommt jemand! Ich höre ein sich näherndes Stampfen, das zu schwerfällig ist, als daß es die mir wohlbekannten Schritte des Quells-all-der-guten-Dinge *sein könnten. Ich muß mich verstecken – aber wo?*

Aha! Ein Spalt zwischen zwei Flaschen! Eng, aber nicht zu eng für mich. Hier werde ich warten, beobachten und ...

Ihr gütigen Mächte des Himmels! Was macht der Dunkle mit meinem Palast?

Algy fand Clarence, wie von Thompson beschrieben, in der Bibliothek. Der junge Mann mit dem rabenschwarzen Haar war in eine Londoner Tageszeitung vertieft. »Du wolltest mich sprechen?«

Clarence faltete die Zeitung zusammen und legte sie zur Seite. »Hör mal, Algy«, sagte er statt einer Begrüßung. »Wir haben soeben erfahren, daß Oscar doch noch kommt.«

»Oh, gut!« rief Algy aus. »Dann scheint das kleine Problem bei den Theaterproben gelöst worden zu sein.«

Clarence setzte die unwillige Miene eines Kindermädchens auf, das es mit einem besonders begriffsstutzigen Kind zu tun hat. »Ich würde die ... die *Desertation* der zweiten männlichen Hauptrolle kaum als ein ›kleines‹ Problem bezeichnen.«

»Aber seine Großmutter ist krank geworden!« protestierte Algy. »Das hat Oscar uns in seiner Absage mitgeteilt. Der Mann ist ihr einziger noch lebender Verwandter, und ...«

»Und wegen dieser Kleinigkeit hat er Oscar enttäuscht, obwohl er leicht eine oder zwei gute Frauen damit hätte beauftragen können, sich um die alte Dame zu kümmern? Algy, du überraschst mich.«

»Nicht halb so sehr, wie du mich«, murmelte Algy leise vor sich hin. »Also geht es der Großmutter jetzt wieder besser?« fragte er laut.

»Nein, sie ist tot. Ihr Enkel hat dem Intendanten ausrichten lassen, daß er zu aufgewühlt ist, um wieder an den Proben teilnehmen zu können, der dumme Waschlappen. Ein *Schauspieler* mit einer derartigen Familiensolidarität? Ach was! Eine schöne Karriere wird der machen. Aber das ist jetzt unwichtig. Oscar hat beschlossen, die Produktion ruhen zu lassen, bis er einen passenden Ersatz für die Rolle findet. Er kommt mit dem Drei-Uhr-Zug.«

»Der Drei-Uhr-Zug ...« Algy tippte sich gedankenverloren mit den Fingern an die Schläfe. »Warum klingt das nur so ...?«

»... vertraut?« beendete Clarence den Satz für ihn. »Gestatte mir, deinem Gedächtnis auf die Sprünge zu helfen. Es ist der gleiche Zug, mit dem Lady Mary eintreffen wird. Du hast Lady Delapye versprochen, zum Bahnhof zu fahren und das Mädchen abzuholen.«

»Lady ... Mary?« Algys Gesicht verfärbte sich. »Doch nicht etwa Lady Mary Bythorn?«

»Natürlich Lady Mary Bythorn!« gab Clarence scharf zurück. »Du weißt, daß sie Philips Bekannten gehört. Warum reagierst du so schockiert?«

»Als Lady Delapye mich bat, meinen Wagen zur Verfügung zu stellen, hat sie den Namen der jungen Dame, die ich abholen soll, nicht erwähnt. Jetzt weiß ich, wieso. Du liebe Güte! Weiß Geoffrey Bescheid?«

»Mag sein. Warum sollte das eine Rolle spielen? Du hast ihn selbst gehört. Alles vergeben und vergessen.«

»Trotzdem, eine geplatzte Verlobung, und ich...«

»Du übertreibst deine Rolle als Verursacher häuslicher Katastrophen bei weitem, Algy.« Clarence sah auf die Standuhr auf dem Kaminsims der Bibliothek. »Sieh mal, wie spät es schon ist. Du solltest dich wirklich auf den Weg machen.«

»Sicher«, sagte Algy. Er machte so schnell auf dem Absatz kehrt, daß er sich mit einer Schuhspitze in einem der vielen schweren Seidenteppiche verfing, aus dem Gleichgewicht geriet, mit dem Kopf gegen den Türrahmen prallte und das Bewußtsein verlor.

Wie kann er es wagen! Ich habe das nicht gesucht. Es gehört nicht hierher. Es ist das Symbol eines schändlichen Vergehens, wie es mir aus tiefster Seele zuwider ist! Es muß verschwinden, und zwar schnell.

Es wird ein gefährliches Unternehmen werden, das mir bevorsteht, eine lange Kletterpartie. Ich könnte zu Tode stürzen, aber ich werde es tun. Kein Risiko kann zu groß sein, um diesen finsteren Plan zu vereiteln. Ah, dieser Schurke!

Einige Zeit später kam Algy wieder zu Bewußtsein. Sorgfältig in Decken gewickelt und mit einer kalten Kompresse auf der Stirn lag er in seinem Bett. Unzusammenhängende Gesprächsfetzen drangen an sein Ohr und verursachten ihm Kopfschmerzen.

»...irgend etwas Vergleichbares gesehen. Wirklich unglaublich.«

»Das ist unser Algy, wie er leibt und lebt. Bertie, erinnerst du dich noch an das Wochenende, als wir Sir Hilary besucht haben?«

»Unmöglich, diese Peinlichkeit zu vergessen. Er konnte nicht einmal laufen, ohne sich in den eigenen Füßen zu verheddern. Er stieß gegen mich, und ich hatte das Pech, diese unbezahlbare Ming-Vase umzustoßen.«

»Oh, Sir Hilary hat ihren Wert erst bestimmt, nachdem du sie zerbrochen hattest.«

»Erinnere mich nicht daran. Ich hatte eine furchtbare Zeit, meinem Vater die Rechnung zu erklären. Er hat mir danach einen Monat lang nur ein äußerst dürftiges Taschengeld bewilligt.«

Irgend jemand kicherte. »Nur gut, daß Sir Hilary nicht versucht hat, dir auch noch die Rechnung für den Turmalin zu schicken, dessen Verschwinden sich ungefähr zwei Wochen nach deinem Besuch herausgestellt hat.«

»Auch du warst damals bei ihm zu Besuch, Philip. Und Algy.« In Berties Stimme schwang nicht die leiseste Spur von Freundlichkeit mit.

»Da wir gerade von Algy sprechen, hat Lady Delapye jemand anderen zum Bahnhof geschickt?«

»Das bezweifle ich. Sie ist seit dem Frühstück außer Haus. Die Frau eines Pächters ist erkrankt.«

»Oje! So wie ich Tante Barbara kenne, bedeutet das Kalbsfußsülze. Das ist ihre Antwort auf jedes Leiden, von Rippenfellentzündung bis hin zur Pest. Sieht ganz so aus, als hätte Algy zur Abwechslung mal Glück gehabt. Wenn sie nicht gegangen wäre, würde er jetzt mit ganzen Schüsseln von diesem Zeug zu kämpfen haben.«

»Oh, *Bruder* Algy. Wir haben uns auf seinen Wagen verlassen. Jetzt wird Oscar am Bahnhof festsitzen! Ist nicht sonst irgend jemand ...?«

»... schon mal mit Algys Automobil gefahren? Geoffrey, glaube ich.«

»Seit wann weiß Geoffrey, wie man ...«

»... von *ihm* gelernt, würde ich sagen.«

»Was? Von Thompson? Mein Leibdiener kennt seine Aufgaben, zu denen es *nicht* gehört, Fahrunterricht ...«

»...hat ihm auf jeden Fall *irgendeine* Form von Unterricht erteilt.«

»Bertie, du *ungezogener* Lümmel! Hör sofort auf, so hämisch zu grinsen!«

»...scheußlich, ganz scheußlich. Kein Wunder, daß das Mädchen ihm den Laufpaß gegeben hat. Niemand kennt alle Einzelheiten, aber ...«

»...hätte den Mund halten sollen wie ein Gentleman, ganz egal, was er bei Lord Pengrade gesehen hat. Aber Algy und Diskretion ...«

»Na ja, er war es nicht, der zeternd zu Geoffreys Onkel gerannt ist. *Das* war Lady Mary.«

»Kannst du dem Mädchen einen Vorwurf machen? Es heißt, es hätte sich um die Sünde gehandelt, deren Namen man nicht auszusprechen wagt.«

»Wenn man es nicht auszusprechen wagt, wie kann man ihm dann irgendeinen Namen geben?«

»Ach, halt den Mund, Monty.«

An diesem Punkt kam Algy zu dem Schluß, daß es für alle Beteiligten am besten wäre, wenn er sich nicht anmerken ließ, daß er aus der Ohnmacht erwacht war. Er spielte den Ohnmächtigen so gut, daß er tatsächlich schon bald wieder einschlief.

Die Geräusche eines allgemeinen Tumults ließen ihn erneut hochschrecken. Abgesehen von dem schwachen Schein einer Kerze auf dem Nachtschränkchen, war es völlig dunkel. Offensichtlich hatte er mehrere Stunden geschlafen. Ihm war schwindlig als er aufstand, aber schon bald hatte er seine Gliedmaßen wieder unter Kontrolle und stolperte auf den Flur hinaus.

»Was ist denn hier ...? Oh! Ich bitte vielmals um Entschuldigung!«

Wie um der bösen Fee gerecht zu werden, die ihn in der Wiege verflucht hatte, ließ ihn der erste Schritt aus seinem Zimmer mit der entzückenden Lady Mary Bythorn zusammenprallen. Lady

Mary keuchte überrascht, doch bis auf den Schreck war ihr nichts passiert.

Algy setzte zu einer wortreichen Entschuldigung an, bis Lady Mary die Kühnheit besaß, ihm den Finger auf die bebenden Lippen zu legen und zum Schweigen zu bringen. »Bitte, mir ist nichts passiert. *Sie* sind es, der sich verletzt hat. Armer Mann. Ich habe gehört, was Ihnen zugestoßen ist.«

»Oh, das haben Sie?« Er errötete, dann brachte er ein schwaches Lachen zustande. »Ich bin schon ein Tolpatsch, nicht wahr?«

»*Ich* habe Sie nie für einen Tolpatsch gehalten.« Ein Lächeln ließ Lady Mary über das ganze Gesicht strahlen. »Das Pech kann uns alle hin und wieder treffen. Bedenken Sie nur, was der armen Lady Delapye widerfahren ist!«

»Häh . . .?« machte Algy verständnislos.

»Ihr Rubin. Der große, den Lord Delapye ihr aus Indien geschickt hat. Sie hat ihn zu seinem Gedenken in einen Ring einarbeiten lassen, nach dieser schrecklichen Geschichte mit dem Tiger des Maharadschas. Er ist verschwunden. Der Rubin, nicht der Ring. Natürlich nicht der Tiger. Verschwunden, einfach verschwunden.«

»Guter Gott! Wann ist denn das passiert?«

»Sie glaubt, es muß irgendwann zwischen drei und fünf Uhr heute nachmittag gewesen sein.«

»Oh, das ist gut.«

»Algy! Wie können Sie nur . . .?«

»Was ich damit sagen will, Mary, das ist endlich einmal etwas, wofür niemand *mir* die Schuld geben kann.«

»Ärr war es«, sagte Thompson, den Finger ausgestreckt.

Alle Blicke richteten sich gleichzeitig auf Algy. Die Gäste, die Gastgeberin und sämtliche Hausdiener hatten sich auf Lady Delapyes nachdrücklichen Wunsch im goldenen Salon von Bishops Ashlar eingefunden. Anfangs spekulierte man über den Grund der Versammlung, doch Lady Delapye beendete das Rätselraten sehr schnell, indem sie verkündete, daß sie – dank des untadeligen Charakters eines guten und aufrichtigen Angestellten (auch wenn er nicht zu den ihren zählte) – hoffte, die häßliche Angelegenheit mit dem gestohlenen Rubin schnell und diskret aus der Welt schaffen zu können, ohne auf die Hilfe der Polizei zurückgreifen zu müssen. Danach erteilte sie das Wort an Thompson, der es theatralisch ergriff.

»*Iech* 'abe ihn gesä'n. Iech war im Zimmer meines 'ärrn und bin meiner Arbeit nachgegangen. Die Tür war ein' Spalt offen. Ärst 'abe ich mir nichts dabei gedacht, einen anderen der 'o'en Gäste draußen im Flur zu sä'n, aber ärr 'atte was Verstohlenes an sich, das mich aufmärksam gemacht 'at. 'at imma wiedär über die Schulter zurückgeschaut. Finstäre Dinge war'n im Gang, kein Zweifäl.«

»Finstere Dinge«, wiederholte Oscar, der in einem mit rosa Chintz bezogenen Sessel saß. »Macht es Ihnen Spaß, aus aufregenden Gruselgeschichten zu zitieren, oder haben Sie eine besondere Vorliebe für das Melodramatische?«

Clarences Leibdiener hob das Kinn. »Iech tu nur meine Pflicht. Iech bin ihm gefolgt und 'abe gesä'n, wie er sich in Lady Dellerpoys Gemächer geschlichen 'at.«

»Und daraus haben Sie sofort geschlossen, er wäre dort hineingegangen, um den Rubin zu stehlen.«

Thompson schlug seine hübschen braunen Augen nieder. »Iech möchte lieber nich' sagen, *was* ich zu der Zeit angenommen 'abe, Sir.« Monty kicherte, und Lady Delapye hüstelte indigniert. »Des'alb 'abe iech nich' gleich erwähnt, was iech gesä'n 'abe. Ärst später, nachdem iech erfahren 'atte, daß Mylady nich' im 'aus gewesen war und der Rubin vermißt wurde, wußte iech, daß es meine Pflicht war, übä den Vorfall zu sprechen.«

»Das haben Sie richtig gemacht, Thompson«, sagte Lady Delapye. Sie drehte sich zu Algy um und fügte hinzu: »Junger Mann, geben Sie mir sofort meinen Rubin zurück, und wir vergessen die ganze Geschichte.«

»Aber ich habe ihn nicht!« protestierte Algy. »Ich *kann* ihn gar nicht haben. Ich war seit halb drei bettlägerig.«

»Bettlägerig?« Clarence lachte gehässig. »Komm schon, Algy, du bist böse mit dem Kopf aufgeschlagen, aber das hat dich nicht zum Krüppel gemacht. Du hörst dich an, als hättest du beide Beine im Krimkrieg verloren!«

»Ich *habe* aber von halb drei bis gerade eben im Bett gelegen«, behauptete Algy stur. »Und ihr alle seid meine Zeugen. Ich bin lange genug aufgewacht, um zu hören, wie ihr euch über mich unterhalten habt. Soll ich wiederholen, was ihr gesagt habt?« Er bedachte die anderen mit einem vielsagenden Blick.

»Du hinterlistiger kleiner Lauscher, uns den Ohnmächtigen vorzuspielen!« rief Bertie aus. »Ich bin froh, daß ich nicht zu lange an deinem Bett Wache gehalten habe.«

»Man kann nicht behaupten, daß das irgend jemand von uns getan hätte«, bekannte Monty linkisch.

»Meine Güte, *was* habt ihr euch nur über den guten alten Algy erzählt?« knurrte Geoffrey. »Klingt ganz so, als wäre es lustig gewesen. Schade, daß ich das versäumt habe, aber ich war bis Viertel nach vier am Bahnhof. Es gab da ein kleines Problem – Kühe auf den Gleisen oder so etwas –, und der Zug hatte Verspätung. Wir sind erst kurz nach fünf wieder in Bishops Ashlar angekommen.«

»Eher gegen halb sechs«, warf Lady Mary ein. »Wir haben noch einmal im Dorf angehalten.«

»Einzig und allein meine Schuld«, gestand Oscar großmütig. »Ich wollte ein paar Zigaretten kaufen. Da wir gerade bei der Uhrzeit sind ...« Er wandte sich Thompson zu. »Wann ungefähr haben Sie den armen alten Algy dabei beobachtet, wie er Räuber gespielt hat?«

»Das wa' ziemlich gänau um vier.«

»Sie scheinen sich da erstaunlich sicher zu sein.«

»Nun, Sir, mein 'ärr ist mit den anderen Gentlemen gegen zwei gegangen, und *das* weiß iech genau, weil ärr mit seinem Abendanzug zu mir gekommen is' und gesagt 'at: ›Es ist jetzt zwei Uhr, Thompson. Wir werden zum Tabakhändler im Dorf gehen, um Mr. Wilde mit ein paar dieser nach Veilchen duftenden Zigaretten zu überraschen, die er so gern mag.‹«

»Ah! Kein Wunder, daß der arme Verkäufer mich so angeglotzt hat, als ich ebenfalls welche bestellt habe«, fiel ihm Oskar ins Wort. »Und ich habe gedacht, das wäre lediglich seine Ehrfurcht vor meinem Genie.«

»In der Tat, Sir.« Thompson nickte einmal und fuhr dann fort: »Dann 'at mein 'ärr noch gesagt: ›Vielleicht schauen wir danach noch im *Bear and Bush* vorbei, aber wir werden auf jeden Fall vor der Teezeit zurück sein, also sieh zu, daß du den Anzug bis dahin abgebürstet hast.‹ Im ganzen 'aus wa' es still, nachdäm die jungen 'ärren gegangen waren. Iech glaub', des'alb 'ab iech *ihn* ge'ört, wie iech schon gesagt 'abe.«

»Mich *gehört*? Vorher haben Sie behauptet, Sie wären mir nachgeschlichen, weil Sie *gesehen* hätten, wie ich an Clarences Tür vorbeigegangen bin«, hielt ihm Algy angriffslustig vor.

»Iech 'abe Sie *gesä'n,* nachdem iech im Flur ein Geräusch *ge'ört* 'atte, als würde jämand über seine eignen Füße stolpern. Des'alb 'abe iech über'aupt erst von meiner Arbeit aufgesä'n.«

»Über die eigenen Füße gestolpert...?« Monty seufzte. »Ich fürchte, damit hat er dich eindeutig identifiziert, Algy.«

Diesmal wurde Algys Gesicht bleich, was ihn nicht gerade vorteilhaft aussehen ließ. »Ich habe das *nicht* getan!« bellte er. »Und ich weigere mich, diesen Vorwurf auf mir sitzen zu lassen, nur aufgrund der Aussage dieses ... dieses ehemaligen Gossenlümmels!«

»Ich verbitte mir, daß du den Charakter meines Leibdieners in Frage stellst«, sagte Clarence steif. »Thompson mag nicht über die beste Aussprache verfügen, aber es gehört nicht zu seinen Pflichten, wohlklingende Reden zu halten.«

»Was gehört denn sonst alles dazu?« murmelte Bertie.

»Charakter?« wiederholte Algy verbittert. »Bevor wir den Kerl noch heiligsprechen, sollten wir vielleicht seine Sachen durchsuchen. Ja, und die der anderen Bediensteten ebenfalls!«

Darauf erhob sich ein erbostes Grollen unter der versammelten Dienerschaft von Bishops Ashlar, und unausgesprochen stand der Satz im Raum: »Das werde ich mir merken.« Lady Delapye besänftigte eilig die erhitzten Gemüter, indem sie ihrem Personal versicherte, es werde keine sinnlosen Durchsuchungen geben.

Als sie sich Algy zuwandte, schwang ein eisiger Unterton in ihrer Stimme mit. »Wenn Sie so erpicht darauf sind, Thompsons Habseligkeiten zu untersuchen, Sir, wären Sie vielleicht auch bereit, das gleiche mit Ihren eigenen Sachen geschehen zu lassen, nur als Geste des guten Willens.«

»Aber ich habe nie ... !« Algys Protest wurde gänzlich von Oscars sanfter, aber gleichzeitig fester Stimme verschluckt.

»Ich stimme Mylady zu«, sagte er. »Nach allem, was ich gehört habe, waren zu dem Zeitpunkt, als der Rubin verschwunden ist, nur du, Thompson und die anderen Bediensteten im Haus. Wäre der Täter tatsächlich ein Diener, dann bezweifle ich, daß er sich mit dem Diebstahl eines einzelnen Edelsteins zufriedengegeben hätte. Werden noch mehr Ihrer Edelsteine vermißt, Lady Delapye?«

»Nein«, erwiderte Mylady mit Entschiedenheit. »Ich habe den größten Teil des Nachmittags mit einem Krankenbesuch verbracht. Ich kam gerade rechtzeitig zurück, um Sie bei Ihrer Ankunft zu begrüßen.«

»So ist es, und wir alle haben unseren Tee in einer angenehmen Runde genossen.«

»Erst nach dem Tee habe ich meinen Verlust entdeckt.«

»Sind Sie sich ganz sicher, daß der Rubin heute morgen noch an seinem Platz war? Könnte er nicht bereits früher gestohlen worden sein, und sein Verschwinden ist Ihnen erst heute aufgefallen?«

Lady Delapye straffte die Schultern. »Dieser Rubin war das letzte Geschenk meines lieben Mannes. Ich trage ihn ständig und habe ihn heute nur abgelegt, weil ich es für unschicklich hielt, ihn während eines Krankenbesuchs zu tragen.«

»Ich verstehe.« Oscar seufzte und richtete den Blick auf Algy. »Ich fürchte, mein lieber Junge, unter diesen Umständen solltest du wirklich mit einer Durchsuchung deines Zimmers einverstanden sein.«

Er kommt zurück, der Quell-all-der-guten-Dinge, *und sieh an, eine lärmende Meute folgt ihm. So viele Füße, und ich hier unter dem Bett, durch meine guten Dienste in dieser mißlichen Lage, so daß ich die sichere Zuflucht meines Palastes nicht erreichen kann. Was wollen diese unbeholfenen Wesen hier? Mein geliebter* Quell-all-der-guten-Dinge *sitzt allein und niedergeschlagen auf der Bank am Fenster, während die anderen sich gegen die Unverletzlichkeit seines Eigentums versündigen.*

Aber da! Eins der Wesen, eine blühende Schönheit, süßer duftend als die persische Rose, hält sich von diesem unerhörten Gewühl fern. Sie setzt sich neben ihn, spricht freundlich zu ihm. Wie sanft sie wirkt! Ich mag meinen lieben Quell-all-der-guten-Dinge *von ganzem Herzen, doch leider muß ich zugeben, daß er sich nicht durch überragende Anmut auszeichnet. Ich möchte in meinen Palast zurückkehren, doch sollte ich Unwürdiger mich ihm jetzt demütig zu Füßen werfen, könnte er überrascht aufspringen und mich ...!*

Nicht auszudenken. Ah, was muß ich da sehen? Einer aus der Meute wagt es, mit seinen frevelhaften Händen direkt in meinem Palast herumzustochern! Es bleibt keine Zeit mehr zu verlieren. Ich werde *zurückzukehren, und dann sollen sie nur* versuchen, *ihre dicken Finger dort hineinzustecken, wo sie nicht hingehören.*

Ich werde zu der Frau gehen. Sie wird mir bestimmt helfen.

»Aha!« rief Clarence, während er mit einer Hand die Baumwollschicht in der Hamsterkiste abtastete. »Hier ist etwas!«

»Wahrscheinlich Oscar«, sagte Monty.

»Wie bitte?« fragte der ursprüngliche Besitzer dieses Namens.

»Halt den Mund, Monty!« zischte Algy. »Natürlich ist da etwas!« rief er Clarence zu. »Mein *Hamster*, und dem gefällt es gar nicht, wenn er gestört wird. Zieh die Hand raus, bevor er dir einen Finger abbeißt.«

»Oh, ich glaube nicht, daß das ein Hamster ist«, erwiderte Clarence mit einem boshaften Glitzern in den Augen. »Rubine beißen nur selten.« Damit drückte er Lady Delapye triumphierend seinen Fund in die Hand.

Mylady zupfte ein paar Baumwollfäden ab und musterte den Gegenstand. »Und Rubine riechen auch nur selten nach Rasierwasser«, konstatierte sie und gab Clarence einen geschliffenen Glasstöpsel, der offenbar zu einer der Parfümfläschchen auf der Kommode gehörte.

»Wie ist denn *das* da reingekommen?« Clarence stierte das Ding verständnislos an.

»Was noch wichtiger ist, wie hast du es nur geschafft, in der Kiste herumzufummeln, ohne gebissen zu werden?« wollte Algy wissen. »Es sei denn...« Ein beängstigender Gedanke durchzuckte ihn. Er sprang auf und eilte zur Kommode.

»Das habe ich jetzt davon, auf euch gehört zu haben«, murmelte Clarence dem Rest der jungen Stutzer zu, als Algy sich an ihm vorbeischob. »Wenn ihr das nächste Mal einen Geistesblitz habt, wo wir suchen sollen, dann macht es gefälligst...«

»Er ist verschwunden!« Algys klagender Ausruf übertönte alle anderen Geräusche. »Oscar ist verschwunden!«

»Hast du *wirklich* ›Oscar‹ gesagt, mein lieber Junge?« erkundigte sich der Bühnenautor.

»*Iiihhh!*« kreischte Lady Mary vom Fenster her.

»Verehrte Lady Mary, Sie müssen sich nicht so aufregen«, sagte Oscar mit verhaltenen Lachen. »Wenn Algy beschlossen hat, sein Haustier nach mir zu benennen, werde ich bestimmt nicht...«

»*Da ist eine Ratte in meinem Schoß!*«

»Eine schwanzlose Ratte!« rief Monty. »Vorsicht, die sind giftig!«

»Oscar!« stieß Algy erleichtert hervor.

»Nehmen Sie ihn weg von mir! Nehmen Sie ihn weg!« Lady Mary war vor Angst wie gelähmt. »Er ... *uumpf* ... er übergibt sich gleich!«

In diesem Moment erzitterte das Pelzknäuel in Lady Marys Schoß, öffnete das Maul und ließ einen runden, schimmernden Gegenstand auf ihr Kleid fallen.

Oscar beugte sich hinunter, um nachzusehen, was der Hamster ausgespuckt hatte. »Es scheint, als hätten dein Tierchen und ich mehr als nur den Namen gemein. Auch aus seinem Mund kommen kostbare Perlen.«

»Laß mich sehen!« verlangte Geoffrey und setzte sich in Bewegung.

»Nicht! Du wirst ihn erschrecken!« Algys Warnung kam zu spät. Der Hamster sprang von Lady Marys Schoß, huschte zwischen den vielen Füßen hindurch und schoß zur Tür hinaus.

Ich habe mich getäuscht. Ich habe die Freundlichkeit der Frau mit einem mutigen Wesen gleichgesetzt, aber sie ist ängstlich und neigt zur Hysterie. Vielleicht ist das auch gut. Es ist nicht genug, daß ich den schändlichen Plan des Eindringlings vereitelt habe. Ich muß den Schurken gänzlich bloßstellen!

»Ich kann es nicht fassen, daß wir einen Abend in einem der vornehmsten alten Häuser Englands damit verbringen, eine Ratte durch eine Abstellkammer zu scheuchen«, sagte Bertie.

»Ich wäre dir dankbar, wenn du meinen Namensvetter nicht als Ratte bezeichnen würdest«, entgegnete Oscar, noch bevor Algy die Ehre seines Haustiers verteidigen konnte. »Ganz nebenbei, ich habe schon seit Jahren nicht mehr soviel Spaß gehabt. Womit würdest du denn lieber die Zeit verbringen, Bertie? Pantoffeln verstecken?«

Der spitzfindige Hinweis auf das Gewerbe seines Vaters ließ Bertie verstummen. Um die Aufmerksamkeit der anderen von seinem Unbehagen abzulenken, rief er: »Hast du schon eine Spur von ihm entdeckt, Algy?«

»Vielleicht.« Algys Stimme klang ein wenig gedämpft. Er kroch auf Händen und Knien zwischen einem Miniatur-Stonehenge herum, das ausschließlich aus Taschen und Koffern bestand. »Ich könnte mir vorstellen, daß er meinen Reisekoffer gesucht hat – vertraute Gerüche und so. Dieser Deutsche aus dem Heiligen Land hat mir erzählt, daß Hamster über einen erstaunlich guten Geruchssinn verfügen. Da kommt ein kratzendes Geräusch aus meinem... Halt, nein, das ist nicht *mein* Koffer. Oje, nicht nur, daß es nicht meiner ist, ich fürchte, der kleine Oscar hat ein beachtliches Loch in eine Ecke genagt.« Algys Kopf tauchte wie ein Maulwurf aus dem Berg aus Gepäckstücken auf. »Dem Namensschild nach ist es dein Koffer, Geoffrey. Es tut mir schrecklich leid. Ich werde dir sofort einen neuen kaufen, sobald wir wieder in London sind.«

»Mach dir deswegen bitte keine Sorgen, Algy«, erwiderte Geoffrey angespannt. Er schlängelte sich hastig durch das Kofferlabyrinth. »Laß mich ihn nehmen, ich hole den niedlichen kleinen Burschen für dich heraus. Komm schon, komm schon, und laß mich...«

»Nicht nötig, alter Kumpel.« Algy ergriff den Koffer, bevor Geoffrey zupacken konnte, und schwenkte ihn vorsichtig eine Handbreit über dem Boden hin und her. »Ich werde ihn einfach herausschütteln. Eins...« Er versetzte dem Koffer einen leichten Stoß. »Zwei.« Ein weiterer Stoß. »Drei... Oh, das ist...!«

Dreimal erklang ein leises Plumpsen. Drei leuchtende Edelsteine – ein Turmalin, ein Mondstein und ein Saphir von außergewöhnlicher Größe und Farbe rollten über den Boden. Algy starrte sie sprachlos an, den Reisekoffer noch immer in den Händen. Aus seinem Inneren ertönte nach wie vor das schabende Geräusch winziger Krallen, bis sich schließlich der Kopf des Hamsters aus dem in das Leder genagten Loch schob. Seine Augen funkelten, eine Wange wölbte sich unnatürlich. Das kleine Tier ließ sich beinahe lässig zu Boden fallen und watschelte direkt auf Lady Delapye zu. Mit seinen zierlichen rosa Pfoten drückte es gegen die aufgeblähte Wange und spuckte der Hausherrin den verschwundenen Rubin vor die Füße. Was in diesem Moment in Lady Delapye vorgehen mochte, ließ sich weder an ihrer Miene, noch an ihrer Körperhaltung ablesen.

Doch es gab zwei andere in der Gruppe, deren Reaktion weitaus lebhafter war. Wie von ein und demselben Gedanken beherrscht, versuchten Geoffrey und Thompson aus dem Abstellraum zu fliehen, aber der Ausgang wurde ihnen von Mr. Wilde nachdrücklich versperrt. Als Thompson versuchte, sich den Weg freizukämpfen, fand er sich prompt auf dem Boden wieder und betastete ein schmerzendes Auge, das sich zu einem prächtigen Veilchen zu entwickeln versprach.

»Bei Gott, Sir, wo haben Sie gelernt zu kämpfen?« wollte er wissen.

»Mit Sicherheit an einer besseren Schule als der, an der Sie diesen grauenhaften Gossenslang einstudiert haben, den Sie uns vorgespielt haben«, erwiderte Oscar. »Wissen Sie, Thompson, ein guter Schauspieler bleibt seiner Rolle immer treu. Vorher, als Sie für uns die Anweisungen wiederholt haben, die Ihr Herr Ihnen zu seinem Abendanzug gegeben hat, haben Sie Ihren Akzent völlig vergessen und statt dessen seine Aussprache übernommen. Der Patzer war allerdings so flüchtig, daß ich der Meinung war, es mir nur eingebildet zu haben.«

»Ein *Schauspieler*?« Clarence stierte seinen Leibdiener entsetzt an. »Ich bin von einem *Schauspieler* angekleidet worden?«

»Besser, als von ihm ausgenommen worden zu sein«, krähte Monty.

»Ich war noch kein Schauspieler, als Sie mich eingestellt haben, Sir«, sagte Thompson und sah seinen Herrn fest an. »Es stimmt, ich habe schon lange eine große Leidenschaft für das Theater verspürt, aber ich konnte mir eine Karriere auf der Bühne nicht vorstellen. Der Akzent, von dem Mr. Wilde annimmt, ich hätte ihn nur gespielt, wurde mir in die Wiege gelegt, und dafür gibt es keinen Platz in den Theaterhäusern von London. So blieb mein Wunsch lediglich ein Traum, bis...« Seine feuchten Augen richteten sich auf Geoffrey.

»Schön, das Spiel ist aus, nicht wahr?« Geoffrey machte eine resignierte Geste und seufzte. »Auch gut. Ich bin es leid, mit einer Lüge zu leben. Auch ich verehre das Theater von Herzen. Meine Geburt hat es mir verboten, mich der Bühne weiter als bis zu einem Logenplatz zu nähern, und doch konnte mich nichts davon abbringen, meine geliebte Kunst heimlich auszuüben. Vielleicht soll es so sein, daß alles hier endet, wo es begonnen hat. An einem Sommertag vor drei Jahren habe ich mich während eines Gartenfestes auf Bishops Ashlar davongestohlen und den Monolog aus *Richard III.* deklamiert, als Thompson mich in der Laube überrascht hat.«

»Er hat mich beschworen, Diskretion zu bewahren«, sagte Thompson. »Ich war einverstanden, doch im Gegenzug habe ich von ihm verlangt, meine Stimme zu schulen, meine Aussprache zu verbessern und mir zu helfen, mich auf das ruhmreiche Leben eines Schauspielers vorzubereiten, das plötzlich in erreichbare Nähe gerückt war.«

»Diskretion«, wiederholte Geoffrey bitter. »Eine Diskretion, die in Scherben fiel – und mit ihr mein Leben –, als *er* hereingeplatzt ist.«

Zum zweiten Mal an diesem Abend erblickte Algy einen anklagend auf ihn gerichteten Finger. »Das... das waren Sie?« Er musterte Thompson verwirrt. »Aber der Bursche, mit dem ich Geoffrey gesehen habe, war dunkelhaarig.«

»Eine Perücke«, sagte Thompson. »Dieselbe, die ich heute nachmittag benutzt habe, um eventuelle Zeugen zu täuschen, für den Fall, daß mich jemand beobachten sollte, wie ich den Rubin in Ihrem Zimmer versteckte.« Seine Augen schienen

Dolche auf den Hamster zu schleudern, der unbekümmert mitten auf dem Boden der Abstellkammer saß und sich putzte.

»Wenn Sie einen Rubin hineingelegt haben, wieso war dann ein geschliffener Glasstöpsel in der Kiste?« fragte Lady Mary. »Und wie konnte der Hamster mir dann diese Perle... äh... geben?«

»Der Teufel soll mich holen, wenn ich das weiß, Mylady«, erwiderte Thompson und kehrte mit dieser Wortwahl für einen Augenblick zu seinen Wurzeln zurück.

»Die Ormondperle«, erklärte Geoffrey. »Ich habe gehofft, sie dem gleichen Hehler verkaufen zu können, den ich für den Sforzasmaragd gefunden hatte. Es stimmt, was du gelesen hast, Algy.« Er grinste schwach. »Es *ist* einfacher, lose Steine zu verkaufen. Hätte ich bei meinen Raubzügen die kompletten Kollektionen mitgenommen, wäre man mir durch den Aufruhr und das Geschrei der wütenden Opfer sehr schnell auf die Schliche gekommen. Aber klau den Reichen nur einen Stein, und sie sind dir schon fast wieder dankbar. Dann haben sie beim Dinner neuen Gesprächsstoff und müssen sich nicht über Politik und ihre diversen Zipperlein unterhalten.«

»Warum hast du das getan, alter Kumpel?« fragte Philip und legte Geoffrey den Arm um die hängenden Schultern.

»Warum? Nun, natürlich des Geldes wegen.«

»Ich dachte, dein Onkel würde für dein Auskommen sorgen.«

»Er *hat* dafür gesorgt.« Geoffreys kläglicher Blick richtete sich auf Lady Mary. »Er hatte sich *so* sehr gewünscht, daß wir heiraten. Ich habe versucht, ihm klarzumachen, daß ich dich nicht liebe, aber er hat mir damit gedroht, mich zu enterben, wenn es mir nicht gelingen würde, dein Einverständnis zu bekommen, und so habe ich mich ihm gefügt. Es war bisher mein größter schauspielerischer Triumph.«

»O Geoffrey! Wie *konntest* du nur?« Lady Mary brach in Tränen aus. Algy nahm sie tröstend in die Arme.

»Sir, Sie sind ein Schuft!« rief Lady Delapye entrüstet.

»Wenn er ein Schuft ist, Mylady, dann ein erfolgloser«, warf Oscar ein. »Hätte unser Algy Geoffrey und Thompson nicht dabei ertappt, wie sie ... wie sie ...« Zum ersten Mal in seinem Leben fehlten ihm die Worte, und er sah sich gezwungen zu fragen: »*Was* habt ihr zwei eigentlich gemacht?«

»*Volpone*«, erwiderte Thompson.

»*Das* ist das Laster, das niemand auszusprechen wagt?« quietschte Monty. »*Schauspielern*?« Ein allgemeines Zischen und Raunen forderte ihn auf, den Mund zu halten, damit Oscar fortfahren konnte.

»Also, hätte Lady Mary nicht von Algys Entdeckung erfahren und die Verlobung daraufhin nicht aufgelöst, dann hätte Geoffrey sie in eine lieblose Ehe hineingezogen, und dann, Mylady, *dann* hätten Sie ihn zu Recht einen Schuft nennen können.«

Monty schob sich an Geoffrey heran. »Aber dein Onkel hat dich trotzdem enterbt, nicht wahr? Nachdem die Hochzeit geplatzt war?« Geoffrey nickte. »Und seither hast du einen Groll auf den armen alten Algy mit dir rumgeschleppt?« Ein weiteres Nicken. »Ist dir die Idee, ihm die Schuld für die Verbrechen in die Schuhe zu schieben, im Café Royal eingefallen, als wir ihn alle wegen der Juwelendiebstähle aufgezogen haben? Als perfektes Alibi und Ablenkungsmanöver?« Ein drittes Nicken von Geoffrey veranlaßte ihn, genüßlich sein Urteil zu fällen. »O Geoffrey, ich muß schon sagen, eine *schlechte Vorstellung!*«

»Hmm ... vielleicht doch nicht so schlecht, mein lieber Monty.« Oscar tippte sich nachdenklich mit den Zeigefingern auf die Lippen. »Das größte Vergehen Geoffreys ist es, seine Muse nicht mit Klugheit, sondern zu inbrünstig geliebt und dadurch verloren zu haben. Soll er jetzt auch noch seine Freiheit verlieren? Lady Delapye, ich appelliere an Ihren Sinn für Barmherzigkeit. Sie haben Ihren Rubin zurück, und ich persönlich werde die Kosten dafür übernehmen, ihn wieder in seinen Ring einsetzen zu lassen. Bestehen Sie darauf, diesen armen Jungen vor Gericht zu bringen?«

Lady Delapye zog eine bedrohlich finstere Miene, doch schließlich erwiderte sie: »Ich habe Besseres zu tun, als bei einem Strafprozeß als Zeugin auszusagen. Ich werde keine Anzeige erstatten.«

»Was die anderen Edelsteine betrifft, werde ich mich darum kümmern, daß sie ihren rechtmäßigen Besitzern zurückgegeben werden.«

»Und was ist mit dem Sforzasmaragd?« erkundigte sich Bertie.

»Geoffrey soll mich dem Hehler vorstellen, und ich werde versuchen, ihm den Stein abzukaufen. Es wird vermutlich ein Vermögen kosten, aber wie auch immer, wir müssen die Dinge wieder in Ordnung bringen.«

»Was es auch kostet, ich würde dir das Geld gern für den guten Zweck vorstrecken«, sagte Algy, den Arm noch immer um Lady Mary gelegt. »Ich möchte den armen Geoffrey nicht länger leiden sehen.«

»Das würdest du für mich tun, nach allem, was ich . . .?« Geoffrey schien kurz davor, in Tränen auszubrechen.

»Mir ist ja kein wirklicher Schaden entstanden.« Algy sah lächelnd auf Lady Marys rotbraunes Haar hinab. »Und wer weiß? Vielleicht hat die Geschichte mir ja sogar etwas Gutes beschert.«

Vor Anspannung zitternd hob Geoffrey den Kopf und blickte Oscar an. »Wenn du die Steine zurückgibst, wirst du . . . wirst du dann über Thompson und mich schweigen?«

»Mit Sicherheit nicht. Damit würde ich ja meinem eigenen Interesse schaden, das darin besteht, mein letztes Stück, wie ursprünglich geplant, pünktlich auf die Bühne zu bringen, jetzt, da ich meinen zweiten Hauptdarsteller gefunden habe . . .« – Oscar legte Geoffrey den Arm um die Schultern – ». . . und seinen Ersatzmann dazu.« Auch Thompson wurde von ihm umarmt. »Zwei wahre Schauspieler«, fuhr er fort, »deren redliches Bemühen, meinem Stück zum Erfolg zu verhelfen, nur noch von ihrem Kummer übertroffen werden wird, ihre Gage dazu verwenden zu müssen, ihre verschiedenen Wohltäter zu entschädigen.«

Während die meisten Anwesenden sich um Oscar drängten und ihm Beifall zollten, die mißliche Situation so klug bereinigt zu haben, nahm Algy widerstrebend den Arm von Lady Marys Schultern, kniete sich auf den Boden und streckte seine Hand dem Hamster entgegen, der noch immer zu Lady Delapyes Füßen saß. Das kleine Tier krabbelte bereitwillig hinein. Algy stand auf, streichelte das seidige Köpfchen des Hamsters und sagte halb im Scherz: »Ich denke, wir vergessen den wahren Helden der Stunde.«

»*Tsts*«, machte Lady Delapye. »Sie messen einem dummen Tier entschieden zuviel Intelligenz bei. Dieses Geschöpf ist lediglich seinen Instinkten gefolgt. Vielleicht mochte es den Geruch des Rubins, den Thompson in seine Kiste gelegt hat, und hat sich auf die Suche nach seinem Ursprung gemacht. Den hat es zusammen mit den anderen Edelsteinen gefunden, die zweifellos nach den Dieben riechen. Den Rubin hat es auf seiner Suche aus dem gleichen Grund mitgenommen, aus dem ein Eichhörnchen mit einem Zweig im Maul zum nächsten huscht, um genügend Material für den Bau seines Nests zu sammeln.«

»Dann findet der Hamster also Geschmack daran, inmitten von Luxus zu leben?« Oscar lächelte und tätschelte seinen Namensvetter behutsam. »Wir haben tatsächlich eine Menge gemein. Algy, würdest du deinem Onkel mit dem bedauernswerten Namen Ludovic schreiben und ihn fragen, ob er noch einen Hamster als würdigen Gefährten für *mich* erwerben kann?«

»Oh, und auch einen für mich!« zwitscherte Monty, der stets bereit war, auf jeden modischen Zug aufzuspringen, den Oscar guthieß.

»Für mich auch einen«, sagte Philip.

»Und für mich«, schloß sich Bertie den anderen an.

»Ich weiß nicht...« Nachdem er gerade erst von der Täuschung durch seinen Leibdiener erfahren hatte, war Clarence weniger impulsiv als seine Freunde. »Die Tiere aus dem Heiligen Land zu importieren dürfte nicht billig sein. Dein kleiner Oscar ist zwar ein faszinierendes Kerlchen, Algy, und er hat im Handumdrehen ein Rätsel gelöst, aber trotzdem, die Kosten ...«

Ich bin zufrieden. Ich habe meinem lieben Quell-all-der-guten-Dinge *gut gedient. Die ältere Frau versucht, mich herabzuwürdigen, wobei sie übersieht, daß ich nicht nur den Rubin aus meinem Palast entfernt und seinen Geruch dazu benutzt habe, das eigentliche Versteck des Schatzes zu finden, sondern auch mit einem* anderen Edelstein *als Beweis meiner Entdeckung zurückgekehrt bin. Närrin!*

Die anderen großen unbeholfenen Wesen umringen mich voller Lob, das mir auch gebührt. Darüber hinaus erkundigen sie sich, ob es möglich wäre, mehr von meinesgleichen in dieses Land zu bringen. Das begrüße ich in der Hoffnung, daß ein Weibchen von meiner Art den Weg in meinen Palast zügelloser sinnlicher Freuden finden möge. Doch ist einer unter ihnen, der fragt, ob die Kosten in schnödem Geld das überragende Vergnügen des trauten Zusammenlebens mit meinesgleichen wert seien! Pfui! Menschen ...

Wahrlich, ein Mensch ist ein Geschöpf, das den Preis von allem und den Wert von nichts kennt.

Originaltitel: A Hamster of No Importance
Deutsch von Winfried Czech

J. A. Jance

Ein gutes Zuhause für Mandy

 **Über eine Kleinanzeige** kam Mandy, ein zehn Jahre alter Golden Retriever, zu uns. Nach den Worten der Frau, mit der ich am Telefon sprach, lebte sie bei einer Familie, in der die Kinder das Haus bereits verlassen hatten und die Eltern planten, in eine Eigentumswohnung zu ziehen, in der keine Hunde erlaubt waren.

Mit vier Kindern, die noch zu Hause wohnten, zwei eigenen Golden Retrievern und einem Garten ohne Zaun, konnten wir einen weiteren Hund ganz bestimmt nicht brauchen. Aber Bill, mein weichherziger Ehemann, spürte, daß sich hinter den nüchternen Worten der Anzeige eine traurige Geschichte verbarg. Am gleichen Nachmittag luden wir Kinder und Hunde ins Auto und machten uns auf den Weg zu Mandy.

Als ich sie steifbeinig die Treppenstufen hinunterhumpeln sah, wurde mir ganz schwer ums Herz. Was für eine zerbrechliche, alte Hundedame sie doch war. Unsere laute und ausgelassene Familie mit den beiden dicken und frechen fünfjährigen Hunden war bestimmt nicht der richtige Ort für dieses ältere Mädchen. Die gutgekleidete Dame, die die Annonce in die Zeitung gesetzt hatte, schien der gleichen Meinung zu sein.

»Wir sollten wohl besser ein Zuhause für sie suchen, wo sie der einzige Hund ist«, sagte die Frau. »Aber falls wir niemand anderen finden ...«

Ich beugte mich nach unten, um Mandy zu streicheln. Anschließend war meine Hand ganz grau und staubig. »Sie braucht ein Bad«, erzählte mir die Frau. »Ich bin einfach noch nicht dazu gekommen.«

An diesem Tag fuhren wir ohne Mandy nach Hause. Als wir nach ein oder zwei Wochen noch nichts gehört hatten, nahmen Bill und ich an, daß Mandy einen Besitzer gefunden hatte. Einen Monat später klingelte jedoch das Telefon. Niemand wollte Mandy haben. Ob wir sie immer noch wollten? Am gleichen Nachmittag machte sich unsere ganze Familie erneut zu ihrem Haus auf. Diesmal, um sie mitzunehmen.

Die Frau führte Mandy an der Leine zum Auto. Unsere Hunde gehen nirgendwo hin, nicht einmal in die oberen Stockwerke, ohne ihre Spielzeugtiere aus Stoff oder einen Ball oder zwei mitzunehmen.

Mandy kam ohne einen vertrauten Gegenstand zu uns – kein Napf, keine Decke, kein Spielzeug – nur mit einer Leine, an die sie offensichtlich nicht gewöhnt war, und einem Halsband, das viel zu eng war.

Eigentlich hatte ich damit gerechnet, daß es der Frau nach zehn Jahren schwerfallen würde, von ihrem Hund Abschied zu nehmen. Im letzten Moment läutete jedoch das Telefon im Haus, und die Frau übergab mir die Leine und verschwand, ohne sich auch nur einmal umzudrehen. Wir waren so verblieben, daß wir Mandy für ein paar Tage zu uns nehmen würden, um zu sehen, wie wir miteinander auskämen, aber nach diesem kleinen Zwischenfall waren Bill und ich uns einig, daß, gleichgültig, was passieren würde, Mandy nicht zu ihrer früheren Besitzerin zurückkehren würde.

Es ist immer riskant, einen Fremden – ob Tier oder Mensch – bei sich aufzunehmen. Wir wußten nichts über Mandy, bis auf die Tatsache, daß sie zehn Jahre alt war und an Arthritis litt. Bill, großherzig und medizinisch bewandert, verschrieb ihr zerstoßene Aspirintabletten, die wir ihr mit Erdnußbutter verabreichten.

Das Schmerzmittel schien Mandy Linderung zu verschaffen. Sie humpelte nicht mehr so stark.

Eigentlich versteht es sich von selbst, daß jemand, der versucht, einen Hund wegzugeben, ihn baden und etwas herrichten würde, aber einen Monat, nachdem wir Mandy zum ersten Mal gesehen hatten, brauchte Mandy *immer* noch ein Bad. Sie stank entsetzlich. Ihre Ohren waren voller Schmalz. An den Hinterläufen hingen verfilzte Haarbüschel herunter. Unsicher, wie sie reagieren würde, hielten Bill und meine Tochter sie fest, während ich ihr die verfilzten Stellen, die bestimmt schmerzhaft waren, aus dem Fell schnitt. Bill badete sie, was ihr zu gefallen schien, aber als wir versuchten, sie zu bürsten, wich sie zurück und versteckte sich unter dem Tisch.

Als Mandy erst einmal sauber war, war es nicht zu übersehen, daß ihr dieser Zustand gefiel. Sie wurde geradezu pingelig, was ihre eigene Körperpflege anbetraf. Nur ihre steifen Hinterläufe konnte sie nicht erreichen. Nachdem sie die verfilzten Haarbüschel los war, ließ sie sich regelmäßig bürsten. Ihr Fell glänzte, und abgesehen von diesem merkwürdigen Staubgeruch, sah sie nun aus wie unsere Hunde.

Man hatte uns gesagt, daß Mandy kein Trockenfutter fressen würde, aber wir hatten nichts anderes da. Es dauerte jedoch nicht lange, bis der Futterneid unter den Hunden Wunder wirkte. Bei zwei anderen Hunden, die ihr hungrig über die Schulter starrten, fraß Mandy ihr Trockenfutter und leckte den Napf genüßlich leer.

Gassi zu gehen – eine Aufgabe, die von je her mir oblag – stellte sich als die schwierigste Herausforderung dar. Immer auf sich gestellt, hatte Mandy nicht gelernt, an der Leine zu gehen, so wie es unsere Hunde taten. Da unser Garten nicht eingezäunt war, war das Ganze ein wichtiges Problem. Nach einigen entmutigenden Versuchen und ein paar Unfällen im Haus entschloß ich mich, das Risiko einzugehen, daß sie davonlief. Ohne Leine, aber mit einem winzigen Hundekuchen als Bestechung führte ich Mandy zu den ausgeschilderten Spazierwegen, wo wir sofort Erfolge erzielten. Sie machte nicht die geringsten Anstalten davonzulaufen. Mandy wußte nun, wo ihr Zuhause war, und blieb.

Da Mandy als gutes Beispiel vorangegangen war, lernten unsere beiden Hunde ohne Leine zu folgen. Dies schaffte eine neue Maxime in unserer Familie, die besagte: Alte Hunde können neuen Menschen alte Tricks beibringen.

Die ersten Wochen waren weder für uns noch für Mandy leicht. Zum einen mußte sie die Prozedur einer neuen Namensgebung über sich ergehen lassen. Unsere Familie hat einen Elektroingenieur zum Oberhaupt. Unsere anderen Hunde, Nikki und Tesla, sind nach Nikolai Tesla, einem Wegbereiter im Bereich der Elektronik, benannt worden. Logischerweise mußte auch Mandy nach einem Wissenschaftler benannt werden. So bekam sie den Namen Mandelbrot, nach einem Erfinder der fraktalen Geometrie.

Tagelang hielt sich Mandy dort auf, wo auch wir waren. Sie schlief nicht und beobachtete nur argwöhnisch jede unserer Bewegungen. Jedes Mal, wenn einer von uns in ihre Nähe kam, versuchte sie trotz ihrer steifen Hinterbeine verzweifelt aus dem Weg zu kriechen. Unsere anderen Hunde, verwöhnt wie sie waren, wußten genau, daß wir über sie hinwegsteigen oder um sie herumgehen würden. Mandy schien das zumindest anfangs nicht glauben zu können.

Die Tatsache, daß sie stets aus dem Weg sprang und außerdem völlig in Panik geriet, wenn jemand mit einem Besen in der Hand den Raum betrat, erzählte uns mehr über ihr früheres Leben, als wir eigentlich wissen wollten. Wir waren alle glücklich darüber, daß diese freundliche, umgängliche alte Hundedame ihren Ruhestand bei uns verbrachte.

Niemand hatte Mandy beigebracht zu apportieren. Verächtlich betrachtete sie unsere anderen Hunde bei ihrem albernen Spiel, zahllose Tennisbälle zu apportieren. Bevor sie zu uns kam, hatte sie noch nie einen Kauknochen gesehen, und sie machte einen etwas ratlosen Eindruck, als wir ihr einen gaben. Schließlich lernte sie nicht nur, daß sie Knochen mochte, sie begriff auch, daß es ein ungeschriebenes Gesetz war, auf seinen Besitz zu achten, und daß sie Tesla, die der Boss war, nicht erlaubte, ihr den Knochen zu stehlen, an dem sie gerade kaute.

Die alte Hundedame war ein ausgezeichneter Fliegenfänger. In der Zeit, als sie noch vor Schmutz starrte, mußten aufdringliche Fliegen Mandy das Leben zur Hölle gemacht haben. Sie lag vollkommen still da und beobachtete, wie die Fliegen immer herumschwirrten. Unvermutet richtete sie sich auf, steif und verkrüppelt wie sie war, und schnappte eine aus der Luft. Sie war schnell und fing mehr, als sie verpaßte.

Monate vergingen. Mandy ließ es uns immer deutlicher spüren, daß sie sich in unserer Familie wohlfühlte. Unter unserer Zuwendung und Fürsorge gedieh sie prächtig. Wo auch immer sich einer von uns aufhielt, da war auch sie, schnaufte laut oder stupste die Leute mit der Pfote an, um sie daran zu erinnern, daß sie gestreichelt werden wollte.

Die anderen Hunde, Geschwister und lebenslange Gefährten, waren immer zusammen, aber Mandy saß immer bei mir. Wenn ich nach unten ging, um zu schreiben, hoppelte sie, so schwer es ihr auch fiel, nach unten, um bei mir zu sein. Sie lag mit dem Kopf zu meinen Füßen, während ich am Computer arbeitete. Wenn ich oben war und Zeitung las, Wäsche faltete oder das Essen machte, dann war Mandy auch dort.

Ein paar Monate lang trottete sie mühsam den ganzen Weg bis ins obere Stockwerk unseres zweistöckigen Hauses und schlief in Bills und meinem Schlafzimmer. Aber eines Nachts, Ende August, weigerte sie sich schlicht, die Stufen hinaufzuklettern. Auch gutes Zureden war vergeblich. Sie gewöhnte sich an, auf den kalten Fliesen unseres Vordereingangs zu schlafen, auf die sie sich dankbar mit einem matten, aber zufriedenen Seufzer fallen ließ.

Dann, Anfang September, wurde ihr Humpeln plötzlich schlimmer. Selbst Aspirin schien nicht mehr zu helfen. Bill und ich luden Mandy in den Wagen und fuhren mit ihr zum Tierarzt. Sie hatte furchtbare Angst und wir konnten sie nicht beruhigen. Sie lag auf dem Rücksitz und zitterte wie Espenlaub. Ihre Angst rührte uns zu Tränen, und wir verspürten einen dicken Kloß im Hals. Der Tierarzt, ein behutsamer Mann, reagierte ebenfalls auf ihre Angst. Er gab ihr eine Cortisonspritze, während sie auf dem Boden des Wartezimmers lag, so daß sie nicht auf dem kalten und beängstigenden Untersuchungstisch sitzen mußte. Auf dem Nachhauseweg fuhren wir mit ihr zu Burger King und spendierten Mandy einen Hamburger. Das gefiel ihr.

In der darauffolgenden Woche schien es ihr besserzugehen. Eines Morgens, als ich sie nach draußen ließ, stolzierten zwei Krähen unbekümmert durch den Vorgarten. Wie ein jaulender Welpe stürzte Mandy hinter ihnen her. Ich weiß nicht, wer überraschter war – Mandy oder die Krähen –, aber am nächsten Morgen, als sie wieder die Veranda hinunterkletterte, sah es so aus, als würde sie ausrutschen und auf den Bauch fallen. Als sie wieder hineinkam, konnte sie das eine Hinterbein nicht mehr belasten.

Wir fuhren erneut zum Tierarzt. Er gab ihr wieder eine Spritze, und Mandy war ein zweites Mal bei Burger King, aber dieses Mal schien die Behandlung nichts geholfen zu haben. Sie humpelte immer noch die Stufen in den Keller hinunter, um bei uns zu sein, aber es war jedes Mal ein schmerzhafter Kampf für sie – sie wollte uns das Geschenk ihrer Gesellschaft machen, das in seiner Großzügigkeit herzzerreißend war.

Wieder fuhren wir zum Tierarzt. Dieses Mal narkotisierte er sie, machte Röntgenaufnahmen und eine Blutanalyse. Er war verwirrt, als er uns das Ergebnis mitteilte. Er konnte keine Arthritis feststellen. Er vermutete einen Bänderriß im Knie. Sein Vorschlag lautete, sie entweder als dreibeinigen Hund herumlaufen zu lassen oder sie zu einem Orthopäden zu bringen, der ihr das Bein richten konnte. Während Mandys drittem Besuch bei Burger King, kamen wir zu dem Schluß, es mit dem Spezialisten zu versuchen – auch wenn der »geschenkte« Hund ziemlich teuer wurde.

Bewaffnet mit den Röntgenaufnahmen und den Testergebnissen fuhren wir mit Mandy zum nächsten Tierarzt. Während wir im Wartezimmer saßen, blieb sie sittsam auf ihrem angewiesenen Platz liegen. Eine Dame mit einem tolpatschigen, schlecht erzogenen Welpen wies auf Mandys vorbildliches Verhalten hin. In dem kleinen Behandlungszimmer, in dem wir auf den Tierarzt warteten, legte sie hin und wieder ihre Pfote auf meinen Fuß, um mich daran zu erinnern, daß ich nicht vergessen sollte, sie zu streicheln.

Bill wollte gleich von der Arbeit zum Tierarzt kommen. Auch dieser Veterinär wollte eine Narkose und weitere Röntgenaufnahmen machen. Also streichelten wir Mandy ein letztes Mal über den Kopf, überließen sie ihm und gingen. Am gleichen Nachmittag rief er uns an und teilte uns die schreckliche Diagnose mit – sie hatte unheilbaren Knochenkrebs. Der Arzt teilte uns behutsam mit, daß sie den Tumor schon lange in sich trug, und daß es das beste wäre, sie sterben zu lassen. »Holen Sie sie gar nicht erst nach Hause«, riet er uns. »Sie ist bereits hier. Und sie hat zur Zeit keine Angst. Wenn sie Sie so unglücklich sieht, wird sie das nur verängstigen.«

Ich wußte, daß er recht hatte.

Daher ließen wir Mandy an diesem Nachmittag einschläfern – eröffneten ihr den Weg zu einem guten Zuhause. Sie hatte nur sechs Monate bei uns gelebt, aber niemand konnte ohne Tränen von ihr Abschied nehmen.

Als sie uns für immer verließ, war die Einkerbung um ihren Nacken, den das zu enge Halsband hinterlassen hatte, kaum mehr zu sehen. Ihr silbernes Fell war seidig weich und glänzend. Sie roch immer noch etwas staubig, aber sie hatte keine verfilzten Haarbüschel mehr an ihren Hinterläufen, und ihre Ohren war sauber und rosig.

Wir hatten Mandy geliebt, und jetzt fehlte sie uns. Bill begann wieder die Anzeigen zu lesen, in denen kostenlose Haustiere angeboten wurden. Drei Monate später kam unser Sohn vom College in den Herbstferien nach Hause und brachte einen mageren Welpen mit, der nur sieben Pfund wog und den er aus einem Teich in Pullman, Washington, gerettet hatte. Wir hätten diesen Streuner auf keinen Fall aus dem Haus weisen können. Und so kam es, daß ein Hund namens *Bone* bei uns einzog.

Im Verlauf des letzten Jahres ist aus *Bony*, ein 60 kg schwerer, reinrassiger, schottischer Hirschhund geworden. Dies bestätigte uns ein Tierarzt, der für 178 Dollar seine Zahnkanäle reinigte. Er ist eine langbeinige Vogelscheuche von einem Hund, der Bälle aus der Luft schnappt und dabei zwei Meter hoch springt. Er hat einen erstaunlichen Appetit und einen Hang, alles zu fressen, was nicht niet- und nagelfest ist, angefangen von Sonnenbrillen bis hin zu Blumensträußen. Einen ganz jungen Welpen aufzunehmen war eine ganz andere Geschichte, als eine würdige alte Hundedame zu adoptieren, aber Mandy hat uns gelehrt, daß immer noch Platz für einen mehr ist.

Bone ist Mandy nie begegnet, aber er schuldet ihr etwas, und das trifft auch auf uns zu.

PS. Diese Geschichte habe ich vor einigen Jahren geschrieben. Bone ist inzwischen fast sieben Jahre alt und viel würdevoller, während aus Nikki und Tess langsam weißhaarige alte Damen werden. Aber Mandy ist in Gedanken immer bei uns. Durch das Wunder der Fiktion lebt sie weiter, es geht ihr gut, und gemeinsam mit J. P. Beaumonts Großmutter, Beverly Piedmont, wird sie mit Würde alt. Wann immer die fiktive Mandy anmutig über die Seiten eines anderen Buches läuft, bin ich glücklich, ihr zu begegnen.

Originaltitel: Mandy: »Free to Good Home«
Deutsch von Ursula Graf

Carolyn Wheat

Bestechlich

**Zehn – zähl** noch mal nach – zehn.
Er hatte nie beabsichtigt, zehn zu haben.
Wer auch um Himmels willen?
Aber da waren sie, alle zehn – miauten und wirbelten um ihn herum, rieben sich an seinen Beinen, wobei sie ihre Haare über die Hose seiner blauen Uniform verstreuten, und man weiß, wie das ist, irgendwie empfand er es als angenehm, daß sich Lebewesen freuten, ihn zu sehen, wenn er die Tür aufmachte. Und die zufrieden waren, daß er zu Hause war, anstatt zu meckern, daß er wieder zu spät komme und was ihm einfiele, bei Hanratty's haltzumachen, um ein paar Bier mit den Kumpels zu trinken, und ob sich das Flittchen Shawna Taylor auch bestimmt nicht wieder an ihn rangemacht habe?
Zehn Katzen schlagen mühelos eine Ehefrau aus dem Feld. Besonders eine Ehefrau, die selbst als Bullengroupie angefangen hat und deshalb aus eigener Erfahrung wußte, wie die Mädchen bei Hanratty's hinter den verheirateten Kerlen her waren.
Aber zehn. Über eine oder zwei könnte man zur Not hinwegsehen. Über drei – nicht so leicht, aber drei könnte man noch als halbwegs normal durchgehen lassen. Zehn gingen jedoch weit über das erträgliche Maß hinaus. Dooley unten in der Polizeiwache – oh, er konnte Dooley schon hören. »Zehn abgedrehte Katzen in einer abgedrehten Atelierwohnung, was zum Teufel soll

das? Sind das die einzigen Pussys, die du zur Zeit rumkriegst, Perkie?«

Er würde nicht mal sagen können »Nenn mich nicht Perkie«. Zehn Katzen, da gab's nichts mehr zu sagen.

Fernando würde dann auch loslegen. Wenn Dooley anfing, machte Fernando mit. Bösartige Zwillinge, bei der Geburt getrennt, auch wenn Dooley ein großer, schwarzer Mittelfeldspieler war und Fernando ein kleiner Puertoricaner mit mehr Mundwerk als Muskeln.

Er seufzte über diese ganze Ungerechtigkeit, langte dann hinunter und tätschelte den Kopf des Tieres, das seinem Bein am nächsten lag. Er hatte ihnen allen Namen gegeben, aber es dauerte eine Minute, bis ihm einfiel, daß die orangene mit den bernsteinfarbenen Augen Linda war. Er hatte sie nach alten Freundinnen benannt, doch leider waren zwei Namen übriggeblieben. Noch drei dazu, und er hätte in diesem Moment mehr Katzen in seiner Wohnung gehabt, als er jemals in seinem ganzen Leben Frauen gehabt hatte.

Linda krümmte ihren Rücken und drückte sich laut schnurrend an seine Hand. Sie zuckte kokett mit dem Schwanz, wandte sich um und kam zu ihm zurück, um mehr zu bekommen.

Wenn nur die menschliche Linda sich auch so verhalten hätte, statt seine umherstreifenden Hände wegzuschieben und ihn fortzustoßen, wenn er doch bloß ein bißchen zärtlich sein wollte.

Die Katzen stießen ihn nie fort. Sie spürten gerne seine kräftigen Hände auf ihrem seidigen Fell.

Er mußte sie loswerden. Na ja, sechs von ihnen auf jeden Fall. Vier gingen gerade noch so. Vielleicht konnte er vier behalten und den Spott der Polizeiwache überleben.

Doch wohin mit ihnen? Hier in der Gegend gab es kaum Bauernhöfe, die bereit waren, noch ein paar Scheunenkatzen aufzunehmen. Im nördlichen Teil des Staates gab es Bauernhöfe, aber dieser Teil war für ihn eine große, grüne Welt des Unbekannten.

Geboren und aufgewachsen in Brooklyn, war er gerade mal zehn Meilen aus Greenpoint rausgekommen, und Bauern kannte er keine.

Seine Mutter? Würde sie eine oder zwei Katzen aufnehmen? Alte Damen mochten doch Katzen, oder?

In Büchern vielleicht. Aber Anthea Rose McKechnie Perkins war keine alte Dame, wie sie im Buch steht, sie war eine biertrinkende, bingospielende Baseballfanatikerin, die ihr Gesicht verziehen und sagen würde: »Wehe, du bringst diese dreckigen Katzenviecher hierher, dann hau' ich dir ein paar hinter die Ohren.«

Seit fünfzig Jahren war Anthea Rose schon aus Liverpool weggezogen, aber ihre Zunge erinnerte sich noch allzugut an die alte Heimat. Genau wie die Hand, die ihn so oft aufs Ohr geschlagen hatte, daß es noch immer in seiner linken Kopfhälfte rauschte.

Mum kam also nicht in Frage. Wo konnte er seine Lieblinge sonst nur hinbringen?

Auf keinen Fall ins Heim. Er sah in die traurigen grünen Augen von Betsy – der ersten, die er mit nach Hause gebracht hatte – und dachte daran, wie man sie in einen kleinen Käfig stecken würde und dann in einen kleinen Ofen, um ihren geschmeidigen kleinen schwarzen Körper zu ersticken, und er fühlte sich, als sei er es, dem die Luft abgeschnürt wurde. Nein, nicht Betsy. Egal was geschah, Betsy mußte bleiben. Aber die anderen mußten fort. Wenn er nur wüßte, wohin mit ihnen.

»Hey, Junge«, rief Dooley, als der Anfänger die Polizeiwache betrat, zwei Pappbecher mit Kaffee in den Händen. »Bringst du Perkie jetzt Kaffee? Wirst wohl auch noch den Tisch für ihn aufräumen? Ihm das Frühstück machen wie eine nette kleine Ehefrau?«

Der Junge war noch sehr jung, und Dooley liebte es, ihn fertigzumachen. Die Röte begann in seinem Nacken und stieg Zentimeter für Zentimeter bis hinauf zu seiner Stirn. Sogar die Kopfhaut unter dem kurzen blonden Haar leuchtete rot, wenn er verlegen war – und das kam ziemlich häufig vor.

Fernando ließ eine anrüchige Bemerkung fallen über andere Dinge, die gute Ehefrauen für ihre Männer taten, und die Röte des Jungen wechselte fast ins Violette.

»Hast du meinen Partner gesehen?« Der Junge wandte sich an Olivetti, den Dienstältesten der Gruppe und einzigen neben Perkins, der ihn mit einem Minimum an Respekt behandelte.

»Im Knast«, sagte Olivetti, wobei er eine Zigarre von einem Mundwinkel in den anderen schob.

Der Junge setzte die Kaffeebecher ab. Der Kaffee sah aus wie heiße Milch. Er öffnete vier Zuckerpäckchen gleichzeitig und leerte sie aus, dann rührte er die süße Brühe mit einem roten Plastikstäbchen um.

»Hey, danke, Randy.« Perkins trat an den Tisch, nahm seinen Kaffee, drückte ein kleines Loch in den Plastikdeckel und trank ihn so, wie er war. Der Junge fragte sich, ob man ihn vielleicht am Anfang milchig und süß trank, und wenn man älter, erfahrener würde, erst den Zucker und dann die Milch wegließ und schließlich das schwarze, ölig aussehende Zeug, das eher aussah, als gehöre es in ein Auto als in einen Magen, pur tränke.

Er fragte sich, ob er verdammt noch mal je erwachsen werden würde.

Ihr erster Halt war eine Weinstube in der Siebten Straße. Ein netter kleiner Laden, der praktisch die ganze Nacht geöffnet hatte, und Perkins wußte, daß sie dort im Hinterzimmer ein gewisses Büchlein führten, weshalb er und Perkins hier waren. Etwa alle vier Monate mußte man einen Bericht über solche Lokalitäten schreiben. Man würde ihn nie schließen, und – um ehrlich zu sein – wollte sie vielleicht auch gar nicht aufschreiben, aber man mußte es tun und sie eine Strafe zahlen lassen.

Die Idee kam ihm schlagartig, sobald er die Schwelle überschritten hatte. In Läden gab es immer Katzen. Gutgenährte, freundliche Katzen, die sich zu den Kunden schlichen oder auf Reissäcken saßen und sich im Schaufenster sonnten.

Genau das, was Linda und Heather und Tiffi brauchten: gute Plätze in der Nachbarschaft. Man würde sich um sie kümmern, und das beste war, er könnte sie jederzeit sehen, konnte seine Hand zu ihnen hinunterstrecken und spüren, wie sich ihre weichen, pelzigen Körper an seine rauhe Haut schmiegten.

Doch wie konnte er die Idee rüberbringen, ohne daß der Junge etwas hörte? Er mochte Randy, auch wenn er noch nie einen Anfänger gesehen hatte, der so feucht hinter den Ohren war, aber man mußte zugeben – das Kindgesicht des Jungen verriet alles. Wenn er das mit den Katzen herausfände, würde es nur eine Minute dauern, bis Dooley und Fernando dahinterkämen, und von dem Moment an wäre sein Leben die Hölle.

Er legte deshalb seine Hand auf den Arm des Ladeninhabers, schob ihn behutsam in den hinteren Raum und sagte, er wolle mit ihm unter vier Augen sprechen. Er bat Randy, draußenzubleiben und darauf zu warten, daß die Spieler mit ihren Wettscheinen hereinkamen.

Hector Rosario gefiel die Idee nicht. Der Ausspruch »Keine gatos« zeigte seine Haltung ziemlich deutlich. »Ich will keine gatos hier drin. Das ist ein sauberer Ort.«

»Ja, aber er könnte sauberer sein, wenn Sie keine Mäuse hätten. Katzen können da nützlich sein«, sagte Perkins in seinem überzeugendsten Tonfall.

»Ich habe keine Mäuse«, protestierte der Inhaber der Weinstube, wobei sein Schnurrbart vor Entrüstung bebte. »Ich habe keine Mäuse, und ich habe keine Katzen. Keine animalitos, auf keinen Fall.«

»Ja, aber Sie könnten Katzen haben. Ich meine, eine oder zwei Katzen hier drin würden es gemütlicher machen. Lassen die Kunden sich wie zu Hause –«

»Zwei? Was meinst du mit zwei?«

»Es ist eine«, unterbrach Perkins, bevor der Mann es sich anders überlegen konnte. »Heute abend gegen acht kann ich sie vorbeibringen.«

Die Augen des kleinen Mannes bekamen einen gerissenen Ausdruck. »Und was bekomme ich dafür, daß ich dir diese Katze abnehme?«

Perkins seufzte. Er hatte gewußt, daß dies kommen würde, obwohl er nicht verstand, warum. Seiner geliebten Linda ein Heim zu geben sollte doch für sich schon Belohnung genug sein. Aber die Welt war hart, und man mußte geben, um zu bekommen.

»Also dieses Mal haben Sie Glück, Mr. Rosario. Heute sehe ich hier keine Hinweise auf Wettspiele. Aber in vier Monaten komme ich wieder, und es wäre besser, wenn ich dann keine Wettscheine in Ihrer Kasse fände.«

Rosario lächelte, und seine goldenen Zähne blinkten, als er einen großen Sack mit Katzenstreu vom Regal nahm.

Der Junge konnte es nicht glauben. Oh, er hatte alles darüber in der Polizeiakademie gelernt; er war nicht dumm. Er wußte, daß es früher Bullen gegeben hatte, die Schmiergelder kassierten, aber er hatte gedacht, diese Zeiten seien längst vorbei.

Doch hier nahm sein Partner, sein eigener Partner, der fast nie bei der Arbeit fluchte und blitzsauber war, Bestechungsgeld dafür, daß er ein Auge zudrückte.

Die Weinstube war schmutzig. Randy wußte es, und Perkins wußte es, und dennoch verließen sie das Lokal, ohne den Besitzer aufgeschrieben zu haben. Keine Durchsuchung des Kassenbuchs auf Wettscheine, keine Verhaftung, und Perkins, der den Kerl zu einem privaten Schwätzchen ins Hinterzimmer geführt hatte.

Es lief auf eines hinaus: Korruption.

Und er, Randy Piasecki, steckte bis zu den leuchtendroten Spitzen seiner Ohren mit drin.

Das mehr oder weniger gleiche Szenario spielte sich noch vier weitere Male ab. Zwei der Ladeninhaber schienen die Idee, Katzen aufzunehmen, sogar zu mögen, was Perkins ein gutes Gefühl gab, und die beiden anderen sagten zumindest langfristig zu.

»Für Sie, Officer Perkins, könnte ich vielleicht eine Katze aufnehmen«, sagte Leventhal, der Metzger. »Eine winzig kleine *katz*, keine große fette *mamzer*, die so viel ißt, daß sie nie Mäuse fangen will.«

Der Grieche Tony, ein Schuhmacher, brummelte ein bißchen wegen der Milchpreise, aber als die Verletzung der Brandschutzgesetze im hinteren Teil des Ladens erwähnt wurde, willigte er barsch ein, Andrea bei sich aufzunehmen. Die Pizza-Typen zeigten sich einverstanden, zwei zu nehmen, was Perkins wirklich einen guten Tag bescherte, und er war zufrieden mit seiner Idee, so zu tun, als habe er eine Maus gesehen, die von der Toilette zum Lagerraum der Pizzeria gelaufen sei. Heather und Jeri würden sich an Mozzarella und Anchovis laben, und er konnte vorbeischauen und sie streicheln, wenn er regelmäßig donnerstags seine Pizza abholte.

Der Ort, an dem er nicht fragte, war das chinesische Restaurant. Doch alles in allem war es ein guter Tag gewesen. Fünf Katzen untergebracht. Noch eine übrig. Und der Junge kein bißchen klüger, was bedeutete, daß er sein Geheimnis vor Dooley und Fernando bewahrt hatte.

Wenn ein guter Bulle auf die schiefe Bahn gerät, dann richtig. Das war der kluge Spruch, den Randy auf der Akademie gelernt hatte. Es konnte mit einer kostenlosen Tasse Kaffee anfangen, doch war man einmal schwach geworden, so ging es unaufhaltsam bergab, und bald gab es Bullen mit Ferienhäusern in den Bergen und schicken Autos.

Sie hatten bei einer Menge kleiner Läden haltgemacht, und überall hatte Perkins mit dem Inhaber ein Privatgespräch geführt, immer an einem Ort, an dem Randy ihn nicht hören konnte. Sie hatten ausnahmslos jeden Laden verlassen, ohne auch nur einen Strafzettel auszustellen, obwohl die Gesetzesübertretungen ihnen aus jeder Ecke ins Auge sprangen. Nachdem sie gegangen waren, hatte Perkins ein Lächeln, so groß wie die Bronx, auf seinem nicht sehr attraktiven, aber netten Gesicht.

Es war auf eine schauerliche Weise aufregend.

Schauerlich, weil Perkins ein anständiger Kerl war und ein guter Partner, und man verpfiff seinen Partner nicht, egal, was er tat. Außerdem brachte Perkins ihn nie in Verlegenheit. Jedenfalls nicht mit Absicht.

Aufregend, weil er sich wie Serpico fühlte. Das Schicksal des ganzen New York Police Department lastete auf ihm, einem unerfahrenen Anfänger. Er könnte bei der Korruption mitmachen, einen Teil des Bestechungsgeldes einfordern und ein grauhaariger alter Veteran werden, dem der Zynismus aus jeder Pore triefte.

Oder er könnte ein Held sein. Seinen Partner auffliegen lassen. Ihn in die Falle gehen lassen und die Welt wissen lassen, daß er selbst keinen Dreck am Stecken hatte.

Er wußte noch nicht, welchen Weg er gehen würde, aber allein die Tatsache, daß es einen Weg gab und daß seine nächsten Schritte nicht nur seine eigene Zukunft bestimmen, sondern sich auch auf eine Menge anderer Leute auswirken würden, faszinierte ihn zutiefst.

Mit einem Serpico würden sich Dooley und Fernando nicht anlegen. Als ein Mann, der seinen Partner verpfiffen hatte, würden sie ihn verachten, aber gleichzeitig hätten sie Angst vor ihm. Angst davor, was er über sie herausfinden könnte.

Wenn nur Dooley statt Perkie Schmiergeld kassierte. Dann wäre es einfach; Dooleys armseliges Leben könnte er ruinieren, ohne auch nur eine Sekunde zu zögern.

Doch Perkie war anders. Er mochte Perkie. Er wollte nicht, daß Perkie ein dreckiger Bulle war.

Aber es war so. Randy hatte es mit eigenen Augen gesehen.

Fünf Katzen und ein Katzenkorb.

Zuerst mußte man die Katze, die man fangen wollte, jagen, und natürlich rannten auch alle anderen weg und versteckten sich unter dem Bett oder sprangen auf den Küchentisch. Annie schaffte es sogar bis auf den Kühlschrank, obwohl er beschlossen hatte, sie zu behalten.

Schließlich hatte er die richtige Katze in dem kleinen Korb mit den Löchern an den Seiten. Die Gefangene schrie aus Protest, was wie eine Mischung aus einem Schloßgespenst und einem kleinen Kind klang, das »Mami, ich will nicht ins Zeltlager gehen« jammerte. Fest entschlossen, die Arbeit dieses Tages zu Ende zu bringen und seine Lieblinge in ihrem neuen Zuhause abzuliefern, stapfte er die Treppe hinunter.

Zuerst waren sie verängstigt. Sie miauten kläglich und versteckten sich in den Ecken, und Perkins kam sich vor wie ein Scharfrichter, als er nach Hause ging, um die nächste zu holen. Sie würden sich an ihre neue Umgebung gewöhnen, und er hatte sehr deutlich gemacht, daß es besser sei, die Katze wirke gesund und zufrieden, wenn er das nächste Mal einen Besuch abstattete.

Schließlich war es vollbracht. Fünf waren weg, fünf zu Hause. Morgen würde er zu einem indischen Grillimbiß gehen; das wäre genau das Richtige für Tiffi, die würziges Essen mochte.

Die ganze Nacht hatte er wachgelegen. Erst hatte er gehustet und sich im Bett gewälzt, dann war er zum Kühlschrank getappt, um die Packung Ben und Jerry's-Eiskrem aufzuessen, dann hatte er Ma erklärt, warum er nicht schlafen konnte, und sie schließlich davon überzeugt, daß es nicht daran läge, daß er am Tag zuvor einen besonders abscheulichen Mord gesehen hatte. So sehr er es auch versuchte – Randy konnte Ma einfach nicht klarmachen, daß er nach drei Monaten in dem Beruf nicht Columbo war und auch noch nicht über seine erste Leiche gestolpert war. Von Perkie erzählte er nicht: Er konnte nicht. Er hatte sie schon überzeugt, daß Officer Perkins so gut wie übers Wasser ging, und konnte sie jetzt nicht ihrer Illusion berauben. Schließlich war es die Aufgabe der Männer, Frauen vor der grausamen Wirklichkeit zu beschützen. Also seufzte er und trug die zunehmend schwerer werdende Bürde seines Verdachts allein.

Was sollte er tun?

Er sah die Möglichkeiten klar vor sich. Es gab keinen Zweifel. Ihm gefiel jedoch keine der Optionen. Er wollte nicht den Sergeanten informieren, der das Amt für Innere Angelegenheiten anrufen und ihn verwanzen würde, damit er seinen besten Freund bei der Polizei zu Fall bringen konnte und sich mit 19 Jahren und neun Monaten Isolation seitens seiner Polizistenkollegen würde abfinden müssen. Keiner von ihnen würde jemals mehr mit ihm reden. Mehr als alles in der Welt hatte er sich gewünscht, ein Bulle zu werden, und seinen Partner zu verpfeifen würde diesen Traum zunichte machen.

Aber falls er so weitermachte, wenn er ein Auge zukniff – was dann? Irgendwann würde jemand Verdacht schöpfen. Es könnte ganz harmlos anfangen, aber nach einer Weile, wenn Perkins begonnen hätte, einen neuen Wagen zu fahren und über Urlaub in den Bergen zu reden und wenn er schließlich verkündete, er besäße ein Boot – würde jeder wissen, was das zu bedeuten hatte. Wenn man ein Boot besaß, ging man unter. Es gab keinen Ausweg.

Und solange er, Randy Piasecki, Perkies Partner war, würde er ebenfalls untergehen, auch wenn er nicht eine Minute im selben Boot gesessen hätte.

Das war nicht fair.

Wie konnte Perkie ihm so etwas antun?

Er würde schweren Herzens zum Sergeanten gehen und erzählen, was er gesehen hatte. Und der Sergeant würde den Telefonhörer in die Hand nehmen und –

Oder doch nicht? Was hatte Randy denn überhaupt gesehen? Ausflüge ins Hinterzimmer, das war alles. Keine Geldübergaben, keine Details. Lediglich private Unterhaltungen und die Tatsache, daß keine Strafzettel geschrieben worden waren.

Das war nicht genug.

Aber es war verdächtig.

Als er seine blaue Uniformhose zuknöpfte, fiel ihm die Lösung ein. Er hatte einen kleinen Kassettenrekorder, ein Weihnachtsgeschenk seines Onkels Julius. Jeder fragte sich, wie Julius darauf gekommen war, daß ein Bulle einen Kassettenrekorder brauche, aber jetzt stellte sich heraus, daß er sehr nützlich war. Er würde, mit einem Aufnahmegerät bewaffnet, den Beweis aufnehmen und dann entscheiden, was mit den Informationen zu tun war. Wenn er es auf Kassetten hatte, würde der Sergeant ihm zuhören müssen. Und wenn er sich, aus irgendeinem Grund, bezüglich Perkie getäuscht hatte, konnte er das Band vernichten und wieder seinen üblichen Pflichten nachgehen.

Er seufzte erleichtert auf, als er den Rekorder in die Innenseite seiner blauen Uniformjacke gleiten ließ.

Eine mußte er noch loswerden. Eine Katze war noch unterzubringen, dann konnte er sich entspannen. Vier waren in Ordnung. Ein wenig ungewöhnlich, aber er hatte es Annie die Nacht zuvor versprochen und konnte sie nicht enttäuschen. Sie war ein wildes kleines Ding mit Smaragdaugen und einem solchen Fauchen, daß Katzen, doppelt so groß wie sie, ängstlich einen Rückzieher machten. Er lächelte, als er sich daran erinnerte, wie sie vom Kühlschrank auf ihn heruntergeschaut hatte.

Eine noch. Tiffi, die Kurzform von Tiffani, und obwohl er die Katze gern mochte, die echte Tiffi war auf dem Valentinsball im P.S. 211 mit Ricky Mogelescu abgehauen, woraufhin er als Verlierer untröstlich durch die Menge geirrt war. Deshalb war Tiffi diejenige, die er heute unterbringen mußte. Die Jungs vom Jamaika-Grill waren gelassen, und er sah keine Probleme.

Bis er sein Auto in der Neunzehnten Straße geparkt hatte, hinter einem weißen Lieferwagen. Er legte seine Dienstmarke ins Fenster und sperrte ab. Er ging die Straße hinunter auf die Weinstube zu, um bei Lindas neuem Zuhause vorbeizuschauen.

Da klang ein leises Miauen aus der engen Gasse zwischen dem Sandsteinhaus und dem Appartementhaus aus Backstein. Ein ganz leises Geräusch, das sein Herz aufgehen ließ, denn er erkannte es sofort und wußte, daß es an ihm war, etwas zu tun.

Es waren vier Katzenjungen, etwa eine Woche alt. Süße kleine Dinger, orange und grau-weiß gesprenkelt, so als ob ein Maler sie mit dem Pinsel bespritzt hätte. Eins hatte einen kleinen Fleck auf der Nase, und ein anderes hatte einen leuchtendorangen Schwanz und –

Er war verliebt.

Schlicht und einfach verliebt.

All die anderen Katzen, die er in der Nachbarschaft gefunden hatte, waren ausgewachsen gewesen, oder beinahe ausgewachsen. Sie waren dreckig und hungrig gewesen und so dünn, daß man ihre Rippen fühlen konnte, wenn man sie streichelte. Sie waren menschenscheu – und das aus gutem Grund. Er hatte sie angelockt, ihnen tagelang Futter gebracht, um sie dann mit dem Katzenkorb einfangen zu können.

Die Kätzchen stolperten ohne Angst auf ihn zu, ihre winzigen rosa Zungen erforschten seine Hand, und die spitzen Krallen bohrten sich so sanft in seine Haut, daß er es kaum spürte. Ihre kleinen Näschen verzauberten ihn, und ihre riesigen Augen zogen ihn in ihren Bann.

Er mußte sie haben. Und die Katzenmama auch, falls sie mitkommen wollte. Entweder war sie tot oder auf der Jagd nach dem Frühstück.

»Ich komme zurück«, versprach er ihnen. »Ich hole den Korb und komme zu euch zurück. Wartet einfach hier, bis ich mit dem Dienst fertig bin.«

Vier plus vier ist acht. Wenn die Mama auftauchte, neun.

Damit war er fast wieder so weit wie am Anfang.

Randy haßte den Grillstand. Nicht die Musik – nette, heitere Reggaemusik – oder die Jungs mit ihren riesigen Strickmützen.

Nein, der Geruch war schlecht, weil es Ziege war und er jetzt wußte, daß es Ziege war. In Wahrheit hatte der Geruch ihn nicht gestört, bevor er es wußte, aber nun stellte er sich eine Ziege mit kleinen Hörnern auf dem Kopf vor, die sich an einem Spieß drehte. Es war nicht das, was man sah, denn das Grillfleisch war gehackt, aber trotzdem.

Ziege.

Der Laden war noch geschlossen, deshalb war nur der Koch da. Perkins lotste ihn ins Hinterzimmer. Zu Randy sagte er, er solle draußen Wache stehen.

Doch das tat Randy nicht. Er schlich sich hinter den Perlenvorhang und nestelte an den Knöpfen seines Rekorders herum. Schließlich, als er sich vergewissert hatte, daß er nicht gesehen werden konnte, nahm er den Rekorder heraus und schaltete ihn ein. Dann hielt er ihn so in die Höhe, daß das Mikrophon zum Eingang zeigte.

Was er hörte, erschütterte ihn bis ins Mark.

»Du mußt mir aus der Patsche helfen«, sagte Perkie. »Ich bin am Verzweifeln. Du mußt mindestens zwei, wenn nicht sogar drei nehmen.«

Nehmen?

Was nehmen?

Sollte es nicht anders herum sein? Sollte nicht der Grillmann Perkie etwas geben? Zum Beispiel Geld?

Es sei denn –

Oh, nein. Nicht das. Keine Drogen. Der blitzsaubere Perkie benutzte doch nicht etwa die Läden als Tarnung, um mit Rauschgift zu handeln – ließ halbseriöse Geschäftsleute mit Crack oder Heroin dealen –

Warum sonst würde der Grillmann etwas annehmen?

Warum sonst wäre Perkins so verzweifelt? Irgendein großer Drogendealer hatte Perkie in der Hand, und Perkins mußte nun die Ladenbesitzer mit brutalen Methoden dazu nötigen, das Produkt zu pushen?

Das war was Großes. Groß und dreckig und ziemlich aufregend. Weil er, Randall James Piasecki Junior, alles auf Band hatte.

Er würde in die Zeitungen kommen. HELDENHAFTER POLIZIST LÄSST DROGENRING AUFFLIEGEN.

Er wurde bereits rot im Gesicht.

Heldenhafter Polizist.

Der Perlenvorhang schwang auf, und der Grillmann kehrte in den vorderen Teil des Ladens zurück. Randy ließ beinahe den Kassettenrekorder fallen und kramte in seiner Jackentasche, als sein Partner vor ihn trat.

»Das wirst du nicht brauchen«, sagte Perkie, und Randy machte sich fast in die Hose. Hatte Perkins den Kassettenrekorder gesehen? War das der Teil, in dem der ehrliche Polizist von den Drogendealern fertiggemacht wurde?

Aber Perkie fügte hinzu: »Wir stellen hier keine Strafzettel aus. Ich habe hier drin keinen indischen Hanf gefunden. Heute nicht.« In der Nachbarschaft war der Grillstand gut bekannt als bester Ort, um einen dicken Joint aufzutreiben.

Wenn Perkie nicht mißtrauisch war, glaubte er vielleicht wirklich, Randy versuche nur, seinen Strafzettelblock herauszubekommen, anstatt seinen Kassettenrekorder einzustecken.

Draußen auf der Straße dachte Randy darüber nach, was er als nächstes tun sollte. Sollte er versuchen, noch mehr auf Band zu bekommen? Perkie dazu bringen, daß er zugab, Dreck am Stekken zu haben? Er ließ seine Hand in die Tasche gleiten und drückte den Aufnahmeknopf.

»Weißt du, ich habe ein bißchen was von dem gehört, was du da hinten gesagt hast«, begann er zaghaft.

»O Mann, du weißt gar nicht, was das für eine Erleichterung für mich ist.« Randy stieß einen langen Seufzer aus; etwas von der Anspannung in seinen Schultern fiel von ihm ab. »Ich meine, zuerst wollte ich nicht, daß du es erfährst, aber jetzt brauche ich deine Hilfe, Partner. Ich brauche sie dringend.«

»Hilfe?« Sosehr er sich auch bemühte, seine Stimme unter Kontrolle zu halten – sie sprang in das quietschende Falsetto eines Heranwachsenden, das Fernando so gern nachmachte. »Du willst, daß ich dir helfe, die Geschäfte in unserem Revier auszunehmen?«

»Na ja, ausnehmen ist etwas übertrieben«, warf Perkie ein. »Ich bitte sie nur, etwas zu tun, was auf Dauer gut für sie ist.«

»Gut für sie? Ich meine, ich verstehe, was du sagst, aber ist Geld alles? Sicher, eine kurze Zeitlang werden sie viel Geld verdienen, aber auf lange Sicht könnten sie mit dem Leben bezahlen. Und du auch. Ich möchte nicht, daß so etwas passiert.«

»Tod? Geld?« Perkins blieb mitten auf der Straße stehen und handelte sich den feindseligen Blick eines Kindermädchens ein, das einen Kinderwagen schob. »Wovon sprichst du?«

Oh, nein. Perkins wußte es. Er hatte kapiert, daß er ihr Gespräch aufgenommen hatte, und jetzt wurde er vorsichtig. Randy überlegte, wie er sagen konnte, was er sagen mußte, ohne es direkt auszusprechen. Wenn er es offen aussprach, würde Perkie schweigen, aber wenn er es andeutete, konnte er vielleicht ein Eingeständnis aus seinem Partner hervorlocken.

»Ich denke, Menschen mögen es, in ein Geschäft zu gehen und eine Katze im Fenster zu sehen. Es gefällt ihnen, stehenzubleiben, um sie zu streicheln und sie schnurren zu hören.« Perkie lächelte, als er begann, sich in sein Thema hineinzusteigern. »Wenn du in der Pizzeria sitzt und allein ißt, ist es schön, wenn eine Katze ankommt und sich an deinem Bein reibt, vielleicht sogar auf deinen Schoß springt. Du kannst sie mit etwas Käse füttern – aber nicht mit Peperoni. Zu scharf.«

Randys Gesicht wurde puterrot, und er stotterte, als er sagte: »Spiel kein Theater. Behandle mich nicht wie ein Kind. Ich weiß, was ich weiß, ich habe gehört, was ich gehört habe. Du hast den Typen gezwungen, nach hinten zu gehen, damit er zwei nimmt, dabei wollte er überhaupt keine. Du läßt diese Jungs für dich Drogen verkaufen, und ich will damit nichts zu tun haben. Verstanden?«

»Er nimmt Katzen auf«, sagte Perkie verwirrt. »Meine Katzen. Ich – also, die Wahrheit ist, ich habe zu viele. Wirklich viele Katzen.« Er ließ seinen Kopf fallen, und jetzt stieg die Röte in sein Gesicht, obwohl er alt genug war, schwarzen Kaffee zu trinken und das zu genießen.

»Ich habe sie hier in der Gegend aufgelesen«, erklärte er. »Sie sahen so traurig aus, so hungrig. Ich hatte nicht vor, sie zu behalten, ich wollte sie nur füttern und vielleicht ein Zuhause für sie finden, aber das ist nicht leicht, weißt du.«

»Katzen.«

»Katzen. Gestern hatte ich zehn.« Perkies blaue Augen flehten Randy an. »Weißt du, was Dooley und Fernando zu zehn Katzen sagen würden?«

»Oh, ja. Ich kann es mir gut vorstellen. Zehn?«

»Zehn. Fünf habe ich bereits untergebracht, und heute mußte ich nur noch die Jungs vom Grill anhauen und alles wäre vorbeigewesen, aber dann habe ich diese Kätzchen in einer Gasse gefunden, und jetzt bin ich wieder bei neun. Der Typ vom Grill hat gesagt, er nimmt zwei, dann bleiben noch sieben, aber das sind eindeutig vier zuviel, verstehst du, was ich meine?«

»Kätzchen.«

»Ich zeige sie dir.«

Er tat es, und als Randy Piasecki die vier Kleinen mit ihren großen glänzenden Augen, den süßen kleinen Knopfnäschen, den peitschenden Schwänzen und den Babykrallen sah, verliebte er sich ebenfalls in sie, denn jeder Junge, der nicht an eine Ziege denken mochte, die sich an einem Spieß drehte, mußte sich in Katzenjunge verlieben, und so endete alles gut. Er nahm zwei, und Perkie nahm zwei, und es gelang ihnen, drei weitere in der Apotheke, beim Inder und in der Bäckerei unterzubringen. Aber nicht im Chinarestaurant.

Originaltitel: On the Take
Deutsch von Julia Riesz

Jean Hager

Der Todesbote

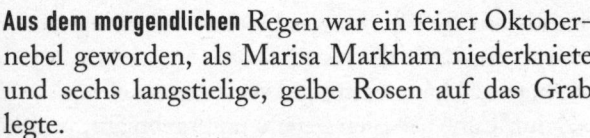 **Aus dem morgendlichen** Regen war ein feiner Oktobernebel geworden, als Marisa Markham niederkniete und sechs langstielige, gelbe Rosen auf das Grab legte.

»Ich werde dich vermissen, Tiana«, sagte sie leise.

Vor drei Wochen war sie für einen Tag nach Cherokee County zurückgekehrt, um Tianas Beerdigung in der kleinen indianischen Baptisten-Kirche beizuwohnen. Aber sie hatte sich dem Trauerzug nicht angeschlossen. Sie hatte auch nicht Tianas Großmutter besucht. Ein Grund dafür war, daß sie nur wenig Zeit gehabt hatte, aber der eigentliche Grund war, daß ihr etwas in Emmas schwarzen Augen, Tianas Großmutter, Angst eingeflößt hatte, als diese Marisas Hand gedrückt und ihr drängend »Komm mich besuchen« zugeflüstert hatte.

Die Kränze waren entfernt worden, und das Grab war kahl bis auf die gelben Rosen, Tianas Lieblingsblumen. Marisa streichelte zärtlich die nachgebildete Weinrebe, die den einfachen Grabstein aus Bronze schmückte, und durch einen Tränenschleier las sie die Inschrift:

Tiana Fourkiller
1972–1998

Frierend erhob sich Marisa. Sie spürte die Feuchtigkeit in ihren

Haaren und die Nässe auf ihrem Gesicht. Ihr Atem hing als feiner Nebel in der Luft.

»Auf Wiedersehen, Tiana«, murmelte sie.

Sie vergrub die Hände in ihren Manteltaschen und durchquerte mit schnellen Schritten den Friedhof. Sie hastete auch am Grab ihrer Großeltern vorbei, an dem sie zuvor sechs Rosen niedergelegt hatte, die sie an diesem Morgen in Talequah gekauft hatte. Der feuchten Kälte ausgesetzt, wirkten die Rosen bereits mitgenommen und unendlich traurig.

Als sie ihren Wagen erreichte, stieg sie ein und fuhr den Kiesweg zu dem Haus zurück, in dem früher ihre Großeltern gelebt hatten und das nun ihr gehörte. Sie fuhr an der weißgestrichenen Holzkirche der Methodisten, dem kleinen Postamt und Onkel Howards Tankstelle, die zugleich als Kramladen diente, vorbei. All das war ihr wohlvertraut.

Während Marisas gesamter Schulzeit hatten ihre Eltern die Sommer mit Forschungsreisen verbracht, um Stoff für die vielen Artikel und Bücher zu sammeln, die ihr Vater über alte Kulturvölker verfaßte. Sie hatten Marisa zu ihren Großeltern in Park Hill geschickt, das ein paar Meilen südlich von Talequah liegt, im Herzen des Landes der Cherokee, in Oklahoma. Sie hatte sich immer gefreut, wenn sie ihre Großeltern sah, aber nach einigen Wochen, mit dem älteren Paar als einziger Gesellschaft, wurde ihr langweilig, und sie wurde rastlos. Der Rest des Sommers war eine Mischung aus heißen, sich hinschleppenden Tagen und Nächten, die so ruhig waren, daß man es hören konnte, wenn einen halben Block entfernt ein Zweig brach. Sie hatte das Gefühl gehabt, in einem endlosen, unwirklichen Traum zu stecken.

All dies änderte sich im Sommer ihres zehnten Lebensjahres, als Tiana und ihre Mutter zu Tianas Großmutter, Emma Cornsilk, zogen. Von da an verflogen die Sommer wie im Nu, während sie und Tiana, und häufig Tianas Cousin Johnny, die Gegend um Park Hill unsicher machten. Sie angelten, schwammen, sammelten wilde Brombeeren, besuchten Tianas indianische Verwandtschaft und hielten in den Wäldern nach geheimen Verstecken Ausschau.

Viele ihrer gemeinsamen Abende verbrachten sie auf Emma Cornsilks Veranda. Sie tranken selbstgemachte Limonade und lauschten staunend Emmas Geschichten über das kleine Volk, das in Höhlen lebte und in einem fort feierte und tanzte, über die Sage vom alten Monster, dem Ut'ken, das von den tapferen Cherokee-Jägern getötet wurde, und über die Legende von den Donnerjungs, die die Erde erzittern ließen, wenn sie miteinander rangen. Die meisten von Emmas Geschichten waren wundervoll, und die Kinder bettelten darum, daß Emma sie wieder und wieder erzählte.

Aber manchmal bekam Emma schlechte Laune. Dann sprach sie von den schrecklichen Nachtwanderern und den Unglücksvögeln, die zu den Hexen der Cherokee gehörten. In diesen Momenten wirkte Emma wie verwandelt, eine vor sich hinbrütende und angsteinflößende Frau.

Während ihrer Zeit auf dem College war es Marisa gelungen, jeden Sommer für zwei, drei Wochen nach Park Hill zurückzukehren, und sie und Tiana, die nun Kunst an der Universität in Talequah studierte, hatten ihre Freundschaft wiederaufgenommen, als wären sie nie getrennt gewesen.

Nach ihrem Studienabschluß waren Marisas Besuche in Park Hill seltener geworden. Sie hatte sich darauf konzentriert, sich in Chicago in einer Werbeagentur zu etablieren. Tiana war nach dem Tod ihrer Mutter bei ihrer Großmutter geblieben, fest entschlossen, als Malerin Karriere zu machen. Schließlich hatte Tianas Beharrlichkeit sich ausgezahlt. Sie hatte sich Schritt für Schritt den Ruf erworben, der Star in der neuen Generation von indianischen Künstlern zu sein. Marisa hatte ihre alte Freundin beinahe zwei Jahre nicht gesehen, als Emma anrief, um ihr Tianas Tod mitzuteilen.

Was für eine grausame Ironie, dachte Marisa, als sie von der schmutzigen Fahrbahn abbog und vor dem alten Haus parkte. Jetzt, überlegte sie, wird der Marktwert von Tianas Bildern in die Höhe schnellen. Sobald sich ihr Tod herumspricht, wird das die Sammler aufmerksam machen, da das Werk von Tiana Fourkiller nun für immer begrenzt bleibt.

Marisa betrat das Haus durch die Hintertür, die in die Küche führte. Sie schlüpfte aus dem Mantel, stellte einen Kessel mit Wasser auf den alten Gasherd und entleerte die beiden Aluminium-Töpfe, die sie vorhin auf den Boden der Waschküche gestellt hatte, als es zu regnen begann und Wasser durch das schadhafte Dach getropft war. Die letzte Familie, die das Haus gemietet hatte, war, laut einem Nachbarn, bereits vor mehreren Wochen ausgezogen. Mit drei Monatsmieten im Rückstand hatten sie sich unbemerkt aus dem Staub gemacht. Als Marisa zu Tianas Beerdigung gekommen war, war sie vom Zustand des Hauses entsetzt gewesen und hatte beschlossen, Urlaub zu nehmen und die nötigen Reparaturen vorzunehmen, die ihr knappes Budget zuließ.

Das Haus während ihrer Abwesenheit zu vermieten funktionierte offenbar nicht. Sie wollte daher das Haus zum Verkauf anbieten. Aber zuerst mußte das Dach repariert und das Haus wieder instand gesetzt werden.

Morgen wäre es früh genug, sich darüber Gedanken zu machen. Zuerst, sagte sie sich, während sie einen Tee kochte und eine Dosensuppe öffnete, mußte sie Onkel Howard hallo sagen – und Emma einen Besuch abstatten, obwohl ihr davor graute. Auch jetzt noch wünschte sie sich, sie könne den Kondolenzbesuch verschieben. Aber Emma hatte sicher ihren Wagen vor dem Haus gesehen, also war an Aufschub nicht mehr zu denken.

Als Marisa ankam, war Howard Walters gerade damit beschäftigt, Müll aufzusammeln, der um seinen Tankstellen-Kramladen verstreut lag, dem einzigen Geschäft in Park Hill, in dem man zugleich Benzin und Lebensmittel bekam. Sie hupte, und er kam grinsend auf sie zu.

Sie und ihr Onkel hatten bei Tianas Begräbnis ein paar Worte gewechselt, aber abgesehen davon hatte sich ihr Kontakt in den letzten Jahren auf den schriftlichen Austausch von Weihnachtsgrüßen beschränkt. Howard war Witwer, und sein einziger Sohn war geistig zurückgeblieben und lebte in einem Behindertenheim in Tulsa. Seine offensichtliche Freude darüber, sie zu sehen, weckte in Marisa Gewissensbisse, daß sie ihn so lange vernachlässigt hatte.

Howard, ein Bär von einem Mann, umarmte sie herzlich. »Gütiger Himmel, aus dir ist ja im Handumdrehen 'ne richtige Frau geworden, Marisa!«

»Es tut so gut, dich wiederzusehen, Onkel Howard!« Sie umarmte ihn ebenfalls und trat dann einen Schritt zurück, um ihn besser anschauen zu können. Howard war jetzt Ende Fünfzig und hatte zugenommen. Von seinem Haar war nur noch ein grauer Kranz übrig.

Marisa betrachtete seinen Bauch. »Auch an dir sind die Jahre anscheinend nicht spurlos vorübergegangen.«

Er lachte und schlug sich aufs Bein. »Um eine Antwort warst du noch nie verlegen, Marisa. Was machst du hier, so kurz nach dem Begräbnis?«

»Ich bringe das Haus in Schuß, um es verkaufen zu können. Mir ist klargeworden, daß das Vermieten nicht das Richtige ist.«

Er nickte mitfühlend. »Ja, die letzten Mieter waren 'ne Saubande. Haben nie den Rasen gemäht. Ist das Haus übel zugerichtet?«

Sie schüttelte den Kopf. »Sie haben nur alles verkommen lassen. Das schlimmste ist, daß sie mir noch drei Monatsmieten schulden.«

Er klopfte ihr aufmunternd auf die Schulter. »Vergiß es. Komm rein und trink 'ne Cola mit deinem alten Onkel.«

»Na gut, aber ich kann nicht lange bleiben. Ich bin auf dem Weg zu Emma Cornsilk.«

Sie folgte ihm in den Laden. Im Moment war keine Kundschaft

da, aber sobald die Schule aus war, würden die Jugendlichen hier aufkreuzen. Im hinteren Teil von Howards Laden befanden sich vier kleine Tische, ein Billardtisch und ein paar Videospiele. Für die Kids aus der Gegend war das der ideale Treffpunkt. Als Teenager waren Marisa und Tiana, wenn sie nicht gerade durch die Gegend streiften, häufig hiergewesen.

Sie setzten sich an einen der Tische und tranken eiskalte Cola.

»Emma nimmt sich Tianas Tod sehr zu Herzen«, sagte Howard.

»Was ist wirklich passiert, Onkel Howard? Alles, was Emma mir gesagt hat, ist, daß der Arzt von einem Unfall sprach.«

»Sie ist den Abhang östlich von hier runtergefallen. Es wurde grad dunkel, und ich schätze, sie ist aus Versehen zu nah an den Abgrund gekommen. Ist unglücklich gestürzt und brach sich das Genick.« Er starrte auf die zerkratzte Tischplatte vor sich und schüttelte den Kopf. »Was für ein Jammer.«

Marisa erinnerte sich gut an den Abhang. Als sie beide zwölf gewesen waren, hatten sie und Tiana dort eine kleine Hütte gebaut, indem sie ein paar alte Bretter zusammengenagelt und vier Bäume als Eckpfeiler benutzt hatten. Tiana hatte diesen Ort gekannt wie ihre Westentasche. Wie konnte sie sich nur so verschätzt haben, daß sie abstürzte, selbst im Dunkeln?

»Trank sie?« Es war die einzige logische Erklärung, die Marisa einfiel.

Es dauerte eine Weile, bis er seinen Blick hob. »Ist mir nicht bekannt, aber Tiana war nicht mehr die alte. Vielleicht hat sie angefangen zu trinken oder Drogen genommen, wer weiß?«

»Sie hätte nie Drogen genommen«, erwiderte Marisa. »Nicht nach dem ganzen Streß mit Johnny.« Das letzte Mal, als Marisa und Tiana sich gesehen hatten, erzählte die Freundin, daß ihr Cousin drogenabhängig war. Er war zweimal wegen unerlaubten Drogenbesitzes verhaftet worden und verlor seinen Job. Tiana hatte sich schreckliche Sorgen um ihn gemacht.

»Auch das ein Riesenjammer«, sagte Howard. »Wegen Johnny ist Emma halbverrückt geworden, und jetzt die Sache mit Tiana . . .« Er stieß einen tiefen Seufzer aus. »Ben ist wieder da und lebt jetzt bei ihr. Ich weiß nicht, wieviel sie noch ertragen kann.«

Ben Cornsilk war Emmas einziger Sohn, ein ruhiger, verschlossener Mann, der in seiner Jugend oft in Schlägereien verwickelt gewesen war. Soweit Marisa wußte, war er zweimal geschieden. Ben hatte Marisa während der Sommer in Park Hill kaum beachtet, aber manchmal hatte er sie mit seinen dunklen Augen prüfend betrachtet, so als wollte er herausfinden, wo sie herkam. Seine bloße Gegenwart hatte sie schon damals nervös gemacht.

»Ich dachte, Ben arbeitet in Kansas City.«

»Hat er auch«, antwortete Howard. »Ist in 'ne Messerstecherei geraten. Dabei wurde die Lunge verletzt. Ich schätze, sie haben ihn gefeuert.« Er seufzte. »Wir haben auch ohne Ben Cornsilk schon genug Probleme hier.«

»Ich habe immer gedacht, Park Hill sei ein sicherer Ort in dieser Welt voller Drogen und Gewalt.«

»Ist nicht mehr so wie damals, als du noch ein Kind warst, Marisa. Die Hälfte von den Kids rauchen Hasch, noch bevor sie dreizehn sind. Ich schätze, Johnny hat dasselbe gemacht. Aber keiner hat's gemerkt, bis er anfing, Ärger zu kriegen. Da nahm er schon die harten Sachen.«

»Woher bekommen die Jugendlichen die Drogen?«

Er starrte auf seine Hände, die die Coladose fest umklammerten. »Ich wünschte, ich wüßte es. Die Kids kommen immer noch her, aber sie sprechen mit mir nicht über Drogen oder die Dealer.«

Sie saßen eine Zeitlang schweigend da. Marisa trank ihre Cola aus und stand auf. »Ich muß jetzt weiter, zu Emma. In ein, zwei Tagen komme ich wieder vorbei, dann können wir uns richtig unterhalten.«

»Würd' mich freuen.« Er brachte sie zum Wagen.

Ein schäbiger alter Chevrolet und ein fast neuer Cadillac standen in Emma Cornsilks Einfahrt. Als Emma die Tür öffnete, war ihr Gesicht immer noch von Trauer gezeichnet. »Ich habe auf dich gewartet, Kind«, sagte sie, ohne eine Begrüßung. »Komm herein.«

Als Marisa das Wohnzimmer betrat, erhob sich Tianas Cousin Johnny vom Sofa. Auf sein gutaussehendes Gesicht malte sich ein Grinsen. »Hey, Marisa. Wie geht's?«

»Ganz gut, Johnny. Und wie geht's dir?«

»Einfach klasse! Sie haben mich vor ein paar Tagen aus der Klinik entlassen. Ich hab 'nen Job in Talequah. Nächste Woche fang ich an. Omi läßt mich hier wohnen, bis ich wieder Tritt gefaßt hab'.«

Seine Augen waren klar und seine Jeans und sein Baumwollhemd frisch gewaschen. Er war wieder ganz der alte Johnny, so wie sie ihn aus ihren Kindertagen kannte. »Das ist wunderbar. Tiana wäre froh darüber.«

Als der Name seiner Kusine fiel, verschwand Johnnys Lächeln sofort. »Sie wollte, daß ich mir jemanden suche, der mir hilft. Hätt' ich es bloß früher gemacht, aber ich schätze, sie mußte erst sterben, damit ich aufwache.«

»Irgendwie spüre ich«, sagte Marisa, »daß sie von deiner Veränderung weiß.«

Johnny warf ihr einen dankbaren Blick zu und drehte sich zu Emma um. »Omi, ich geh meinen Wagen tanken. Brauchst du was vom Laden?«

»Nein.« Emma wirkte besorgt. »Bleibst du lange fort?«

»Nein, Omi.«

Sie sah ihm nach, als er ging. Marisa vermutete, daß Emma sich Sorgen machte, ob er sich von den Drogen fernhalten würde. Marisa warf einen Blick aus dem Fenster und sah, wie Johnny in den alten Chevrolet stieg und davonfuhr. Emma hatte keinen Führerschein, also mußte der neue Cadillac Ben gehören. Das hieß, er war in der Nähe. Marisa hoffte, er würde nicht auftauchen, bevor sie gegangen war. Sie hatte nie gewußt, wie sie mit ihm umgehen sollte.

»Tiana hat dir etwas hinterlassen«, sagte Emma. »Warte hier, es ist in Bens Schlafzimmer. Er schläft. Diesen Monat hat er die Nachtschicht.«

Emma kam mit einem gerahmten Bild zurück. »Eines der letzten Dinge, die Tiana zu mir sagte, war, ich solle dafür sorgen, daß du das hier bekommst, falls ihr etwas zustoßen sollte.« Trauer überschattete ihr Gesicht, und ihr Mund zitterte. »Es war fast, als hätte sie ihren Tod geahnt.«

Das Gemälde zeigte eine Landschaft, eine mit wilden Blumen bedeckte Wiese am Saum eines schattigen Waldes. Es hätte einer der zahlreichen Orte sein können, die Marisa bei ihren abenteuerlichen Ausflügen in der Kindheit aufgesucht hatte. Eine Flut nostalgischer Gefühle stieg in ihr hoch.

»Es ist wunderschön«, sagte sie und hielt mühsam die Tränen zurück. »Ich werde es hüten wie einen Schatz.«

Sie setzten sich ins Wohnzimmer und unterhielten sich. Emma lenkte das Gesprächsthema auf ihre Enkelin und sprach über Dinge, die sie seit Tianas Tod Tag und Nacht beschäftigen mußten.

»Sie sagte, sie ginge dorthin, um zu malen«, berichtete Emma. »Sie hätte zurückkommen müssen, als es dunkel wurde.« Ihre Finger kneteten das Hemd ihres Baumwollkleides. »Ich glaube nicht, daß sie die Orientierung verloren hat und den Abhang hinuntergestürzt ist, Marisa.«

Marisa wußte nicht, was sie darauf antworten sollte. »Wenn sie gleichzeitig ihr Malgestell und die Farben trug, könnte sie gestolpert sein . . .«

Emma schaute aus dem Fenster. »Eine Kreischeule saß im Garten in dem Baum dort drüben, an drei aufeinanderfolgenden Nächten, bevor Tiana starb.«

Marisa legte ihre Hand auf die vom Alter faltige Hand von Emma. »Es tut mir so leid, Emma. Ich habe Tiana geliebt, und ich werde sie schrecklich vermissen.«

Emma starrte Marisas Hand an, während sie sie drückte, und eine Träne lief ihre zerfurchte Wange hinab.

Sobald es ihr der Anstand erlaubte, verabschiedete sich Marisa und ging. Als sie in den Wagen stieg, blickte sie zum Haus zurück und sah ein Gesicht an einem der hinteren Fenster. Ben Cornsilk beobachtete sie mit diesem undurchdringlichen Blick, mit dem er sie schon früher gemustert hatte.

Am nächsten Morgen rief Marisa einen Dachdecker an, der ihr versprach, noch am selben Nachmittag vorbeizukommen, um einen Kostenvoranschlag zu machen. Sie fuhr nach Talequah und kaufte einen Farbroller, Pinsel und weiße Farbe, um sämtliche Zimmer des Hauses zu streichen. An der Fassade mußte sie zum Glück nichts machen, da ihre Großeltern diese einige Jahre vor ihrem Tod hatten renovieren lassen. Marisa befand, der graue Teppich wäre wieder wie neu, wenn sie ihn mit einem Dampfreiniger, den sie in Talequah ausleihen konnte, erst einmal tüchtig gesäubert hätte.

Als sie wieder zu Hause war, folgte sie einem Impuls und rief Johnny an. »Hättest du Lust, heute zum Abendessen zu kommen? Nichts Großartiges, nur Pasta und Salat.« Sie wollte mehr über Tianas Tod erfahren, aber ohne Emma mit ihren Fragen zu belasten.

Er war hörbar überrascht, freute sich aber über die Einladung. »Klar hab' ich Lust. Ist sechs Uhr o.k.?«

»Sechs Uhr ist prima. Also bis dann.«

Marisa strich die Zimmer, bis um vier Uhr der Dachdecker kam. Er kletterte auf dem Dach herum, ging zu seinem Laster und stellte ein paar Berechnungen an. Dann klopfte er an ihre Tür.

»Über der Waschküche muß das Dach komplett erneuert werden. Außerdem ist auch das Hauptdach beschädigt. Der Spaß dürfte zwischen zwei-fünf und dreihundert kosten. Hängt ganz davon ab, wie die Sache aussieht, wenn die alten Ziegel runter sind.«

Es war nicht so schlimm, wie sie befürchtet hatte. Er hätte sagen können, das ganze Dach müsse ersetzt werden. »Wann können Sie anfangen?«

»Erst Freitag oder Samstag. Ich muß vorher noch einen anderen Auftrag erledigen.«

»In Ordnung.« Sie unterschrieb den Vertrag.

»Tiana war nicht betrunken, als sie vom Abhang runterfiel«, antwortete Johnny auf Marisas Frage. »Sie hat das Zeug nie angerührt. War'n richtiger Saubermann und strikt gegen jede Form von Alkohol und Drogen. Mußte mir dauernd ihre Vorträge anhören. Sie hat sogar versucht, aus mir rauszukriegen, wer mein Dealer war. Sie wollt' ihn sich vorknöpfen.«

»Hast du's ihr gesagt?«

Er schüttelte den Kopf. »Auf keinen Fall. Wenn jemand in dieser Gegend singt, dann ist er dran.«

Aus irgendeinem Grund mußte Marisa an Ben Cornsilk denken. Was meinte Johnny mit »in dieser Gegend«? Lebte der Dealer in Park Hill, oder meinte Johnny damit die Umgebung im allgemeinen?

Marisa versuchte es mit einer anderen Taktik. »Wo arbeitet dein Onkel Ben?«

»In einer Firma in Muskogee.«

»Er muß gut verdienen. Ein teurer Wagen, den er da fährt.«

Johnny sah sie lange an, als wollte er ihre Gedanken lesen. Dann wandte er seine dunklen Augen ab. »Er legt Extraschichten ein, und hier bei Omi zu wohnen spart Geld.«

Offensichtlich wollte er nicht über seinen Onkel sprechen, deshalb ließ Marisa das Thema fallen. »Emma glaubt nicht, daß Tiana aus Versehen abgestürzt ist.«

»Ach, du kennst doch Omi. Sie ist abergläubisch. In der Nacht bevor Tiana starb, hat sie 'ne Kreischeule gehört und glaubt deshalb, etwas Böses – 'ne Hexe oder so was – hat Tiana vom Abhang gestoßen.«

»Du hast also immer geglaubt, es sei ein Unfall gewesen?«

Er sah sie aufmerksam an. »Sie ist bestimmt nicht gesprungen. Was könnte es also sonst gewesen sein?«

Mord, dachte Marisa. Aber sie sprach es nicht aus, da es ihr selbst abwegig erschien. Wer hätte den Wunsch haben können, Tiana zu töten?

Nachdem Johnny gegangen war, brachte Marisa Tianas Gemälde ins Schlafzimmer und stellte es auf die Kommode. Je länger sie es betrachtete, desto vertrauter kam es ihr vor. Sie trat zurück, um es sich genauer anzusehen, und bemerkte zum ersten Mal etwas, das in einem Ast hing. Als sie näher heranging, sah sie, daß es ein verwittertes, graues Brett war.

Auf einmal wußte sie, was sie sich ansah. Tiana hatte den Ort gemalt, an dem sie die Hütte gebaut hatten, als sie zwölf waren. Das Brett schien alles zu sein, was davon übriggeblieben war. Sie hob das Gemälde hoch und hielt es nah an die Lampe. Der Detailreichtum war unglaublich. Das Bild war mit solcher Präzision gemalt, daß es dreidimensional wirkte. Jeder Grashalm und jedes Blatt war klar zu erkennen. Als sie das Gemälde betrachtete, schien ihr sogar die Rinde der knorrigen Baumstämme förmlich entgegenzuspringen. Dann erkannte sie im Baum, an dem das Brett baumelte, plötzlich die Konturen eines Vogels. Es erinnerte sie an die Zeichnungen, in denen Kinder versteckte Gegenstände und Tiere finden sollten.

Marisa sah sich nun jeden Baumstamm genau an, aber die einzige Figur, die sie entdecken konnte, war die des Vogels am Fuß des Baumes im Vordergrund. Erst jetzt nahm sie wahr, daß es sich um eine Kreischeule handelte.

Stirnrunzelnd wollte sie das Bild wieder an seinen Platz stellen und ließ es dabei beinahe fallen. Als sie das Bild auffing, hatte es sich gedreht, und sie bemerkte nun, daß in winzigen Buchstaben etwas auf der Rückseite stand. Sie beugte sich darüber und entzifferte das Wort: *Todesbaum.*

Marisa lief ein Schauer über den Rücken. Tiana hatte Emma damit beauftragt, ihr dieses Bild auszuhändigen. Versuchte Tiana, ihr mit der Kreischeule und dem Titel etwas zu sagen? War das der Fall, dann verstand Marisa die Botschaft nicht. Die Wirkung beschränkte sich darauf, daß sie eine vage Ahnung verspürte.

Dieses Gefühl wollte nicht verschwinden, auch nicht, als sie sich eine Komödie im alten Fernseher ihrer Großeltern ansah. Obwohl auf dem Dach eine Antenne installiert war, war das Bild unscharf.

Bevor sie zu Bett ging, versicherte sie sich, daß alle Türen und Fenster verschlossen waren. Es schienen Stunden zu vergehen, bevor sie einschlief. Als es ihr schließlich gelang, träumte sie, wie sie durch einen dunklen Wald lief, verfolgt von einem Schwarm Kreischeulen.

Am nächsten Tag war Marisa bis in den späten Nachmittag mit dem Streichen des Hauses beschäftigt. Danach waren das Wohnzimmer, die Küche und der Flur fertig, und sie beschloß, sich erst am folgenden Tag den Schlafzimmern zu widmen. Sie säuberte die Pinsel und den Farbroller, entledigte sich des mit Farbe bekleckerten alten Hemdes und der Jeans und nahm ein heißes Bad. Erfrischt zog sie sich anschließend eine saubere Hose und einen Pulli an, warf eine Jeansjacke über, nahm sich einen Apfel und ging spazieren.

Anfangs ging sie aufs Geratewohl los, merkte aber bald, daß sie zum Ort von Tianas Gemälde unterwegs war, der Stelle, an dem sie ihre Hütte in der Nähe des steilen Abhangs errichtet hatten. Offenbar folgte sie unbewußt dem Wunsch, diesen Ort noch einmal zu sehen, um Tianas Tod als einen Unfall akzeptieren zu können.

Die Oktoberluft war kühl und klar, das ideale Wetter für einen Spaziergang. Auch die Landschaft eignete sich dazu vortrefflich. Cherokee County ist am schönsten zur Herbstzeit, wenn die Blätter sich verfärben. Glücklicherweise war sie zurückgekommen, als die Herbstpracht gerade ihren Höhepunkt erreichte.

Sie betrat den dichten Wald, den vereinzelte Sonnenstrahlen

durchbrachen, so daß der Boden wie mit goldenen Pfützen bedeckt war. Die Temperatur schien um mehrere Grade zu fallen. Sie zog die Jacke enger um sich, nahm einen letzten Bissen vom Apfel und blieb stehen, um das Gehäuse wegzuwerfen, damit die wilden Vögel es fressen konnten.

Sie meinte, ein Geräusch hinter sich zu hören, drehte sich um und ließ ihren Blick über die zahllosen Bäume streifen. Das Geräusch wiederholte sich nicht, und sie sagte sich, es sei wohl ein Ast gewesen, der zu Boden gefallen war, oder ein Eichhörnchen auf Futtersuche. Der Wald war voller Tiere.

Sie ging weiter, bis sie den Platz erreichte, der auf Tianas Bild dargestellt war. Er sah genauso aus, wie ihn Tiana gemalt hatte. Die vier Bäume, die als Eckpfosten für ihre Hütte gedient hatten, standen noch. Ihre rauhe Rinde wirkte uralt. Und da war auch das Brett, das an dem Baum hing, der dem Abhang am nächsten stand. Sie trat zwischen die Bäume und setzte sich auf einen umgestürzten Stamm.

Mit geschlossenen Augen sog sie den Duft des Waldes ein. Für einen Moment fühlte sie sich zurückversetzt in ihr dreizehntes Lebensjahr, als sie und Tiana wochenlang an ihrer Hütte gewerkelt hatten. Sie hatten ein paar alte Gläser, Teller und Gabeln aus Emmas Haus konfisziert und sie hier versteckt, damit sie zur Verfügung standen, wenn sie sich etwas zu essen und eine Thermoskanne mit Emmas Limonade mitbrachten.

Marisa öffnete die Augen und betrachtete ihre Umgebung genauer. Von der Hütte war nicht mehr übrig als das besagte Brett und ein paar verrostete Nägel, die, kaum sichtbar, im Gras lagen, das im Laufe der Jahre kräftig gewachsen war.

Sie holte tief Luft und stand auf. Etwas trieb sie dazu, sich den Ort anzusehen, an dem Tiana zu Tode gekommen war. Sie ging die hundert Meter bis zum Abhang, der aus nacktem Kalkstein bestand. Ein Stück vom Abgrund entfernt, konnte sie bis auf den Boden sehen, der etwa fünfzehn Meter tiefer lag. Hier war Tiana abgestürzt. Marisa konnte sich nicht mehr an den dicken

Kalksteinbrocken erinnern, der am Fuß des Abhangs lag. Falls Tianas Kopf auf ihm aufgeschlagen war, war sie sofort tot gewesen.

»Sie sah aus wie eine zerbrochene Puppe, als wir sie fanden«, sagte eine Stimme hinter Marisa.

Ihr Herz machte einen Sprung. Ihr Adrenalinspiegel stieg sprungartig, und sie spürte, wie sich die Haare an ihrem Hinterkopf aufrichteten, während sie vom Abhang zurückwich. Ben Cornsilk stand zwischen den Bäumen und beobachtete sie. Sie wußte instinktiv, daß es Ben gewesen war, den sie vorher gehört hatte. Er war ihr gefolgt.

Während sie sich immer noch vom Abhang entfernte, fragte sie: »Was machen Sie hier?«

»Dasselbe wie du, nehme ich an«, antwortete er. »An Tiana denken.«

Seine dunklen, unergründlichen Augen waren auf sie gerichtet wie Zielfernrohre und erweckten in Marisa den Wunsch, zu fliehen. Aber sie durfte ihm nicht zeigen, wieviel Angst sie hatte. Hätte er sie vom Abhang stoßen wollen, dann hätte er das bereits tun können, bevor sie ihn bemerkte. Gütiger Himmel, ihre Fantasie ging mit ihr durch! Warum sollte er sie vom Abhang stoßen wollen? Sie war keine Gefahr für ihn.

Er sah drahtig und durchtrainiert aus, zerstochene Lunge hin oder her, und sie erinnerte sich daran, daß er während der Schulzeit ein guter Läufer gewesen war. Er schien sich von der Verletzung vollständig erholt zu haben.

Plötzlich fiel Marisa ein Kindheitserlebnis ein. Sie und Tiana waren zur Hütte gekommen, und Marisa hatte sie verlassen, um die Aussicht vom Abhang zu genießen. Tiana war ihr gefolgt, aber zwischen den Bäumen stehengeblieben, etwa dort, wo jetzt Ben Cornsilk stand. *Geh nicht so dicht an den Abgrund*, hatte sie ängstlich gerufen. *Komm zurück, Marisa, bitte!*

»Tiana hatte Höhenangst«, sagte Marisa.

Er sah sie lange an. Marisa fühlte sich ihm wehrlos ausgeliefert.

Wenn sie davonrannte, würde er sie bestimmt einholen. »Ich weiß«, sagte er schließlich.

Sie machte einige Schritte auf den Pfad zu, auf dem sie vorher gekommen war. Ihr Fluchtweg. »Onkel Howard hat gesagt, Sie seien in Kansas City verletzt worden.«

Er betrachtete sie wieder eine Weile. »Was hat Onkel Howard noch gesagt?«

»Über Sie? Nur, daß Sie wieder da sind und bei Emma leben.«

»*Von* Emma, meinst du wohl eher, nicht wahr?«

Sie zitterte. »Nein. Wie Sie leben geht mich nichts an. Und Onkel Howard genausowenig.« Er hatte sich immer noch nicht von der Stelle gerührt. Die Wirkung des Adrenalins ließ nach, und ihr Herzschlag beruhigte sich allmählich wieder. Wenn er ihr etwas antun wollte, hätte er es dann nicht schon getan? »Ich muß nach Hause«, sagte sie. Dann drehte sie sich um und ging rasch davon, obwohl sie seinen Blick im Rücken spürte.

Seine Stimme folgte ihr. »Sei auf der Hut, Marisa.« Das klang wie eine Drohung. Sie begann zu laufen, schlug Äste zur Seite, die ihr den Weg versperrten, und verlangsamte das Tempo erst, als sie den Saum des Waldes erreicht hatte, ständig in der Erwartung, seine Hand auf ihrer Schulter zu spüren.

Als sie den Wald hinter sich gelassen hatte, blieb sie stehen, um zurückzublicken. Sie hörte nur ihren keuchenden Atem. Ben war ihr nicht gefolgt.

Der Schweiß lief ihr in Strömen hinunter, mehr aus Angst als vor Anstrengung. Sie zog die Jacke aus und ging den Rest des Wegs, wobei sie ständig über ihre Schulter schaute. Ben Cornsilk war nirgends zu sehen.

Sie konnte diese Begegnung nicht vergessen. Als sie ihren Onkel am nächsten Tag besuchte, erzählte sie ihm davon. »Bleib von dem Abhang weg, Marisa«, warnte er sie. »Und geh Ben Cornsilk aus dem Weg.«

»Wann ist er zurückgekommen?« fragte sie.

»Vor fünf oder sechs Monaten.«

»Dann war er also schon einige Monate vor Tianas Tod hier.«
Tatsächlich mußte er bei der Suchmannschaft dabeigewesen
sein, denn er hatte gesagt, sie hätte wie eine zerbrochene Puppe
ausgesehen, als man sie fand. »Kann *er* sie vom Abhang gestoßen
haben?«

Er schüttelte den Kopf. »Keiner kann sagen, zu was Ben Cornsilk fähig ist, besonders wenn er wütend wird. Er ist unberechenbar. Geh ihm aus dem Weg, hörst du?«

»Das werde ich, Onkel Howard.« Es würde ihr nicht schwerfallen, dieses Versprechen zu halten. Sie wechselte das Thema.
»Hast du schon mal daran gedacht, dich zur Ruhe zu setzen?«

Er runzelte die buschigen Augenbrauen. »Und dann? Ich würde
wahnsinnig werden, wenn ich nicht jeden Tag hierherkommen
kann.«

»Es wundert mich, daß du von dem Laden leben kannst.«

Er zuckte die Achseln. »Ich komm schon klar. Ich verdiene genug, um meine Unkosten zu decken und Kevin den Heimplatz
in Tulsa zu bezahlen. Dort geht's ihm besser als bei mir.«

Solange seine Mutter noch lebte, hatte Kevin zu Hause gewohnt, aber nach ihrem Tod wurde er schwierig. Er weigerte
sich, den ganzen Tag bei Howard im Laden zu bleiben, und
Howard gefiel der Gedanke nicht, ihn zu Hause allein zu lassen.
Nachdem Kevin mehrmals von zu Hause ausgerissen war und
sich verirrt hatte, fand Howard einen Ort für ihn, an dem jemand auf ihn aufpaßte.

Als sie sich ihren Onkel jetzt ansah, wurde Marisa bewußt, wie
sehr er in den letzten Jahren gealtert war. Er mußte sich einsam
fühlen, ganz allein in dem Haus. Und zweifellos machte er sich
Sorgen darüber, was aus Kevin würde, wenn er einmal nicht
mehr wäre. Kein Wunder, daß er nicht daran denken konnte,
sich zur Ruhe zu setzen. Wahrscheinlich versuchte er soviel wie
möglich für die Versorgung seines Sohnes zu sparen.

»Du bist ein guter Mann, Onkel Howard«, sagte Marisa.
Sie ging, als ein Bus vor dem Laden hielt und eine Horde Schul-

kinder absetzte. Die meisten von ihnen würden für einen kleinen Imbiß in den Laden kommen, bevor sie sich auf den Nachhauseweg machten.

In dieser Nacht fiel ihr Blick, während sie im Bett saß und zu lesen versuchte, immer wieder auf das Gemälde auf der Kommode. Warum hatte Tiana ihm den Titel *Todesbaum* gegeben? Soweit Marisa wußte, war an dieser Stelle nie jemand zu Tode gekommen außer Tiana selbst, und sie hatte das Bild offensichtlich gemalt, bevor sie starb. Hatte sie geahnt, daß sie dort sterben würde? Aber selbst dann war es ein Baum, auf den sich Tiana bezog, und nicht der Abhang, der in dem Bild gar nicht auftauchte.

Marisa war sicher, daß Ben Cornsilk ihr heute gefolgt war. Hatte er befürchtet, sie würde einen Hinweis darauf finden, wie Tiana gestorben war? Hatte Ben Cornsilk Tiana getötet? Dieser Mann war so rätselhaft, daß er einfach alles verbergen konnte. Aber was hätte er vom Tod seiner Nichte gehabt? Marisa fiel kein Motiv ein.

Sie legte das Buch beiseite, setzte sich auf die Bettkante und starrte das Bild an. Nachdem sie die Umrisse der Kreischeule im Baumstamm entdeckt hatte, war die Eule immer das erste, was sie sah, wenn sie das Bild betrachtete. Der Stein darauf könnte derselbe sein, unter dem sie und Tiana früher ihre Gläser, Teller und Gabeln versteckt hatten; zusammen mit den kleinen Schätzen, die sie fanden – größtenteils besonders hübsche Steine und Blätter. Sie hatten sich Emmas Schaufel ausgeliehen und ein Loch gegraben, das groß genug war, um dort alles unterbringen zu können, was sie verstecken wollten. Marisa fragte sich, ob die Sachen noch dort wären. Wie es wohl wäre, diese Dinge aus ihrer Kindheit wieder in den Händen zu halten? Sie wünschte, sie hätte daran gedacht, unter dem Stein nachzusehen, als sie da war.

Sie beschloß, noch einmal dorthin zurückzukehren, wenn sie

sicher war, daß Ben Cornsilk ihr nicht folgen würde. Vielleicht würde sie finden, was immer es war, wovon Ben befürchtete, daß sie es finden könnte.

Die Gelegenheit dazu ergab sich am folgenden Samstag. Marisa kaufte Milch und Brot im Laden ihres Onkels ein, als Ben Cornsilk eintrat. Sie erwiderte sein gemurmeltes Hallo mit einem Nicken und blieb beim Brotregal stehen, während Ben ein Sandwich aus dem Kühlschrank holte, sich eine Tüte Chips und eine Tafel Schokolade nahm und damit zur Kasse ging.

»Ich hab heut 'ne Zwölf-Stunden-Schicht«, sagte er zu Howard, »von mittags bis Mitternacht. Deshalb nehm' ich ein Lunchpaket mit.«

»Arbeiten Sie gern da drüben in der Firma?« fragte Howard, um Konversation zu machen.

»Besser als gar keine Arbeit«, entgegnete Ben.

Howard packte die Sachen ein, die Ben auf den Tresen gelegt hatte. Ben zahlte und ging, ohne noch einmal in Marisas Richtung zu schauen.

»Mir wär' am liebsten, wenn er gar nicht mehr kommt«, sagte Howard.

Als Marisa nach Hause kam, fragte sie den Dachdecker, wie lange er noch brauchen würde. Er antwortete, er würde noch diesen Nachmittag fertig werden. Sie strich den Rest vom Badezimmer, dann war ihr Werk vollbracht. Durch die weiße Farbe wirkte das Haus wie verwandelt. Es sah jetzt hell und sauber aus. Am Montag wollte sie eine Teppichreinigungsmaschine ausleihen und einen Makler suchen, der sich um den Verkauf des Hauses kümmern würde.

Es war schon nach fünf Uhr, als der Dachdecker an die Tür klopfte und sagte, er sei jetzt fertig. Darauf hatte sie die ganze Zeit gewartet. Da sie zum Abhang wollte, war es ihr wichtig, vor Einbruch der Dunkelheit zurückzusein. Hastig stellte sie einen

Scheck aus. Dann nahm sie ihre Jacke und die Schlüssel, schloß das Haus ab und machte sich eilig auf den Weg.

Als sie den ehemaligen Standort der Hütte erreichte, ließ sie sich auf den umgestürzten Baumstamm plumpsen und legte erst einmal eine kurze Verschnaufpause ein. Anschließend wollte sie sich daran machen, den großen Stein am Fuße des Baumes zu verrücken. Damals war die vereinte Kraft von Tiana und ihr dazu nötig gewesen. Während sich ihre Atmung normalisierte, musterte sie sorgfältig ihre Umgebung. Sie hatte zwar keine Ahnung, wonach sie suchen sollte, aber sie wurde das Gefühl nicht los, daß Ben Cornsilk fürchtete, sie könnte hier einen Hinweis auf Tianas Tod finden. Allerdings fand sie keinen.

Sie gab die Suche auf und beugte sich über den Stein, um ihn hochzuheben. Er schien mindestens eine Tonne zu wiegen. Aber sie und Tiana hatten ihn als Zwölfjährige bewegt, also mußte sie ihn nur richtig zu fassen kriegen. Sie ließ sich auf die Knie nieder, schlang die Arme um den Stein und zog ihn zu sich, wobei sie ihn ein ganzes Stück verrückte. Nach ein paar weiteren Anstrengungen war das Loch freigelegt.

Die Dämmerung brach herein. Sie beugte sich vor und spähte in das Loch. Es war tatsächlich etwas drin. Sie steckte eine Hand hinein in der Erwartung, einen Teller oder ein Glas herauszuholen. Als sie die Hand herauszog, starrte sie statt dessen auf eine Plastiktüte mit – ja mit was? Sie hob sie an ihre Nase und atmete den süßlichen Duft von Marihuana ein. Mit klopfendem Herzen steckte sie die Hand wieder in das Loch und holte eine weitere Tüte hervor, und noch eine und noch eine, bis sie rund zwei Dutzend Tüten herausgeholt hatte, von denen die Hälfte mit Marihuana gefüllt war. Die andere Hälfte enthielt ein weißes Puder, Kokain oder Heroin. Sie hatte keins von beiden bisher gesehen und wußte deshalb nicht, um was es sich handelte.

Während sie dort kniete und die Plastiktüten anstarrte, die sich vor ihr auftürmten, fügten sich die einzelnen Teile des Puzzles zu einem Ganzen. Ben Cornsilk handelte mit Drogen. Sehr wahrscheinlich hatte er seinen eigenen Neffen, Johnny, damit versorgt, bevor Johnny in die Rehaklinik kam. Vermutlich war er ihr beim letzten Mal gefolgt, weil er fürchtete, sie könnte sein Versteck finden.

Tiana mußte alles herausgefunden und ihm damit gedroht haben, ihn an die Polizei auszuliefern. Deshalb hatte er sie getötet.

Marisa betrachtete benommen die Drogen, bis sie bei dem Geräusch von raschelnden Blättern zusammenfuhr. Eine Kreischeule war auf einem Ast über ihr gelandet und sah sie mit riesigen Augen unverwandt an.

Plötzlich wollte sie nur noch weg von hier und wünschte sich in das Haus ihrer Großeltern. Sollte sie die Drogen mitnehmen? Nein. Sie würde alles an den alten Platz zurücklegen und dem County Sheriff von ihrer Entdeckung berichten. Hastig schob sie mit beiden Händen die Tüten ins Loch. Sie wollte gerade den Stein wieder über die Öffnung wälzen, da hörte sie jemanden durch den Wald kommen. Ben Cornsilk! Er mußte die Arbeit vorzeitig verlassen haben.

Voller Panik sprang sie auf und rannte los. Nicht dorthin, wo sie hergekommen war, denn dort würde sie Ben direkt in die Arme laufen. Sie rannte in die andere Richtung, auf den Abhang zu. Von da könnte sie einen anderen Weg durch den Wald finden.

Hinter ihr zerriß ein fürchterlicher Schrei die Luft. Marisa fielen Emma Cornsilks Geschichten über die Kreischeulen wieder ein, die die Vorboten des Todes sein sollten. Purer Aberglaube! dachte sie, um sich selbst zu beruhigen. Aber sie hatte immer gehört, daß Kreischeulen niemals am Tage schreien. Was hatte das dann zu bedeuten?

Sie lief schneller, aber sie hörte die Eule kein zweites Mal. Als sie außer Sichtweite war, blieb sie stehen, um zu lauschen. Jetzt hörte sie schwere Schritte auf totem Laub, die abrupt abbrachen. Sie stellte sich Ben vor, wie er neben seinem Versteck stand und sah, daß jemand den Stein zur Seite geschoben und die Drogen gefunden hatte. Dann würde er sich fragen, ob die betreffende Person noch in der Nähe war.

Marisa hörte die Schritte erneut, diesmal beschleunigt. Er lief auf sie zu! Marisa rannte auf den Abhang zu und betete, daß sie in der zunehmenden Dämmerung nicht den Abgrund übersah. Erleichtert stellte sie fest, daß sie ihn noch gut erkennen konnte. Sie lief am Abgrund entlang und hielt Ausschau nach dem Weg, der dort gewesen war, als sie noch ein Kind war. Sie fand ihn nicht, also lief sie wieder in Richtung Wald. Vielleicht sollte Emma nun doch recht behalten. Hatte die Kreischeule sie vor ihrem eigenen, kurz bevorstehenden Tod gewarnt?

Am Waldsaum verfing sich ihr Fuß im Unterholz, und sie stürzte zu Boden. Durch den Sturz war sie einen Moment lang benommen. Sie rappelte sich hoch auf ihre Hände und Knie, atmete einmal tief ein und kam wieder auf die Beine. Doch diese kurze Verzögerung reichte ihrem Verfolger, um aus dem Wald hervorzubrechen und sie zu entdecken.

»Wer ist da?«

Sie hatte angefangen zu laufen, ehe sie die Stimme erkannte.

»Onkel Howard?«

»Marisa! Ich hab' dir doch gesagt, du sollst von hier wegbleiben. Alles in Ordnung?« Er kam auf sie zu. Aber etwas an seinem Verhalten machte sie mißtrauisch. Die Art, wie er die Arme nach ihr ausstreckte, das Zittern in seiner Stimme. Was ging hier vor?

Sie wich zurück. »Warte!«

Er blieb stehen. »Was?«

»Komm nicht näher!«

»Marisa, was hast du?«

»Die Drogen . . . sie gehören dir!« Es gab kein anderes Motiv für ihn, hier zu sein. Howard verließ den Laden nur, wenn es unbedingt nötig war.

Er hatte sich ihr bis auf wenige Schritte genähert. »Hör zu, Marisa. Laß uns darüber reden. Es ist nicht so schlimm, wie es aussieht.«

»Tiana hat sie gefunden, nicht wahr? Sie wollte dich der Polizei ausliefern.«

Marisa ging endlich ein Licht auf. Tiana hatte den Stein weggeschoben. Wahrscheinlich hatte auch sie nach Schätzen aus der Kindheit gesucht. Sie hatte die Drogen gefunden, aber sie wußte nicht, wer sie dort versteckt hatte. Darum malte sie die Umgebung, um Marisa einen Hinweis zu geben, falls ihr etwas zustoßen sollte. Dann, vermutete Marisa, hatte sie die Stelle heimlich beobachtet, um herauszufinden, wem die Drogen gehörten.

War sie genauso schockiert gewesen wie Marisa, als sie entdeckte, daß es Howard war? War sie empört aus ihrem Versteck hervorgetreten und hatte damit gedroht, ihn beim Sheriff anzuzeigen?

Plötzlich überkam Marisa eine große Wut. »Wie *konntest* du dich nur auf ein so schmutziges Geschäft einlassen?« Ihre Stimme zitterte. Sie bewegte sich seitwärts, während sie sprach, und suchte nach einer Lücke zwischen den Bäumen.

»Hör zu, Marisa! Wenn ich es nicht tue, macht es ein anderer. Der Laden bringt zuwenig ein. Kannst du dir überhaupt vorstellen, wie teuer Kevins Platz im Heim ist? Ich war verzweifelt, Marisa.« Er versuchte doch tatsächlich, seine Tat zu rechtfertigen!

Sie sah eine Lücke und rannte los. Aber er war direkt hinter ihr, und die Angst vor dem elektrischen Stuhl verlieh ihm Flügel. Sie war erst ein paar Schritte weit gekommen, da holte er sie ein. Er umfaßte ihren Arm, und seine Finger gruben sich in ihr Fleisch, als wären sie aus Stahl.

»Laß mich los!«

»Das geht nicht, Marisa. Tut mir leid. Ich habe das nicht gewollt.« Er zog sie mit sich zum Abhang.

Sie wehrte sich mit aller Kraft und versuchte, ihre Absätze in den Boden zu stemmen, aber sie war Howard nicht gewachsen. Sie hätte nie gedacht, daß er so stark war. Die Eule behielt recht, sie würde sterben.

Sie traten aus dem Wald heraus. »Du wirst damit nicht durchkommen, wenn du mich hinunterstößt wie Tiana!« schrie sie. »Einen zweiten Unfall kauft dir keiner ab!«

»Vielleicht nicht«, keuchte er, »aber niemand wird *mich* verdächtigen.« Er stellte sich hinter sie, packte sie an beiden Armen und schob sie vor sich her auf den Abgrund zu.

Panisch suchte Marisa nach einem Ausweg. In wenigen Sekunden wäre es zu spät. Noch ein paar Schritte, und er würde sie hinunterstoßen. Schluchzend wehrte sie sich und versuchte, ihn zu treten, während der Abgrund immer näher kam.

Da erscholl hinter ihnen ein Ruf. »Halt! Keine Bewegung, Howard!«

Howards Griff um ihre Arme lockerte sich, als er sich umdrehte, und Marisa riß sich los. Sie taumelte weg vom Abgrund. Ben Cornsilk stand am Waldsaum und zielte mit einer Pistole auf Howard. Er hielt sie mit ausgestreckten Armen in beiden Händen, genau wie im Film. »Eine Bewegung in ihre Richtung, und ich knall dich ab«, sagte er ganz ruhig.

Aber Howard machte keine Bewegung in ihre Richtung. Statt dessen lief er auf den Abgrund zu und stürzte sich hinab.

Drei Tage später lud Marisa ihren Koffer in den Wagen. Sie bereitete ihre Abreise vor. Kurz zuvor hatte sie die Kreischeule gesehen, die auf einem Baum am Rande des Gartens saß. Aus irgend einem Grund wußte sie, daß es dieselbe Eule war, die sie im Wald gesehen hatte. Es wirkte beinahe, als würde sie Marisa beobachten.

Vor dem Haus stand ein »Zu verkaufen«-Schild, und die Maklerin hatte es schon zwei Interessenten gezeigt. Sie hatte Marisa versichert, es würde binnen zwei, drei Monaten verkauft sein. Sie sagte, viele Leute wollten mit ihren Kindern aus der Stadt weg und aufs Land ziehen, wo es sicherer sei. Marisa hatte sich das Lachen gerade noch verkneifen können.

Johnnys alter Chevrolet kam die Straße hinunter gerattert, bog ein und hielt neben Marisas Wagen.

»Du fährst schon?« fragte er, als er aus dem Wagen stieg.

»Es wird Zeit«, sagte sie. »Wahrscheinlich fahre ich heute nur die Hälfte der Strecke und bin morgen zu Hause.«

Er trat vor sie und sah ihr in die Augen. »Wirst du auch bestimmt klarkommen?«

»Ich schaffe das schon.«

»Ich hab' gehört, dein Onkel liegt noch immer im Koma. Die Ärzte glauben nicht, daß er es schafft.«

Sie nickte. Sie war in Howards Haus gewesen, um nach der Telefonnummer des Heims zu suchen. Sie hatte sie gefunden, zusammen mit Unterlagen, aus denen hervorging, daß Howard ein beträchtliches Vermögen gespart und für Kevins weiteren Unterhalt einer Treuhandgesellschaft übergeben hatte. Sie hatte die Gesellschaft und Kevins Heimmutter angerufen und sie über Howards Gesundheitszustand informiert. Sie hatte der Heimmutter versichert, daß die Kosten für Kevins Unterkunft, seine Verpflegung und Betreuung von nun an von der Treuhandgesellschaft übernommen würden. Es war überflüssig gewesen, zu erwähnen, daß es sich vermutlich um Drogengeld handelte. Dann war sie ein letztes Mal zu Emmas Haus gefahren, um sich bei ihrem Retter Ben Cornsilk zu bedanken.

»Wo wir gerade von Onkeln sprechen«, sagte sie, »Ben sagte, er sei in Kansas City bei der Polizei gewesen.«

»Ja, er hat verdeckt für die Drogenfahndung gearbeitet. Ist pensioniert worden, nachdem ihn ein Dealer mit'm Messer fast umgebracht hätte. Als er zurückkam, hat ihn 'ne Firma in Muskogee als Wachmann eingestellt. Gestern hab' ich gehört, Tiana hat ihm erzählt, daß sie herauskriegen wollte, wer den Kids hier Drogen verkaufte. Als sie starb, ging er zum Sheriff und meldete sich freiwillig, um ohne Bezahlung verdeckt zu ermitteln. War alles, was er für Tiana noch tun konnte, schätz' ich. Omi und ich sollten von seiner Tätigkeit nichts mitkriegen. Ben hat gesagt, er wollte nicht, daß wir hineingezogen werden. Aber alles kam raus, als er Howard schnappte.«

Marisa seufzte. »Du wußtest die ganze Zeit, daß es Howard war, nicht wahr?«

Er senkte schuldbewußt den Kopf und nickte langsam. »Er war mein Dealer. Als ich aus der Rehaklinik zurückkam, sagte er mir, wenn ich keinen Stoff mehr bei ihm beziehen will, ist das in Ordnung, aber ich soll besser den Mund halten, sonst ist Omi dran. Ich wußte, daß das keine leere Drohung ist.«

Marisa schauderte bei der Vorstellung, wie Howard Emma etwas antat. Sie hatte geglaubt, sie würde ihren Onkel gut kennen, dabei hatte sie ihn kein bißchen gekannt. »Ich war sicher, Ben sei der Dealer. Ich habe nicht einen Moment lang Onkel Howard verdächtigt, obwohl das eigentlich nahelag. Sein Laden ist die Anlaufstelle für alle Jugendlichen aus der Umgebung. Der ideale Ort, um Drogen zu verkaufen.«

»Tut mir leid, Marisa«, sagte Johnny. »Ich weiß, du hast Howard sehr gern gehabt.«

»Da draußen am Abhang war er ein anderer Mensch. Du hast einmal gesagt, Emma glaubt, daß etwas Böses Tiana getötet hat. Emma hat recht. Genau das habe ich in Howards Augen gesehen und in seiner Stimme gehört, als er versuchte, mich umzubringen. Das Böse.«

»Ben hat das Drogenversteck gefunden, als er sich Tianas Bild ansah. Genau wie du. Er hatte sogar Howard im Verdacht, konnte es aber nicht beweisen. Ich hab' mich gefragt, warum Ben in letzter Zeit nie zu Hause war, außer zum Schlafen. Jetzt weiß ich, daß er die Zeit damit verbracht hat, das Drogenversteck zu beobachten und auf den Dealer zu warten.«

»Dann ist er an diesem Samstag gar nicht erst zur Arbeit gegangen?«

Johnny schüttelte den Kopf. »Nein, das hat er Howard nur gesagt. Statt dessen ist er in den Wald gegangen und hat sich auf die Lauer gelegt.«

»Wie auch immer – es ist zu Ende«, sagte Marisa. Viele Dinge waren zu Ende, unter anderem war ihre Kindheit endgültig vorüber. »Ich mache mich besser auf den Weg.« Einem plötzlichen Impuls folgend, umarmte sie ihn. Er drückte sie fest an sich.

»Ich bin stolz auf dich, Johnny. Versuch, sauber zu bleiben.«

»Das werd ich. Onkel Ben macht mir die Hölle heiß, wenn ich nicht clean bleibe.« Er trat zurück. »Ich wünschte, du würdest in der Nähe bleiben. Komm uns mal besuchen.«

Sie schaute zu, wie er davonfuhr, dann ging sie noch einmal durch das Haus und legte Tianas Bild in den Wagen. Anschließend ging sie zum Baum hinüber, auf dem die Eule saß. »Paß mir auf alles gut auf«, sagte sie und kam sich ein wenig lächerlich dabei vor, mit einer Eule zu sprechen, die sie einfach nur mit großen weisen Augen anschaute.

Sie fuhr ab, ohne sich noch einmal umzusehen. Sie und Johnny wußten beide, daß sie nie mehr zurückkommen würde.

Originaltitel: Harbinger
Deutsch von Kenzo Fukai

Lisa Lepovetsky

Das letzte Treffen

 **Meistens verstand ich** mich mit der älteren Schwester meiner Mutter, Agatha Windom, ganz gut – vielleicht weil es mich nie interessiert hatte, ob ich erben würde oder nicht. Das Einkommen meines Pubs reichte mir zum Leben; ich hatte es nicht nötig, ihr irgend etwas abzuschwatzen.

Wenn ich nicht an dem Geld interessiert war, warum ging ich dann zu ihren armseligen Treffen? Warum schloß ich mich jedes Jahr einem Haufen blutrünstiger Verwandter an, zu dem nicht zuletzt Agatha selbst gehörte?

Um ehrlich zu sein, ich habe meiner Mutter am Sterbebett das Versprechen gegeben, mit meinen »Wurzeln« verbunden zu bleiben. Die Teilnahme an Tante Agathas Treffen erleichterte mein schlechtes Gewissen, daß ich meine Verwandten nicht öfter besuchte. Zugleich erinnerte sie mich daran, warum ich ihnen die übrigen 51 Wochenenden des Jahres aus dem Weg ging. Das einzige, was Tante Agatha rettete, war, daß sie sich nicht beschwerte, wenn ich Lady Lucy mitbrachte.

Lady Lucy ist meine schwanzlose gestreifte Mankatze; sie begleitet mich überallhin. An einem bitterkalten Januarmorgen vor fünf Jahren fand ich sie vor meiner Hintertür. Sie tänzelte direkt ins Haus und machte es sich auf meinem Sessel bequem. Ich stellte sie keinen Moment in Frage; sie gehörte offensichtlich in mein Steinhaus aus dem 18. Jahrhundert. Wir beide wußten sofort, daß wir füreinander bestimmt waren. Sie war bemitleidenswert dünn und ziemlich nervös – noch heute rennt sie unters Bett, wenn Fremde das Haus betreten. Offensichtlich hatte sie ein traumatisches Erlebnis. Aus diesem Grund nannte ich sie Lady Lucy Duff Gordon, nach einer Überlebenden des *Titanic*-Unglücks.

Aus irgendeiner bizarren, katzenartigen Überlegung heraus schien Lady Lucy Tante Agatha zu mögen – ein weiterer Grund, warum ich mich zwang, ihre Treffen zu besuchen. Tante Agatha legte ihre jährlichen Treffen immer auf Anfang Oktober, was ein Segen war, denn es ist dann gewöhnlich kälter in Nordpennsylvania, und niedrigere Temperaturen lassen die erhitzten Gemüter etwas abkühlen. Obwohl ich in Wahrheit vermutete, daß sie es heimlich genoß, wenn die Verwandten sich gegenseitig an den Kragen gingen.

Doch dieser letzte Oktober war die Ausnahme, die die Regel bestätigt; das Thermometer war seit einer Woche nicht unter 25° C gefallen, und als Lucy und ich am Freitag nachmittag ankamen, fühlte ich mich, als sei Tante Agatha an den Amazonas gezogen.

Noch bevor ich Gelegenheit hatte zu läuten, öffnete meine Cousine Melba die Tür. Sie lebte damals noch mit Tante Agatha in der Familienvilla. Bis auf eine einzige Leidenschaft entspricht Melba ganz dem Klischee einer ältlichen Jungfer: ergrauendes Haar im praktischen Kurzhaarschnitt, konservative Röcke und Hosen, eine sowohl zweckmäßige als auch bequeme Brille mit Drahtgestell – und eine Zunge, scharf wie ein Rasiermesser.

Die Ausnahme von der Regel ist Melbas Golfleidenschaft. Sie behandelt ihre Golfschläger, als wären sie aus Gold, reinigt sie nach jedem Spiel sorgfältig mit einem Tuch aus Chamoisleder und bewahrt sie in einer original marokkanischen Ledertasche auf, für die sie ein kleines Vermögen bezahlt haben muß. Ich bin oft erstaunt, daß Melba sich dazu überwinden kann, mit einem ihrer wertvollen Schläger tatsächlich einen Ball zu schlagen.

Trotz ihrer etwas düsteren Erscheinung habe ich Melba immer gern gehabt. Sie hat einen beißenden Humor, gute Menschenkenntnis und ist ehrlich. An jenem heißen Tag wischte Melba sich die Stirn mit einem leinenen Taschentuch, während sie die Tür hinter mir schloß. »Mein Gott, Essie, du siehst völlig erschöpft aus«, sagte sie und zog mich in das dunkle Foyer. »Für Oktober ist diese Hitze unglaublich. Es soll noch eine Woche lang so bleiben. Und erst die Luftfeuchtigkeit!«

Melba blickte auf die Tragekiste in meiner Hand und lächelte. »Wie ich sehe, hast du Lady Lucy mitgebracht. Es wird interessant sein zu sehen, wie sie mit Adriennes neuem Klotz am Bein zurechtkommt.« Sie beugte sich hinunter und steckte zwei Finger durch die Tür der Kiste. Lady rieb ihr Kinn daran und schnurrte laut. »Wie wär's mit einem Eistee? Ich habe Zitronenmelisse reingetan.«

Ich nickte. Im Taxi hatte die Klimaanlage nicht funktioniert, und ich fühlte mich ziemlich kribbelig – sowohl physisch als auch emotional. »Das klingt wunderbar«, sagte ich. »Ich bringe meine Sachen nach oben. Das Rosenzimmer, wie üblich?«

Bevor Melba antworten konnte, ertönte ein spitzer Schrei vom oberen Ende der Treppe, und Adrienne Windom-Bosworth stürzte die Treppe herunter auf mich zu. Ich zuckte zusammen. Manchmal kann man kaum glauben, daß sie und Melba von derselben Mutter abstammen. Adrienne und Melba sind wie Tag und Nacht, Sonne und Mond, Feuer und Wasser. Adriennes gebleichte Locken hüpften auf ihren eleganten Schultern auf und nieder, als sie die Luft neben meiner Wange küßte. Beim Anblick ihrer kühlen Haut und ihres perfekt sitzenden rosa Sommerkleids aus Chiffon fühlte ich mich noch müder und schmutziger.

»Hallo, Adrienne«, brachte ich heraus und wandte mich dann zu Melba. »Ich denke, ich verschiebe den Tee auf später und springe gleich unter die Dusche. Danach fühle ich mich hoffentlich wieder wie ein Mensch.«

»Essie, du siehst immer wunderbar aus«, log Adrienne. »Wir haben so viel nachzuholen. Ich kann es nicht abwarten, daß du meinen Wilson kennenlernst. Es hat uns so leid getan, daß du vorigen Februar nicht zur Hochzeit kommen konntest, aber das Wetter war ja auch schrecklich. Du wirst ihn lieben; alle tun es. Er müßte jede Minute zurücksein – er läßt seinen Zwei-Meilen-Lauf nie aus.«

Melba lächelte verbissen. »Ich bring' deine Tasche hoch, Essie.« Sie packte meinen Koffer und ging nach oben. Ihr graues Kleid und Haar vermischten sich mit dem grauen Teppich auf der Treppe, bis sie fast zu verschwinden schien.

Adrienne blickte auf Lady Lucys Kiste und rümpfte ihre hübsche Nase. »Wie ich sehe, hast du dieses ... Tier wieder mitgebracht.« Ich nickte und biß die Zähne zusammen, um einen Streit gleich zu Beginn des Wochenendes zu vermeiden. Jetzt bemerkte ich, daß Ladys Schnurren aufgehört hatte. »Ich hoffe, es stört Wilson nicht«, fuhr Adrienne fort. »Er ist allergisch gegen Fell.«

»Ich werde versuchen, sie ihm vom Leib zu halten.«

Adrienne schien das zu akzeptieren und schwatzte noch ein paar Minuten weiter, bis ich – als sie aufhörte, um Luft zu holen – eine Frage einwarf.

»Und wer wird dieses Jahr noch erwartet?«

»Soweit ich weiß«, sagte Adrienne, »sind wir vollzählig. Ach, und Philip Wolfe, Mutters Arzt. Melba hat darauf bestanden, ihn zum Abendessen einzuladen, nachdem er seit Mutters Sturz fast jeden Tag hier herausgekommen ist, um sie zu untersuchen.« Sie beugte sich verschwörerisch zu mir herüber, und ich meinte, ein sanftes Fauchen aus der Tragekiste zu vernehmen. »Aber du und ich wissen, warum sie ihn *in Wahrheit* eingeladen hat.« Sie richtete sich wieder auf. »Das sind alle, denke ich. Es gibt sonst ja auch nicht viele, die kommen könnten – oder wollten.«

»Da du gerade von Dr. Wolfe sprichst«, sagte ich, »wie geht es Tante Agathas Bein?«

»Es ist die Hüfte. Der gute Doktor meinte, es kommt wieder in Ordnung, aber sie ist 82; zur Zeit kann sie ohne Vaters alten Spazierstock mit dem silbernen Kopf nicht mal aufstehen. Im Moment hat sie sich im Wohnzimmer eingeschlossen und ist mit Papieren oder sonst etwas aus dem Safe beschäftigt – sie will nicht gestört werden. Du kennst sie ja.«

»Hat sie dieses Jahr keine Aushilfe angestellt?«

Adrienne schüttelte den Kopf. »Du wirst es nicht glauben – sie war den ganzen Vormittag draußen im Garten, um Astern für den Tisch zu pflücken und Melisse für das *Julep* später. Sie konnte kaum noch laufen, als sie wieder hereinkam. Aber sie würde nie zugeben, wie schlimm es ist – sie hält sich immer noch für die *Grande Dame*, weißt du. Sie erlaubt niemandem außer Melba, ihr bei der Zubereitung des Abendessens zu helfen.«

»Sie fürchtet, wir würden sie vergiften, um an den Familienschmuck heranzukommen«, mischte sich eine Stimme hinter mir ein.

Ich drehte mich um und sah einen blonden Mann in weißen Shorts und einem T-Shirt der Princeton University zur Haustür hereinkommen. Er versteckte ein Miniatur-Fernglas in den Hosentaschen und tupfte sich überflüssigerweise das Gesicht mit einem kleinen Handtuch ab.

»Oh, Wilson, das ist meine Cousine Essie Booker aus Philadelphia. Sie besitzt dort eine Bar.«

Ich biß die Zähne zusammen, während er mir die Hand schüttelte. »Es ist keine Bar, Adrienne. Es ist ein Pub im englischen Stil – das Hart and Dragon.«

Es tat mir sofort leid, sie korrigiert zu haben, da beide mich einen Moment lang verdutzt anschauten. Ich sah, daß eine Diskussion zu nichts führen würde. Dann lenkte uns Lady Lucy durch ein sanftes Miauen ab, und ich entschuldigte mich, um duschen und mich umziehen zu gehen.

Das Essen war wie immer eine trostlose Angelegenheit: herausgeputzte Gäste, zu lang gebratenes Roastbeef und zu kurz gekochte Kartoffeln. Offensichtlich hatte Tante Agatha, seit ich sie zuletzt gesehen hatte, nichts dazugelernt. Melba hatte einen ausgezeichneten Biskuitauflauf gemacht, aber keiner aß viel, da wir alle in der von Tante Agatha verlangten Abendkleidung vor Hitze vergingen. Sogar der Kragen von Wilsons Seidenhemd war unter dem Anzug durchnäßt, als er endlich aufhörte, im Dessert zu stochern. Adrienne trug ein scharlachrotes, bodenlanges Gazekleid, unter dem nur die Spitzen ihrer goldenen Sandalen hervorguckten. Sie sah als einzige noch kühl und frisch aus.

Kurz vor Beginn des Abendessens war Philip Wolfe gekommen und hatte Tante Agatha freundlich begrüßt. Sie schien seinen Händedruck nicht ganz so herzlich zu erwidern. Ich versuchte, von ihrem unfreundlichen Verhalten durch eine belanglose Plauderei abzulenken, doch er lächelte nur schüchtern und schien sich unwohl zu fühlen. Ich hoffte, daß er mit Kranken besser umgehen konnte. Aufrecht saß er Melba gegenüber unbeholfen am Tisch und wirkte eher wie ein Butler, den man unerwartet eingeladen hatte, mit seinen Arbeitgebern zu essen. Er aß wenig und sprach noch weniger. Ich merkte aber, daß er und Melba während der Mahlzeit ein paar kurze Blicke austauschten.

Sobald wir in mein Zimmer gekommen waren, hatte ich Lady Lucy aus ihrer Kiste gelassen. Sie war mir zum Essen gefolgt und hatte sich unverzüglich im satinbedeckten Schoß von Tante Agatha zusammengerollt. Dort blieb sie, während wir aßen. Ich bemerkte, daß die alte Dame ihr während des Essens ein paar Häppchen zusteckte. Niemand sonst bemerkte Lucy, und Wilson schien sich trotz der schrecklichen Allergie, unter der er laut Adrienne litt, nicht angeschlagen zu fühlen.

»Also, Melba«, begann Adrienne und lehnte sich neugierig vor, nachdem ich geholfen hatte, den Tisch abzuräumen und Kaffee zu servieren. »Erzähl uns die Wahrheit – was geht wirklich vor zwischen dir und dem guten Dr. Wolfe? Höre ich da schon von weitem die Hochzeitsglocken läuten?«

Ich fühlte, mehr als daß ich es hörte, wie Tante Agatha am Tischende nach Luft schnappte. Aus dem Augenwinkel sah ich ihren kleinen Körper im schwarzen Satin leicht erzittern, wobei ihr weißes Haar in den Haarbändern vibrierte. Vorsichtig setzte sie Lady Lucy auf den Boden, stand dann langsam und majestätisch auf, wobei sie sich zur Unterstützung an ihren Stock klammerte, und humpelte ohne ein Wort ins Foyer und die dunklen Treppen hinauf. Mit einem stillen Seufzer trottete Lady Lucy zu mir und rollte sich neben meinem Stuhl zusammen.

Philip schaute ihr mit zusammengekniffenen Augen nach, die Lippen fest zusammengepreßt. Dann nahm er einen großen Schluck Wein.

»Wie konntest du nur?« Melba starrte Adrienne an. »Du weißt, wie Mutter über unsere Beziehung denkt.«

Philip sagte nichts, aber ich bemerkte, wie die Muskeln an seinem Kinn zuckten. Ungeachtet dessen, was Adrienne vorher im Foyer angedeutet hatte, war dies das erste Mal, daß ich von Melbas Interesse an einem Mann hörte. Ich freute mich für sie, beschloß aber, im Moment besser zu schweigen.

»Du kannst sie nicht ewig dein Leben bestimmen lassen, Melba«, seufzte Adrienne und zupfte einen unsichtbaren Fussel von ihrem Kleid. »Warum heiratest du ihn nicht einfach?«

Melba stand auf, und ich konnte sehen, wie die Wut in ihr hochstieg. Sie und Philip sahen sich einen Moment lang an, und dann sagte sie: »Aus demselben Grund, aus dem du einmal im Jahr hierher zurückkommst, liebe Schwester«, zischte sie. »Des Geldes wegen.«

Melba warf mir einen Blick zu. »Entschuldige, Essie, aber es ist wahr. Schon vor Jahren hätte ich Mutter in ein Altersheim gegeben und Philip geheiratet, aber sie würde mich in Null Komma nichts enterben. Sie hat Angst, daß sie die Kontrolle über

Adrienne und mich verliert und auf ihre alten Tage alleingelassen wird. Deshalb hält sie uns ihren Reichtum unter die Nase. Und was mich angeht – ich beabsichtige nicht, vor einem Vermögen davonzulaufen.«

»So hängst du also in diesem Mausoleum herum und wartest darauf, daß sie stirbt.« Adrienne machte ein mürrisches Gesicht. »Schau dich an. Wann hast du dir das letzte Mal neue Kleider gekauft?« Adrienne beherrschte es meisterhaft, bei anderen Leuten den wunden Punkt zu finden.

Philip spannte seine Muskeln an und öffnete den Mund, um etwas zu erwidern, aber Melba warf ihm einen finsteren Blick zu, und er schüttelte nur den Kopf und schwieg.

»Was das Erbe betrifft, solltest du nur von dir sprechen«, fuhr Adrienne fort. »Wilson und ich kommen hierher, weil wir Mutter lieben, nicht wahr, Schatz? Und sie liebt Wilson über alles.« Ich blickte zu Wilson. Er nippte an seinem Wasser und grinste, während er den zankenden Schwestern zusah, so als ob er ein Tennisspiel genießen würde.

Melba wischte sich über die feuchte Stirn. »Das wette ich, so wie er sich bei ihr einschmeichelt. Es ist scheußlich. Ich bin wenigstens ehrlich. Und ich weiß, daß Philip es wert ist, auf ihn zu warten.« Ihre Augen wanderten zu Wilson, der die Stirn runzelte, als sie sagte: »Ich möchte mich nicht mit einem Heuchler, der nur aufs Geld aus ist, herumschlagen.«

»Komm mit, Essie«, sagte sie und ergriff meinen Arm, bevor Adrienne antworten konnte. »Laß uns an die frische Luft gehen.« Sie schob mich hinaus auf die Veranda. »Du setzt dich hierhin und wartest auf mich. Ich werde Philip zu seinem Auto begleiten, und dann werden wir beide schön miteinander plaudern.« Lady Lucy sprang mit einem gelangweilten Maunzen auf und jagte hinter uns her.

Einige Zeit später tauchte Melba wieder auf, um zu sagen, daß sie im Garten spazierengehen würde. Sie erklärte entschuldigend, daß sie einfach zu aufgebracht sei für ein kleines Schwätzchen. Also saßen Lady und ich etwa eine Stunde lang auf einem der Rattan-Schaukelstühle und lauschten dem Streit der Crikketspieler, wann das Wetter sich wieder normalisieren würde.

Als ich später wieder ins Haus ging, erinnerte ich mich, daß Tante Agatha eine Karaffe mit Brandy auf dem Wohnzimmertisch stehen hatte, und beschloß, einen Schlaftrunk zu nehmen. Als ich die schweren Schiebetüren des Eßzimmers öffnete, drängte sich Lady Lucy vor mir hindurch. Ich betrat das dunkle Zimmer und versuchte mich zu erinnern, wo der Lichtschalter war. Ich ließ meine Hand über die Velourstapete gleiten und stolperte beinahe an der Tür: Tante Agathas Spazierstock. Ich beugte mich hinab, um ihn aufzuheben. Der Teppich darunter fühlte sich feucht an – vielleicht hatte Tante Agatha etwas Brandy verschüttet, als sie versucht hatte, ein Glas zu tragen und gleichzeitig den Stock zu halten. Ich schnupperte an meinen Fingern. Es roch nach nichts, offensichtlich war es Wasser. Ich rief nach Tante Agatha, erhielt aber keine Antwort. Lady Lucy war wieder neben mir. Nervös schlängelte sie um meine Knöchel und miaute.

Endlich fand ich einen Schalter an der Wand, und der Raum wurde von Licht durchflutet. Jetzt sah ich den Grund für Lucys Aufregung: Tante Agatha lag mitten im Zimmer am Boden, um ihren Kopf war eine Blutlache. Zu ihren Füßen lag ein Golfschläger, und sein langer Metallschaft und Ledergriff waren voller Blut.

Ich näherte mich vorsichtig dem reglosen Körper und suchte erfolglos Puls und Herzschlag. Obwohl die Fenster offen standen, war es im Zimmer heiß und stickig. Die Vorhänge waren durch Schnüre zurückgebunden. Das Wandgemälde gegenüber dem Fenster war zur Seite geschoben worden und legte einen offenen Wandsafe frei. Ich verließ den Raum, um die anderen zu suchen.

Melba war in der Küche und legte Frühstücksbesteck auf die Anrichte. Sie trug einen weißen Hausmantel aus Chenille. Als ich von ihrer Mutter berichtete, sank sie auf einen Stuhl und seufzte.

»Bist du sicher, daß sie tot ist?« fragte sie dann ruhig. Melba reagierte nie so, wie man es erwartete.

»Ja«, sagte ich. »Jemand muß eingebrochen sein und hat sie mit deinem Golfschläger ermordet.«

»*Mein Golfschläger?*« Melba stand auf und zeigte endlich eine Reaktion. Sie rannte aus dem Raum in Richtung Wohnzimmer.

Gerade kamen Adrienne und Wilson die Treppe herunter, noch in denselben Kleidern wie beim Abendessen. Wilson hatte jedoch Jackett und Krawatte ausgezogen.

»Ich sah, daß das Licht brennt«, sagte Wilson. »Was ist passiert?« Ich erklärte es, woraufhin Adrienne schrie und ohnmächtig wurde. Als wir das Wohnzimmer betraten, stand Melba neben Tante Agatha und hielt den Golfschläger in der Hand. Sie untersuchte den Holzkopf auf Risse, nehme ich an.

»Melba!« schrie Adrienne. »Was hast du getan?« Lady Lucy zischte und fauchte, während sie hinter meinen Füßen zu ihr hochspähte.

»Ich?« Melba drehte sich um und hielt den Schläger höher, so daß ich einen Moment lang dachte, sie würde ihn gegen ihre Schwester oder Wilson einsetzen. Ich trat zwischen sie.

»Du läßt ihn besser, wo er war«, sagte ich. »Wo bewahrst du deine Schläger auf?«

Sie führte mich durch die Küche zu einem kleinen Lagerraum, wo ihre polierte lederne Golftasche seitlich am Boden lag. Sie schnappte nach Luft, hob sie auf und hängte sie vorsichtig an einen großen Metallhaken an der Wand. Ich bemerkte, daß Lady Lucy an einem Streifen rosa Flüssigkeit auf dem gelben Linoleumboden schnüffelte, und beugte mich vor, um ihn zu untersuchen.

»Blut?« fragte Melba und rümpfte entsetzt die Nase.

»Nein, ich glaube nicht. Es scheint Wasser zu sein.«

»Etwas davon ist auf meine Tasche gekommen«, murmelte sie

und wischte mit der Fingerspitze einen Tropfen von ihrer Tasche.

»Niemand faßt diese Schläger an außer dir«, rief Adrienne herrisch vom Eingang her. Wilson war ihr gefolgt und stand jetzt hinter ihr, wobei er mißtrauisch die Stirn runzelte. Lady Lucy linste mit zusammengekniffenen, mißtrauischen Augen zu ihm hinüber; ihre Ohren lagen flach am Kopf an.

»Die Haustür ist noch abgeschlossen«, fuhr Adrienne fort. »Ich habe gerade nachgeschaut. Es ist also niemand hereingekommen. Du bist diejenige, die ihren Tod wollte, Melba. Du bist diejenige, die sie gehaßt hat. O mein Gott, du hast unsere Mutter umgebracht, nur damit du Philip Wolfe heiraten kannst.« Sie lehnte sich an Wilsons Schulter, und es gelang ihr, zerbrechlich auszusehen.

Wilson schaute sich um. »Wo ist Dr. Wolfe?« fragte er.

Melba starrte ihn nur an und schob ihn zur Seite, als sie ins Wohnzimmer zurückging. Nachdem ich ein Stück Plastikhülle über den nassen Streifen auf dem Linoleumboden gelegt und Adrienne und Wilson angewiesen hatte, nichts zu berühren, folgte ich ihr. Melba stand in der Mitte des Zimmers und starrte verdrießlich auf die Leiche ihrer Mutter.

»Ich denke, wir werden die Polizei holen müssen«, sagte sie ruhig. »Es sieht nicht gut aus für mich, glaube ich.«

»Da wäre ich nicht so sicher«, erwiderte ich, als Adrienne und Wilson ins Zimmer kamen.

»Wie erklärst du es dir sonst, Essie?« fragte Adrienne. »Sie hatte eindeutig ein Motiv – Geld und die Freiheit, Philip zu heiraten. Es war ihr Schläger, mit dem Mutter getötet wurde. Dabei fällt mir ein – wart ihr nach dem Abendessen zusammen?«

»Nein«, gab ich zu, »aber mit euch beiden war ich auch nicht zusammen.«

»Und sie hat sich umgezogen«, fügte Adrienne hinzu, ohne meine letzte Bemerkung zu beachten. »Wo ist dein Abendkleid, Melba?«

»Ich habe es in die Waschmaschine getan«, sagte Melba. »Ich hatte etwas Bratensaft auf den Rock geschüttet und wollte nicht, daß der Fleck eintrocknet.«

»Wie klug von dir«, spottete Adrienne. »Ich habe nicht gesehen, daß du etwas verschüttet hast.« Das hatte ich auch nicht, aber ich sagte es nicht.

Wilson ging zur Anrichte hinüber und nahm den Telefonhörer ab. »Ich rufe die Polizei an«, verkündete er selbstgefällig. Melba versuchte nicht, ihn aufzuhalten.

Als er die Nummer wählte, rollte Lady Lucy sich um Adriennes Fußgelenke zusammen. Ich war überrascht, denn normalerweise schien sich Lady Lucy nicht viel aus Adrienne zu machen. Aber, typisch Katze, häufig schien sie den Kontakt mit Leuten reizvoll zu finden, die sie eher vermieden. Ich beobachtete sie, während ich mit halber Aufmerksamkeit Wilsons murmelnder Stimme zuhörte. Adrienne war barfuß, und ihre blassen Fußknöchel schienen deutlich unter dem gekräuselten roten Saum ihres Kleides hervor. Sie verzog das Gesicht und stieß Lady Lucy mit ihrem zarten Fuß bestimmt weg.

Wilson legte auf. »Sie schicken jemanden her, in ein paar Minuten wird er dasein. Essie, du wirst ihnen alles erzählen, was du über die Vorgänge des heutigen Abends weißt.«

»Das habe ich vor«, antwortete ich. »Ich werde ihnen sogar erzählen, wer meiner Meinung nach Tante Agatha getötet hat.«

»Selbstverständlich.« Wilson lächelte beinahe. Ich hätte ihn ohrfeigen können. Er wandte sich zu Adrienne, meinte aber offensichtlich noch mich, als er sagte: »Wie ich vor ein paar Minuten erwähnt habe, bin ich mir nicht so sicher, ob es Melba war, Schatz«, sagte er. »Ich neige eher dazu, Dr. Wolfe zu verdächtigen.«

Melba gab einen knurrenden, fauchenden Laut von sich, der mich an Lady Lucy erinnert, wenn der Nachbarhund vor unserem Haus herumschnüffelt. Ich streckte eine Hand aus, um sie zum Schweigen zu bringen.

»Ich glaube nicht, daß Philip etwas damit zu tun hat«, sagte ich.

»Aber er muß gewußt haben, wo Melba ihre Schläger aufbewahrt«, sagte Wilson und zog seine Stirn in Furchen, wohl um aufrichtiger zu erscheinen. »Er ist immer hier; er kennt das Haus fast so gut wie wir. Und bedenkt man seine Beziehung zu Melba, dann hatte er gewiß ein Motiv, Agatha umzubringen.«

»Schon möglich«, gab ich zu. »Aber als ihr Arzt stünden ihm bessere, subtilere Methoden zur Verfügung, als sie totzuschlagen. Nein, ich werde ihnen zuerst erzählen, daß du versucht hast, ein kleines Fernglas zu verstecken, als du heute nachmittag von deinem ›Lauf‹ zurückkamst. Zu dem Zeitpunkt habe ich mich gefragt, warum du weder außer Atem noch verschwitzt warst. Als ich heute abend den Safe hinter dem Gemälde sah, wurde mir klar, daß du von draußen Tante Agatha beim Öffnen ihres Safes beobachtet hast, um die Kombination herauszufinden.«

»Was . . . ich? Bist du verrückt?« stammelte Wilson, aber ich kam gerade erst in Schwung.

»Und ich fragte mich, warum auf dem Griff des Golfschlägers mehr Blut war als auf seinem Kopf, bis ich mich an das Wasser unter Tante Agathas Spazierstock erinnerte. Sie wurde gar nicht mit dem Golfschläger niedergeknüppelt, sondern mit ihrem eigenen Stock, den der Mörder dann abwusch, vielleicht an einem der Wasserhähne der vorderen Veranda. Du dachtest wahrscheinlich, das Wasser würde schnell trocknen, Adrienne, aber bei dieser Luftfeuchtigkeit –« Ich machte eine Pause, um Luft zu holen.

»Das ist lächerlich«, verkündete Adrienne.

»Findest du? Nun, die Polizei hat Tests, um herauszufinden, ob auf dem Stock schon einmal Blut war. Und diese nassen Streifen auf dem Boden des Lagerraums sehen aus, als ob sie von einem wasserdurchnäßten roten Gazekleid stammen könnten. Und dein Kleid . . .«

»Was ist mit meinem Kleid?« Adriennes Stimme war kalt vor Wut.

»Gaze ist doch so empfindlich, oder?« fragte ich. »Wenn es plötzlichen Temperaturschwankungen ausgesetzt ist, schrumpft es sofort. Du mußt versucht haben, dein Kleid mit einem Föhn zu trocknen; deshalb ist es jetzt so viel kürzer als beim Abendessen. Ich hätte es wahrscheinlich nicht bemerkt, wenn nicht deine Fußgelenke so gut zu sehen gewesen wären, als du Lady Lucy wegschobst.«

»Wie kannst du nur denken, ich würde meine eigene Mutter umbringen?« Adriennes Kinn zog sich in Falten, und sie drückte eine Träne aus ihrem Auge.

»Das tue ich ja gar nicht«, fuhr ich fort. »Ich glaube, Wilson hat es getan. Deshalb hat er sein Jackett und seine Krawatte versteckt – wenn sie gefunden werden, werden sie höchst wahrscheinlich Blutspuren aufweisen. Er war wohl gerade dabei, den Safe zu öffnen, als Tante Agatha ihn überraschte. Vielleicht griff sie ihn von hinten mit ihrem Stock an, vielleicht lief es auch ganz problemlos. Jedenfalls hat er sie damit erschlagen.«

»Ich weiß nicht, ob du den Plan mit ihm vorbereitet hast, Adrienne, aber du hast den Stock für ihn abgewaschen und ihn durch den Golfschläger ersetzt, ohne dich darum zu kümmern, die Tasche wieder zurückzuhängen, was Melba bestimmt getan hätte. Und sie hätte auch niemals einen ihrer Schläger auf diese Art verschmutzt.«

»Dann hast du den nassen Stock wieder ins Zimmer zurückgebracht, wobei du eine Wasserspur hinterlassen hast. Der Stock lag zu weit von Tante Agatha entfernt, um einfach nur hinuntergefallen zu sein, als sie starb; sie hätte nicht so weit laufen können ohne ihn. Folglich muß jemand anders ihn benutzt haben – offensichtlich, um sie zu töten.«

Melba sank auf einen der Sessel und weinte. Ich war gerührt, bis ich sie sagen hörte: »Ich kann nicht glauben, daß sie einen meiner armen Golfschläger benutzt haben.« In der Ferne begannen Sirenen zu heulen.

Ich schaute mich nach Lady Lucy um, und da war sie, zusammengerollt lag sie zu Tante Agathas Füßen und schnurrte. Es schien, als sei sie die einzige, die die alte Frau wirklich vermißte.

Originaltitel: Final Reunion
Deutsch von Julia Riesz

Barbara Paul

Zum Teufel mit dir!

 **Die Krankenschwester** fixierte den Verband um Lews Oberarm mit einer Klammer und erklärte ihm, daß die Wunde nachbluten würde. »Kommen Sie kurz vor Feierabend noch einmal vorbei, damit ich den Verband wechseln kann. Möchten Sie etwas gegen die Schmerzen?«

»Ich könnte etwas gebrauchen«, räumte er ein.

Sie reichte ihm zwei weiße Tabletten und einen Pappbecher mit Wasser. »Was Sie wirklich einmal untersuchen lassen sollten, ist Ihr Kopf. Was haben Sie sich eigentlich dabei gedacht, sich ohne Handschuhe ausgerechnet mit dem übellaunigsten Tier des ganzen Parks anzulegen?«

»Ich *habe* Handschuhe getragen!« protestierte Lew. »Sie waren nur nicht lang genug.«

»Tragen Sie das nächste Mal längere.«

Er knirschte mit den Zähnen. »Die werden nicht mehr hergestellt. Danke auch für Ihr Mitgefühl.«

Die Krankenschwester lachte. »Ach was, Sie werden's überleben.«

Becky wartete vor der Erste-Hilfe-Station im Jeep auf Lew. »Tut immer noch weh, was?«

»Ich habe ein paar Schmerztabletten geschluckt.« Er schob sich auf den Beifahrersitz. »Dev lernt. Er wußte, daß es keinen Sinn hat, durch die Handschuhe zu beißen, und hat sich sofort auf die nächste ungeschützte Stelle gestürzt.«

»Oh, er ist schlau. Schlau und bösartig.« Becky ließ den Motor an. »Nächstes Mal gehe ich mit dir rein. Ich habe keine nackten Arme, in die er seine Zähne schlagen könnte.« Die Handschuhe, die sie benutzte, reichten ihr bis zu den Achselhöhlen.

Er seufzte. »Wenigstens habe ich diesem Burschen die Uhr zurückgeben können.«

»Hat er sich bei dir bedankt? Ich wette, mittlerweile ist er längst verschwunden.«

Doch das war er nicht. Der Mann, ein Vater mit zwei kleinen Kindern im Schlepptau – die endlich aufgehört hatten zu weinen –, wartete besorgt an der gleichen Stelle, an der Becky und Lew ihn zurückgelassen hatten. Noch bevor sie aus dem Jeep steigen konnten, setzte er schon zu einer endlosen Litanei aus Entschuldigungen und Rechtfertigungen an. »Ich kann Ihnen gar nicht sagen, wie leid es mir tut. Sind Sie in Ordnung? Sie haben uns zu Tode erschreckt, wissen Sie ... aber Sie müssen ebenfalls Angst gehabt haben, nicht wahr? Es tut mir wirklich leid. Ich hatte keine Ahnung, daß Sie da einfach hineingehen würden ... ich dachte, Sie würden mit einem Betäubungsmittelgewehr auf ihn schießen oder so.«

»Das hätte ihn umgebracht«, erklärte Lew. Er trat an die Umzäunung heran und suchte das Gehege mit den Blicken ab. Dev war nicht zu sehen.

»Betäubungsmittelpfeile sind für Löwen, Bären und dergleichen gedacht. Es gibt keine Dosierung für kleine Tiere, die wirksam ist, ohne ihnen gleichzeitig zu schaden. Kleinere Tiere müssen auf die altmodische Weise außer Gefecht gesetzt werden, mit einer Spritze aus allernächster Nähe.«

Der Mann schüttelte den Kopf. »Er hat mich überrumpelt. Bevor ich wußte, wie mir geschah, stand er am Zaun und riß mir die Uhr weg.«

»Sie hatten Glück, daß er Ihnen nicht den Arm aufgerissen hat«, stellte Becky fest. »Das Schild da warnt die Besucher davor, die gelbe Linie zu übertreten. Die ist rund zwei Meter von der Umzäunung entfernt.«

»Ich weiß, aber ich ... ich habe nicht mehr daran gedacht, weil ich keine klare Sicht in das Gehege hatte. Ich habe noch nie zuvor einen Tasmanischen Teufel gesehen, deshalb wollte ich ihn mir genauer ansehen. All die Bäume und die überhängenden Felsen schirmen das Sonnenlicht ab ... Es ist dunkel da drinnen!«

»Der Teufel ist ein nachtaktives Tier«, erwiderte Becky. »Er muß sich erst langsam daran gewöhnen, auch bei Tageslicht herauszukommen. Wahrscheinlich steckt er jetzt in einem seiner Erdlöcher.«

»Hören Sie, das alles tut mir furchtbar leid, aber ich wußte nicht, daß er sich einfach so auf mich stürzen würde ...«

Die Tierpfleger ignorierten seinen Wortschwall. Schließlich entschied er, er habe sich ausführlich genug entschuldigt, schnappte sich seine Kinder und verschwand.

Im selben Moment tauchte der Tasmanische Teufel auf, nicht aus einem der selbstgegrabenen Erdlöcher, sondern aus seiner Höhle. Er setzte sich auf einen Felsen und starrte die beiden Menschen grimmig an. Voll ausgewachsen und rund siebzehn Pfund schwer, sah er mit seinem schwarzen Fell, der weißgezeichneten Brust, dem großen Kopf und der kräftigen Schnauze wie ein mißgebildeter Hund aus.

»Na, stolz auf dich, Dev?« fragte Lew. »Das war ein richtig lustiger Tag für dich, nicht wahr?«

»Wir werden einen Graben vor diesem Teil der Umzäunung anlegen müssen«, sagte Becky. »Der Typ hätte eine Hand verlieren können.« Der Teufel begann, sie anzumeckern. »Worüber beschwert er sich denn jetzt schon wieder?«

»Wer weiß.« Lew hob die Stimme. »Heh, Dev! Heute nachmittag gibt es eine Überraschung für dich. Wir haben dir einen Spielgefährten besorgt. Kein Tier sollte das einzige seiner Art in einem Zoo sein, nicht einmal ein so hundsgemein veranlagtes Miststück wie du.« Er legte eine kurze Pause ein, während der Teufel ihn anknurrte und fauchte. »Wir haben versucht, dir ein Weibchen zu besorgen, aber zur Zeit sind keine vorrätig. Aber das Männchen ist noch zu jung, um es mit dir aufzunehmen. Du kannst ihm beibringen, genauso bösartig wie du zu sein.«

»Falls Dev ihn nicht vorher zum Frühstück verspeist«, sagte Becky.

Bla-bla-bla hören nie auf mit dem Krach mal BLA-BLA-BLA oder kreischen oder husten har-har-har er blöder Gesichtsausdruck ihre Stimme tut Ohren weh wieder falscher Fisch will *anderen* Fisch nicht *den* Fisch wo ist Meer voller Leckereien wo ist mein Glitzerding blöder Er hat mein Glitzerding weggenommen faß mich noch mal an blöder Kerl und ich reiß anderes Stück aus dir raus will mein Glitzerding wiederhaben ist meins meins MEINS Nacht/Nicht-Nacht hier blöder kleiner Bach mit falschem Fisch keine saftigen Dinger in Schalen keine toten Vögel oder Kühe jetzt überall Zweibeiner starren zeigen machen bla-bla-bla blöder Er blöde Sie kennen nicht Unterschied zwischen falschem und richtigem Fisch haut ab bringt tote Kuh HAUT AB . . .

Martinelli schob ein neues Magazin in die Beretta und vergewisserte sich, daß eine Kugel in der Kammer war. Sollte Joey irgendeine Dummheit versuchen, würde er ihm ein Loch verpassen, durch das die Sonne schien. Halbwegs hoffte er, daß Joey etwas probieren würde. Der verdammte Junge machte mehr Ärger, als er wert war.

»Fertig?« knurrte Damone.

»Yeah, ich bin bereit. Sal, warum pusten wir den Jungen nicht einfach um?«

»Er hat Talent. Wir brauchen ihn.«

»Dann laß uns jemand anderen mit dem gleichen Talent finden«, sagte Martinelli. »Du weißt, daß man dem Typ nicht trauen kann.«

»Bloß weil er mit einem von Polos Jungs einen Drink genommen hat?« Damone verließ das Haus und ging voraus zu dem Lamborghini, der in der Auffahrt parkte. »Hey, sie sind zusammen in die Schule gegangen. Sie stammen beide aus derselben Gegend.«

Martinelli glitt hinter das Lenkrad. »Das ist eine schlechte Idee, Sal. Sobald du Joey auf Polo ansetzt, wird er uns verraten.«

Damone lachte. »Du machst dir nur Sorgen, weil du weißt, daß der Junge auf deinen Job scharf ist. Nein, Joey wird mich nicht an Polo verkaufen.« Sein Lachen verklang. »Das wird er nicht wagen.«

»Es ist ein Fehler«, wiederholte Martinelli stur.

»Ich sag' dir was. Besorg mir ein anderes Talent, das eine so saubere Bombe basteln kann, und ich lasse Joey fallen. Eine Bombe, die keine Rückstände hinterläßt. Kennst du außer ihm noch jemanden, der so ein Ding bauen kann?«

»Nicht aus dem Stegreif«, gestand Martinelli.

»Dann bleibt es bei Joey. Wir behalten ihn ganz genau im Auge, das ist alles.«

»Okay.« Martinelli war immer noch nicht zufrieden, aber er wußte, wann er nachgeben mußte.

Sie fuhren schweigend durch die Stadt, bis sie einen an den Zoo angrenzenden Parkplatz erreichten. »Da ist eine Lücke«, sagte Damone.

Martinelli steuerte den Wagen hinein. »Wo ist unser Treffpunkt?«

»Beim Käfig des Tasmanischen Teufels.«

»Ein Tasmanischer Teufel?« fragte Martinelli verblüfft. »Das ist eine Zeichentrickfigur.«

»Und auch ein richtiges Tier«, erwiderte Damone gereizt, während er ausstieg. »Jesus, Martinelli, weißt du denn überhaupt nichts? Nicht viele Zoos besitzen einen Tasmanischen Teufel, schon gar nicht in diesem Land. Das ist eine große Attraktion, zieht jede Menge Leute an. Kapierst du?«

Martinelli grinste. »Dann traust du ihm also auch nicht.«

»Ich traue überhaupt niemandem, hast du das immer noch nicht gelernt? Komm, laß uns gehen.«

»Dev haßt ihn«, sagte Becky.

»Dev haßt alles«, präzisierte Lew. »Gib ihnen ein bißchen Zeit.«

Der Fotograf des Zoos hatte die Ankunft des Neuzugangs dokumentiert und war wieder gegangen. Das junge Männchen Taz hatte seine ersten Minuten im Gehege gewinselt und sich unsicher umgesehen. Es wog ungefähr ein Drittel dessen, was Dev auf die Waage brachte, hatte den gleichen übergroßen Kopf und schwarzes Fell, auch wenn seine weißen Zeichnungen sich seitlich am Rumpf statt auf der Brust befanden. Dann hatte es Dev erblickt und war auf seinen kurzen Beinen hinübergetrottet, um seinen Artgenossen zu begrüßen, nur um mit einem derben Tritt von Devs Hinterbein und einer ausführlichen Fluchtirade in tasmanischer Teufelssprache empfangen zu werden.

»Oh-hoh«, sagte Becky. »Schau dir seine Ohren an.« Das normalerweise rosafarbene Innere von Devs großen Ohren hatte sich in ein tiefes Purpurrot verwandelt, ein unfehlbares Zeichen für die Erregung eines Tasmanischen Teufels. Taz entdeckte offensichtlich noch weitere Signale und schlich sich davon.

Lew und Becky standen innerhalb des Geheges. Sie trugen Handschuhe und gepolsterte Schutzkleidung, hielten aber trotzdem einen Sicherheitsabstand zu den beiden Tieren mit den messerscharfen Zähnen. Teufel sind Einzelgänger, doch in freier Wildbahn teilen sie sich gelegentlich Reviere. Die Tierpfleger hofften auf eine ähnliche Entwicklung hier in Gefangenschaft. Das Geschlecht der Tiere scheint bei ihrem Zusammenleben keine Rolle zu spielen. Tasmanische Teufel haben eine kurze und heftige Paarungszeit, die sich auf den März beschränkt. Außerhalb dieser Periode zeigen sie kein Interesse am anderen Geschlecht.

Lew entschied, daß eine formelle Vorstellung angemessen war. »Dev, das ist dein neuer Mitbewohner. Sein Name ist Taz.« Er schielte zu Becky hinüber, die die Augen verdrehte. »Du kannst dich mit Taz zanken, wenn er etwas älter ist. Wird das nicht ein Spaß? Gib ihm nur eine Chance, groß genug zu werden, einverstanden?«

Taz hatte aufgehört zu winseln und erforschte seine neue Umgebung, wobei er bereits mißmutig grollte und sich über das beklagte, was er entdeckte.

»Okay, laß uns eine doppelte Portion Fleisch ausgeben und sehen, was passiert«, schlug Becky vor. »Ich wette zehn Scheinchen, daß Dev dem kleinen Kerl nicht einen Bissen überlassen wird.«

»Schlag dir die Wette aus dem Kopf.« Die beiden Pfleger verließen das Gehege. Die Teufel erhielten ihr Futter in einem Trog, der von außen bedient wurde. Lew öffnete die Fleischtruhe, die heute mit der doppelten Ration Rindfleisch gefüllt war. »Devs Lieblingsspeise. Mist, in drei Teufels Namen, die Lieferanten haben die Knochen vergessen ... nein, doch nicht, da sind sie. Okay, fertig?«

Gemeinsam hoben sie die Futterschale aus Aluminium hoch und stellten sie in die Transportrinne. Becky zog an den Griffen, mit denen die Futterschale in den Trog des Geheges befördert wurde, und öffnete dort ein Gitter. Dev wartete bereits, Taz dagegen benötigte einen Augenblick, um zum Trog zu trotten, nachdem er den Fleischgeruch wahrgenommen hatte.

Fressen ist der einzige soziale Austausch, der zwischen Teufeln stattfindet. Wenn genug Nahrung vorhanden ist, bietet sich ihnen so die Gelegenheit, sich aufzuspielen und einander durch die Zurschaustellung ihrer Wildheit zu übertrumpfen.

Es war eine lautstarke Angelegenheit. Dev und Taz stießen und schubsten einander, was wiederum zu Fauchen, Knurren und ausgiebigem Zähnefletschen führte. Das leise Bellen und Schnauben des jungen Taz war ein Kontrast zu Devs langgezogenem monotonen Grollen – das urplötzlich in einem gellenden Schrei eskalierte, der angetan war, selbst das größte Raubtier in Furcht zu versetzen.

»Huiii, was für ein Lärm!« sagte Lew. Becky hielt sich die Ohren zu.

Auch Taz bekam Angst. Er wich zurück. »Das hatte ich befürchtet«, murmelte Becky.

Lew zog eine Taschenlampe hervor und richtete den Strahl genau auf Devs Augen. Dev hörte zwar nicht auf zu fressen, wandte den Blick aber lange genug von der blendenden Lichtquelle ab, damit auch Taz ein Stück Rindfleisch ergattern konnte.

»Vielleicht sollten wir versuchen, sie getrennt zu füttern«, meinte Lew.

»Und ihnen den Spaß nehmen, sich um das Fressen zu streiten? Das wäre grausam, Lew.«

»Ja, du hast recht. Ein dummer Vorschlag.«

Tote Kuh gut mehr tote Kuh als in Bauch paßt trotzdem fressen Anderem wegnehmen MEINE tote Kuh Anderer soll falschen Fisch fressen tote Kuh meins blöder Er und blöde Sie bringen Anderen trotzdem hört bla-bla-bla nicht auf will mein Glitzerding wiederhaben WILL MEIN GLITZERDING bla-bla-bla nehme tote Kuh mit runter in Erdloch hau ab Anderer HAU AB...

Der Parkplatz lag auf der anderen Straßenseite direkt gegenüber dem Gehege der Tasmanischen Teufel. Die beiden Männer lösten zwei Karten und betraten den Tierpark. Martinelli entdeckte Joey zuerst. Sein volles, lockiges Haar flatterte im Wind, das Hemd war fast bis zum Bauchnabel aufgeknöpft, am Hals baumelte ein Goldkettchen. *Ein Goldkettchen...* und trotzdem war der Junge ein eiskalter Killer.

»Da ist er«, sagte Martinelli zu Damone.

Der Junge unterhielt sich mit zwei Zoobediensteten, einem Mann und einer Frau. »Ich nichts sehen. Sind Sie sicher, daß da drinnen ein Tasmanischer Teufel ist?«

»Zwei«, antwortete der Mann. »Aber sie sind gerade gefüttert worden, deshalb schlafen sie jetzt. Bitte, Sir, treten Sie hinter die gelbe Linie zurück.«

Joey ließ sich Zeit, der Aufforderung Folge zu leisten. »Warum? Können die Viecher über den Zaun klettern?«

»Einer von ihnen kann ein Stückchen an ihm hochklettern«, sagte die Frau. »Tasmanische Teufel können auf Bäume klettern. Dieser hier schafft knapp zwei Meter Zaun, bevor er runterfällt. Außerdem kann er seine Schnauze durch die Lücken im Gitter stecken. Glänzende Dinge ziehen ihn an ... er könnte versuchen, sich Ihre Goldkette zu schnappen.«

Joey wirkte überrascht. »Ach, hören Sie auf!«

»Es stimmt«, versicherte der Mann. »Erst heute morgen hat er die Armbanduhr eines Besuchers erwischt.« Er deutete auf den Verband an seinem Arm. »Und das hat er mit mir angestellt, als ich hineingegangen bin, um ihm die Uhr wieder abzunehmen. Also bleiben Sie bitte hinter der gelben Linie.«

Die Frau musterte den Verband ihres Partners. »Lew, der Stoff hat sich schon ziemlich vollgesogen. Du solltest den Verband lieber wechseln lassen.«

»Wir müssen noch die restlichen Beuteltiere füttern.«

»Ich fang' schon mal damit an. Du kannst mir helfen, wenn du zurück bist.«

Der Tierpfleger betrachtete seinen Verband. »Ja, vielleicht sollte ich das besser tun. Die Wagenschlüssel?«

»Soll ich dich fahren?«

»Nein, das schaffe ich schon.«

Sie reichte ihm einen Schlüsselbund, und beide entfernten sich in verschiedene Richtungen.

»Na, Joey, bist du den Wärtern auf die Nerven gegangen?«

Der junge Mann mit dem Goldkettchen drehte sich um. »Oh, Mr. Damone... ich habe Sie gar nicht kommen gehört. Ich wollte mir diesen Tasmanischen Teufel ansehen, aber er hat sich in irgendeinem Loch verkrochen und schläft.«

»Und, warst du mal wieder auf Sauftour mit Polos Schlägern?«

Joey lachte unbekümmert. »Nee, nur das eine Mal. Hatte den Typ schon jahrelang nicht mehr gesehen.«

»Und worüber habt ihr euch unterhalten?«

»Über gemeinsame Freunde, über alte Zeiten. Er hat Polo nicht erwähnt, und ich habe kein Wort über Sie verloren. Das war die einzige Möglichkeit, die Sache freundlich zu halten.« Martinelli schnaubte. »Hast du damit ein Problem, Martinelli?«

»Ich habe tatsächlich ein Problem damit. Woher sollen wir wissen, daß du während eurer netten Plauderei nicht ein kleines Geschäft abgeschlossen hast?«

Der junge Mann wirbelte zu Martinellis Boß herum. »Mr. Damone, das habe ich nicht verdient«, sagte er hitzig. »Ich habe Ihnen meine Loyalität bewiesen, oder? Ich habe gute Arbeit für Sie geleistet. Der Job im Lagerhaus, Alfios Restaurant... alles lief einwandfrei. Also, warum muß ich mir diesen Scheiß gefallen lassen?«

»Martinelli kümmert sich nur um meine Interessen«, erwiderte Damone unbeeindruckt. »Dafür wird er bezahlt. Aber du... du bist immer noch ein Risikofaktor, Junge. Du hast zwei Jobs für mich erledigt, aber übernimmst du auch einen dritten?«

»Sagen Sie mir einfach, worum es geht«, verlangte Joey ruhig.

Damone sah sich um. Die Menschenmenge, die er erwartet hatte, war ausgeblieben, da die Tasmanischen Teufel sich zur Zeit nicht blicken ließen. Zwei Jungs übertraten die gelbe Linie und spähten durch das Gitter, konnten aber nichts entdecken und verzogen sich schnell wieder. Niemand war in Hörweite. »Ich möchte, daß du Polo erledigst. Und ich möchte, daß du es Sonntagabend machst.«

»Polo, häh? Schon erledigt.« Joey begann nervös zu tänzeln. »Warum Sonntag?«

»Stell keine Fragen, Junge«, sagte Martinelli. »Tu einfach, was man dir sagt.« Am Sonntag fand ein Treffen einiger Gangsterbosse statt, und Damone wollte ihnen demonstrieren, was einem Boß blüht, der seine Finger in das Territorium eines anderen steckte. Aber das brauchte Joey nicht zu wissen.

»Es muß keine große Bombe sein«, fuhr Damone fort. »Nur eine präzise. Es geht mir nur um Polo.«

»Also, das macht die Sache schwieriger.« Joey tänzelte immer noch auf und ab. »Große Bomben sind einfach ... die legen alle um, und man kann sich sicher sein, denjenigen zu erledigen, auf den man es abgesehen hat. Bei einer kleinen Bombe ist das Risiko größer, den falschen zu erwischen.«

Damone dachte darüber nach. »Das könnte ein Problem werden. Vielleicht vor Sonntag ...«

»Hey, tut mir leid, aber ich muß mal pinkeln.« Joey deutete auf ein kleines Häuschen. »Das Männerklo ist gleich da drüben. Ich bin in fünf Minuten zurück.«

»Heiliger Scheißdreck«, sagte Martinelli angewidert.

»Nur fünf Minuten«, versprach Joey und rannte los.

»Hast du das gehört?« fragte Martinelli rein rhetorisch. »Mitten in einer geschäftlichen Verhandlung muß er pinkeln gehen!«

Damone war ebenfalls nicht begeistert. »Der Junge ist zu selbstgefällig. Er braucht eine Lektion.«

»Freut mich, daß du das auch so siehst, Sal.«

Was keiner der beiden sah, war das Päckchen, das auf der Fleischtruhe neben dem Gehege der Teufel lag. Und sie sollten nie mehr irgend etwas sehen, denn in diesem Moment drückte Joey auf die Taste seiner Fernbedienung.

LAUTER Donner tut in Ohren weh Boden bewegt sich Dreck in Augen Erdloch stürzt ein graben graben graben schwer zu atmen graben graben graben Loch in Erde Himmel

ATMEN rausklettern Dreck abschütteln atmen und husten Rauch in Luft Zweibeiner rennen überall rennen BLA-BLA-BLA tut in Ohren weh viel Lärm LOCH großes Loch in hartem Zaun gehen GEHEN verstecken verstecken vor Zweibeinern und beobachten verstecken jetzt ruhiger komische Sachen schöne Sachen neues Glitzerding an Zweibeiner will Glitzerding MEIN Glitzerding Zweibeiner folgen schnell schnell Ding auf Rädern hinten reinspringen verstecken vor Zweibeiner verstecken...

Der gequälte Cop stellte sich als Detective Sebert vor. »Ihnen ist also ein Tier entwischt?«

»Ein Tasmanischer Teufel«, sagte Becky. »Sie sind selten und teuer, und wir mußten lange warten, um diesen hier zu bekommen. Er war in seinem Erdloch, als sich die Explosion ereignete. Das hat ihn vor der Druckwelle geschützt. Unser zweiter Teufel war in einer kleinen Felshöhle. Wir haben ihn vorläufig in einen Käfig gesteckt. Doch der andere ist entkommen... Wir wollen sichergehen, daß die Polizei nicht auf ihn schießt.«

»Warum sollten wir auf ihn schießen?« wollte Sebert wissen. »Ist er gefährlich? Ein angriffslustiges Tier?«

»Er kann gefährlich werden, auch wenn Teufel Menschen in der Regel aus dem Weg gehen. Er wird keinen Menschen angreifen, solange er nicht provoziert wird, aber...«

»Aber was?«

»Er läßt sich ziemlich leicht provozieren«, schloß Becky lahm.

»Hören Sie, ich habe hier zwei Leichen«, sagte Sebert, »ich kann jetzt nicht in der Gegend herumlaufen und nach Ihrem Tier suchen. Wenn es gefährlich ist, gebe ich es zum Abschuß frei...«

»Nein!« rief Becky. »Das ist genau das, was wir *nicht* wollen!«

Lew näherte sich im Laufschritt. »Ich kann ihn nirgendwo finden. Wir müssen eine organisierte Suchaktion starten.«

Becky stellte die Männer einander vor. »Detective, er kann noch nicht weit gekommen sein«, sagte sie. »Teufel können nicht schnell laufen, sie haben diesen schaukelnden Gang, der sie daran hindert, erfolgreiche Jäger zu sein. Sie sind Aasfresser. In der Wildnis ernähren sie sich von toten Tieren, weil sie nicht einmal eine Ratte fangen könnten.«

»Es sind Fleischfresser?« fragte Sebert, der sich allmählich doch Sorgen zu machen begann.

»Ihr wissenschaftlicher Name lautet *Sarcophilus harrisii*«, erläuterte Lew. »*Sarcophilus* bedeutet ›Fleischliebhaber‹. Wenn sie viel zu fressen haben und man sie nicht stört, sind sie ungefährlich. Aber ein Tasmanischer Teufel auf der Flucht ... Weiß Gott, was alles passieren könnte. Sie sind äußerst jähzornig. Wir müssen ihn finden, bevor jemand mit einem Gewehr auf ihn losgeht.«

Sebert dachte kurz nach. »Sie sagen, er könnte noch nicht weit gekommen sein? Ich kann nicht viel tun, bevor die Leichen identifiziert sind ...«

Ein uniformierter Cop unterbrach ihn. »Detective, das junge Paar da drüben hat irgend etwas gesehen. Vielleicht ist es wichtig, vielleicht nicht. Da war so ein junger Kerl, der anscheinend alles ganz ruhig mit einem Lächeln verfolgt hat. Alle anderen sind schreiend in der Gegend rumgerannt, aber er hat nur dagestanden und zugesehen.«

»Beschreibung?«

»So um die achtzehn, neunzehn Jahre, dichtes schwarzes Haar, Goldkette um den Hals.«

»Wir haben mit ihm gesprochen«, sagte Lew schnell. »Unmittelbar vor der Explosion.«

»Worüber?«

»Wir haben ihn nur angewiesen, hinter der gelben Linie zu bleiben.«

»Könnten Sie ihn identifizieren?«

»Sicher.«

Sebert wandte sich wieder dem Uniformierten zu. »Was sonst?«

»Nichts weiter. Das junge Pärchen hat gesehen, wie er die Straße zum Parkplatz überquert hat. Er ist in einen schwarzen Lieferwagen gestiegen... hat die Hecktür benutzt, und sein Hund ist hinter ihm reingesprungen...«

»Sein Hund?« Sebert drehte sich wieder zu Lew und Becky um. »Sieht Ihr Tasmanischer Teufel wie ein Hund aus?«

»Gewissermaßen«, erwiderte Becky. »Sein Kopf ist allerdings zu groß für einen Hund.«

Lew zuckte die Achseln. »Er ähnelt mehr einem Hund als irgendeinem anderen Tier.«

»Und dann?« fragte Sebert den Cop.

»Sonst nichts. Er ist weggefahren.«

»Und unser Teufel war in diesem Lieferwagen?« hakte Becky nach.

»Hört sich jedenfalls so an«, sagte Sebert. »Sie beide begleiten mich in die Stadt. Ich möchte, daß Sie sich ein paar Bilder ansehen.«

Holper-holper losrollen halten schlechter Geruch krank krank Krach KRACH umkippen kann nicht laufen kenne das schon mal holper-holper losrollen halten neue Gegend blöder Zweibeiner machen holper-holper halten ANGEHALTEN kein Holpern kein Rollen warten warten Zweibeiner zurück TOTE KUH rieche TOTE KUH wieder losrollen holper-holper rollen TOTE KUH...

»Das ist er«, sagte Becky. Sie starrte auf das Foto. Lew bestätigte ihre Identifizierung des jungen Mannes mit dem Goldkettchen. Detective Sebert stieß ein zufriedenes Grunzen aus. »Hatte ich mir fast schon gedacht. Warten Sie hier. Ich bin in einer Minute zurück.«

Lew und Becky warteten und rutschten ungeduldig auf ihren Stühlen herum. Seberts Minute hatte sich um das Zwanzigfache in die Länge gezogen, als er endlich zurückkehrte.

»Der Typ, den Sie identifiziert haben, ist Joey Bufano«, erklärte er und nahm ihnen gegenüber Platz. »Wir sind seit seinem achtzehnten Geburtstag hinter ihm her. Der Junge ist ein geborenes Talent im Umgang mit Sprengstoff. Von seinen Bomben bleibt nichts übrig, das wir zurückverfolgen könnten – rein gar nichts.« Er machte eine kurze Pause. »Ich halte Joey Bufano für einen dieser Menschen, die ohne eine Spur von Gewissen zur Welt kommen. Ihm fehlt etwas. Er verschwendet nicht einen Gedanken an die Leute, die er umbringt, oder an all die Sachwerte, die er zerstört . . . er sieht einfach gern, wie Dinge in die Luft fliegen. Und wenn dabei jemand zu Schaden kommt, na und?« Sebert breitete die Arme aus. »*Ka-wumm!* Das ist es, was ihn anmacht.«

»Gute Güte«, flüsterte Becky. Lew schluckte.

»Joey ist nur sich selbst gegenüber loyal«, fuhr der Detective fort. »Als Kind war er ein halbes Dutzend Mal in Jugendstrafanstalten und hat nichts daraus gelernt. Wir haben neunzehn unaufgeklärte Explosionen in unseren Akten und wissen, daß Joey hinter jeder einzelnen davon steckt, aber wir können ihm nichts nachweisen. Es ist uns nie gelungen, ihn mit dem Tatort in Verbindung zu bringen . . . bis jetzt.«

»Worauf warten wir dann noch?« fragte Lew. »Schnappen wir ihn uns – er hat unseren Teufel!«

Sebert seufzte. »Es ist nicht ganz so einfach. Joey Bufano hat keine feste Adresse, er ist ständig unterwegs. Er hat all seine Sachen in diesem Lieferwagen. Mitunter schläft er auch darin. Wenn er an irgendwelchen explosiven Substanzen herumbastelt, quartiert er sich bei einem Freund ein oder mietet ein Zimmer, wo er ein oder zwei Wochen lang bleibt, bevor er weiterzieht.«

»Und wo hält er sich zur Zeit auf?«

»Wir haben keine Ahnung. Verstehen Sie jetzt das Problem?«

»Das Nummernschild«, warf Becky ein.

»Er wechselt sie ständig. Ich schätze, er kauft gefälschte Nummernschilder aus anderen Staaten. Dieses junge Pärchen im Tierpark, das gesehen hat, wie er in seinen Lieferwagen gestiegen ist... die beiden haben nicht daran gedacht, auf das Nummernschild zu achten. Unser Joey ist schon gerissen. Und psychisch so stabil wie der Sprengstoff, mit dem er experimentiert.«

Lew und Becky tauschten einen Blick. »Also, was tun wir jetzt?« erkundigte sich Becky. »Suchen wir einfach den Lieferwagen?«

Sebert schüttelte den Kopf. »Haben Sie eine Vorstellung davon, wie viele schwarze Lieferwagen es in diesem Ort gibt? Vergessen Sie den Wagen. Wir suchen Joey selbst. Ich habe einen Fahndungsbefehl für ihn ausgestellt. In wenigen Minuten wird jeder Cop in der Stadt sein Bild haben – wir faxen es direkt an die Streifenwagen. Joey mag gerissen sein, aber unsichtbar ist er nicht. Früher oder später wird ihn jemand entdecken und uns informieren. Unsere Leute haben Befehl, sich ihm nicht zu nähern.«

»Was, wenn es eher später als früher soweit ist?« fragte Lew. »Dieser Joey tötet Menschen, ohne einen zweiten Gedanken an sie zu verschwenden. Was wird er wohl tun, wenn der Teufel ihn zum ersten Mal anknurrt?«

Darauf wußte niemand eine Antwort.

»*Heeehhh!*« rief Joey erschrocken. »Wo zur Hölle kommst du denn her?«

Das Tier im Heck des Wagens bleckte die Zähne und knurrte dumpf.

Joey schaltete die Deckenbeleuchtung an, um besser sehen zu können, was dort hinten in seinem Lieferwagen war. »Hoo! Du bist ohne jeden Zweifel der *häßlichste* Hund, der mir jemals unter die Augen gekommen ist! Was ist passiert? Hat dein Anblick deinen Besitzer krank gemacht, und er hat dich mit einem Tritt auf die Straße gesetzt? Wann bist du in meinen Wagen gekommen?«

Dev grollte und näherte sich dem Zweibeiner.

Joey folgte dem Blick des Teufels. »Mein Cheeseburger? Ist es das, was du willst? Hier, nimm, ich hab' 'ne ganze Tüte davon.« Er warf den Burger auf den Boden und lachte laut auf, als er sah, wie der Teufel den Burger samt Papier mit einem einzigen Biß verschlang. »Mann, *das* nenne ich einen gesunden Appetit! Hier, da hast du noch einen.«

Dev fraß auch den zweiten Burger und verlangte knurrend nach mehr.

»Hey, sei nicht so schüchtern!« Joey lachte. »Wenn du einen willst, muß du nur darum bitten.«

Kurz darauf war die Tüte leer. Dev hatte fünf Burger gefressen, Joey war nur einer geblieben. Aber das Tier schien immer noch nicht genug zu haben.

»Das war alles, was ich hatte. Jetzt weiß ich, warum dein Besitzer dich rausgeschmissen hat. Du frißt zuviel.« Das Tier hatte Joey eine Weile amüsiert, aber jetzt begann ihn das Spiel zu langweilen. »Okay, Hund, Zeit zu verschwinden.« Er stieg aus, ging um den Lieferwagen herum und öffnete die Hecktüren. »Komm schon. Raus.«

Dev knurrte ihn an, bewegte sich aber nicht.

»Ich habe gesagt, *raus*. Verdammt, zwing mich nicht dazu, reinzukommen und dich eigenhändig rauszuschmeißen. Geh da raus!« Seine laute Stimme rief eine ähnliche Reaktion bei Dev hervor, dessen Grollen und Knurren in eine höhere Tonlage überging. »*Sheesh*... was ist denn mit deinen Ohren los? Die sind ja purpurrot!« Fluchend kletterte Joey in den Wagen. »Ich... will... daß... du... *verschwindest*! Komm schon, du dämlicher Köter.« Er griff nach Devs Nacken...

... und schrie vor Schmerzen auf, als sich Devs scharfe Zähne in seine Hand bohrten. Reflexartig trat er nach dem Tier und spürte sogleich die Zähne in seiner Wade. Er stieß einen weiteren Schrei aus und setzte sich unsanft zu Boden. Dev wich zurück, grollend, fauchend und knurrend.

Joey hatte sich immer geweigert, eine Waffe zu tragen, wie es seiner Meinung nach nur schäbige kleine Gangster nötig hatten, doch in diesem Moment hätte er zwanzig Jahre seines Lebens für eine Pistole gegeben.

Als er sich langsam zum Heck zurückschob, biß Dev ihm in das andere Bein. Vor Schmerzen knirschte Joey mit den Zähnen. Ein Arm und beide Beine waren kaum noch zu gebrauchen. Er versuchte, sich mit dem unversehrten Arm zur Fahrerkabine vorzuziehen, doch Dev versperrte ihm den Weg, und Joey hielt inne.

Zum ersten Mal seit seiner Kindheit verspürte er echte Angst. Dieses höllische Tier, das so mysteriös aus dem Nichts aufgetaucht war, hatte ihn an der Seitenwand seines Lieferwagens festgenagelt, und er zweifelte keinen Augenblick daran, daß es ihn töten wollte. Still und regungslos blieb Joey sitzen.

Das Vieh setzte zu einer wütenden Tirade an. Ein ununterbrochenes Grollen, Knurren, Fauchen und Kreischen, das Joey die Haare zu Berge stehen ließ. Und so plötzlich, wie es mit dem Geschrei begonnen hatte, verstummte es, öffnete das Maul so weit es nur ging und zeigte dem Mann eine Unzahl messerscharfer Zähne.

»*Was* bist du?« flüsterte Joey voller Entsetzen.

In dem vollgepackten Lieferwagen hatte er kaum Bewegungsfreiheit, und als Dev vorrückte, befand sich sein Maul dicht vor Joeys Gesicht. Doch ein Blick in die Augen der Kreatur verriet Joey, daß sie es nicht auf sein Gesicht abgesehen hatte. Mit einem lauten Schrei riß er die Arme hoch, um seine Kehle zu schützen.

»Irgendwo da drinnen«, sagte Detective Sebert, während er durch die Windschutzscheibe seines Wagens spähte. »Die Cops, die ihn im Burger King entdeckt hatten, sind ihm die Avonleigh bis hinunter zur Hawk Street gefolgt, bevor sie ihn verloren haben. Gibt 'ne Menge enger Gassen in dieser Gegend.«

Becky, die auf dem Beifahrersitz saß, sah aus dem Seitenfenster. »Es ist so dunkel. Wie wollen Sie bei dieser Dunkelheit einen schwarzen Lieferwagen finden?«

»Er wird ihn nicht draußen auf der Straße lassen. Vielleicht hat er eine Garage oder einen Schuppen. Keine Lagerhäuser in diesem Distrikt. Vielleicht ein leeres Haus mit einer Parkmöglichkeit auf der Rückseite.«

Lew war auf dem Rücksitz zwischen einem großen tragbaren Käfig und einem Stoffsack voller Zubehör eingeklemmt, Ausrüstungsgegenstände, die Becky und er mitgebracht hatten. »Was sollen wir also machen?« erkundigte er sich. »In jedes mögliche Versteck einbrechen, das wir entdecken?«

»Wenn es nötig ist. Was wir tun, ist, nach Gebäuden Ausschau zu halten, für die eine gewisse *Wahrscheinlichkeit* spricht. Wie Sie wissen, sind wir nicht die einzigen, die Joey Bufano suchen. Überall im Viertel patrouillieren Streifenwagen.«

»Und was ist ein wahrscheinliches Versteck?«

»Das da.« Sebert hielt an. Eine Garage neben einem Haus, auf dessen Vorrasen eine Tafel mit der Aufschrift »Zu vermieten« stand, hatte seine Aufmerksamkeit erregt. Ungefähr in Augenhöhe war eine Reihe von Glasscheiben in die Schiebetür der Garage eingesetzt. »Sie warten hier«, befahl Sebert den beiden Tierpflegern. Er näherte sich leise der Garagentür, die Pistole in der einen Hand, eine riesige Taschenlampe in der anderen. Am Ende der Glasscheibenreihen blieb er stehen und richtete den Strahl der Taschenlampe mit einer schnellen Bewegung ins Innere der Garage. Dann schüttelte er den Kopf und kehrte zum Wagen zurück. »Nichts außer alten Ölflecken auf dem Estrich.«

Bevor er wieder einsteigen konnte, zerriß ein Schrei die stille Nacht, so laut und grauenhaft, daß Sebert spürte, wie ihm eine Gänsehaut über Arme und Rücken lief. »Was zur Hölle war *das*?«

Seine Begleiter zerrten eilig ihre Ausrüstung vom Rücksitz. »Das war unser Teufel«, erwiderte Becky. »Er lebt!«

»Gott, das war unheimlich!« Noch nie zuvor hatte Sebert ein derartiges Geräusch gehört. Es ließ ihn schaudern. »Warten Sie, wir gehen nirgendwo hin, bevor ich nicht Verstärkung gerufen habe.« Er gab ihre Position über sein Funkgerät an die anderen Streifenwagen durch. »Kommt ohne Musik«, fügte er hinzu. »Und damit meine ich, kommt wirklich leise. Ich will nicht mal eure Motoren hören.«

»Becky, nimm du den Sack«, sagte Lew und griff nach dem Transportkäfig. Sie folgten einer kurzen Straße, die in eine Sackgasse mündete.

»Sind Sie sicher, daß der Schrei aus dieser Richtung kam?« fragte Sebert. »Für mich hat es sich so angehört, als wäre er von allen Seiten gekommen.«

»Er kam von hier«, versicherte Lew. »Wir haben ihn schon ein paarmal gehört.« Er stellte den Käfig ab und sah sich um. »Aber aus welchem Haus?«

Es waren insgesamt elf Häuser, sechs auf der einen Seite, fünf auf der anderen. Der Schein der Laternen fiel auf eine ehemals gepflegte Straße, die jedoch schon vor langer Zeit heruntergekommen war. Bei allen elf Gebäuden handelte es sich um riesige Häuser, die man nachträglich in Mietwohnungen unterteilt hatte; sie konnten Hunderte von Menschen beherbergen. Doch wie viele es auch sein mochten, entweder waren sie nicht zu Hause, oder aber sie blieben in ihren Wohnungen. Bis auf Sebert und die beiden Tierpfleger war die Straße menschenleer.

Das änderte sich schon bald. Uniformierte Polizisten erschienen paarweise. Sie hatten ihre Streifenwagen ein paar Häuserblocks entfernt geparkt und kamen zu Fuß. Sebert wies sie an, die Straße abzusuchen und auf Anzeichen zu achten, die darauf hindeuteten, in welchem der Häuser sich Joey Bufano versteckte.

»Mach schon, Dev«, murmelte Lew. »Verrat uns, wo du bist.« Der Teufel ließ sie zehn Minuten warten, bevor er der Aufforderung Folge leistete, und diesmal fuhren alle Cops zusammen, als sein Schrei ertönte. »Jesus!« stieß Sebert hervor. »Beim zweiten Mal ist es sogar noch schlimmer!«

Der Schrei war aus einem alten Wagendepot gekommen, in dessen sechs Verschlägen vermutlich die Autos der Bewohner untergestellt waren, deren Wohnungen sich in den Stockwerken darüber befanden. Die Cops umstellten das Gebäude, während Lew und Becky die Ohren an die Garagentüren legten. Becky hob eine Hand und winkte. *Hinter dieser.*

Auch Sebert drückte sein Ohr gegen das alte Holztor. »Da redet jemand«, sagte er leise.

»Das ist der Teufel«, erwiderte Lew beinahe flüsternd. »Er ist sehr gesprächig. Sie sind da drin.«

Was auch immer sich in der Garage abspielte, es mußte begonnen haben, bevor Joey das Garagentor hatte verriegeln können. Zwei Cops zogen die Torflügel auf und zuckten beim Quietschen der Angeln zusammen. Doch als ihr Blick in die Garage fiel, gaben sie sich keine Mühe mehr, leise zu sein.

Die Hecktüren des Lieferwagens, in dem Licht brannte, standen weit offen. Joey hockte im Inneren mit dem Rücken zur Seitenwand, die Hände erhoben, als wehrte er einen Angriff ab. Seine Hemdsärmel waren zerfetzt, die Unterarme blutverschmiert. Ihm gegenüber stand der Tasmanische Teufel, knurrend, meckernd und mit gefletschten Zähnen, unverkennbar Herr der Lage. »Schafft ihn weg von mir!« kreischte Joey. »Schafft ihn weg!«

»Ich denke, Sie sollten diesen Teil lieber uns überlassen, Detective«, schlug Lew vor.

Sebert lauschte den Geräuschen, die der Teufel von sich gab, betrachtete die scharfen Zähne und sagte: »Ich schätze, Sie haben recht.«

Lew holte den Käfig und stellte ihn hochkant mit der Öffnung nach oben auf den Boden, bereit, ein wütendes Tier aufzunehmen. Becky öffnete den Sack. Sie entnahm ihm zwei Paar langer dicker Handschuhe, die mit Kratzspuren übersät waren, und ein

Kästchen, das eine Spritze enthielt. »Ein Beruhigungsmittel«, erklärte sie Sebert. »Ich hoffe, daß wir es nicht brauchen werden.«

»Würde es ihn verletzen?«

»Er würde *uns* verletzen, wenn wir es ihm verpassen müßten.« Danach kramte sie ein Netz aus dem Sack, das sie an Lew weiterreichte. »Du hast die längeren Arme.«

»Okay. Du gehst vorn rein, ich von hinten.«

Lew schüttelte das Netz aus und wartete, bis Becky auf den Fahrersitz geglitten war. Dann schob er sich durch die geöffnete Hecktür und rutschte auf den Knien über den Boden des Lieferwagens, wobei er das Netz dicht vor seine Brust hielt.

»Nehmen Sie ihn weg!« schrie Joey. »Er schlägt immer wieder nach meiner Kehle! Er will mich umbringen!«

»Es ist nicht Ihre Kehle, auf die er es abgesehen hat«, sagte Lew. »Es ist Ihre Kette.«

»Was?«

»Ihre Goldkette. Geben Sie sie ihm. Ganz langsam. Keine hastigen Bewegungen.«

Mit zitternden Fingern löste Joey die goldene Kette und sah Lew an.

»Lassen Sie die Kette auf den Boden fallen, wo er sie sehen kann. Direkt vor ihn.«

Zögernd streckte Joey eine Hand in Richtung des Teufels aus und ließ das Kettchen fallen. Dev stürzte sich sofort darauf, nahm es in die Schnauze und zog sich ein paar Schritte zurück, ohne den Mann, den er beinahe zu Tode geängstigt hatte, weiter zu beachten. Er hatte bekommen, was er wollte.

»Das war alles?« kreischte Joey. »Er wollte nur meine gottverdammte *Kette*?«

»Sprechen Sie leise«, sagte Becky schnell. »Und *bewegen* Sie sich nicht.«

Lew breitete das Netz aus und bereitete sich auf den Wurf vor. Er schob sich so dicht an Dev heran, wie er wagte, und warf das

Netz. Die mit Gewichten beschwerten Ränder segelten über den Kopf des Teufels und sanken herab.

In derselben Sekunde, als Dev das Netz auf seinem Körper spürte, stieß er einen Schrei aus, der die ersten beiden geradezu jämmerlich erscheinen ließ. Joey stimmte aus voller Kehle in den Schrei ein. Je heftiger sich Dev wehrte, desto hoffnungsloser verstrickte er sich in den Maschen, wobei er unablässig brüllte, fauchte, knurrte und zeterte und einen solchen Höllenlärm veranstaltete, daß sich die Cops vor dem Heck des Lieferwagens drängten, um das Spektakel mitzuverfolgen.

»Ich habe in meinem Leben ja schon so einige durchgeknallte Choleriker gesehen«, sagte Sebert ehrfürchtig, »aber dieser hier ist zweifellos ihr Häuptling.«

Becky quetschte sich zwischen den Vordersitzen hindurch, packte das Ende des Fangnetzes und verdrehte es. Lew tat das gleiche auf der anderen Seite und zog das Netz straff. Jetzt war der Teufel nicht nur gefangen, er hing auch in der Luft – und er hatte eine ganze Menge dazu zu sagen. Die beiden Tierpfleger kletterten vorsichtig mit ihrer Last aus dem Wagen heraus. Die Cops machten bereitwillig eine Gasse frei. Im Inneren des Lieferwagens schluchzte Joey vor Erleichterung.

»Holt ihn raus!« befahl Sebert.

Dev kämpfte aus Leibeskräften, aber die Tierpfleger erwiesen sich als stärker. Teufel und Netz landeten im Transportkäfig. Zwei Cops zerrten Joey aus seinem Wagen.

»Also, Joey«, sagte Sebert. »Bist du bereit, uns etwas über die Explosion heute im Tierpark zu erzählen, oder sollen wir dich noch eine Weile mit dem Tasmanischen Teufel zusammensperren?«

Joey sah sich fahrig um. »Das war ein Tasmanischer Teufel?« fragte er und verlor das Bewußtsein.

Während die beiden Cops ihn zum Streifenwagen schleppten, wandte sich Sebert Becky und Lew zu. »Sagen Sie mal, Sie wollen das Biest nicht zufällig verleihen, oder? Ich möchte Ihnen beiden danken. Ihr Teufel hat uns direkt zu Joey geführt. Sie waren uns eine große Hilfe.«

»War uns ein Vergnügen«, erwiderte Lew mit einem breiten Grinsen. »Ende gut, alles gut, und so weiter.«

»Ich hoffe, das kleine Abenteuer war nicht zu traumatisch für Ihren Teufel.«

Lew lachte. »Wahrscheinlich wird es eine seiner liebsten Erinnerungen bleiben. So ein Teufel ist ein zähes kleines Tier, Detective, falls Sie das noch nicht bemerkt haben sollten.«

Sebert nickte mit Nachdruck. »Ich habe es bemerkt«, sagte er. »Glauben Sie mir, ich habe es bemerkt.«

Toter Vogel keine tote Kuh Anderer wehrt sich blöder Er blöde Sie glotzen nur kein bla-bla-bla Anderer macht mehr bla-bla-bla als Zweibeiner Loch in Zaun weg Ausweg weg brauche Übung Kletterübung über Rand Weg raus rausklettern blöder Er und blöde Sie glotzen haut ab brauche Übung HAUT AB ...

Originaltitel: Go to the Devil
Deutsch von Winfried Czech

Carole Nelson Douglas

Midnight Louie in der Baker Street

Wieder einmal befinde ich mich mit dem Rücken zur Wand.

Die Wand besteht aus soliden, rußgeschwärzten Backsteinen. Weit und breit kein Fenstersims, woran ein Kater in Not hochklettern könnte.

Vor mir steht eine andere Wand. Eine zerlumpte, stinkende und lebende Wand, zusammengewürfelt aus den brutalsten jugendlichen Übeltätern, die mir je untergekommen sind. Bewaffnet mit Stöcken und Steinen (und anderen weniger spitzen, aber um so abstoßenderen Angeboten der Londoner Straßen) haben sie mich in eine Sackgasse gejagt. Jetzt beratschlagen sie darüber, ob sie mir nur den Schwanz oder doch lieber gleich den Hals abschneiden sollen.

Ich sehe Stahl glitzern, und Zähne blitzen bedrohlich aus den grinsenden, rußverschmierten Gesichtern. Diese Sorte jugendlicher Tunichtguts ist der schlimmste Feind meiner Art, und ich bereite mich innerlich auf den kühnen, aber vermutlich erfolglosen Versuch vor, ihre geschlossenen Reihen zu durchbrechen. Meine Chancen, heil zu entkommen, sind gleich Null. Ich mache mich auf das Schlimmste gefaßt – den Tod.

»He, ihr da. Was hat die Katze euch getan?«

Der Sprecher gehört derselben Gattung an wie meine Peiniger: ein Junge, aber größer als die anderen und etwas weniger zerlumpt. In seiner Stimme liegt eine gewisse, im täglichen Kampf auf der Straße erworbene Autorität.

Sie murmeln etwas, aber natürlich können sie nichts gegen mich vorbringen, abgesehen davon, daß ich einen schwarzen Pelz habe und praktisch wehrlos bin.

»Bringt nix, 'ne Katze umzubringen. Ist'n prima Ratten- und Mäusefänger. Überlaßt sie mir.«

Aus dem Murmeln wird ein Murren, aber ihre Reihen teilen sich, als der größere Junge herantritt. »Komm her, Miezekatze. Der alte Wiggins sucht dir'n nettes Zuhause.«

Ich spüre kein Verlangen danach, mich einem dieser Rauhbeine anzuvertrauen, aber dieser Wiggins scheint ein gewisses Ansehen unter ihnen zu genießen, und es gibt Zeiten, in denen gibt sich unsereins besser sanft und zutraulich.

Immer noch keuchend, gestatte ich ihm, mich hochzuheben.

»Uff! Bist'n schwerer Brocken. Mußt'n guter Jäger sein. Kumpel. Und ab geht die Post.«

Mit mir auf dem Arm schreitet Wiggins durch die Reihen meiner Möchte-gern-Mörder, die zur Seite springen wie Flöhe, wenn der Kamm durchs Haar fährt.

Wiggins ist nicht gerade eine Sportskanone, und mich durch die Gegend zu schleppen strengt ihn so an, daß er schon bald heftig schnauft. Zum Glück ist die Reise nicht weit, und kurz darauf klingelt er an einer Tür, die für uns beide viel zu vornehm wirkt.

Nach einer Weile öffnet eine energische und doch mütterlich wirkende Dame. Bei unserem Anblick zieht sie die Augenbrauen bis zum Spitzenbesatz der Haube hoch, die auf ihrem schneeweißen Haar ruht.

»Was ist das, junger Freund? Du möchtest doch nicht andeuten, daß *er* aus irgend einem Grund eine Katze bestellt hat?«

»Nein, Ma'am, Missus Hudson. Aber ich hab' mir gedacht, vielleicht woll'n er und der Doktor 'n Tier um sich haben. Ist zu ruhig da oben, und 'n paar Jungs wollten sie grad kaltmachen.«

»Ach, das arme Tier!«

Die Tür schwingt auf. Es gibt nichts Wirkungsvolleres als die Opferrolle, um bei Frauen Mitleid zu erregen. Eine Erkenntnis, die dem gerissenen Wiggins offenbar ebenso geläufig war wie mir.

»Aber ich bezweifle, daß *er* sich mit dieser Kreatur abgeben will«, ruft Mrs. Hudson uns nach, während Wiggins mich eine schmale lange Treppe hochträgt.

An ihrem Ende befindet sich eine geschlossene Tür, daneben eine Klingel, die Wiggins ohne Zögern betätigt.

Einen Augenblick später öffnet eine weltmännisch wirkende, gutgekleidete und wohlgenährte Erscheinung.

»Ah, Master Wiggins. Hat er nach dir geschickt?«

»Nein, Sir, Doktor Watson. Ich bin ganz von allein gekommen. Hab' diese Katze gefunden, als 'n paar üble Burschen sie grad 'n Kopf kürzer machen wollten, und da dacht' ich mir, Sie und Mr. 'Olmes hätten vielleicht gern ein bißchen Gesellschaft. Er ist so schwer, daß er bestimmt 'n erstklassiger Mäusefänger ist, jede Wette!«

»Hmm.« Dr. Watson runzelt die Stirn, während Wiggins mich zu Boden plumpsen läßt wie einen Sack Kartoffeln. »Ich persönlich hätte gegen ein kleines, sanftes Kätzchen nichts einzuwenden, aber ich bezweifle, daß *er* etwas mit einer Katze anfangen kann, obwohl er nicht weniger unberechenbar ist als diese Spezies. Wenn ich mich recht entsinne, hat er noch nie eine Katze erwähnt.«

Ich wage die Prognose, daß diese betrübliche Ignoranz ein Ende findet, denn ein großer, hagerer Typ kommt aus dem angrenzenden Zimmer herübergeschlendert. Er ist damit beschäftigt, seine knochigen Arme in ein Jackett zu zwängen.

»Was geht hier vor, Watson? Wiggins? Gibt es etwas Besonderes?«

»So könnt' man's auch nennen, Mr. 'Olmes«, sagt Wiggins und tritt gemeinsam mit Dr. Watson zur Seite, um den Blick auf meine Wenigkeit freizugeben.

»Eine Katze?« Mr. Olmes rümpft die Nase wie ich, wenn man mir ein besonders übelriechendes Abendessen vorsetzt. »Eine unzuverlässige und weibische Kreatur. Sie verfügt weder über den hervorragenden Geruchssinn des Hundes, noch ist ihr das Bedürfnis zu eigen, sich im Haus nützlich zu machen.«

»Ist'n Kater, Sir. Er frißt Mäuse und Ratten.«

»Dasselbe tut eine Boa Constrictor. Trotzdem komme ich ohne sie aus. Da fällt mir ein, Watson, ich erwarte jeden Moment eine recht … ähm, berühmte Klientin. Ich hoffe, Sie bleiben, um zu … dolmetschen, sozusagen. Und Wiggins! Befördern Sie das Tier hinaus. Vielleicht hat Mrs. Hudson ja in der Küche etwas für den kleinen Schmarotzer.«

Der auf diese Weise abgekanzelte Wiggins gehorcht prompt und packt mich wie ein Stück Strandgut. Als wir die Treppe hinuntersteigen, weht uns der betörende Duft von gefülltem Teegebäck entgegen, vermischt mit einem Hauch Gardenie, einer Spur Sandelholz und einer Prise Zimt. So viel zum angeblich minderwertigen Geruchssinn einer Katze!

Blitzschnell kombiniere ich, daß die berühmte Klientin gerade das Haus betritt, und entwinde mich Wiggins' allzu sorglosem Griff.

»He! Komm zurück, du Gauner! Zurück, oder ich reiß dir jedes Barthaar einzeln raus!«

Ich bin schon übler beschimpft worden, und das von Kerlen, die größer und häßlicher waren als Wiggins, deshalb achte ich nicht darauf. Nicht, wenn ich eine Ratte rieche!

Die Ratte entpuppt sich als etwas Exotisches, vielleicht ein Vicuña. Sie ist außerdem tot und dekoriert notdürftig den Kragen eines Chiffonkleides.

»Sock-rah Blue!« ruft die Dame, die das Kleid trägt. »Ist das das neue Butler-Englisch?« Sie macht eine Pause und betrachtet stirnrunzelnd die steile Treppe. »Soll isch diese Stüfen erklimmen wie ein *alpiniste? Mon Dieu!* Der Engländer liebt 'alt seine Körperertüschtigung.«

Mit diesen Worten schlägt sie ihren toten Rattenkragen hoch und fegt nach oben.

Ich eile hinterher und ignoriere Wiggins' erboste Befehle, zurückzukommen.

Oben angelangt, klingelt sie nicht, sondern klopft energisch mit dem silbernen Knauf ihres Sonnenschirms an. Der Schirm ist so groß, daß er auch als Spazierstock gute Dienste leisten dürfte.

Die bereits vertraute Figur von Dr. Watson öffnet die Tür, und ich betrete das Zimmer ein zweites Mal, diesmal in einer Woge von Parfum und Rockfalten. Praktisch unsichtbar stehle ich mich unter ihrem Rock hinein.

»Mistair Olmes?« erkundigt sie sich.

»Äh, nein... Madame.« Dr. Watson errötet. Eine sehr lästige Eigenart der Menschen, die mir durch meinen Pelz erspart bleibt. »Ich wußte nicht, daß...«

»Madame Sarah Bernhardt«, ertönt die dünne, hohe Stimme des großen Mannes.

Er steht am Kaminsims, das vollgestellt ist mit einer überwältigenden Sammlung von Nippes, die offenbar dort steht, um von einer flinken Katze hinuntergefördert zu werden. Die Puristen der Art Nouveau mögen über die vollgepfropften viktorianischen Domizile die Nase rümpfen, aber ich schätze sie sehr, weil ich mich dort meinen Lieblingsbeschäftigungen widmen kann: Mittagsschläfchen halten, meine Klauen schärfen und die stets beglückende Verbesserung der Raumdekoration.

Eine nahe Tischplatte glitzert verführerisch voller Fläschchen und Flakons, die in viele hübsche Scherben zerspringen werden, sobald ich sie umwerfe. Ein wahres Paradies für einen anspruchslosen Streuner wie mich.

Aber Madame Sarah Bernhardt ist nicht an dem Spielzeug interessiert. »Unsere Verabredung wurde unter dem Namen der Marquise de Ligne getroffen!« sagt sie von oben herab.

»Ein bißchen Wunschdenken Ihrerseits, Madame, nicht wahr?«

Olmes zupft eine Fingerspitze voll Kraut aus seinem Tabakbeutel mit persischen Stickereien und stopft es in seine Pfeife.

Madame Sarah wirft stolz den Kopf zurück. »Sie werdähn diese widerlische Pfeife nischt in meiner Gegongwart rauchen.«

»Verzeihen Sie mir, eine nervöse Angewohnheit. Ich habe nur mit der Pfeife gespielt.« Mr. Olmes löst sich vom Kamin, um ihr einen Stuhl anzubieten.

Madame Sarah wirft ihm einen Blick zu, mit dem ich persönlich einen Hundekadaver bedenken würde, bohrt die Spitze ihres Sonnenschirms in den Teppich und prescht mit ihrem umständlich verhüllten Körper auf den Stuhl los. Dann hält sie inne und setzt sich wie eine Kaiserin, eine Rolle, die sie, nebenbei gesagt, schon oft gespielt hat. Sowohl ihr Gesicht als auch ihre Gestalt sind unverwechselbar. Ich erkenne sie sofort wieder, da ich sie schon mehrfach auf Theaterplakaten in der Altstadt gesehen habe.

Trotz ihrer umfangreichen Garderobe und der gigantischen, leicht gelockten und obendrein feuerroten Haarwolke, die sich über ihrem kleinen, scharfgeschnittenen Gesicht türmt, erinnert sie mich an einen zerbrechlichen Vogel. Sie ist klein und knochig, deshalb friert sie zweifellos sehr häufig. Eine solche Frau braucht dringend den Schutz eines kühnen Katers.

Ich mache es mir unter den Falten ihrer Schleppe gemütlich und spähe unter dem mit Rattenpelz verzierten Saum hervor.

»Es sollte mir nicht schwerfallen, die vermißten Diamanten wieder aufzuspüren«, sagt Mr. Olmes nachdenklich, »aber in Zukunft kann ich für ihre Sicherheit nicht garantieren, wenn Sie, Madame, darauf bestehen, Ihre Juwelen weiterhin der Öffentlichkeit vorzuführen.«

»Ihr Verlust wurde mit keinem Wort in der Presse erwähnt! Ihre deduktiven Fähigkeitähn sind tatsächlich so phenomänal, wie man sagt.«

»Keineswegs, Madame, aber die Presse hat die Präsenz Ihrer Diamanten so laut hinausposaunt, daß diese Schlußfolgerung auf der Hand lag. Jedes Kind hätte den Grund Ihres Kommens erraten.«

Er macht eine kleine, kühle Verbeugung. Auf seine Art ist er ein ebenso begnadeter Schauspieler wie sie. Ich spüre, wie der Saum sich hebt, als sie sich im Stuhl aufrichtet, um aufmerksamer zuhören zu können. Obwohl ihre Kleider schwer sind, ist sie eine fragile Erscheinung, ein Geschöpf aus Nebel und Fantasie. Darin gleicht sie mehr als einer der divahaften Katzendamen, die kennenzulernen ich das Privileg hatte.

»Sie müssen misch für ein Kind 'alten, Mistair Olmes, daß isch meine hübschen Klunker riskiere, aber sie machen dasselbe für misch wie Mr. Barnum in Amerika: Werbüng.«

»Gestatten Sie mir die Bemerkung, Madame, daß Sie selbst und Ihre Erfolge auf der Bühne Werbung genug sind. Juwelen verwahrt man am besten diskret, wenn man sie behalten möchte.«

»Aber isch bin *nischt* diskret, Mistair Olmes! Das ist eine meinähr am meisten bewunderten Qualitäten, meinen Sie nischt?« Seine ohnehin hohe Stimme wurde noch höher, als er ihr antwortet. »Werbung ist nicht mein Metier. Mir wäre sehr gedient mit einer knappen Beschreibung der Juwelen, ihrem Verwahrungsort und dem Haushalt von Madame.«

»Was ist dieses ›knap-pen‹? So ein Wort! So 'äßlisch, wie die meisten Wörter in der englischen Sprache.«

»Kurz, Madame Bernhardt«, schaltete sich der gute Doktor ein. »*Bref.*«

»Ah.« Sie nimmt diesen Einwurf offenbar wohlwollend zur Kenntnis, wirft sich dann in ihrem Stuhl zurück. Es folgt ein eleganter, französisch eingefärbter Wortschwall. Das melodiöse Auf und Ab ihrer Stimme ähnelt einem Cello und schlägt ihre Zuhörer so in Bann, daß ich unbemerkt die schützende Schleppe verlasse und mich unter Dr. Watsons Stuhl schleiche.

Ihre Geschichte ist schnell erzählt. Um die Öffentlichkeit auf ihr aktuelles Gastspiel in London aufmerksam zu machen, stellt sie die Juwelen täglich in der Eingangshalle ihres jeweiligen

Hotels aus. »Das 'abe isch auch währänd meiner Amerika-Tournee getan.«

»Wurde das dort nicht als Einladung mißverstanden, die Juwelen zu entwenden?« wirft Olmes ein. Er hat es sich auf einem anderen Stuhl bequem gemacht. Dabei lehnt er sich so entspannt zurück, als würde er ihr bei einer Aufführung zusehen. Seine Augen sind halbgeschlossen. Genau in dieser Haltung bin ich selbst am wachsamsten.

Madame Sarah senkt die lüsternen dunklen Augen.

»Sie 'aben räscht. Es war sehr aufregähnd. Sie dachten, mein Privatwaggon könnte gestürmt werden, des'alb brachten die Männer Pistolen mit. Wild West Pistolen. Isch selbst bekam auch eine. Isch 'abe sie bei mir im 'Otelsimmer. 'Ätte isch den Dieb gesehen, 'isch 'ätte –« Sie hebt den Sonnenschirm wie ein Gewehr und zielt damit auf Mr. Olmes' Herz.

Von meinem Platz unter Dr. Watons Stuhl sehe ich, wie ein Lächeln über seine dünnen Lippen huscht, obwohl seine Augen nach wie vor fast geschlossen sind.

»Sie wären zweifellos eine zweite Annie Oakley.«

»Isch wäre bessair als Annie Oaklie!«

»Aber der Juwelendieb gab Ihnen dazu keine Gelegenheit.«

»*Non*. Eines Morgens waren die Juwelen fort. Einfach so.« Sie schnippt scharf mit den Fingern, als wolle sie Mr. Olmes aufwecken. Sein Lächeln wird breiter; er weiß, daß er, indem er sich den Anschein gibt, sie zu ignorieren, ihren Ehrgeiz anstachelt, seine Aufmerksamkeit auf sich zu ziehen. Ich selbst habe diese hohe Kunst schon angewandt, um meine Beute anzulocken.

Wirklich, dieser Mr. Olmes und ich haben viel gemein. Wie schade, daß er zu den Menschen gehört, die unbegründete Vorurteile gegen meine Gattung hegen.

Bereitwillig antwortet Madame Sarah auf die plötzlich über sie hereinbrechende Flut von Fragen. Die Juwelen würden in einem Lapislazuli-Kästchen verwahrt, das sie auf einer ihrer Tourneen geschenkt bekommen hat. Nein, es sei kein besonders stabiles Kästchen, aber hübsch. Es befinde sich in ihrem Schlafzimmer.

Bei dieser Antwort flattern seine schläfrigen Augenlider kurz. Und wie viele Personen hätten Zutritt zu ihrem Schlafzimmer?

»Mistair Olmes, ein Gentleman fragt so etwas nischt!« Dann zählt sie eine halbe Armee auf: da sind das Zimmermädchen, der Butler, der Page, ihr Manager, ihre Besucher... Kurz und gut, ihr Schlafzimmer dient gleichzeitig als Empfangszimmer und Büro und ist darüber hinaus ihr zweiter Wohnsitz neben dem Appartement in Paris. Viele ihrer Möbelstücke nimmt sie auf ihre Reisen mit.

Mr. Olmes seufzt. »Sind das wirklich alle Personen?« fragt er leicht ironisch, nachdem sie etwa ein Dutzend Leute aufgezählt hat.

»Nün... meine neuen Bewunderer natürlich. Der Amerikaner Scharles und dieser charmante englische Duke. Außerdem der Prinz von Wales. Und«, fügt sie leichthin an, »Otto, Absinthe und Malice; Melange, Fifi und Guillotine.«

Eine weitere Befragung bringt ans Licht, daß die letztgenannten Individuen alle tierischer Natur sind. Absinthe und Malice sind »übsche, kleine, grüne Schlong-gen, wie man bei Ihnen sagt, *non?*« Otto ist eine Boa Constrictor und Guillotine ein *panthère noire*. Bei Melange und Fifi handelt es sich natürlich um Hunde. Ich spitze meine Ohren. Offenbar halten die schlichten Gaumenfreuden von Mrs. Hudsons Küche keinen Vergleich mit dem exotischen Ambiente von Madame Sarah stand, deren unentbehrlicher und umhätschelter Begleiter ich in Kürze zu werden gedenke. Immer habe ich von Reisen in ferne Länder geträumt, und mir wird klar, daß sich nun diese Gelegenheit bietet. Es reicht, ihr sagenumwobenes Schlafzimmer zu betreten. Was macht es da schon, wenn ich es mit ein paar Schlangen der geschuppten und der menschlichen Art teilen muß? Ich habe nichts gegen Schlangen... als leckeres Freßchen! Allerdings ist Otto so groß, daß er wohl eher mich fressen würde.

»Es ist, wie ich es befürchtet habe«, stöhnt Olmes. »Ich werde Ihren Räumlichkeiten einen Besuch abstatten müssen.«

Madame Sarah hebt die Augenbrauen, und ich tue dasselbe. (Ich habe lange, geschmeidige Augenbrauen und kann sie deshalb, wenn mir diese Bemerkung gestattet ist, noch effektvoller heben als die berühmte Schauspielerin.) Mr. Olmes scheint ausgerechnet das zu widerstreben, was den meisten Männern so begehrenswert erscheint, daß sie vor lauter Gier über ihre eigenen Gamaschen stolpern würden. Für wen hält dieser Kerl sich eigentlich?

Dr. Watson dagegen springt sofort auf, stottert ein paar Entschuldigungen und begleitet Madame Sarah voller Ehrerbietung an die Tür. Dabei versichert er ihr, sie dürfe in gut zwei Stunden mit dem Besuch von Mr. Olmes und seiner Wenigkeit rechnen.

Die prekäre Lage der Dame hat mich so gefangengenommen, daß ich, auch wenn es mir peinlich ist, es zu gestehen, darüber vergessen habe, daß ich unbemerkt bleiben wollte.

»Was ist das?« fragt Mr. Olmes und zeigt dabei auf mich, als wäre sein Finger ein zu kurz geratenes Gewehr.

»Ah.« Madame Sarah hält in ihrem rauschenden und glitzernden Abgang sofort inne. »*Mon ami, le chat noir. Ma petite Guillotine.* Wie soll isch ihn nennen? *Minuit.*«

»Mitternacht«, übersetzt Dr. Watson und beobachtet aufmerksam Mr. Olmes.

»Mittärnacht«, wiederholt Madame Sarah, die daran Gefallen zu finden scheint. »Isch werde ihn mitnähmen. Ein Souvenir aus Englahnd.«

Und so verlasse ich die Baker Street und tausche sie gegen eine wesentlich noblere Adresse in Piccadilly ein.

Als erstes wird Madame Sarahs Page, besser gekleidet und besser riechend als der stämmige Wiggins, gerufen, um mich zur Kutsche zu tragen.

Mr. Olmes sieht meinem Abschied ebenso emotionslos zu wie

ein Kammerjäger, der beobachtet, wie man Ratten in der Themse ertränkt.

»Ein verhängnisvolles Tier, Watson. Betrügerisch und unzuverlässig, wie ich bereits sagte.«

»Da bin ich nicht so sicher«, meint der gute Doktor, während ich in eine Welt des Luxus getragen werde. »Ich muß an die Katze denken, der man gestattete, der Königin ins Gesicht zu blicken. Midnight hat eine wesentlich bessere Umgebung gefunden als die, aus der er kommt.«

»*Chez* Sarah. Ein Zirkus!« schnaubt Mr. Olmes verächtlich und steuert auf den Tabakbeutel auf dem Kaminsims zu. »Den Juwelendieb aufzuspüren wird eine Spurensuche in der Menagerie.«

Dann werde ich durch die Tür getragen, fort von Mr. Olmes, Dr. Watson und der Baker Street. Für immer, wie sich später herausstellen wird.

»In diesem Fall«, erklärt Dr. Watson beschwingt, als sich gerade die Tür hinter mir schließt, »müssen Sie eben den Zirkusdirektor spielen und die Ordnung wiederherstellen.«

Pardonnez moi. Ich werde der Zirkusdirektor sein. *Minuit. Monsieur Minuit.* Mr. Midnight. Klingt gar nicht übel!

Madame Sarahs Hotelsuite ist der Garten Eden für das Kind in der Katze. Es gibt Vorhänge, die es zu erklimmen gilt, Pfauenfedern, die gezaust werden wollen, und Parfumfläschchen, die förmlich danach lechzen, den Tisch hinabzustürzen. Ich habe nicht viel Zeit, um mir ein Bild von der Situation zu machen, bevor sich die Baker-Street-Brigade an meinen Schwanz heftet. Falls ich den Juwelendieb schnappen sollte, dürfte mein Name hier fortan einen ausgezeichneten Klang haben. Aber es gibt jede Menge klangvoller Namen, wie ich zu meinem Leidwesen feststellen muß. Otto, die Boa Constrictor, ist ein widerlich feister Typ, der den Weltmeistertitel im Schwergewicht anstrebt. Zum Glück wird er vom Pagen gefüttert und ist die meiste Zeit mit Verdauen beschäftigt.

Sobald Madame Sarah zu Hause ist, streift sie ihren Kleiderkokon ab und schlüpft in einen seidenen Morgenrock mit Federn an Ärmelenden und Kragen (welch Behagen!). Dann nimmt sie zwei schlanke grüne Schlangen aus einer Schachtel, die sich vertraulich um ihre Handgelenke schlingen und hin und wieder den schmalen Kopf heben, um mit hervorschnellender Zunge Temperatur und Luftfeuchtigkeit zu prüfen.

Nun ja, in jedem Garten Eden verbergen sich ein oder zwei Schlangen. Aber die Schlange, nach der ich suche, gehört zweifellos zur menschlichen Spezies.

Guillotine ist aus anderem Holz geschnitzt. Er ist groß, *Mon Diö*, er ist *richtig* groß. Und so schwarz wie der Amboß des Hephaistos. (Gelegentlich schleiche ich mich ins Theater, um mir Mäuse & Mythologie einzuverleiben.) Aber seine Zähne und Krallen sind manikürt, und das träge Dasein auf seidenen Kissen hat ihn weich gemacht. Er begrüßt mich mit einem freundschaftlichen Knuff, worauf ich ihm meinen Namen, Rang und Stammbaum an den Kopf knalle, und wir einigen uns auf einen Waffenstillstand.

Melange und Fiffi brauchen erst ein paar Nasentatoos, aber nachdem sie sich winselnd dafür entschuldigt haben, daß sie etwas an meiner Gegenwart auszusetzen hatten, befördere ich sie zu meinen persönlichen Leibwächtern. Damit bleiben nur noch zwei Kreaturen, die es zu unterwerfen gilt. Eine davon ist eine Vampirfledermaus, die eindrucksvoll ihre Zähne fletscht und über dem kunstvoll verzierten Kopfende von Madame Sarahs Bett die Schwingen ausbreitet; die andere ist ein rattenschwänziges Wesen, das es sich in Madame Sarahs offenem Reisesarg gemütlich gemacht hat.

Na schön, Madame Sarah ist vielleicht ein bißchen exzentrisch. Sagen Sie bloß, das ist Ihnen noch nicht aufgefallen! Aber sie ist nicht komplett *fou*, sprich übergeschnappt. Die Vampirfledermaus ist ausgestopft (das ermittle ich, indem ich ihr meine Klauen in ihren Hals schlage und dort lediglich Wolle finde), und das Wesen im Sarg, von Madame Sarah »Pocahontas« genannt (fragen Sie mich nicht, warum), ist Stammgast in Morpheus' Dämmerwelt. (Noch ein bißchen Mythologie aus der Welt des Theaters.) So habe ich den Ort im Handumdrehen in der Pfote. Kurze Zeit später erscheinen Olmes und Watson. Beide haben sich piekfein herausgeputzt und tragen schicke Zylinder. Aber Olmes setzt wie gewohnt seine Leidensmiene auf, sobald er Madame Sarah trifft. Schweigend nimmt er eine gründliche Inspektion der Räumlichkeiten vor. Er erbleicht beim Anblick der Vampirfledermaus und Pocahontas' Sarg; rümpft die Nase, als er sieht, wie ich mir, wohlig ausgestreckt auf einem Leopardenfell, die Pfoten lecke, und hüstelt diskret in sein seidenes Taschentuch, während er das Boudoir besichtigt.

Diesmal ist er es, der einen Spazierstock dabei hat, und er hebt damit hier und da einen Vorhang hoch, als hielte der Dieb sich dahinter versteckt.

»Ich benötige die Dramatis Personae«, verkündet er schließlich, zur Schauspielerin gewandt, die schon die ganze Zeit vergeblich versucht, ihn einzuwickeln wie Otto sein Opfer. Madame Sarahs Laune sinkt.

»Unnatürlicher Mann!« Sie stampft mit ihrem pantoffelbewehrten Fuß auf, worauf Absinthe und Malice, die sich immer noch um ihre Handgelenke ringeln, böse zischen. »Isch 'abe Ihnen alles ersählt, was isch weiß. Faktän! Sie interessieren sisch nur für Faktän! Name und Ort und wer wann wo war. Und all das in diesem absurden, anstrengendähm Englisch! Bald werden Sie mein *adoree Minuit*, meine jüngste Liebe, beschuldigen, das Verbräschen begangen zu 'aben.«

»Ihr Manager arbeitet seit drei Jahren für Sie«, fährt Mr. Olmes ungerührt fort. »Ihr Page seit zwei Jahren. Was ist mit diesem Amerikaner?«

»Scharlie Olsen. Ein Angestellter von Mr. Barnum, den isch auf meiner letzten Amerika-Tournee kennenlernte. Er ist ... Presseagent. Wie kann isch es erklären? Ihr Engländer versteht nichts vom Theater. Ihr versteht nichts von Showbusiness. Und ihr versteht nichts von Frauen. Oder Katzen. Ah! Sie müssen es fühlen, um es zu verstähen. *Femme. Chat.*«

Mr. Olmes blinzelte irritiert. Vielleicht braucht er eine Brille. »Die Juwelen wurden also jede Nacht in Ihr Schlafzimmer gebracht? Demnach wurden sie aus diesem Zimmer entwendet. Ich muß leider indiskret sein, Madame. Ich muß nach den Motiven Ihrer ... Verehrer fragen.«

»Isch! Isch bin das Motiv meiner Verehrer! Wagen Sie etwa anzudeuten, daß jemand die göttlische Sarah benutzt?«

»Jemand ... Ein Mann.« Wieder das Lächeln.

»Ja, es ist wahr. Isch liebe, wie ich spiele! Mit Leidenschaft! Isch erwarte nischt, daß Sie dieses Wort kennen. Es ist französischen Ursprungs. Das ist der Grund, weshalb Sie gut sind, bei dem, was Sie tun, Mistair Olmes, und isch bei dem, was isch tue. Manschmal denke isch ... nur manschmal, daß die Problähm auf diesem Gegensatz beruhen. Ich sehe, für Sie ist es genauso wischtig, meinen Juwelendieb zu fangen, wie für misch, Ihre Aufmerksamkeit zu erlongen. Isch wäre Ihnen dankbar, wenn Sie mir meine Juwelen surückbringen. Das ist alles. Reicht das nischt?«

Olmes lacht. »Auf der Bühne herrschen Sie unumschränkt, Madame; streben Sie nicht nach der Herrschaft über den kalten Intellekt. Erzählen Sie mir etwas über Ihre Liebhaber.«

Sie beichtet ihm ihre intimsten Geheimnisse, mit mir als einzigem Zeugen, denn Dr. Watson ist abgelenkt von ihrer Menagerie. Ihre Liebhaber sind zahlreich. Sie selbst sucht sie sich aus. Oft wird sie von ihnen im Stich gelassen und kann nur sich selbst die Schuld dafür geben. Aber sie ist frei.

Als sie fertig ist, fährt sich Mr. Olmes mit den Händen über das Gesicht.

»Ich muß schon sagen, Sie sind eine echte Herausforderung. Praktisch jeder Ihrer Freunde und Bekannten ist eines Verbrechens fähig. Sie öffnen dem Bösen Tür und Tor. Dennoch sind Sie Herrin der Lage.«

»Ah, isch glaube, wenn man Sie nur rischtig ermutigt, könnten Sie Fransose werden.«

»Ich bin Franzose. Mütterlicherseits.«

Sie nickt. »Es geschah in der Nacht. Die Juwelen waren da drüben. Am nächsten Morgen waren sie fort. Sie könnten einen Liebhaber dafür verantwortlich machen. Sie könnten misch selbst dafür verantwortlich machen. Sie könnten damit räscht 'aben. Ich 'offe, Sie finden eine Möglischkeit, es nicht zu tun. Verlange isch zuviel?«

»Allerdings.« Er verengt seine Augen. »Aber die Lösung, die Sie vorschlagen, ist zu offensichtlich. Es muß eine andere geben.«

Madame Sarah seufzt, aber ihr Busen kommt dadurch nicht besser zur Geltung, da er kaum der Rede wert ist.

»Isch sähle auf Sie, Mr. Olmes. Ist das nicht der Ausdruck?«

Er antwortet nicht.

Natürlich zählt niemand auf mich, außer ich selbst.

Ich habe einen Vorteil gegenüber meinen menschlichen Kollegen: meine vierbeinigen bzw. fußlosen Freunde.

Otto hatte nichts gesehen, da er wie üblich mit Verdauen beschäftigt war.

Absinthe und Malice befanden sich in der fraglichen Nacht in ihrer Schachtel. Die ausgestopfte Fledermaus schwieg hartnäckig. Guillotine hatte geschlafen. Fifi und Melange waren aus dem Schlafzimmer verbannt worden, da sie gebellt hatten, als Madame Sarah ... nun ja, als Madame Sarah Besuch empfing.

Zu ihren Besuchern zählten der englische Duke und ihr Manager, aber nicht der Amerikaner, Charlie Olsen.

Die Fledermaus blieb stumm.

Was das Geschöpf im Sarg namens Pocahontas angeht, so stellt sich heraus, daß sie ein Beuteltier aus der Neuen Welt ist. Was für eine Dumpfbacke! Rosa Nase, rosa Pfoten, rosa Rattenschwanz, aber größer als eine Ratte und mit rosaroten Augen.

Aber sie ist ein nachtaktives Tier. Eine etwas geschwollene Art, zu sagen, daß sie an Schlaflosigkeit leidet.

»Was hast du gesehen?« frage ich.

»Nicht viel. Ich bin kurzsichtig«, antwortet Pocahontas.

»Hat jemand das Schlafzimmer betreten?«

»Sock-rah Blue«, entgegnet Pocahontas. »Es betreten so viele Menschen Madame Sarahs Schlafzimmer, daß sich auch das mutigste 'Possum am liebsten in den Bäumen verkriechen würde.«

»Was ist das, ein 'possum?« frage ich.

»*L'opossum, c'est moi!* Ich sehe alles bei Nacht.«

»Dann mußt du den Dieb gesehen haben.«

»*Non.* Kein Dieb. Ich sehe nur, wie die Menschen ein und aus gehen.«

»Aber einer muß die Juwelen gestohlen haben.«

»Was sind Juwelen?«

»Helle, glitzernde Dinge.«

Pocahontas leckt sich die rosa Lippen. Ihre kurzsichtigen Augen blinzeln im Lampenlicht. »Ich weiß nichts von Juwelen. Ich weiß nur, was für ein wunderschönes Gefühl es war, Babys zu haben. Sie hingen an meinem Schwanz und schliefen in meinem Beutel. Er hat mir meine Babys weggenommen.«

»Das ist ja furchtbar! Wer hat das getan?«

»Mein Fänger. Dann hat er mich hierhergebracht, zu all diesen seltsamen Kreaturen. Ich schlafe tagsüber und träume von meinen Babys; ich erwache nachts und trauere um meine verlorenen Babys.«

»Das ist schrecklich! Ich habe mich aus freien Stücken entschieden, bei Madame Sarah zu logieren, obwohl sie das nicht weiß. Anscheinend ist es nur gerecht, daß jemand sie bestiehlt. Aber du ... du bist ihre Gefangene. Und die anderen?«

»Die anderen akzeptieren ihre Gefangenschaft. Sie müssen nicht um ihre Babys trauern. Finden Sie meine Babys, Mister Midnight, und ich werde Ihnen ewig dankbar sein.«

Ich verlasse Pocahontas erschüttert. Ich hielt uns alle für willige Gefangene der charmanten Madame Sarah, aber jetzt sehe ich sie in einem neuen Licht.

Jetzt sehe ich ein System hinter dem scheinbaren Zirkus.

»Die Methode ist verrückt«, sagt Mr. Olmes zu Dr. Watson am nächsten Morgen, während sie in der Eingangshalle von Madame Sarahs Hotel auf das Erscheinen der Diva warten, »aber sie ist trotzdem sehr gerissen.«

»Und worin besteht diese Methode?« fragt Dr. Watson.

Mr. Olmes holt etwas aus seiner Westentasche.

»Kunsthaar?«

»Exakt.«

»Haben Sie das etwa aus Madame Sarahs Schlafzimmer? Ich protestiere!«

»Beruhigen Sie sich. Es wurde mir von einem Tier aus ihrem Zirkus ... hinterlassen. Als wir gestern ankamen, sind die Viecher doch ständig um mich herumscharwenzelt.«

»Der Dieb war ein Tier?«

»Ein Tier mit sehr geschickten ... Pfoten. Ein Tier, das trainiert wurde, um etwas zu tun, das über seinen Verstand hinausgeht.«

»Denken Sie an einen der Hunde?«

»Oh, wesentlich intelligenter als die Hunde, Watson. Ein Wesen, das ganz allein überleben kann und wesentlich geschickter ist, als man gemeinhin denkt.«

»Eine Katze? Der Panther?«

»Nein, obwohl Katzen manchmal nachtaktiv sind und der Juwelenraub bei Nacht begangen wurde.«

»Welches Tier dann? Hat die Boa Constrictor etwa das Beweisstück verschluckt? Sie werden hoffentlich keine Autopsie vornehmen müssen?«

»Madame Sarah, die große Tierliebhaberin, würde sich das verbitten. Zum Glück ist das auch gar nicht notwendig.«

»Spannen Sie mich nicht länger auf die Folter.«

Er hält etwas Filzartiges hoch.

»Rattenhaare?«

»Sie sind schon dicht dran. Das ist Kunsthaar, wie es im Theater für falsche Bärte benutzt wird, vermischt mit ... anderem Haar.«

»Hat Madame Sarah denn auch schon Männer gespielt?«

»Allerdings! Es gibt fast nichts, was Madame Sarah noch nicht gespielt hat. Das Haar ist in diesem Fall dunkles Haar.«

»Also der Panther?«

»Wäre möglich. Ich fand es zwischen den Klemmen, in denen die Juwelen steckten, bevor sie gestohlen wurden.«

»Die sich dank Ihres Scharfsinns nun wieder in Madame Sarahs Besitz befinden!«

»Gut kombiniert, Watson. Sie sind tatsächlich in ihrem Besitz. Allerdings haben sie den Besitzer noch gar nicht gewechselt, denn sie befinden sich noch in ihrem Versteck.«

»Wo zum Himmel haben Sie die Juwelen gefunden?«

Olmes zuckte die Achseln. »In dem Sarg.«

»Ah, ich verstehe! In einer Geheimkammer unter dem Polster!«

»Eine Art Geheimkammer, ja, allerdings *über* dem Polster. Eine lebende, atmende Geheimkammer. Das Opossum ist ein Beuteltier, Watson.«

»Das klingt nach einer Nachhilfestunde in Biologie. Aber ich habe im Unterricht aufgepaßt, mein Lieber: ein Beuteltier bekommt seine Jungen, wenn sie noch winzig klein sind, und nährt sie dann in seinem Beutel. Das Känguruh ...«

»Darf ich Sie darauf hinweisen, daß das Känguruh nicht das einzige Beuteltier auf der Erde ist?«

»Sie haben vollkommen recht. Zu den Beuteltieren zählt unter anderem auch das seltsame Schnabeltier. In Australien leben außerdem ...«

»Und in der Neuen Welt lebt das Opossum.«

»In Nordamerika, um genau zu sein. Das Opossum ist ein Beuteltier?«

»Es hat einen Beutel und zum Greifen geeignete Zehen. Außerdem kann es im Dunkeln sehen, und seine Intelligenz entspricht der eines Schweins, was bedeutet, daß es deutlich intelligenter ist als beispielsweise ein Hund. Vor kurzem wurden ein Opossum und seine Jungen in der Nähe von London als Kuriosität vorgeführt. Mit Sicherheit gibt es nur ein erwachsenes Opossum in London. Offenbar hat der Dieb das Opossum von seinen Jungen getrennt und es Madame Sarah als Geschenk überreicht. Als Madame Sarahs Juwelen jede Nacht aus der Eingangshalle hierhergebracht wurden, gelang es ihm, die Juwelen mit Kunsthaar zu umwickeln, vermischt mit Haaren, die das Opossum verloren hatte. Dann wartete er auf die Nacht. Der Mutterinstinkt. Die Juwelen.«

»Sie sind im Beutel des Opossums! Wie haben Sie das nur erraten?«

»Durch die Haare einer Katze.«

»Die Haare einer Katze?«

»Sie müssen wissen, Watson, daß Katzen ständig haaren. Auch der Kater, der uns in der Baker Street einen kurzen Besuch abgestattet hat. Ich fand sein abscheuliches Haar sogar in meiner Uhrtasche! Erinnern Sie sich, wie der Kater, nicht lange nachdem wir hier angekommen waren, zu mir herübersah, um mit meiner Uhrkette zu spielen? Bald danach schaute ich auf die Uhr – bei Madame Sarahs eitlem Geplapper wohl unschwer nachvollziehbar –, und dabei fiel ein Ballen schwarzer Katzenhaare aus meiner Tasche! Unwillkürlich begann ich über die Tasche und das Katzenhaar nachzudenken, und von da war es nur ein kleiner gedanklicher Sprung zum Opossum, das erst kürzlich in Madame Sarahs Menagerie gelangt war.«

»Brillant! Wieder einmal haben Sie die Überlegenheit des britischen Intellekts bewiesen.«

»Nun ja, die Überlegenheit meines eigenen Intellekts.«

Und des meinen. Mehr konnte ich schließlich nicht tun, als Mr. Olmes' Westentasche mit ein paar Härchen meines kostbaren Pelzes zu versehen, um ihn auf die richtige Fährte zu bringen.

Was Pocahontas angeht: ihr verschlagener Meister, Charlie Olsen, wurde bald darauf bei dem Versuch festgenommen, die vermißten Kostbarkeiten aus ihrem Beutel zu fischen. Die ganze Zeit waren die Juwelen zum Greifen nah gewesen. Madame Sarah, die die erlittenen Qualen ihres Haustiers nachfühlen konnte, versieht seitdem die Taschen ihrer Kleider mit Plüschfedern und falschen Juwelen, damit Pocahontas ihre mütterlichen Instinkte ausleben kann.

Pokey, wie ich sie inzwischen nenne, durchschaut das Spiel, sammelt aber trotzdem pflichtbewußt die versteckten Objekte. Sie erklärt mir, sie tue es aus Liebe zu Madame Sarah, die sich dadurch besser fühle.

Die Trauer um den Verlust ihres Wurfs ist, wie sie mir gesteht, inzwischen vergangen, da sie jetzt das verhätschelte Single-Dasein bevorzugt, insbesondere das Privileg, in Madame Sarahs Sarg schlafen zu dürfen.

Was Madame Sarah betrifft: sie schmollt noch eine Weile, weil es ihr nicht gelingt, Mr. Olmes in ihre Privatgemächer zu locken, vergißt aber schnell den einen widerspenstigen Engländähr angesichts der vielen, vielen anderen.

Und *moi?* Ich erhalte ein Halsband in Rot, Weiß und Blau, den Farben der französischen Trikolore, an dem als symbolische Tapferkeitsmedaille eine goldene Münze baumelt. Aber es liegt mir nicht, Kostüme zu tragen, und so verliert *Chez Sarah* schnell den Reiz für mich, und ich begebe mich wieder auf Wanderschaft.

Bald hängt mir wieder, wie den anderen Straßenkatzen, der Magen in den Kniekehlen, und ich versuche, den Straßengangs aus dem Weg zu gehen. Seitdem ich das Hundehalsband von Madame Sarah trage, sind sie besonders lästig.

Eines Tages laufe ich in zwei Damen hinein, die mir entgegenspazieren.

»Ach, das arme, verfolgte, halbverhungerte Ding!« ruft die eine emphatisch. Ein sicheres Anzeichen dafür, daß ich gleich mit Leckerbissen verwöhnt werde.

Ich bleibe stehen und streiche den Frauen schnurrend um die Röcke.

Die andere bückt sich und hebt mich auf. »Halbverhungert ist übertrieben, Nell«, bemerkt sie skeptisch mit amerikanischem Akzent, während sie meinen Bauch abtastet.

»Ach, Irene, ich hätte so gern ein süßes, kleines Kätzchen, das mir nachts im Bett die Füße wärmt.«

»Saffron Hill könnte wirklich noch einen Mäusejäger gebrauchen«, stimmt die andere zu. »Er ist seinem früheren Besitzer offenbar entlaufen. Sieh dir das merkwürdige Halsband an. Kein Wunder, daß die Straßenkinder hinter ihm her waren.«

»Ich werde ihn ›Midnight‹ nennen«, sagt Miss Nell schwärmerisch und krault mich unter dem Kinn.

»Wie originell«, bemerkt Miss Irene sarkastisch. »Wenigstens kommt uns sein goldener *Louis d'or* sehr gelegen. Unsere Ausgaben waren in letzter Zeit zu hoch.«

»Ein Goldener Louie?«

»Eine alte, französische Münze, für die wir viele hübsche Pennies bekommen. Aber wo kommt dieser Bursche her, und bei wem hat er gelebt?«

»Ist das nicht egal? Midnight … Midnight *Louis* – anscheinend ist er ja Franzose – kommt mit uns nach Hause.«

Und so lande ich in Saffron Hill. Aber das Leben als Hauskatze ist alles andere als aufregend. Madame Sarahs multikulturelles Flair hat in mir das Fernweh geweckt, und so sage ich Miss Penelope Huxleigh und Miss Irene Adler bald freundlich *adieu* und mache mich wieder auf den Weg, um größere und bessere Dinge zu erleben.

In Amerika.

Aber das ist eine andere Geschichte.

Originaltitel: A Baker Street Irregular
Deutsch von Kenzo Fukai

Bruce Holland Rogers

Maskierte Marodeure

 **Vor einem Jahr,** als ich noch in Los Angeles wohnte, hatte Claire mich aus Oregon angerufen und sich erkundigt: »Wie laufen die Geschäfte?«

»Wie immer«, erwiderte ich. »Zwischen einem Privatdetektiv, der kurz vor dem Verhungern steht, und einem Drehbuchautor, der kurz vor dem Verhungern steht, gibt es kaum einen Unterschied. Nur daß dem Detektiv der Glamour fehlt.«

Sie lachte. »Du solltest hierher in den Norden ziehen, Maddie. Auch in Eugene gibt es Verbrechen, aber die Luft ist besser.«

»Ich *wollte* aus Kleinstädten weg.«

»Eugene ist keine Kleinstadt. Es ist eine kleine Großstadt.«

»Eine kleine Großstadt. Toll. Da kann ich mich gleichzeitig langweilen *und* anonym bleiben.«

»Und besseres Essen gibt es hier auch. Ich bekomme hier jeden Tag frisches Gemüse.«

»Wenn das kein Anreiz ist.«

»Denk darüber nach, Maddie. Ich vermisse dich.«

Das war eine nette Bemerkung, doch Nettigkeiten lassen mich meist kalt, es sei denn, jemand schmiert mir so richtig Honig ums Maul. Deshalb dachte ich nicht ernsthaft darüber nach, wieder in den Norden zu ziehen, bis mein Hauswirt die Miete um die Hälfte erhöhte. Erst da begann ich mit meinen Überlegungen, an deren Ende ich schließlich mit Claire im Café Zenon saß, wo sie ein Salatblatt aufspießte und erklärte: »Springfield! Ich kann es nicht glauben, Maddie, daß ich dich endlich dazu gebracht habe, hierherzuziehen, nur um jetzt zu erleben, daß du in *Springfield* wohnst! Es ist so schäbig dort!«

Viele Leute denken genauso wie Claire über diese Stadt im Osten Eugenes. Und die Wahrheit ist, daß zwischen Springfield und Eugene *tatsächlich* Welten liegen. »Aber Springfield kann ich wenigstens verstehen«, sagte ich zu Claire. »Christliche Fundamentalisten, Holzfäller, Papiermühlenarbeiter, ein Einkaufszentrum. Springfield ist eine altmodische Stadt, in der alles geradlinig und unkompliziert vonstatten geht. Eugene dagegen...«

Ich schaute durch das regennasse Fenster des Zenon und suchte nach Worten, um Eugene zu beschreiben. Diese Stadt war eine verrückte Mischung. Die Gebäude an der Promenade waren entweder neu oder alte Bruchbuden, die teuer saniert waren. An diesem Ende der Promenade standen lediglich Bankgebäude; hier war das große Geld zu Hause. Ein paar Querstraßen weiter gab es einen Marktplatz: Bauern boten dort am Wochenende ihre landwirtschaftlichen Produkte feil, Hippie-Typen verkauften Batik-Sachen, die einen leichten Haschgeruch verströmten, und Wahrsager lasen die Zukunft aus Tarot-Karten. Wieder ein Stück weiter befand sich der Treffpunkt der Promenaden-Ratten: schrille, body-gepiercte Typen. Die meisten waren Straßenkinder aus zerrütteten Ehen; andere waren Teenager aus der Mittelschicht in schmutzigen Lederklamotten, die das Leben auf der Straße romantisch fanden. Noch ein Stück weiter die Promenade hinunter gab es eine Wandlung zu Geld und Wohlstand: ein Software-Unternehmen und ein Parkhaus, das die Stadtverwaltung hatte bauen lassen, weil irgendwo Schmiergelder geflossen waren; jedenfalls behaupteten das ein paar Einwohner. Außerdem war Eugene eine Universitätsstadt, so daß sie ihren angemessenen Anteil an politischer Korrektheit und obskuren studentischen Bruderschaften besaß.

»Ich habe immer noch nicht herausgefunden, wie die Dinge hier eigentlich laufen«, sagte ich zu Claire. »Das macht mich noch wahnsinnig.«

»Was meinst du damit?« Sie balancierte eine Haselnuß auf ihrer Gabel. »Hier laufen die Dinge genauso wie überall. Menschen sind Menschen.«

»Aber bei den Städten gibt es Unterschiede. Denk nur an L.A. In Los Angeles weiß man fast alles, kennt man fast alles. Du und ich haben lange genug in dieser Stadt gelebt, nicht wahr?« Ich nahm eine Schachtel Zigaretten hervor und tippte eine Selbstgedrehte heraus. »Aber was ist mit Eugene? Gehört ihre Seele den Bankern? Oder gehört sie den alten Hippies und den Hausbesetzern?«

»Wir haben hier keine Hausbesetzer«, sagte Claire. »Wir haben *Baum*besetzer. Und die Banker sind allesamt aus Kalifornien.« Mit gesenkter Stimme fügte sie hinzu: »Du wirst doch wohl nicht herumlaufen und den Leuten sagen, daß du *ebenfalls* aus Kalifornien bist.«

»Hab' ich nicht vor. Woher ich komme, geht keinen was an.«

»Du hast doch die Nummernschilder an deinem Wagen ausgetauscht, oder?«

»Meine Mandanten wohnen allesamt in L.A., Claire. Wahrscheinlich werde ich öfters dorthin fahren, um zu arbeiten. Eine Zeitlang bin ich Bewohner beider Staaten.«

»Tausch deine Nummernschilder aus, Maddie!«

»Willst du mir etwa sagen, es gibt hier streunende Banden von Eingeborenen aus Oregon, die durch die Gegend ziehen und Autos mit kalifornischen Nummernschildern zu Schrott schlagen?«

»So was kommt vor.«

»Jetzt mach aber mal halblang.«

Claire betrachtete meinen Glimmstengel, den ich noch nicht angezündet hatte. »Steck die Zigarette nicht an. Wir sind hier in einem Nichtraucher-Restaurant.«

»Du hast diesen Laden wohl ausgesucht, um mich zu foltern.«
Wehmütig schaute ich auf den Tisch draußen an der Straße, an
dem ein einsamer Raucher saß. Sein Kaffee dampfte. In der einen
Hand hielt er die Zigarette, mit der anderen zog er den Mantel-
kragen nach vorn, um den Wind fernzuhalten. Ein Soldat der
Nikotin-Armee, der den Elementen trotzte. Ein tapferer Mann.

»Was sind eigentlich Baumbesetzer?« fragte ich.

»Protestler, die sich selbst an Bäume fesseln, um zu verhindern,
daß sie gefällt werden.«

»Du meinst, in den Wäldern?« Ich stellte mir eine riesige Landschaft aus Tannenbäumen vor, an denen Naturschützer wie riesige bunte Zapfen hingen. Ein verrückter Gedanke.

»Ja, manchmal auch in den Wäldern, soviel ich weiß«, sagte
Claire. »Aber eigentlich meinte ich die Naturschützer hier in der
Stadt. Damals, als das Parkhaus gebaut werden sollte, haben die
Baumbesetzer eine große Protestaktion veranstaltet, hier in der
Innenstadt. Sie wollten die Bäume retten, die auf dem Grundstück standen. Die Polizei ist mit Knüppeln auf sie losgegangen,
und die Zuschauer wurden mit Tränengas vertrieben. Es gab
eine schreckliche Keilerei. Viele Cops haben immer noch ein
blaues Auge.«

»Rind à la Eugene«, sagte die Kellnerin und setzte mir das
Hauptgericht vor. Eigentlich hatte ich schlicht und einfach
Steak bestellt; aber vermutlich kam diese Mahlzeit von allen
Speisen, die das Zenon zu bieten hatte, einem richtigen Steak
noch am nächsten. Ein Lendenstück vom Rind am Spieß, das
mit einer Beilage serviert wurde, deren Namen ich noch nie
gehört hatte, bei der es sich aber um irgendein Gemüse zu handeln schien. Ich bot Claire das Zeug an.

»Es ist das einzig Genießbare auf deinem Teller«, sagte sie.

»Und es gehört alles dir.« Ich schnitt das Fleisch an. Es schimmerte rot. Hätte ich ein Steak *so* roh haben wollen, hätte ich es
vermutlich eine Stunde in die Mittagssonne gelegt.

»Tierisches Fett bringt dich ins Grab, Maddie.«

»Quatsch. Dschingis Khan hat sich nur von Milch und Blut ernährt und die halbe Welt erobert.«

»Aber sieh ihn dir jetzt an«, sagte Claire. »Er ist *tot!*«

»Du weißt, daß ich es immer mit einem Steak feiere, wenn ich einen Auftrag bekommen habe.«

»Ein Auftrag? Du hast schon einen Fall übernommen? Wie hast du das gemacht?«

»Na ja, eigentlich habe ich einen Fall in *Aussicht*. Ich habe mich auf eine Anzeige in der *Weekly* gemeldet.«

»Und worum geht es?«

»Claire, ich habe mich noch nicht eingehend mit der Mandantin unterhalten. Ich dürfte dir sowieso nichts verraten. Ich bezeichne mich nicht ohne Grund als *Privat*detektiv.«

Sie zog eine Schnute. »Ich dachte, wir sind Freunde.«

»Sind wir auch. Du kannst sogar ein Stück von meinem Steak haben.«

»Igitt.«

Ich senkte die Stimme. »Der Fall hat mit Waschbären zu tun«, sagte ich.

»Waschbären?«

»Pssst! Mehr darf ich dir nicht verraten. Behalte es für dich.«

»Ach, komm schon. Du mußt mir mehr darüber erzählen.«

»Tut mir leid, Claire. « Ich lächelte. Wenn sie mich der Tortur eines Nichtraucher-Restaurants aussetzte, hatte ich Mittel und Wege, mich zu revanchieren.

Der Name der Mandantin lautete Elizabeth Foulkes. Sie besaß eine Kunstgalerie in der Innenstadt und wohnte an dem Hügelhang unterhalb des Hendricks Park. Das Haus zeichnete sich durch hohe Hecken, Eisentore, Giebel, einen kleinen Turm und *zwei* Wetterfahnen aus. In Beverly Hills wäre es als Hütte durchgegangen, in Eugene jedoch war es ein Palast. Ein regennasses, zitronengelbes Mercedes-Cabrio stand in der Auffahrt. Die Zulassungsnummer lautete FLKS2.

Sie war schon an der Tür, bevor ich klingeln konnte, eine Frau Ende Vierzig in einem dunkelroten Kleid, das ich auf Größe 52 schätzte. Das Rot stand ihr gut. Wie Claire besaß sie einen Teint, der zur Vorsicht gemahnte, wenn es um Farben ging. Ihr Haar, schwarz mit silbernen Strähnen, hatte sie nach hinten gekämmt und zusammengebunden. Sie fragte: »Mr. Hughes?«

»Sagen Sie Maddie zu mir, wenn es Ihnen nichts ausmacht.«

»Dann sagen Sie Elizabeth zu mir.«

Hinter ihr stand ein schwarzer Pudel und beäugte mich. Er zitterte vor Aufregung, kam aber nicht zur Tür gefegt, um mir den Eingang zu versperren, wie Hunde es oft tun. »Sie haben doch nichts gegen Hunde, oder?«

Doch, hatte ich. Ich habe es nie besonders gemocht, vollgesabbert zu werden; außerdem hätte mein Siamese mich mißtrauisch gemustert, wenn ich nach Hause gekommen wäre und nach Feind gerochen hätte. Ich beschränkte mich auf die Bemerkung: »Er macht einen gut dressierten Eindruck.«

Sie lachte. »Offenbar mögen Sie Hunde nicht. Aber sie *ist* sehr gut dressiert. Ich kann Ihnen versprechen, daß Cassatt Sie weder anspringen noch ablecken wird. Genügt das, oder soll ich sie einsperren?«

»Es genügt. Einem Unschuldigen sollte der Knast erspart bleiben.«

»Bitte, kommen Sie herein. Ich koche uns Tee.«

Ich folgte Elizabeth, und Cassatt folgte mir. Sie schnüffelte zwar, drückte ihre feuchte Nase aber nicht auf meine Klamotten. Das Wohnzimmer enthielt ein paar interessante Skulpturen: ein schreiender Mann, dem Stacheln aus der Haut hervorbrachen, und eine Art abstrakter Baum. Zu den Kunstgegenständen, die im Flur hingen, zählten zwei Acrylgemälde, eine Collage und zwei Fotos, die leere, von Nässe schimmernde Straßen zeigten. Als wir in die Küche gelangten – die für sich allein größer und besser ausgeleuchtet war als meine ganze Wohnung –, blieb der

Hund dort stehen, wo der Teppichboden endete und der gefliese Fußboden der Küche begann, und winselte. »Wirst du wohl ruhig sein!« schimpfte Elizabeth. »Still! Sitz!«

Der Hund hockte sich hin.

»Sie darf nicht in die Küche?«

»Ein Hund in der Küche ist ein Ärgernis.« Eine kleine Flamme am Herd hatte den Teekessel bereits vorgewärmt. Elizabeth drehte die Flamme größer. Der Tisch war mit Tassen und Untertassen, einer Zuckerschüssel und silbernen Löffeln gedeckt. Allmählich bekam ich den Eindruck, daß Elizabeth Foulkes nichts ohne irgendeinen Plan tat. Neben der Zuckerschüssel lagen ein Stapel Papier, offenbar Fotoabzüge, und ein großer brauner Umschlag.

»Nun, dann erzählen Sie mal von dem Einbruchdiebstahl. Es wurden nur ein paar Foto-Negative gestohlen, sonst nichts? Ich habe den Eindruck, daß es hier Dinge gibt, die für einen Dieb von größerem Interesse sind.«

»Offenbar habe ich am Telefon falsche Vorstellungen bei Ihnen geweckt«, sagte Elizabeth. »Der Einbruchdiebstahl wurde nicht hier verübt, sondern in Joshs Lagerhaus. In seiner Wohnung, um genau zu sein. Das Lagerhaus ist zwar nicht als Wohnhaus konzipiert, aber Josh hat im Obergeschoß ein Wohnschlafzimmer, gleich neben der Dunkelkammer. Dort wurde auch der Diebstahl verübt.«

»Wer ist Josh?«

»Josh Bunch. Zwei seiner Fotos hängen im Flur. Er ist einer meiner Lieblingskünstler, und er ist ziemlich gut für mein Geschäft.«

Erste Dampfschwaden stiegen aus dem Ausguß des Teekessels. Der Geruch erinnerte mich an den von Zigarettenrauch. Ich hatte nirgends Aschenbecher gesehen; deshalb hatte ich nicht einmal gefragt.

»Was ist auf den Negativen?«

»Eine Fotoserie. Aufnahmen von mir. Deshalb bin ich jetzt in die Sache verwickelt. Es sind Porträts. Normalerweise macht Josh keine Porträtaufnahmen, aber ich hatte die Arbeit bei ihm in Auftrag gegeben. Josh ist hierher ins Haus gekommen, hat ein paar Dutzend Probeaufnahmen gemacht und brachte einige Tage später die Kontaktabzüge hierher. Doch einige von den Probeaufnahmen fehlten. Ich habe versucht, Josh anzurufen, denn ich wollte mich erkundigen, weshalb er mir nicht die gesamte Fotoserie gegeben hatte. Aber niemand ging ans Telefon. Manchmal nimmt Josh keine Anrufe entgegen. Offen gestanden, er würde es nicht einmal bemerken, wenn man bei ihm das Telefonkabel aus der Wand ziehen würde und der Apparat tagelang in irgendeiner Ecke läge. Sie werden wissen, was ich damit meine, wenn Sie sich erst Joshs Wohnung angeschaut haben. Sie müssen im Zuge Ihrer Ermittlungen doch sicher auch dorthin, oder?«

»Wenn Josh nichts dagegen hat.«

»Oh, bestimmt nicht. Er möchte die Negative wiederhaben. Sie sind sein täglich Brot.«

Der Kessel pfiff, und Elizabeth nahm ihn vom Herd und goß den Tee auf. Dann öffnete sie die Spülmaschine und holte einen Aschenbecher heraus. Sie fragte: »Stört es Sie, wenn ich rauche?«

Ich kramte in meiner Jackentasche, noch bevor sie den Satz zu Ende gesprochen hatte. »Ich rauche eine mit, wenn Sie sich dadurch besser fühlen«, sagte ich.

Elizabeth lächelte. »Als Josh nicht ans Telefon ging«, sagte sie dann, »bin ich selbst zum Lagerhaus gefahren. Die Tür stand einen Spalt offen. Ob das Schloß aufgebrochen war, konnte ich nicht erkennen. Es war dunkel.«

»Um wieviel Uhr war das?«

»Zehn nach sieben.«

»Sie sind sich offenbar ziemlich sicher.«

»Ich habe einen vollen Terminplan und muß stets wissen, wie spät es ist. Als ich anklopfte, kam niemand zur Tür. Also bin ich hineingegangen ...«

»Das war keine besonders gute Idee.«

»Ich wußte doch nicht, daß jemand bei Josh eingebrochen hatte. Außerdem habe ich an die fehlenden Kontaktabzüge gedacht. Die Fotos, die Josh in der Küche von mir gemacht hatte, hielt ich für die besten, und genau die fehlten mir.« Sie reichte mir den Stapel Kontaktabzüge.

»Haben die fehlenden Negative die gleiche Größe wie diese Abzüge?«

»Ein paar schon. Aber meist benutzt Josh eine von diesen Plattenkameras.«

»Also ein größeres Format?«

»Ja.«

Einige Fotos waren mit einem weißen Fettstift umrandet, andere mit einem roten, einige wenige weiß und rot. »Was haben diese Markierungen zu bedeuten?«

»Josh ist ein schrecklicher Primitivling. Er geht einfach los und *schießt* seine Fotos. Er benutzt sogar dieses Wort. Ich habe versucht, seinen Blick zu schulen. Er *muß* ausgebildet werden. Ich glaube, seine besseren Fotos sind oft Zufallsprodukte. Bevor ich mit ihm zu arbeiten begann, hat er Fotos gemacht, die absolut nichts wert waren. Inzwischen haben wir eine bestimmte Vorgehensweise entwickelt. Josh macht die Kontaktabzüge und umrandet die Fotos, die ihm gefallen, mit weißem Fettstift. Von diesen Fotos kennzeichne ich wiederum diejenigen, die mir gefallen, mit rotem Fettstift. Die entwickelt Josh dann, und die besten davon verkaufe ich schließlich in den Galerien.«

»Galerien? Sie besitzen mehr als eine?«

»Ich habe in L.A. angefangen, und dort mache ich immer noch die besten Geschäfte. Die meisten Künstler, deren Fotos ich hier ausstelle, kommen sowieso aus Los Angeles.«

»Soviel ich gehört habe, sollte man dieses Geheimnis hier lieber für sich behalten.«

Elizabeth verdrehte die Augen und blies eine blaue Rauchwolke aus. »Gott bewahre mich vor diesen ›Kalifornisierungs‹-Kritikern. Einige der hiesigen Künstler haben mir schon zum Vorwurf gemacht, daß ich so viele Kalifornier ausstelle. Ich habe ihnen gesagt, daß ich kein Kunsthandwerk verkaufe, sondern *Kunst.*«

»Ich wette, das hat sie gründlich zum Schweigen gebracht.«

»Oh, sie mögen mich trotzdem.« Nach kurzer Pause fügte sie hinzu: »Dann stammen Sie also nicht von hier?«

Ich hätte umsichtiger sein sollen. »Ich komme aus Kansas, mit Zwischenstation in Hollywood.«

»Gut«, sagte sie. »Dann haben Sie in der *wirklichen* Welt gelebt.«

Ich lachte, wobei ich die Kontaktabzüge durchblätterte. »Wohnzimmer ... Wohnzimmer ... Wo wurde dieses Foto hier aufgenommen?«

»Oben in meinem Arbeitszimmer.«

»Darf ich's mir mal anschauen?«

»Ich wüßte nicht, wie Ihnen das weiterhelfen sollte. Schließlich wurde der Einbruchdiebstahl bei Josh verübt.«

»Man kann nie wissen. Ich mache mir gern ein möglichst umfassendes Bild. Aber erzählen Sie ruhig weiter. Sagen Sie mir, was Sie bei Josh gesehen haben.«

»Er war nicht zu Hause. Ich war gerade die Treppe hinaufgestiegen, als ich plötzlich Geräusche in der Dunkelkammer hörte. Irgendwelche Sachen sind auf den Boden gefallen.«

»Und Ihnen ist nicht der Gedanke gekommen, daß dort Einbrecher zugange sein könnten?«

»Ich habe an nichts anderes gedacht als an die Abzüge. Josh ist ein bißchen ... unzuverlässig. Der Umgang mit ihm kann sehr anstrengend sein. Und wenn ich etwas haben will und es nicht bekommen kann, kann ich an nichts anderes mehr denken. Franklin würde sagen, daß ich dann geradezu *besessen* bin.«

»Franklin?«

»Mein Mann. Jedenfalls hat sich herausgestellt, daß es die Waschbären waren. Josh hat sie immer aus seinem Wohnschlafzimmer und der Dunkelkammer ferngehalten, aber der Einbrecher hatte die Tür offen gelassen. Möchten Sie Zucker?« Sie schenkte mir Tee ein, und höflichkeitshalber trank ich einen Schluck. Tee ist der schwächere Bruder des Kaffees. Ich habe nicht viel dafür übrig.

»Was macht Ihr Mann eigentlich?«

»Ihm gehört eine Firma für Grundstückserschließung. Deshalb ist Franklin hier ungefähr so beliebt wie wir Kalifornier, obwohl er in Eugene geboren wurde.«

»Erzählen Sie mir von den Waschbären.«

»In gewisser Weise sind sie Joshs Haustiere. Vor längerer Zeit hat er vier kleine, elternlose Waschbären gefunden, hat sie mit der Flasche großgezogen und dann eine Hundetür für sie eingebaut. Sie sind wild und ausgelassen. Sie suchen sich ihr Futter selbst. Aber sie tragen auch Flohhalsbänder und lassen sich von Josh in den Arm nehmen. Er gibt ihnen kleine Happen zu fressen. Sie haben freien Auslauf im Lagerhaus, jedenfalls im unteren Teil. Einmal im Jahr fängt er sie und bringt sie zum Tierarzt.«

»Ist es legal, sich solche wilden Tiere zu halten?«

»Das weiß Josh bestimmt nicht, und es würde ihn auch nicht interessieren. Jedenfalls, als ich das Licht einschaltete, schaute einer der Waschbären mich an, aber die beiden anderen haben weiter die Regale mit den Chemikalien durchwühlt. Mehrere Flaschen lagen auf dem Boden, und ein paar waren zersplittert.«

»Ich dachte, es wären vier Waschbären.«

»Es sind auch vier, aber an dem Abend habe ich nur drei gesehen. Die Dunkelkammer war völlig verwüstet – und das ist ein Teil des Problems, wissen Sie. Denn man konnte nicht mehr erkennen, was der Einbrecher getan hat und was die Waschbären verwüstet hatten. Aber daß der Schauplatz des Verbrechens diese Besonderheit aufwies, war der Polizei egal. Sie wollten nur wissen, was fehlt.«

Wir sprachen über mein Honorar. Dann fragte ich: »Sind die Negative Ihnen wirklich so viel wert?«

»Ich verkaufe Joshs beste Arbeiten für siebenhundert Dollar das Stück. Viele seiner Motive sind kurzlebig: Gebäude, die bald eingerissen werden, oder Schaufensterauslagen von Geschäften, die vor der Pleite stehen. Eugene verändert sich. Einige Käufer von Joshs Arbeiten möchten seine Fotos als Erinnerungsstücke. Oder Bilder wie die von den Straßen, die bei mir im Flur hängen. Solche Fotos könnte Josh allerdings noch einmal aufnehmen, wenn er Geduld genug hat und auf das richtige Wetter und die richtige Tageszeit wartet. Aber viele der gestohlenen Negative sind unersetzlich.« Elizabeth nahm den braunen Umschlag auf. »Und dann ist da noch diese Sache.«

Ich öffnete den Umschlag. Es waren Negative darin, die dieselbe Größe besaßen wie die Kontaktabzüge, die ich mir vorhin angeschaut hatte.

»Als ich das Chaos in Joshs Dunkelkammer sah, war ich völlig mit den Nerven herunter«, sagte Elizabeth. »Und ich habe sofort an diese fehlenden Kontaktabzüge gedacht. Die Negative, die ich Ihnen gegeben habe, besitzen das entsprechende Format. Aber als ich in Joshs Dunkelkammer war, habe ich sie mir gar nicht angeschaut, sondern rasch in meine Handtasche gesteckt – einen Augenblick, bevor Josh erschien und wir die Polizei angerufen haben.«

»Moment mal. Dann *haben* Sie die Negative, die ich Ihnen wiederbeschaffen soll?«

»Nein. Ich habe nur die Negative an mich genommen, die ich für die meinen *hielt*. Ich dachte, es wären die Fotos, die ich bei Josh in Auftrag gegeben hatte. Natürlich gehören die Negative als solche dem Fotografen. Aber diese da sind sowieso die verkehrten. Die Negative, die ich gesucht habe, wurden *tatsächlich* gestohlen.«

Ich hielt eines der Negative gegen das Licht. Es macht mir ziemliche Schwierigkeiten, das Negativ anzuschauen und mir dabei das fertige Foto vorzustellen, doch ich konnte erkennen, daß es Aufnahmen von Gebäuden waren.

»Weshalb haben Sie Josh die Negative dann nicht zurückgegeben?«

»Als wir auf die Polizei warteten, hat Josh mich gefragt, ob ich irgend etwas durcheinandergebracht hätte. Wir sind beide davon ausgegangen, daß ein Kriminalbeamter kommt und nach Beweisstücken sucht. Hätte ich nachgedacht, hätte ich Josh sagen können, daß ich seine Negative an mich genommen hätte, um sie vor den Waschbären zu schützen. Statt dessen erklärte ich ihm, ich hätte nichts angerührt. Und als ich ihm das erst einmal gesagt hatte, konnte ich meine Geschichte schwerlich wieder umändern, nicht wahr? Es wäre ziemlich peinlich gewesen, und Josh hätte Gott weiß was von mir gedacht. Und wie sich herausstellte, nimmt die Polizei bei Einbruchdiebstahl keine Personenvernehmungen vor. Sie schickt einem bloß ein Formular, das man ausfüllen muß.«

»Demnach wollen Sie mir den Auftrag erteilen, die Negative wieder zu beschaffen, die *tatsächlich* vermißt werden – und dabei auch diejenigen zu ›entdecken‹, die Sie mir gerade gegeben haben. So oder so hält Josh Sie dann weiterhin für eine Förderin der Künste und nicht für eine Frau, die lange Finger hat, und mag sie noch so elegant gekleidet sein.«

Ihr Lachen klang nervös. »Sie haben es erfaßt.«

Ich nahm den Vertrag aus meiner Aktentasche, ließ Elizabeth beide Ausfertigungen unterschreiben und gab ihr eine davon. Als Vorschuß stellte sie mir einen Scheck aus, der über das Konto der Galerie lief.

»Es macht Ihnen doch nichts aus, mir auch den Rest des Hauses zu zeigen? Jedes Zimmer, jede Stelle, an der Josh Fotos gemacht hat?«

Ich wußte selbst nicht, wonach ich suchte. Cassatt folgte uns und schnüffelte wieder nach mir, jedoch aus höflicher Entfernung. In jedem Zimmer standen kleine Skulpturen, und an jeder

Wand hingen Drucke, Gemälde oder Fotos. Elizabeths Arbeitszimmer war ordentlich und hell erleuchtet.

Als wir mit dem Obergeschoß fertig waren, legte ich die Hand auf die Türklinke des letzten Zimmers. »Da können Sie nicht hinein«, sagte Elizabeth. »Das ist Franklins Arbeitszimmer.«

»Ist er da drin?«

»Nein. Es ist nur so ... wir sind beide sehr eigen, was bestimmte Dinge angeht. Das Zimmer ist Franklins Allerheiligstes, sein *sanctum sanctorum*. Nicht einmal ich gehe hinein. Ich mache nicht mal die Tür auf.«

»Ist Josh hineingegangen?«

»Nein. Auf gar keinen Fall.«

»Dann brauche ich das Zimmer auch nicht zu sehen, nehme ich an.« Wir gingen zur Treppe, deren Stufen mit Teppich ausgelegt waren. »Ich weiß nicht, wie die Chancen stehen, die verschwundenen Negative jemals wieder zu finden«, sagte ich. »Vielleicht kommt mir irgendeine gute Idee, wenn ich mir den Tatort angeschaut und mit Josh gesprochen habe. Ich möchte nicht, daß Sie viel Geld für Dinge ausgeben, die man nie mehr wiederfinden kann.«

»Lassen Sie sich ruhig ein wenig Zeit«, sagte Elizabeth. »Selbst wenn es hoffnungslos ist – lassen Sie sich ruhig etwas Zeit.«

Josh Bunchs Lagerhaus-Wohnung-Dunkelkammer befand sich in Whiteaker, dem interessanteren Stadtviertel. Whiteaker war schmutzig und schäbig. Hier wohnten Künstler, Studenten, Mexikaner, übriggebliebene Hippies und junge und alte Drogensüchtige. Doch es gab gute Restaurants und ein Teehaus, das von schrillen Punks mit Stachelfrisuren favorisiert wurde, sowie Kneipen für die Arbeiter. Wenn man Claire Glauben schenkte, gab es in dieser Gegend den besten Gemüseladen der Stadt. Außerdem vertraute Claire mir entrüstet an, sie habe in Whiteaker Prostituierte gesehen – als hätte sie dergleichen hinter sich gelassen, als sie aus Hollywood weggezogen war.

Das Lagerhaus stand im Schatten eines Hügels mit Namen Skinner's Butte. Eine Reihe schäbiger Mietskasernen zog sich bis zur halben Höhe des Hügels hinauf, doch der größte Teil des Butte war unbebaut: ein Stückchen bewaldetes Hügelland mitten in der Stadt. Logisch, daß der Wald bei den Waschbären beliebt war. Es gab drei Geschäfte in der Nähe: eines für Schweißgeräte, eines für gebrauchte Fahrräder und ein Laden, der sich »Der Salatversorger« nannte. Ich hatte keine Ahnung, was ein Salatversorger war. Claire wußte es bestimmt. Und Claire interessierte es sicher auch.

Für mich war eher von Interesse, daß keiner der Läden über Eisengitter verfügte, die man nachts vor den Schaufenstern herunterlassen konnte. Whiteaker mochte das schlimmste Viertel von Eugene sein, doch im Vergleich zu Ost-Los-Angeles war es ein Garten Eden.

Ich klopfte an Joshs Tür. Dann noch einmal. Schließlich wurde über mir ein Fenster geöffnet, und jemand rief zu mir hinunter: »Sind Sie der Privatschnüffler?«

Ich schaute nach oben und sah ein Gesicht mit blaßbraunem, graumeliertem Bart. »Versuchen Sie mal darüber nachzudenken, weshalb der Ausdruck mir nie gefallen hat«, rief ich zurück.

»Ich komm' runter. Warten Sie 'nen Moment.«

»Hat keine Eile. Ich werde nach Stunden bezahlt.«

Als er schließlich erschien, führte er mich in ungefähr dreihundert Quadratmeter staubiges Chaos. Ich sah Kisten mit Gerümpel, die auf Regale oder aufeinander gestapelt waren; ich sah eine vollständige Schaufensterpuppe und den Arm einer weiteren; ich sah einen Berg aus uralten Foto-Zeitschriften und eine vorsintflutliche elektrische Eisenbahn auf ein paar Metern verbogenen Schienen. Wäre das Ding in einem besseren Zustand gewesen, hätte man ein hübsches Sümmchen dafür kassieren können. Und überall verstreut sah ich die Überreste alter Gebäude: verwitterte geschnitzte Holzkugeln; rissige Abdecksteine; eiserne

Kreuzblumen und etwas, bei dem es sich offenbar um ein altes Gartentor handelte. Und Staub.

»Verzeihen Sie wenn ich frage, Mr. Bunch, aber haben Sie *hier drüber* Ihre Dunkelkammer?«

»Ja, klar. Da oben bin ich beklaut worden, wissen Sie.«

»Über dieser Rumpelkammer hier?«

»Meine Güte. Elizabeth hat mir gesagt, daß sie mir 'nen Privatschnüffler schickt. Aber daß Sie für ›Schöner Wohnen‹ arbeiten, hat sie mir verschwiegen.«

»Schon gut, tut mir leid. Ich bin gekommen, um Ihnen zu helfen, okay? Wenn *Sie* mit dem Schnüffler aufhören, sage *ich* kein Wort mehr über Ihren Hausputz. Geht mich sowieso nichts an.«

»Um ehrlich zu sein«, sagte Josh, »*ist* der Staub ein Problem, aber das Putzen erst recht. Die Dunkelkammer... ja, die Dunkelkammer halte ich sauber. Aber das Zeug hier unten, das gehört alles zu meinem Beruf. Ich kann es nicht einfach wegwerfen. Und mir fehlt die Zeit, Putzfrau zu spielen.«

»Sie machen Fotos von dem Zeugs?«

»Manchmal. Aber das meiste dient zu Forschungszwecken, könnte man sagen.«

»Forschungszwecke?«

»Ja, Forschungszwecke.« Er zuckte die Schultern. Wenn ich es nicht kapierte, dann kapierte ich es eben nicht.

Auf einem der Regale entdeckte ich einen kleinen Weidenkorb von der Art, in den Katzen sich gern hineinkuscheln. In dem Korb sah ich einen Ball aus grauem Fell, um den ein gestreifter Schwanz geschlungen war. »Haben Ihre Waschbären Namen?«

»Das ist Pillsbury. Sie ist die Stubenhockerin. Twinkie und Iris sind wahrscheinlich irgendwo auf dem Hügel unterwegs. Und Marco Polo hab' ich seit Monaten nicht gesehen.«

»Kein Wunder, bei dem Namen.«

»Ja.« Josh grinste. Wir kamen nun besser miteinander zurecht. »Er ist das Männchen. Muß sich um sein Revier kümmern.«

Waschbären waren ein Thema, bei dem ich nichts Verkehrtes sagen konnte, also blieb ich dabei. »Wie kommen Ihre maskentragenden Freunde denn rein und raus?«

Er führte mich in den hinteren Teil des Erdgeschosses, um mir die Hundetür zu zeigen. An der rückwärtigen Wand befand sich eine Reihe bunt zusammengewürfelter Schränke und Verschläge. An jeder Schranktür waren drei Verschlüsse: ein Schnappschloß, ein Riegel und ein kleines Vorhängeschloß. Die Schlüssel des Vorhängeschlosses hingen an Kordeln.

»Was ist in den Schränken?« fragte ich.

»Kleinkram. Werkzeug, Spielsachen. Krempel, den ich aus den Augen verloren hatte. Und ein paar Nahrungsmittel.«

»An dieses Zeug wollen die Waschbären gern heran, stimmt's?«

»Sie wollen an *alles* gern heran.«

»Aber Sie haben versucht, die Waschbären daran zu hindern, indem Sie verschiedene Schlösser angebracht haben.«

»Und die Waschbären haben versucht, die Schlösser zu öffnen. Sie kennen bestimmt diese Kindersicherungen, die Erwachsene in der Küche anbringen, damit Kleinkinder nicht an die Töpfe und Pfannen herankommen. Ich hab' es mit einem von diesen Dingern versucht, bevor ich schließlich das Vorhängeschloß angebracht habe. Monatelang waren die Waschbären mit ihrer Weisheit am Ende. Dann aber hat's einer von ihnen herausgefunden. Iris wahrscheinlich. Aber nicht einmal Iris wird dahinterkommen, wie man ein Schloß aus Eisen mit einem Schlüssel öffnet.« Er lachte. »Hoffe ich jedenfalls.«

»Und wie sieht es oben aus?«

Er führte mich in den ersten Stock. Am Ende der Treppe befand sich eine abgeschlossene Tür. Auch diese Tür war mit einem Riegel gesichert, den man zur Seite schieben mußte, doch er war zu hoch angebracht, als daß die Waschbären ihn erreichen könnten. »Wie man die Türklinke aufkriegt, haben sie rausgefunden«, erklärte Josh, »aber an den Riegel sind sie nie herangekommen.«

Joshs Wohnschlafzimmer konnte man nicht gerade als ordentlich bezeichnen. Neben einer Heizplatte in einer Zimmerecke stand ein Kochtopf, der mit irgend etwas Vertrocknetem, Braunem überzogen war. Ein Schrank diente als Speisekammer; eine Tür stand offen und gewährte den Blick auf Dosen und Nudel-Fertiggerichte. Der Schrank stand zwischen zwei uralten Kühlschränken. Schmutzige Kleidungsstücke waren aufeinander geworfen und bildeten einen Haufen, der unter dem ungemachten Bett hervorquoll. Aber staubig war das Zimmer nicht.

An die Wände geheftete Fotos zeigten Gebäude, Teile von Gebäuden, Straßen und unbelebte Gegenstände. Einige Fotos waren in Farbe, die meisten waren Schwarzweißaufnahmen.

»Das hier gefällt mir«, sagte ich und wies auf das Bild einer Gebäudefassade.

»Das ist eines der Fotos, von denen ich die Negative wiederhaben möchte. Das Bild zeigt den alten Eisenwarenladen, der vor einem Monat abgerissen wurde.«

»Und das Negativ ist verschwunden?«

»Genau.«

Ich betrachtete die anderen Fotos. »Menschen sind offenbar nicht Ihre Lieblingsmotive.«

Josh wies auf eine Kühlschranktür, an der das einzige Bild hing, das kein Originalfoto war, sondern eine Seite aus einer Fotozeitschrift. Das Bild zeigte die Schaufensterdekoration eines Ladens: kopflose Schaufensterpuppen in weißen Anzügen. Die Bildüberschrift lautete: »Schaufenster, Paris, von Eugène-August Atget, um 1914.«

»Atget ist mein Vorbild«, sagte Josh. »Die Menschen sind *in* diesem Foto, nicht bloß *auf* dem Foto.«

»Aber Sie haben Porträtaufnahmen von Elizabeth Foulkes gemacht.«

»Sofern es machbar ist, bekommt Elizabeth von mir jedes Foto, das sie haben will. Sie hat viel für mich getan, und sie hat ein verdammt schweres Leben.«

»Ich hatte den Eindruck, daß sie ganz gut zurechtkommt.«

»Haben Sie ihren Mann kennengelernt?«

»Nein.«

»Dann können Sie auch nicht wissen, wovon ich rede. Sie hat es nicht leicht mit diesem Burschen. Aber zu mir ist sie nett. Sie versucht nicht, mir bei den Fotos hereinzureden.«

»Aber das tut sie doch! Oder gibt es einen anderen Grund dafür, daß sie mit rotem Fettstift auf den Abzügen der Fotos herumkritzelt?«

»Damit will sie mir nur zeigen, was sich gut verkauft. Das ändert aber nichts daran, daß ich fotografiere, was mir gefällt. Ihre Markierungen sollen mir nur verdeutlichen, welche meiner Fotos ich ihr bringen soll. Aber ich lasse mir nicht vorschreiben, was ich fotografiere.«

»Wo waren die verschwundenen Negative?«

»In der Dunkelkammer, auf einem Regal. In Mappen.«

»Mappen?«

Er öffnete die Kühlschranktür, auf die ich vorhin geschaut hatte, und an der Kälte, die mir entgegenschlug, erkannte ich, daß der Gefrierschrank tatsächlich in Betrieb war. Ich sah aufgestapelte Mappen darin, deren Rücken mit Datumsangaben beschriftet waren. Josh zog eine Mappe heraus, schlug sie auf und hielt sie mir so hin, daß ich einen Blick hineinwerfen konnte. Die Negative steckten in Plastikhüllen.

»Sie bewahren die Negative im Kühlschrank auf?«

»Ja. Jedenfalls diejenigen, an denen ich gerade nicht arbeite. Die Chemikalien auf den Negativen lösen sich sonst auf.«

»Was genau hat der Dieb gestohlen?«

»Zwei Mappen. Meine neuesten Arbeiten. Außerdem ein paar Negative, die ich aus den Mappen herausgenommen hatte und die auf dem Tisch lagen.«

»Was für Motive waren das?«

»Die üblichen. Schnappschüsse von der Stadt. Gebäude und so.«

»Könnte ich mir die Dunkelkammer mal anschauen?«

Josh zeigte sie mir. Es gab drei Vergrößerungsapparate, ein Regal, auf dem verschiedene Kameras standen, sowie eine Reihe Flaschen.

»Eigentlich hätte ich erwartet, daß die technische Ausrüstung für einen Dieb interessanter ist.«

»Sollte man meinen. Als ich dem Cop am Telefon sagte, was man mir geklaut hat, fragte der Bursche mich doch glatt: ›Wen haben Sie erpreßt?‹«

»Offen gestanden, habe ich mir diese Frage auch schon gestellt.«

Er zuckte die Schultern. »Die ganze Sache ist mir unheimlich. Weshalb sind die Negative jemandem so viel wert? Ein Rauschgiftsüchtiger hätte die Kameras gestohlen. Einen Fotoapparat kann man wenigstens zu Bargeld machen.«

»Der Diebstahl ist an dem Abend geschehen, als Sie Elizabeth die Kontaktabzüge der Porträtfotos gaben, die Sie von ihr aufgenommen haben?«

»Ja. Aber ich habe Elizabeth die Fotos nicht selbst gegeben. Ihr Mann hat sie an sich genommen. Er war betrunken. Hatte sich in seinem Arbeitszimmer verkrochen und sich mit Scotch volllaufen lassen. Elizabeth war in der Galerie. Sonntags schließt sie nicht vor fünf Uhr.«

»Elizabeth sagte mir, Sie hätten ihr nur einen Teil der Kontaktabzüge gegeben.«

»Ich habe sämtliche Fotos entwickelt. Dann habe ich mir von allen die Kontaktabzüge angeschaut. Und die habe ich dann allesamt Franklin gegeben.« Er zuckte die Achseln. »Solange ich die Negative nicht habe, spielt es keine Rolle, welche Bilder Elizabeth gefallen und welche nicht.«

Als wir die Dunkelkammer verließen, war Pillsbury ins Wohnschlafzimmer gekommen und schnüffelte an dem verkrusteten Topf, der neben der Heizplatte stand. Ich hab' die Tür offengelassen«, sagte Josh. Er klatschte in die Hände. »Raus mit dir!« Er ging auf das Tier zu. Pillsbury blickte ihm aus blinzelnden schwarzen Augen entgegen und hielt bis zum letzten Moment die Stellung; dann drehte sie sich um und trottete die Treppe hinunter.

»Ich dachte, Waschbären sind Nachttiere.«

»Sie sind immer dann wach, wenn sie glauben, sie könnten was zu fressen ergattern. Und sie sind clever. Ich bin sicher, Pillsbury hat gehört, daß die Tür nicht geschlossen wurde. Und da wußte sie sofort, daß sie ins Obergeschoß reinkommt.«

Josh schloß die Tür, an deren Innenseite verschiedene Zettel klebten: Telefonrechnung, Rechnungen für Strom und Heizung sowie Briefe, die er vermutlich noch beantworten mußte. Außerdem hing irgendein gerichtliches Dokument an der Tür, das teilweise gefaltet war. Jemand hatte auf die weiße Unterseite ein Datum und die Ermahnung »Nicht vergessen!« gekritzelt.

»Eine Vorladung?« fragte ich.

»Ein Wachmann hat mich auf einer Feuertreppe erwischt. Ich wollte die High Street im frühen Morgenlicht aus der Vogelperspektive fotografieren. Ich hatte schon alles vorbereitet, aber der Typ sagte mir, ich solle meine Ausrüstung zusammenpacken und machen, daß ich wegkomme. Okay, hab' ich dem Burschen geantwortet. Ich hatte eine halbe Stunde gebraucht, um alles aufzubauen und hab' dann eine Aufnahme gemacht, war aber mit der Perspektive nicht ganz zufrieden. Also hab' ich das Stativ umgestellt, um ein neues Foto zu schießen. Das paßte dem Kerl nicht. Er hatte schon die Bullen angerufen, als ich meinen Kram schließlich zusammengepackt hatte. Jetzt hab' ich eine Klage wegen unbefugten Betretens am Hals.«

»Das kann Sie teuer zu stehen kommen.«

Er zuckte die Achseln. »Ist nicht das erste Mal für mich. Wenn ich ein Motiv sehe, das mir gefällt, fackel' ich nicht lange. – Hören Sie, es wäre prima, wenn Sie meine Negative wiederfinden. Aber geben Sie nicht zuviel von Elizabeths Geld aus, falls Sie die Chancen für gering halten. Die Galerie muß sich aus eigener

Kraft über Wasser halten. Franklin wird Elizabeth nicht noch einmal aus der Patsche helfen. Dieser Hurensohn wird immer mieser.«

»Schlägt er Elizabeth?«

»Nein, das nicht. Aber er bringt das *große* Geld nach Hause, und das läßt er Elizabeth auch spüren.«

»Danke«, sagte ich. »Ich lasse von mir hören.«

Ich war mir ziemlich sicher, wer die Negative hatte, doch das Tatmotiv war mir nicht klar. Ich stellte weitere Nachforschungen an. Am Gericht fand ich heraus, daß Josh bereits zweimal wegen unbefugten Betretens angeklagt worden war. Bis jetzt war er ohne Verurteilung davongekommen, doch er kapierte offenbar nicht, daß man sich lieber von Privatgrundstücken fernhielt.

Ich machte ein paar Anrufe, um Erkundigungen über Franklin Foulkes und seine Firma für Grundstückserschließung, Foulkes & Hatton, einzuziehen. Die Firma war an zahlreichen Immobiliengeschäften und Bauprojekten in der ganzen Gegend beteiligt, bis hin nach Corvallis. Die meisten waren private Bauvorhaben; es gab lediglich ein öffentliches Gemeinschaftsprojekt mit der Stadt Florence. An anderen Geschäften war Foulkes & Hatton als kleinerer Partner beteiligt. Ich war sicher, daß bei diesen Bauvorhaben gemauschelt wurde, wie bei fast jedem Geschäft. Doch mir fiel nichts Verdächtiges auf.

Ich besuchte ein paar von Joshs Nachbarn. Einer erinnerte sich an den zitronengelben Mercedes, hatte den Wagen aber um kurz vor fünf vor dem Lagerhaus stehen sehen. Was den ungefähren Zeitpunkt betraf, war er sich ganz sicher; die Sonne war noch nicht untergegangen. Doch an das Nummernschild konnte er sich nicht erinnern.

Ich ging nach Hause, nahm ein Bad und ließ mir die Sache in Ruhe durch den Kopf gehen. Es gibt nichts Besseres als ein heißes Bad und eine Zigarette, um seine Gedanken zu ordnen, verschlungene Linien zu entwirren. Ich dachte vor allem über die

Waschbären und die Schlösser in Joshs Lagerhaus nach – eine Reihe kleiner Schlösser im Untergeschoß, und ein großes Schloß im ersten Stock. Die Schränke und die Speisekammer im Obergeschoß ließ Josh geöffnet. Er brauchte sie nicht abzuschließen, solange das große Türschloß verriegelt war. Und dann dachte ich an Elizabeths Pudel, der genau wußte, daß er die Küche nicht betreten durfte.

Ich rief Josh an. »Ich weiß, daß Sie in Franklin Foulkes' Arbeitszimmer waren«, sagte ich ihm.

»Ja. Als Elizabeth einen Anruf bekam, hab' ich einen Blick hineingeworfen.«

»Sie haben sogar ein Foto gemacht. Wovon?«

»Vom Fenster. Wie das Licht ins Büro fiel.«

»Franklin hat den gleichen Wagen wie Elizabeth, nicht wahr?«

»Er hat die Autos selbst ausgesucht. Ich weiß es deshalb, weil Elizabeth sich darüber beklagt. Gelb gefällt ihr nicht.«

»Weiß ich. Ich wette, Gelb läßt sie krank aussehen.« Claire hatte das gleiche Problem.

Elizabeth sträubte sich, mich in Franklins Arbeitszimmer zu lassen, solange er nicht zu Hause war, doch ich bestand darauf. »Ich muß hinein, wenn ich diesen Fall lösen soll«, sagte ich. »Wenn Sie die Negative wiederhaben möchten, *müssen* Sie mich hineinlassen.«

»Sie glauben doch nicht, daß Franklin . . .«

»Lassen Sie mich in sein Arbeitszimmer, und ich werde Ihnen zeigen, was ich glaube.«

Die Möbel im Arbeitszimmer waren aus dunklem Holz mit Leder – das Büro eines wohlhabenden Mannes. Elizabeth und ihr Pudel standen in der Tür und beobachteten mich; sie trauten sich nicht herein.

Ich sah ein Rollpult, einige Aktenschränke aus Eiche und einen kleinen Konferenztisch. An einem Ende des Zimmers stand ein dreibeiniges Stativ mit einer Tafel.

»Benutzt Franklin dieses Büro für geschäftliche Besprechungen?«
»Selten«, erwiderte Elizabeth. »Bitte, rühren Sie nichts an. Die Übereinkunft zwischen Franklin und mir ist sehr . . . heikel.«
Ich blieb vor der Hausbar stehen. Scotch und Cognac vom feinsten. »Sein Geschmack gefällt mir.«
»Maddie . . .«
»Wie ich sehe, haben die Aktenschränke keine Schlösser.« Ich öffnete eine der Türen. Der Schrank war bis obenhin mit Aktenordnern gefüllt, bei denen es sich um Steuerunterlagen handelte. »Was wollen wir wetten, daß Ihr Mann nun schnellstens jemand kommen läßt, der ihm Schlösser einbaut?«
»Ms. Hughes, ich habe es in meiner Ehe schon schwer genug. Falls Sie nur *im Trüben* fischen . . .«
»Die Negative befinden sich in diesem Zimmer, Elizabeth.« Ich öffnete den nächsten Schrank, hatte aber kein Glück. »Irgendwo. Vor kurzer Zeit hat Ihr Mann sie vielleicht noch auf dem Schreibtisch liegenlassen, weil er wußte, Sie würden sich niemals in dieses Zimmer wagen. Cassatt – und Sie – sind sehr gut dressiert. Aber Sie haben den Waschbären-Mann in Ihr Haus gelassen, und der hat keine so guten Manieren.« Ich öffnete die Schreibtischschublade und sah weitere Akten.
»Ich verstehe nicht . . .«
»Menschen sind oft wie ihre Haustiere, Elizabeth. Bei Ihnen und Cassatt kann man sich darauf verlassen, daß Sie nicht in Zimmer gehen, die Sie nicht betreten dürfen und daß Sie keine Schränke öffnen, bei denen es Ihnen verboten ist. Deshalb hat Ihr Mann sich nie Sorgen darüber gemacht, daß Sie oder ein Fremder sein Büro zu sehen bekommen. Doch Josh Bunch und seine Waschbären lassen sich nicht aufhalten. Sie stecken überall die Nase herein, wo es ihnen gefällt, es sei denn, ihnen ist der Weg versperrt.« Auch am Rolltisch befand sich eine kleine Schublade. Ich zog sie auf – und da waren sie: zwei Mappen neueren Datums, wie aus der Aufschrift hervorging, die unverkennbar von Josh stammten. Ich nahm die Mappen heraus.

»Hat Franklin sie gestohlen?« Elizabeth trat ins Zimmer und schien gar nicht zu bemerken, daß Cassatt ihr folgte. »Franklin ist der Einbrecher?«

Ich schlug die erste Mappe auf und entdeckte die fehlenden Negative samt Kontaktabzügen. Der erste war eine Aufnahme von Franklins Büro, mit weißem Fettstift umrandet. Auf einer Seite des Bildes war ein weiches Licht zu sehen, dort, wo sich das Fenster befand; auf der anderen Seite stand die Tafel.

»Sie hatten einen Telefonanruf«, sagte ich. »Josh hat dieses Bild aufgenommen, als Sie am Apparat waren. Aus irgendeinem Grund hat es Ihrem Mann Angst eingejagt. Haben Sie ein Vergrößerungsglas?«

»Ich habe eins neben dem Wörterbuch gesehen.« Elizabeth holte es mir und spähte mir über die Schulter. »Das ist aber kein besonders interessantes Foto.«

Eine Kontaktaufnahme ist normalerweise ziemlich scharf, so daß ich durchs Vergrößerungsglas erkennen konnte, daß eine Geländeskizze an der Tafel hing, ein großes Stück Papier, das mit Klebestreifen befestigt war. Ich sah schraffierte Kreise, die Bäume symbolisierten und durch rote Pfeile miteinander verbunden waren, die von Baum zu Baum führten und zur Mitte der Skizze wiesen. Ebenfalls in Rot war ein Datum vermerkt – heute in drei Wochen. Jene Bäume, die sich der Mitte der Skizze am nächsten befanden, waren schwarz umrandet, und neben der Datumsangabe stand, ebenfalls in Schwarz: »Genehmigung?«.

Auch die Straßen auf der Skizze waren gekennzeichnet. Elizabeth und ich blickten auf den Plan für ein Wohnviertel.

Ein dickes schwarzes Rechteck markierte die Grenzen des Wohngebiets. Mir fiel auf, daß sich auf einer Seite ein paar Bäume außerhalb des Rechtecks befanden.

»Ich habe gehört, daß es in Eugene Schwierigkeiten gibt, wenn Bäume gefällt werden sollen«, sagte ich, »aber aus der Sache hier werde ich nicht schlau. Offenbar hat Ihr Mann befürchtet, daß Josh ihn erpressen wollte. Vielleicht wollte er auch bloß vermeiden, daß Josh dieses Foto an die Öffentlichkeit bringt. Aber ich verstehe nicht, inwiefern es belastend sein könnte. Und ich begreife auch nicht, weshalb er sich die Mühe gemacht hat, bei Josh einzubrechen und diese Negative zu stehlen.« Ich schaute zur Hausbar hinüber. »Josh sagte mir, daß Franklin getrunken hatte.«

»Hören Sie«, sagte Elizabeth. »Wir legen die Sachen zurück. Und dann schließen wir die Schublade wieder. Wir verlassen dieses Zimmer genau so, wie wir es vorgefunden haben.«

»Möchten Sie dieser Sache nicht auf den Grund gehen, Elizabeth?«

»Nein. Franklin hat die Negative nicht vernichtet. Das zeigt doch, daß er wußte, wie wertvoll sie waren. Vielleicht sucht er bloß nach einer Möglichkeit, sie an Josh zurückzugeben – bis auf dieses eine, das nicht an die Öffentlichkeit gelangen soll.«

»Ihr Mann hat ein Verbrechen begangen.«

»Niemand wurde verletzt. Franklin *muß* betrunken gewesen sein. Wenn er trinkt, reagiert er unbedacht.«

»Die Negative gehören Josh Bunch.«

»Josh wird eine Entschädigung bekommen, auf die eine oder andere Weise. Maddie, ich will keinen Streit mit Franklin! Es gefällt mir, wie mein Mann und ich die Dinge zwischen uns geregelt haben. Es gefällt mir, auf welche Weise wir uns aus dem Weg gehen. Es ist schon schlimm genug, daß Josh in Franklins Arbeitszimmer eingedrungen ist, aber falls mein Mann erfährt, daß ich hier drin war, würde es viele Dinge auf die Spitze treiben. Ich habe meine Galerien. Ich habe ein Zuhause. Und ich bin sehr glücklich damit.«

»Mit anderen Worten – falls Franklin die Negative doch noch vernichtet, diese unersetzlichen Kunstgegenstände, hat Josh schlicht und einfach Pech gehabt?«

»Ich habe Sie eingestellt, Ms. Hughes. Ich bin Ihre Auftraggeberin.«

»Und wenn *ich* Ihnen helfe, Beweismittel zu verstecken, mache ich mich der Behinderung der Justiz strafbar.«

»Sie haben Verpflichtungen mir gegenüber.«

»Ich habe auch Verpflichtungen dem Staat gegenüber, der mir eine nagelneue Lizenz ausgestellt hat. Sie müssen eine Möglichkeit finden, Josh die Negative zurückzubringen. Wenn Sie das tun, hat es nie ein Verbrechen gegeben. Jedenfalls nicht in meinen Augen.«

»Mein Gott, wie soll ich das Franklin beibringen?«

»Sie werden schon eine Möglichkeit finden. Wie Sie das anstellen, ist mir egal.«

»Also gut!« sagte sie und legte die Negative in die Schublade zurück. »Josh wird sie bekommen. Geben Sie mir auch die anderen Negative; dann bringe ich ihm den vollständigen Satz zurück. Und damit sind wir dann fertig miteinander. Ein für allemal.«

Elizabeths Scheck über meinen Vorschuß war gedeckt, was sehr erfreulich war. Und als ich zwei Wochen später bei Josh anrief, um nachzufragen, sagte er mir, jemand habe ihm die Negative als Paketpost aus Corvallis zugeschickt.

»Donnerwetter!« sagte ich.

Doch ich war noch nicht fertig mit dem Fall. Ich verstand die ganze Sache immer noch nicht. Ich stöberte Akten über den Bauplatz auf, den ich auf dem Plan in Franklins Arbeitszimmer gesehen hatte. Bei dem Projekt spielte Foulkes & Hatton bloß eine Nebenrolle und kassierte ein vergleichsweise läppisches Honorar. Ich fuhr zu dem Bauplatz, einem großen bewaldeten Gelände unweit der Innenstadt. Eines der letzten Waldstücke. Reif zum Abholzen und Zubetonieren.

Ich rief Claire an. »Warum gibt es in Eugene eigentlich immer solchen Wirbel, wenn Bäume gefällt werden sollen?«

»Ich habe dir doch von dem Parkhaus erzählt, Maddie.«

»Damals brauchte die Stadt das Grundstück, und einige Protestler reagierten sehr sauer, stimmt's? Und die Polizei wiederum regierte sehr sauer auf die Protestler.«

»Du siehst nicht das Gesamtbild. Es müssen Anhörungen stattfinden, um die Genehmigungen zu bekommen. Es gibt ein öffentliches Prüfungsverfahren. Beim Parkhaus hatte die Stadt die Dinge übereilt und die Bäume an einem Sonntagmorgen fällen lassen, obwohl die öffentliche Anhörung erst für Montag angesetzt war. Als die Anhörung stattfand, waren die Bäume schon verschwunden.«

»Die Stadt hat gegen das Gesetz verstoßen?«

»Technisch gesehen, nein. Sie hat sich juristisch abgesichert.«

»So läuft es nun mal in der Politik, Claire.«

»Faschismus ist auch Politik, Maddie.«

»Der Stadtrat hat etwas getan, das dir nicht gefällt, und du bezeichnest ihn als faschistisch? Jetzt mach aber mal 'nen Punkt, Claire.«

»Nach dieser Geschichte damals hat der Stadtrat jedenfalls alle Hände voll zu tun. Zu jeder Anhörung sind Umweltschützer erschienen. Die Genehmigung, Bäume zu fällen – ob zu privaten oder öffentlichen Zwecken – ist viel schwieriger zu bekommen. Selbst wenn man die Genehmigung erhält, muß man damit rechnen, daß Baumbesetzer auf dem Grundstück erscheinen, sobald die Bäume gefällt werden sollen.«

»Ich kapiere es immer noch nicht.« Womit ich meinte, welchen Vorteil Foulkes sich durch den Diebstahl der Negative verschaffen wollte. »Ich kann diese *Stadt* immer noch nicht begreifen.«

»Wäre dein Blut nicht voller Rinderhormone«, sagte Claire, »würde dein Verstand besser arbeiten. Es ist nämlich gar nicht so schwierig, was in dieser Stadt läuft.« Sie hielt inne; dann fragte sie: »Was ist eigentlich aus deinem Fall geworden? Der Sache mit den Waschbären?«

»Ist nichts dabei herausgekommen.«

»Du erzählst mir nie etwas!«

»Es gibt nichts zu erzählen. Wie ich schon sagte – die Stadt ist für mich wie ein riesiges Puzzle.«

Einige Zeit später bekam ich einen Anruf von einer Detektei in L.A., die ab und zu Aufträge vergab. Man bot mir einen Job an, der mich für ein paar Monate zurück nach L.A. führte. Ich rief Claire an, daß ich den Auftrag annähme.

»Aber du bleibst doch nicht in Los Angeles, oder?« fragte sie.

»Es würde Monate dauern, bis ich bei euch in den Gelben Seiten erscheine. Ich muß die Aufträge nehmen, wie sie kommen. Aber nein, ich werde nicht bleiben. Ich behalte die Wohnung in Springfield.«

»Springfield«, sagte Claire. »Ich kann es immer noch nicht glauben... *Springfield.*«

Mein Auftrag war ein Überwachungsjob. Ich mußte eine Ehefrau observieren, die fremdging. Ich machte Fotos von der Frau und ihrem Liebhaber. Diese Art von Arbeit mochte ich am wenigsten, aber die Bezahlung war gut. Als ich den Job erledigt hatte, bekam ich einen weiteren, und dann noch einen. Auf meinem Anrufbeantworter in Springfield war nichts eingegangen, also blieb ich in Los Angeles, solange dort die Auftragslage gut war. Es dauerte drei Monate, bis ich nach Oregon zurückkehrte.

Claire lud mich zum Mittagessen ein, um meine Rückkehr zu feiern. Auf dem Weg zum Café Zenon erzählte sie mir, ich müsse unbedingt die Nummernschilder an meinem Wagen austauschen. Es sei dringend notwendig.

»Wieso?«

»Ich werde es dir zeigen.« Sie fuhr an dem Grundstück vorbei, das ich auf dem Bebauungsplan in Franklins Büro gesehen hatte. Sämtliche Bäume waren abgeholzt, bis auf einige wenige in der Nähe der Straße. Wo einst das Waldstück gewesen war, befand sich nun ein tiefes Loch. Die ersten Stützpfeiler und Betonmauern des Fundaments waren bereits gegossen.

»Auf dem Grundstück haben mal Bäume gestanden«, sagte Claire. »Dreißig große Bäume. Walnußbäume. Eichen. Kirschbäume. Und alle wurden wegen eines Kaliforniers abgeholzt.«

»Claire«, sagte ich, »du redest Unsinn. Das Grundstück gehört einer hiesigen Landerschließungsgesellschaft.«

»Jetzt ja«, erwiderte sie und erzählte mir dann von dem Hauptgeldgeber bei diesem Projekt, einem Kalifornier, der an einem Sonntagmorgen einen Bautrupp hatte anrücken lassen, der den Großteil der Bäume fällte, bevor die Polizei einschreiten konnte, um festzustellen, ob eine entsprechende Genehmigung vorlag.

Der Kalifornier veranstaltete eine Pressekonferenz, um sich zu entschuldigen. In seiner Heimat müsse niemand eine Genehmigung einholen, erklärte er, um auf dem eigenen Grundstück Bäume zu fällen.

Die Ordnungsstrafe wurde von der Stadt auf viertausend Dollar pro Baum festgesetzt.

Der Kalifornier bat daraufhin um eine Kompromißlösung: Er schlug vor, seinen Mehrheitsanteil an eine ortsansässige Firma für Grundstückserschließung zu verkaufen, die mehr von den hiesigen Belangen verstand.

»Moment«, sagte ich zu Claire. »Verrate es mir nicht. Der Kalifornier hat seine Anteile an eine Gesellschaft namens Foulkes & Hatton verkauft.« Ich lachte. »Jetzt kapiere ich.«

»Was kapierst du?«

Doch ich schüttelte den Kopf und lachte nur.

Claire erzählte weiter, daß der Kalifornier einen bescheidenen Gewinn eingestrichen und sich dann von dem Projekt zurückgezogen habe – ohne die Ordnungsstrafe bezahlen zu müssen. Franklin Foulkes hatte öffentliche Anhörungen über die Lage der Gebäude veranstaltet, um es zu ermöglichen, die Bäume neben dem Baugrundstück zu retten. Franklins Firma hatte sogar einen Entwurf vorgelegt, bei dem die wenigen Bäume stehengeblieben wären, die die Polizei an diesem Sonntagmorgen gerettet hatte. Doch es war hoffnungslos. Die Bäume in der Grundstücksmitte hätten die Errichtung eines Bürogebäudes verhindert. Franklin erhielt die Genehmigung, die Bäume fällen zu lassen.

»Und gab es Proteste?« fragte ich Claire, als sie vor dem Zenon parkte. »Baumbesetzer?«

»Nur ein paar. Sie waren nicht mit dem Herzen dabei. Der Schaden war ja schon angerichtet.«

»Durch einen *Kalifornier.*«

»Verstehst du jetzt, weshalb du deine Nummernschilder austauschen mußt?«

»Das werde ich.« Ich fragte mich, wer mit Franklin Foulkes in dessen Arbeitszimmer gewesen war und sich die Karte des Baugrundstücks angeschaut hatte. Wahrscheinlich sein kalifornischer Partner. Oder ein, zwei Mitglieder des Stadtrats.

Während Claire eine Münze in die Parkuhr steckte, bemerkte ich ein gelbes Mercedes-Cabrio, das zwei Wagen vor uns parkte. Das Kennzeichen lautete FLKS1. Und wenngleich ich Franklin Foulkes noch nie gesehen hatte, war es einfach, ihn im Restaurant unter den anderen Gästen auszumachen.

Das Zenon war gut besucht. Claire und ich mußten uns zu der kleinen Gruppe von Gästen gesellen, die auf einen Tisch warteten. Während Claire die Speisekarte studierte, beobachtete ich Foulkes. Gutaussehend, mehr oder weniger. Auf seinem Gesicht lag ein unablässiges leichtes Lächeln, das ihn ein wenig *zu* entspannt aussehen ließ. Es gehört eine Menge Übung dazu, diese Art offensichtlicher Lässigkeit zu vermitteln. Ich hatte viele arbeitslose Schauspieler gesehen, die bei der Jobsuche auf ähnliche Weise vorgingen.

Claire blickte von der Speisekarte auf. »Das ist er!«

Ich nickte. Im Zenon geht es ziemlich laut zu, deshalb konnte ich den Witz nicht hören, der Foulkes so erheiterte, daß er lauthals lachte. Ich wette, so lustig war es gar nicht.

Wir warteten noch immer auf unseren Tisch, als Foulkes und seine Begleiter zur Tür gingen. Als Foulkes vorübereilte, sagte ein Mann hinter uns, der ebenfalls auf einen Tisch wartete: »Sie sind Franklin Foulkes, nicht wahr?« Ich drehte mich um. Der Sprecher war in mittlerem Alter und trug ein Flanellhemd und

Filzhut. »Ich möchte Ihnen die Hand schütteln«, sagte er zu Foulkes. »Viele Leute in der Stadt wissen zu schätzen, was Sie getan haben.«

Foulkes reichte ihm die Hand. »Ich stecke gerade mitten in Geschäften«, sagte er, »aber vielen Dank.«

Als wir endlich am Tisch saßen, blickte Claire aus dem Fenster in Richtung der Baustelle. »Zwanzig Stockwerke«, sagte sie. »Wir werden das Hochhaus von hier aus sehen können. Aber wie Foulkes in der Zeitung sagte: ›Platzsparendes Bauen rettet Bäume.‹«

»Er ist ein wahrer Held, dieser Franklin Foulkes«, sagte ich.

»Wir teilen uns einen großen Salatteller, ja?« schlug Claire vor und fügte hinzu: »Vielleicht kandidiert Foulkes irgendwann für den Stadtrat.«

»Er wird siegen«, prophezeite ich.

»Vielleicht bekommt er sogar meine Stimme«, sagte Claire, »auch wenn ihm eine Firma für Grundstückserschließung gehört.«

Ich lachte. »Claire«, sagte ich, »endlich bekomme ich ein Gefühl für diese Stadt.«

Originaltitel: Masked Marauders of the Mossbelt
Deutsch von Wolfgang Neuhaus

Elizabeth Ann Scarborough

Letzte Gelübde

Zuerst hielt er die Flamme über seinen Ohren für das weiße Licht, das er mit seinen Pfoten gejagt hatte. Doch als er nun seine schlafverklebten Lider in die Höhe zwängte, erkannte er, daß es bloß eine Kerze war.

Schläfrig lag er da, umhüllt von dem wachsduftenden Rauch der Kerzen, während das leise Klingeln des Windspiels an seine Ohren drang und eine kühle Brise über sein verfilztes, fieberfeuchtes Fell strich.

Hmmm. Er fühlte sich nicht mehr zu heiß oder zu kalt. Aber steif. Seine Muskeln waren dermaßen verhärtet, daß er sich kaum erheben konnte. Er streckte sich der Länge nach aus, wobei er die Kerzen mied und den Schwanz sorgsam aus dem Weg hielt. Dann setzte er sich auf die Hinterpfoten, reckte sich und schlug mit den Vordertatzen nach dem kräuselnden Kerzenrauch, bevor er sich auf alle viere fallen ließ.

Was immer das hier sein mochte, es würde seiner Selbstachtung keinen Abbruch tun. Er machte sich daran, sein gestreiftes, senffarbenes Fell, die weißen Pfoten und seine Halskrause zu putzen, wobei seine Zunge immer wieder rasch und zielsicher vorschnellte. Plötzlich rümpfte er die Nase und zog die Maulwinkel hoch. Er stank. Nun ja: schließlich war er beim Tierarzt gewesen. Dr. Tony und seine Frau Jeannette waren liebe Leute und wußten, wie man einen Freund verhätschelt, doch ihr Haus roch nach Desinfektionsmitteln, und Mustard konnte Medizin nicht ausstehen.

Er leckte die Unterseite seines Schwanzes, und als er aufschaute, saß da eine andere Katze, ein Weibchen, das eines chirurgischen Eingriffs wegen ohne Gefährte war, so wie Mustard aus dem gleichen Grund keine Gefährtin hatte. Die Katze war vollkommen schwarz – von der Nase bis zum Schwanzende, von den Spitzen der Ohren bis zu den Pfoten.

»Bist du endlich wach, du Faulpelz? Wurde auch Zeit. Dann komm jetzt mit. Höchste Zeit, daß du den Meister kennenlernst, den Herrn dieses . . .«

»Ich habe keinen Herrn«, sagte Mustard. »Ich habe ein Frauchen. « Er schaute sich um und betrachtete die Steinwände und die gefliesten Fußböden, auf denen nicht einmal ein Teppich lag, der einem den Bauch wärmen konnte; dann schaute er zur Decke hinauf, wo Vögel verlockend zwischen den Dachbalken umherflatterten, wobei sie zwitscherten und kleine weiße Häufchen auf den Boden und die Möbel fallen ließen. Mustards Zuhause war ein Blockhaus, auf dessen Dach er sein eigenes Sonnenstudio besaß, wenngleich seine jüngeren Mitbewohner es kostenlos benutzten, denn Mustard konnte sich nicht immer die Mühe machen, sie davonzujagen. (Außerdem waren sie alle größer als er, bis auf das Kätzchen. Sie war ein süßes kleines Ding, das ihn stets anbettelte, ihr Jagdgeschichten zu erzählen und sich schnurrend neben ihm wälzte, wenn er verärgert knurrte.) Mustards Haus stand auf einem großen Hof, hinter dem sich ein Waldstück befand, in dem er sich viele leckere Beigaben zum gewohnten Essen fing, denn von seinem Frauchen bekam er meist eine zwar gesunde, aber eintönige Diät aus Trockenfutter.

Mustard schaute sich noch einmal um. Wo war er hier? Was war geschehen? Seine letzte glückliche Erinnerung war die an seinen alten Freund Drew, der auf einen kurzen Besuch vorbeigekommen war, und Mustard hatte am Picknicktisch gesessen und war von Drew gekrault worden.

»Und wenn du dich noch so lange umschaust, wir sind nicht mehr in Kansas, Red«, sagte das Weibchen mit dem schwarzen Fell.

»Ich heiße nicht Red, ich heiße Mustard«, erwiderte er. »Und ich wohne nicht in Kansas. Ich bin in Fairbanks, Alaska geboren und aufgewachsen, doch in den letzten zehn Jahren habe ich im Staat Washington gelebt. Dort ist es wärmer, und ich kann nach draußen gehen, und überhaupt ist es da viel gemütlicher. Sind wir noch dort?«

»Deine Fragen werden ausführlich beantwortet«, sagte die schwarze Katze, »wenn du dem Meister gegenüberstehst. Und reg dich nicht gleich auf, wenn ich dich mit einem Spitznamen anrede. Sobald du dem Geistigen Orden beigetreten bist, mußt du sowieso einen neuen Namen annehmen. Ich hieß früher Jessie Jane Goodall, werde jetzt aber nur noch Schwester Paka genannt – so heißen wir Katzen auf Kisuaheli.«

»Hmmm«, machte Mustard. »Schwester Paka? Geistiger Orden? Wie sich das anhört! Ich bin wohl bei irgendeiner Sekte gelandet?«

Sie drehte Mustard ihren neumonddunklen Schwanz zu und wedelte damit, um ihm zu bedeuten, daß er ihr folgen solle. Da es Mustard nach Antworten verlangte und er nichts Besseres zu tun hatte, kam er ihrer Aufforderung huldvoll nach.

Doch er war nicht darauf gefaßt, wie zerschlagen er sich fühlte und wie lang die Gänge waren – Meile um Meile zogen sie sich hin, mit steinernen Wänden und einer Decke, die hier und dort von Säulen getragen wurde. Die Gänge waren von Bäumen und Mustards Lieblingssträuchern gesäumt: Rosen. Er schämte sich schrecklich und war wütend auf sich selbst, daß er auf seiner Reise mit der schwarzen Katze hin und wieder Rast machen muß-te – eine Reise, die Mustard eher wie eine tagelange Suche erschien, so viel forderte sie ihm an Kraft ab. Normalerweise war er behende und leichtfüßig, auch wenn er für einen Kater nicht mehr der Jüngste war. Zwar betrachtete Mustard sich als erfahren und mit allen Wassern gewaschen, doch heute spürte er jede Sekunde jeder Minute jeder Stunde jedes Tages jeder Woche jeden Monats jeden Jahres seines Lebens.

Er rechnete mit höhnischen Bemerkungen und Ungeduld seitens der sogenannten Schwester; statt dessen aber setzte sie sich bei jeder seiner Pausen auf die Hinterbeine, schloß die Augen und ringelte den Schwanz um ihre Vorderpfoten und wartete stets, bis Mustard erklärte, er habe sich so weit erholt, daß sie den Weg fortsetzen könnten.

Schließlich trotteten die beiden eine steile Treppe empor, bis hinauf in den Dachstuhl, doch die orangefarbene Katze war inzwischen dermaßen erschöpft, daß nicht einmal die flatternden Vögel ihr Interesse erregen konnten. Die schwarze Katzendame kratzte an einer riesigen Holztür, die einen Spalt offenstand, und aus dem Raum dahinter erklang eine ungewöhnlich tiefe und sonore Stimme, die sich wie das grollende Knurren einer großen Katze anhörte – jene riesigen, gelbbraunen Brüder und Schwestern, die Mustard in einem Fernsehfilm gesehen hatte. Die Stimme bat die beiden Besucher herein. Mustard leckte seine weiße Halskrause glatt und kam die drei Stufen wieder hinauf, die er vorsichtshalber heruntergestiegen war, als die grollende Stimme das erste Mal erklang.

Immer wieder drückte Schwester Paka die Pfote gegen die Tür, schaffte es aber nicht, sie weiter aufschwingen zu lassen. Derweil war Mustard wieder zu Atem gekommen, ging mit einem tiefen Seufzer zur Tür und schob zuerst die Nase in den Spalt, dann den Kopf, die Schultern, den Oberkörper und schlüpfte schließlich hindurch. Schwester Paka folgte ihm hoheitsvoll, mit wedelndem Schwanz, als würde sie jedesmal einen Boten vorausschicken, der ihr Erscheinen ankündigte. Augenblicke später stieß sie mit dem Kopf gegen Mustards Hinterteil.

Mustard konnte nicht weiter, denn ein riesiges Loch, dessen

Rand nur Zentimeter von seinen Vorderpfoten entfernt war, nahm den größten Teil des Fußbodens ein. Über dem Loch hing ein gewaltiges Ding aus Metall – eine Glocke, wie Mustard erkannte, denn er hatte sich oft mit sehr viel kleineren Glöckchen die Zeit vertrieben, die zum Katzenspielzeug zu Hause zählten. Diese große Glocke jedenfalls war der Grund dafür, daß die Stimme des sogenannten Meisters so tief und sonor geklungen hatte – sie wurde von diesem kolossalen Stück hohlem Eisen zurückgeworfen. Ein billiger Trick. Mustard unterdrückte das Verlangen, ein Knurren auszustoßen. Das Loch war so tief, daß die Geräusche seines Herzschlags und seines Atmens von weit unten zu ihm hinaufhallten. Und er stand sehr, sehr nahe an der Kante.

Schwester Paka setzte sich auf die Hinterbeine und stieß ihn mit der Pfote an. »Sei so nett und geh weiter, bitte. Wir dürfen den Meister nicht warten lassen. Glaubst du etwa, du bist der einzige, dem er heute Rat erteilen muß?«

»Wer hat denn gesagt, daß ich einen Rat brauche?« fragte Mustard, umrundete das Loch und die Glocke, wobei er sich so fest an die Wand drückte, wie er nur konnte, zumal er vor Erschöpfung zitterte. Von seiner gewohnten Geschmeidigkeit war nicht mehr viel übrig. Du mußt ja einen tollen Eindruck hinterlassen! sagte er sich und hoffte, daß es sich bei dem Meister um einen Menschen handelte, der Katzen gern hatte; ein Mensch mit freundlichen Händen, der einen schmackhaften Leckerbissen bereithielt; ein Mensch, der ein bißchen Mitleid für eine mißhandelte Katze wie ihn aufbrachte. Wie sehr es ihm jetzt gefallen würde, warme Finger zu spüren, die über sein Fell streichelten! Um die Wahrheit zu sagen: Mustard mochte seine Artgenossen nicht sonderlich. Bei den Menschen fühlte er sich wohler. Vor allem bei Susan, seinem Frauchen, auch wenn sie öfters mehr Zeit für seine Mitbewohner erübrigte als für ihn. Trotzdem mochte Mustard ihre Berührungen sehr gern.

Nun konnte er die gegenüberliegende Seite des Glockenschachts sehen. Das einzige Möbelstück im Turm war ein Stuhl

– ein schlichter Stuhl mit gerader Rückenlehne; auf der Sitzfläche lag ein Bettkissen, und auf diesem Kissen ruhte eine weitere Katze. Diesmal war es ein Männchen – ein altes Männchen, dessen gestreiftes Fell ein noch intensiveres Orange besaß als das Mustards. Die alte gestreifte Katze war beinahe rostfarben.

»Friede sei mit dir, mein Sohn«, sagte der Alte.

Schwester Paka drückte Mustard eine Pfote in den Nacken und zwang seinen Kopf hinunter. Er biß Paka kräftig ins rechte Bein, so daß sie neben ihm zu Boden plumpste. Mustard sah, daß sie ihn am liebsten angefaucht hätte; statt dessen blieb sie ruhig neben ihm liegen, in unterwürfiger Haltung, obgleich Mustard ihr die Kehle hätte herausreißen können, wenn er es gewollt hätte.

»Friede sei mit dir, habe ich gesagt«, meldete der alte Kater sich wieder zu Wort. »Siehst du das Stückchen struppiges Fell unter seiner Halskrause, Paka? Er hat es wohl übersehen. Mach es für ihn sauber, mein Kind, ja?«

Schwester Paka legte die Pfote ihres verwundeten Beines auf Mustards Brust, beugte sich vorsichtig nach vorn und leckte das Fell sauber. »So«, sagte sie. »Viel besser.«

Der Meister schnurrte. »Ja. Und du, Paka, hast eine häßliche Bißwunde am Bein.«

Mustard beeilte sich, Schwester Pakas Wunde zu lecken, wobei er mit der Zunge ihr Fell befeuchtete, so daß es die Bißmale verdeckte, die seine Zähne hinterlassen hatten.

»Viel besser«, sagte der Meister und schaute Mustard an. »Sei gegrüßt, mein Sohn. Wir haben sehnsüchtig darauf gewartet, daß du wieder auf die Pfoten kommst. Man hat dir sehr schlimme Dinge angetan.«

»Was für schlimme Dinge?« fragte Mustard. »Ich kann mich nicht erinnern.«

»Weil du versucht hast, den Schmerz durch Schlaf zu überwinden, wie es nun einmal unsere Natur ist. Doch Tony und Jeannette brachten dich hierher, nachdem sie dich zuvor künstlich in

Schlaf versetzt hatten, um dir die Schmerzen zu ersparen. Sie hielten dich für tot, doch als sie deine sterbliche Hülle unter die Erde bringen wollten – Asche zu Asche, Staub zu Staub –, hast du dich bewegt. Sie wußten sich keinen Rat mehr, wie sie dir noch helfen konnten, und sie hatten deinem Frauchen schon gesagt, daß du tot bist. Sie wollten ihr keine falschen Hoffnungen machen, damit sie kein zweites Mal um dich trauern muß. Deshalb haben Tony und Jeannette dich zu uns gebracht.«

»Und wer seid ihr?« fragte Mustard und schlug mit dem Schwanz auf den Rand des Glockenschachts, hörte aber sofort damit auf, denn es tat weh.

»*Ich* bin Magnifizenz Mu Mao, der geistige Führer dieses Ordens. Schwester Paka hast du ja bereits kennengelernt. Unsere Gemeinschaft ist der Geistliche Orden Unserer Lieben Frau von den Ägyptischen Bandagen. Wir sind ein interkonfessionelles Kloster und Konvent, das der spirituellen Erleuchtung und Erbauung unserer Art dienen soll. Diejenigen von uns, die nicht dem Zölibat unterliegen, studieren hier, dürfen aber nicht die letzten Gelübde ablegen. Das ist den Brüdern und Schwestern vorbehalten, die eines bestimmten Eingriffs durch den Menschen wegen im Zölibat leben müssen. Im übrigen – nun ja, schließlich sind wir *alle* Katzen.« Auf lustige Weise zuckte er mit den Ohren. »Jedes Gelübde, das von einer Katze abgelegt wird, die nicht zwangsläufig dem Zölibat unterworfen ist, wäre unter Berücksichtigung unserer natürlichen Triebe bedeutungslos. Doch ist der Eingriff erst vorgenommen, können wir unseren Verstand auf höhere geistige Dinge richten.«

»Demnach . . . bist du auch . . .?« fragte Mustard.

»Ja. Weißt du, in vielen meiner früheren Leben war ich ein Mensch, ein Priester, ein heiliger Mann, ein Schamane und was sonst noch alles, bis mir schließlich erlaubt wurde, in meiner jetzigen Inkarnation die höchste und reinste Gestalt zu erlangen und eine Katze zu werden. Doch meine körperlichen Gelüste haben mich in meiner Fähigkeit zur Konzentration und Meditation gestört; deshalb verließ ich freiwillig die Brüder und Schwestern aus meinem Wurf, wie auch mein sicheres Zuhause, ging als kleines Kätzchen zu einem Tierarzt und ließ mich von ihm unters Messer nehmen, damit ich anderen helfen konnte.«

»Er ist ein Bodhisattwa, ein Erleuchteter, wie die Buddhisten es nennen«, sagte Schwester Paka ehrfürchtig.

Mustard war beeindruckt. »Ich habe Tony und Jeannette – meine Ärzte – sehr gern, aber wenn ich zu ihnen muß, beklage ich mich immer. Bei ihnen riecht es schlecht, und ich hasse Nadeln und kann es nicht ausstehen, daß mir kahle Stellen ins Fell rasiert werden. Ich hätte mich dem Eingriff niemals freiwillig unterzogen; nur wenn mein Frauchen mich dazu gedrängt hätte. Aber ich muß gestehen, daß mein Leben ruhiger ist, seit ich kastriert wurde. Ich habe Zeit, zu lernen und über viele Dinge zu lesen.«

Mu Mao schnurrte beifällig. »Das ist gut. Und wenngleich du mager geworden bist, ist es offensichtlich, daß du unter normalen Umständen schlank und aktiv geblieben wärst.«

»Ich bin ein guter Ungezieferjäger«, erklärte Mustard ohne falsche Bescheidenheit. »Und ich kriege auch die schnellsten Horoskoprollen zu fassen, mag das Papier sich noch so rasch aufwickeln.«

»Du kennst dich mit Astrologie aus?« fragte Schwester Paka erstaunt.

»O ja. Schon seit ich ein Junges war, hat mein Frauchen mir – und mir allein – solche Rollen beschafft, und zwar dort, wo sie immer mein Futter kauft. Keiner meiner Mitbewohner durfte Jagd auf die Rollen machen. Nur ich wurde dessen würdig erachtet.« Stolz streckte er die Brust vor, so daß er ein paar blasse Haare seiner weißen Halskrause sehen lassen konnte, ohne den Blick von dem Kater auf dem Stuhl zu nehmen.

Mu Mao erwiderte nichts Beifälliges, wie Mustard vielleicht gehofft hatte; der Meister zuckte bloß mit dem rost- und cremefarbenen Schwanz, den er wie schützend um die Vorderpfoten geschlungen hatte. »Hast du denn nicht versucht, das Wissen, das du dir dabei erworben hast, mit deinen Mitbewohnern zu teilen?«

»Natürlich nicht! Es waren ja *meine* Rollen«, sagte Mustard, fletschte die Zähne und fügte dann, als er den Blick des Meisters sah, rasch hinzu: »Na ja, das Kätzchen hat mich einmal wegen der Rollen gefragt, und da habe ich versucht, ihr einige Grundlagen zu erklären, aber sie war viel zu jung, um es richtig zu begreifen.«

»Nun, das ist schon mal ein guter Anfang«, sagte Mu Mao, der Meister, in einem Tonfall, der seine offensichtliche Freude erkennen ließ.

»Ein guter Anfang wovon, bitte?«

»Ein guter Anfang für dein neues Leben.«

»Mein neues Leben?«

»Ganz recht. Du hast dein Leben Nummer eins hinter dir und bist nun auf dem Weg ins Leben Nummer zwei.«

»Dann bin ich . . . gestorben?« Mustard schaute an sich hinunter, ließ den Blick in die Runde schweifen und begann schließlich, hektisch sein Fell zu lecken, um sich zu vergewissern, daß alles noch an Ort und Stelle und funktionstüchtig war.

»Es ist schon erstaunlich genug, daß du so lange überlebt hast, daß man dich noch zu uns bringen konnte«, meinte Mu Mao. »Dein Maul und dein gesamter Verdauungsapparat waren voller Geschwüre. Es lag an etwas Ätzendem, meinte Tony. Irgend etwas, an dem du sehr plötzlich erkrankt bist.«

»Irgend etwas Giftiges«, sagte Schwester Paka.

»Aber wie kann das sein? Ich habe immer das gleiche gegessen, und in letzter Zeit habe ich kaum noch gejagt.«

»Offenbar hast du etwas Ungewöhnliches gegessen. Und dieses Etwas könnte noch irgendwo dort sein, wo du gewohnt hast, und deine einstigen Gefährten töten, so wie es dich getötet hat. Besonders das Junge schwebt in großer Gefahr, könnte ich mir vorstellen.«

»Das Katzenmädchen?« fragte Mustard und sah das Kleine vor seinem inneren Auge: das wie Schafwolle gekräuselte schwarze Fell auf dem Bauch, den buschigen schwarzen Schwanz, die klugen, wachen Augen. Und nie hatte das Kätzchen versucht, Susans Aufmerksamkeit von ihm, Mustard, auf sich selbst zu lenken.

»Ja. Und die anderen.«

»Es ist mir egal, was mit den anderen ... «, stieß er hervor, hielt aber inne, als er das leise Fauchen vernahm, das Schwester Paka ausstieß. Mu Mao bedachte ihn mit einem warnenden Blick.

»Ja. Wie ich hörte, hast du jahrelang gezeigt, daß die anderen dich nicht kümmern. Nun, falls du dich unserem Orden anschließen willst, mußt du dein größtes Laster ablegen.«

»Ich habe dir doch gesagt, daß ich bereits kastriert *bin*.«

»Darum geht es nicht. Ein natürliches Verlangen ist kein Laster. Auf der Suche nach Erleuchtung mußt du einige von den Urinstinkten unserer Art ablegen.«

»Ich habe nie gesagt, daß ich erleuchtet werden will ... obwohl ich ein sonniges Fleckchen so sehr liebe wie jede andere Katze auch. Und weshalb sollte ich den Wunsch haben, bei euch zu bleiben? Hier sind nur Katzen. Hier gibt es keinen Menschen, der einen krault. Und einen Futternapf habe ich auch noch nirgends gesehen.«

Mu Mao sagte: »Nun, du wirst noch früh genug erkennen, um was es in *diesem* Leben geht. Schwester Paka, du wirst Mustard zum Fischteich führen. Ein paar von diesen armen, primitiven Geistern, die darin schwimmen, können von den Fesseln ihres derzeitigen Daseins erlöst werden, um das neue Leben Mustards zu kräftigen. Anschließend, während er wieder zu Kräften kommt, kann er im Garten arbeiten.«

Schwester Paka sagte Mustard, daß es seine Pflicht sei, sich den größten und fettesten Fisch aus dem Teich zu fangen. »Sie haben alle Lektionen gelernt, die ein Leben als Fisch ihnen bieten kann«, erklärte sie, »und sind bereit, ins nächste Leben überzuwechseln.«

Mustard war so gnädig, sich einen Fisch zu fangen, und er hätte sich noch weitere aus dem Teich gefischt, doch Schwester Paka erklärte ihm, daß er sich stets Fische fangen könne, wenn ihm danach sei; doch er solle beim erstenmal nicht zu viele essen, sonst müsse er sich übergeben.

Dann zeigte sie ihm, welche Aufgaben er zu erledigen hatte. »Zu Anfang wirst du dich um die Pflege der Rosen kümmern.«

»Ach, wie schön. Ich *liebe* Rosen«, erwiderte er und knabberte an den Blättern einer großen roten Blume.

»Am leckersten sind die Rosen, deren Blätter am Rand schon ein bißchen braun sind, habe ich mir sagen lassen«, erklärte sie beiläufig. »Sie sind reifer und schmecken nicht mehr so sehr nach Grünzeug.«

»Ach?« Mustard probierte eine leicht verwelkte Blume. Sie schmeckte gut und besaß ein leicht käsiges Aroma. Er probierte eine andere. Ja, Schwester Paka hatte recht. Die welken Blumen waren viel leckerer als die frischen. Außerdem sah der Strauch ohne welke Blumen schöner aus.

»Hier mußt du graben.« Sie zeigte auf eine Stelle, an der ein Rosenstrauch darauf wartete, in ein bereits vorbereitetes Loch eingepflanzt zu werden. »Und hier gräbst du ebenfalls, wenn auch aus anderen Gründen.« Diesmal zeigte sie ihm eine Stelle im Garten, an der mehrere Erdklumpen lagen, die den Geruch verschiedener Klosterbrüder verströmten – es war die Abfallgrube des Ordens.

Nachdem Mustard ein paar Rosensträucher beschnitten hatte, schlief er in der Sonne, doch seine Träume waren unruhig und seine Beine bewegten sich im Schlaf. Es war zu schade, daß sein Nickerchen so wenig erholsam war, denn als die Sonne unterging, die Schatten auf dem Hof länger wurden und die anderen Katzen von der Bildfläche verschwanden, wurde der Abend sehr kalt.

Mustard stand bibbernd da und blickte sich nach einem Haufen Gras um, der ihm vielleicht ein bißchen Wärme zu spenden ver-

mochte, oder nach einem Stück Stoff, in das er sich hineinkuscheln konnte, doch nichts dergleichen war zu sehen. Plötzlich
schaute ein Gesicht hinter einer Säule hervor. Es war von einem
noch helleren Goldorange als Mustards Antlitz und kam ihm
irgendwie bekannt vor.

»Da bist du ja! Wir haben dich schon vermißt. Wie schön, dich
wiederzusehen, mein alter ... äh ... Kumpel«, sagte die goldene
Katze mit einer Stimme, die Mustard plötzlich erkannte.

»Peaches! Du bist auch hier?« Mustard hatte Peaches nicht
besonders leiden können, als dieser noch gelebt hatte; denn Peaches war Susans Lieblingskatze gewesen. Selbst wenn Susan mit
Mustard schmuste, hatte er immer gewußt, daß sie lieber Peaches gekrault hätte. Und sobald Peaches' Name fiel, oder wenn
er ins Zimmer kam, fauchte Mustard sein Frauchen böse an und
sprang von ihrem Schoß – wobei Susan oft Kratzer abbekam –,
damit sie auch ja wußte, was Mustard von ihrem Geschmack
hielt. Natürlich – solange Susan nicht da war, war Peaches gar
kein so übler Kerl. Und nun war Mustard sogar richtig froh darüber, ihn zu sehen.

»Peaches? Peaches ist tot. Er war sehr, sehr alt. Ich lebte schon
mein achtes Leben, als ich starb; und als ich wiedergeboren wurde, hat man mich hierher geschickt. Nun lebe ich in diesem Kloster als Bruder Paddy.«

»Typisch, daß du dir so einen Namen ausgesucht hast«, sagte
Mustard.

Peaches/Paddy setzte sich auf die Hinterpfoten und leckte sich
bedächtig die Pfote. »Ich habe mir den Namen nicht ausgesucht.
Er wurde mir *gegeben*.«

»Das glaube ich gern. Dir hat man immer schon alles gegeben.
Dich hatten alle stets am liebsten«, sagte Mustard, von der alten
Bitterkeit erfüllt. Dann aber erinnerte er sich wieder an sein
dringliches, eher praktisches Anliegen und fragte: »Du weißt
nicht zufällig, ob hier irgendwo ein Stück Stoff liegt, in das man
sich die Nacht über hineinkuscheln kann? Es ist kalt.«

Mustards alter Bekannter sagte bloß: »Folge mir. Es ist Zeit für die Vesper.«

Worauf sie wieder das große Gebäude mit dem Glockenturm betraten. Verwundert sah Mustard, daß es nun von Kerzenlicht erhellt wurde und daß der Boden vollkommen mit Katzen bedeckt war. Alle hatten die Vorderpfoten unter den Leib gelegt und die Schwänze um ihre Körper geschlungen und schnurrten so laut, daß die Wände zu beben schienen. »Was ist das?« murmelte Mustard.

»Wir danken dem Schöpfer, daß er uns eine so wundervolle Gestalt verliehen hat und daß er uns einen so angenehmen Ort für unser Kloster schenkte, und so liebe und freundliche Mitbrüder.«

»Es sind ja schrecklich viele Kätzchen hier«, sagte Mustard, als er die Jungen bemerkte, die zwei vollständige Flügel des Gebäudes einnahmen.

»Das liegt daran, daß so viele junge Katzen ausgesetzt oder getötet werden, wenn die Menschen ihrer überdrüssig sind. Sie alle sind Unschuldige, die zu uns kommen, um sich für ein Leben außerhalb der Klostermauern vorzubereiten, falls das ihr Wunsch ist, oder um die Gelübde abzulegen.«

Mustard schwieg.

»Ich dachte, du wärst immer noch bei Susan und würdest noch Jahre bei ihr bleiben, bis du an Altersschwäche stirbst, so wie ich«, fuhr sein Gefährte fort. »Aber wie ich hörte, hat man dich vergiftet. Susan muß sehr, sehr traurig sein.«

»Ach, du kennst doch Susan. Als nur noch das alte Mädel und ich übrig waren, hat sie sich ein neues Kätzchen und obendrein ein erwachsenes Männchen ins Haus geholt.«

»Da mußt du dich ja schrecklich geärgert haben. Du wolltest ja immer ihre Lieblingskatze sein.«

»Na ja, stimmt schon, aber es hat nicht lange angehalten. Das alte Mädel ist größer als ich, wie du weißt, und sie wurde immer rabiater und hat mich oft windelweich geprügelt. Und das Kätzchen konnte ich zuerst nicht leiden, muß ich gestehen, aber es ist ein liebes kleines Ding und hat Respekt vor dem Alter. Und mit dem neuen Kater, Blackie, hat Susan sich nie so richtig angefreundet. Aber Blackie hat dem alten Mädel immer was auf die Nase gegeben, wenn es mal wieder auf der Kleinen herumhackte.« Plötzlich brach er in Tränen aus. »Wie kannst du es hier bloß aushalten? Ich vermisse Susan so sehr. Du nicht? Wo sie dich immer am liebsten hatte. Kannst du nicht zurück, oder willst du nicht?«

Bruder Paddy, vormals Peaches, leckte Mustard das Gesicht. »Ich habe Susan gelehrt, was sie von mir wissen mußte. Nun ist die Zeit gekommen, andere Dinge zu lernen, die uns alle angehen. Komm. Geh mit mir zu den anderen.«

Natürlich stand Mustard nicht der Sinn danach, doch das monotone Schnurren entspannte ihn, und er fiel ein, bis sein Schnurren ihn in den Schlaf versinken ließ, wobei er sich zwischen vier Artgenossen kuschelte, deren warmes, weiches Fell ein besseres Bett bildete, als Susans Katzenkorb es je gewesen war.

Doch wenngleich Mustard bequem lag, stiegen die Erinnerungen an den Schmerz und Verrat in ihm auf. Und er sah das Kätzchen, das nach ihm schnüffelte, miauend nach ihm rief und schließlich zu irgend jemandem trottete, der das Kleine zu sich rief und ihm etwas hinhielt, irgend etwas Verlockendes, Tödliches . . .

Mustard erwachte schlagartig und sprang zwischen den schlafenden Körpern hindurch, bis er zur Treppe gelangte, die hinauf in den Glockenturm führte. Er stürmte sie empor bis zum Treppenabsatz und kratzte an der Holztür.

Die volltönende Stimme rief: »Herein.«

»Es dauert nur einen Augenblick, Mu Mao«, sagte Mustard, dem es gegen den Strich ging, seinen alten Artgenossen mit »Meister« anzureden. »Ich wollte nur mal einen Blick aus deinem Turm werfen, ob ich den Weg nach meinem Zuhause sehen kann.«

»Demnach willst du den Versuch machen, in die Welt zurückzukehren, mein Sohn?« fragte der alte Kater, und seine Schnurrhaare bebten.

»Natürlich. Ich gehöre zu Susan. Ich werde zu ihr zurückkehren.«

»Also gut.« Der alte Kater sprang behende auf den Fenstersims. Mit einem Satz war Mustard neben ihm. Der Sprung fiel ihm nicht so leicht wie früher, als er noch nicht hier im Kloster gewesen war, doch noch vor wenigen Stunden hätte er einen solchen Satz nie und nimmer geschafft. Aber solche Fertigkeiten sind für Katzen interessant, die nur mit anderen *Katzen* zusammensein möchten, überlegte er.

Als er aus dem Fenster schaute, kam es Mustard für einen Augenblick so vor, als läge die ganze Welt unter ihm ausgebreitet, wie auf dem Globus in Susans Arbeitszimmer. Dann aber erkannte er, daß es bloß die kleine Stadt war, in der er wohnte. Und da waren auch die Propangasbehälter neben Tonys Tierarztpraxis, und ein Stück weiter entfernt das rote Dach von Susans Haus, auf dem Mustard so oft ein Nickerchen gemacht hatte, und der große grüne Rasen.

»Siehst du da vorn?« sagte Mu Mao. »Dr. Tony und Jeannette steigen in ihr Auto, und Jeannette trägt ein Bündel im Arm. Ich glaube, bald werden wir sie hier bei uns zu sehen bekommen. Nun, dann kannst du deine Kräfte ja schonen, wenn du bis zu ihrer Praxis mit ihnen fährst.«

»Ich bin immer noch sehr müde«, gestand Mustard.

»Dann ruhe dich so lange bei uns aus«, sagte Mu Mao. »Es ist noch Zeit genug.«

Zeit wofür? fragte sich Mustard, stellte dann aber zu seiner Verwunderung fest, daß er zusammengekuschelt an der massigen Brust Mu Maos lag, bevor er in einen tiefen und traumlosen Schlaf fiel, bis ihm jemand die Nase leckte, so daß er erwachte.

»Es ist Zeit, mein Sohn«, sagte die alte Katze.

In Jeannettes gütigen braunen Augen standen Tränen, als sie das Bündel neben Meister Mu Mao ablegte. »Es ist die zweite tote Katze, die Susan zu beklagen hat«, sagte sie. »Und auch in der Nachbarschaft sind Katzen gestorben. Diane, zum Beispiel, die ein Stück die Straße hinunter wohnt, hat ebenfalls eine Katze verloren. Und alle sind den gleichen geheimnisvollen Tod gestorben.«

»Sieht so aus, als hätten wir es mit einem Serien-Katzenmörder zu tun«, sagte Dr. Tony in hilflosem Zorn, während er behutsam das Stoffbündel öffnete.

Zornig peitschte Mustard mit dem Schwanz und legte die Ohren flach an den Kopf. Würde er jetzt sehen, daß Susans kleines Kätzchen in seinem Traum nach *ihm* gerufen hatte, bevor es gestorben war? Würde ihr gelockter schwarzer Bauch jetzt nie mehr beben, wenn sie schnurrte? Würden ihre hellen, klugen Augen, die so aufmerksam geblickt hatten, wenn er ihr eine seiner Jagdgeschichten erzählte, nun starr und leblos sein? Hatte sie sterben müssen, bevor sie die Gelegenheit bekommen hatte, sich ihren Anteil an Schädlingen zu fangen?

Mustard schrie auf, als eine schwarze Ohrspitze zum Vorschein kam. Dann das Gesicht, die schwarze Nase ... die Augen waren geschlossen, und die Schnurrhaare – so lang, daß sie sich an den Enden kräuselten – waren starr. Mustard sah seine schlimmsten Befürchtungen bestätigt.

Dann aber erkannte er seinen Irrtum. Das Fell war kurz und struppig, und der Körper war viel größer als der von Susans Katzenmädchen. Als Dr. Tony das Bündel aufwickelte, sah Mustard, daß die einst kräftigen Muskeln seines toten Artgenossen unter dem schwarzen Fell dünn und verkümmert waren, und der lange schwarze, einst so ausdrucksvolle Schwanz war schlaff.

»Boston Blackie!« rief Mustard aus. Vor ihm lag die Leiche jenes erwachsenen Katers, den Susan zusammen mit dem Katzenmädchen aus dem Tierheim geholt und zu sich nach Hause genommen hatte. Boston Blackie war der Beschützer des Kätzchens gewesen, bis es alle bezaubert hatte, von allen geliebt wurde, nur nicht von dem alten Mädel. Jetzt, da Blackie tot war, oder hier im Kloster – was für Susan und das Kleine auf dasselbe hinauslief –, konnte Mustard nur hoffen, daß das Kätzchen rasch heranwuchs und dem alten Mädel bis dahin aus dem Weg gehen konnte.

Natürlich war Mustard nicht gut auf Blackie zu sprechen gewesen, den Beschützer des Kätzchens, doch er hatte ihn von den anderen Erwachsenen noch am besten leiden können. Blackie, der große schwarze Kater, der so stark war und so einschüchternd aussah, war in Wirklichkeit ein weichherziger Bursche, und er wußte genau, daß Susan ihn nur deshalb bei sich aufgenommen hatte, weil er der Spielgefährte des Kätzchens gewesen war. Der große Kerl hatte die Kleine behütet wie eine Mutter, hatte sie vor den anderen beschützt und oft den Kopf für sie hingehalten. Überdies hatte Blackie die älteren Rechte Mustards widerspruchslos respektiert.

»Der arme Kerl«, sagte Mustard zum Meister, Paddy und Schwester Paka. »Für einen so großen starken Burschen war er sehr weichherzig, wißt ihr. Sein Tod muß der Grund dafür gewesen sein, daß das Kätzchen mir diese Träume geschickt hat. Sie hat um den alten Burschen getrauert.«

»Entweder das«, sagte Paka grimmig, »oder sie ist das nächste Opfer.«

»Keine Bange, mein Sohn«, sagte Mu Mao und leckte Mustards angelegte Ohren. »Bald wird Blackie in sein neues Leben hineingeboren, und es wird ein wunderschönes Leben für ihn sein. Er war eine sehr alte Seele, und wir brauchen einen solchen Bruder in unserer Gemeinschaft.«

»Das ist ja sehr schön für *euch*«, sagte Mustard, »aber was ist mit Susan? Und mit dem Kätzchen? Und mit Diane? Ja, sogar mit dem zänkischen alten Mädel? Sollen das Kleine und die alte Vettel etwa auch hierherkommen? Dann wäre Susan ganz allein und müßte Angst haben, sich neue Freunde zu machen, weil sie befürchten muß, ihnen könnte das gleiche zustoßen wie mir und den anderen Katzen. Und was ist mit Drew, dem netten Mann, der sich um uns kümmert, wenn Susan keine Zeit hat? Und mit Diane, die uns immer füttern kommt, wenn Susan mal nicht da ist? Diane ist krank, weißt du. Sie ist darauf angewiesen, daß ihre Katzen bei ihr sind, wenn sie ängstlich und einsam ist und wenn es ihr so schlecht geht, daß sie sich kaum rühren kann. Das hat sie mir selbst gesagt.«

Zu Mustards Erstaunen wedelte Mu Mao unwirsch mit dem Schwanz und erwiderte: »Das mag schon sein, aber wir Katzen haben Probleme genug, die uns selbst betreffen. Die Gefährten der Menschen – das Kätzchen, das alte Mädel und alle anderen – sind unserem Schutz entzogen, sofern sie nicht in unser Kloster kommen oder hierhergebracht werden.«

»Hast du denn kein Herz für die *Menschen?*« erwiderte Mustard gereizt. »Was, zum Beispiel, ist mit Tony und Jeannette?«

»Die beiden waren in ihrem letzten Leben Katzen und gehörten zu unserem Orden«, sagte Mu Mao. »Deshalb wußten sie, daß sie dich und Paddy und Blackie und all die anderen hierherbringen würden. Sie sind Bodhisattwas, so wie ich. Sie gehören nicht zu jenen Menschen, die Katzen aussetzen, wenn sie nicht mehr klein und süß sind, oder wenn sie ihnen zur Last werden. Weshalb zerbrichst du dir den Kopf darüber? Der tote Blackie hier und andere, wie Bruder Paddys früheres Ich, nahmen die Aufmerksamkeit für sich in Anspruch, die eigentlich *dir* zustand. Falls du also zu deiner Susan zurückkehrst und die anderen Katzen tot sind – müßtest du dich dann nicht freuen? Denn du wirst den Fehler, den du gemacht hast, bestimmt nicht noch einmal begehen und ein zweites Mal an diesem Gift sterben. Und wenn du keine Konkurrenten mehr hast, wird deine Susan dich lieben, und *nur* dich.«

Mustard ließ sich auf keine Diskussionen ein. Meister? Da konnte er nur lachen! Diese alte Katze verstand Susan offensichtlich gar nicht. Natürlich hatte Mustard es nie gemocht, daß sie immer wieder andere Katzen zu sich ins Haus nahm, doch er hatte ihr auch stets die Tränen abgeleckt, die sie wegen jener Katzen vergossen hatte, die sie im Tierheim lassen mußte. Mustard selbst war nie im Tierheim gewesen. Susan hatte ihn als ganz junges Kätzchen gekauft, aus dem Wurf seiner Mutter, die in einem schönen Zuhause bei liebevollen Menschen gelebt hatte. Mustard war stets der Meinung gewesen, ein Recht auf Liebe zu haben, wußte aber von den anderen, daß *sie* keine dahingehenden Hoffnungen hegten; für sie war es schon etwas Wundervolles, ein Zuhause und vor allem jemanden wie Susan zu haben.

Mustard sprang hinten in den Kombi, bevor Tony und Jeannette sich auf die Heimfahrt machten. Er verspürte das sehnliche Verlangen, gekrault zu werden, war aber zu ruhelos und ängstlich, um still zu liegen. Die beiden schienen ihn nicht zu bemerken. Sie erhielten einen Anruf per Autotelefon, fuhren an ihrer Tierklinik vorbei und nahmen eine Strecke, die Mustard von seinen Besuchen beim Tierarzt kannte. Vielleicht, überlegte er, hatte der alte Mu Mao die beiden gebeten, daß sie ihn, Mustard, nach Hause führen – aber nein, sie hielten vor einem anderen Haus, nicht allzu weit von dem Susans entfernt.

Mustard fand es interessant, daß Tony und Jeannette ein Telefon in ihrem Auto hatten. Er mochte es, wenn Susan telefonierte. Dann saß sie ruhig da und redete, und er konnte sich für gewöhnlich auf ihrem Schoß zusammenkuscheln und ein Nickerchen machen. Das verstand er sehr gut: Er blieb so reglos und entspannt, daß Susan ihn nicht einmal bemerkte, bis sie den Hörer auflegte.

Hinter Jeannette sprang Mustard aus dem Wagen und trottete das kurze Stück zu Susans Haus. Niemand war auf dem Hof, und Mustard näherte sich so zuversichtlich der Katzentür, daß er sich an dem rechteckigen Holzbrett, das den Zugang ins Haus gewährte – oder versperrte –, den Kopf stieß, denn die Tür war verschlossen. Er kratzte mit den Krallen am Holz und miaute, bis er bemerkte, daß Susans Auto nicht auf dem Hof stand. So eine Unverschämtheit. Da hatte er die Mühe auf sich genommen, von den Toten wiederzukehren, und Susan war nicht einmal zu Hause. Typisch Mensch.

Plötzlich hörte er, wie an der Innenseite der Tür ebenfalls Krallen kratzten, und ein leises Miauen erklang. »Laß mich raus! Es ist so ein schöner Tag. Ich will nicht hier drin sein. Wo ist Boston Blackie? Er soll kommen und mit mir spielen!«

»Aber, aber, junge Dame, jetzt ist nicht die rechte Zeit für Spiele«, sagte Mustard. »Ich glaube auch nicht, daß Boston Blackie zurückholt. Aber ich habe geträumt, daß du in Gefahr bist und bin gekommen, um dich zu retten.«

Er wollte das Kätzchen beruhigen und besänftigen, doch das Kleine stieß piepsende Laute aus: das Kichern einer jungen Katze: »Onkel Mustard? Bist du das? Wo warst du? Fühlst du dich besser? Susan hat Asche über die Rosen gestreut und gesagt, es wäre dein verbrannter Körper, aber die Asche sah gar nicht nach dir aus. Sie war nicht einmal orange ...«

»Hör auf zu plappern, Kind. Ich muß nachdenken. Warum ist die Katzentür geschlossen?«

»Susan sagte, dann könnten wir nicht hinaus und dem begegnen, der dich und Blackie umgebracht hat.« Ihre Stimme bekam einen traurigen Beiklang. »Ist Blackie *wirklich* für immer fort? Ich kann das alte Mädel nicht ausstehen. Sie ist überhaupt nicht nett zu mir. Irgendwann werde ich ihr das Gesicht zerkratzen, weil sie so schlimme Dinge zu mir sagt. Ich vermisse dich und Blackie. Ich will zu euch.«

»Genau das darfst du eben nicht«, sagte Mustard. »Meine ... äh ... Krankheit war lang und schmerzhaft und viel zu schlimm, als daß ein so kleines Ding wie du sie ertragen könnte. Nicht einmal ein Hausdrache wie das alte Mädel könnte das. Und über Blackie kann ich dir nichts weiter sagen. Aber wir müssen dafür sorgen, daß diese Gegend für uns Katzen wieder sicher wird. Besonders unser Hof. Ist dir irgend etwas Besonderes aufgefallen?«

»Nein, nichts. Und alle haben auf uns aufgepaßt – Susan, Diane, Drew, Debbie und Dennis, Janice und Theresa, Mary und Michael Ann. Selbst Steinway bellt wie verrückt, sobald er irgend etwas Verdächtiges sieht.«

Sie meinte den Hund von Mary und Michael Ann, der im Nachbarhaus wohnte. »Steinway verdächtigt alles und jeden«, sagte Mustard. »Er bellt doch immer, egal was er sieht.«

»Nein, nein. Ich glaube, er tut wirklich alles, um uns zu helfen. Und Merlin ist völlig verängstigt.« Merlin war die schwarze Katze, die für Mary und Michael Ann und Steinway und Chopin – die jüngste Katze im Haus – die Verantwortung trug.

»Hmmm. Merlin hat auf mich nie den Eindruck gemacht, als ob er es so schnell mit der Angst bekäme. Am besten, ich gehe mal rüber und rede mit ihm.«

»Ja, ist gut. Ich muß jetzt rasch verschwinden. Das alte Mädel kommt.«

»Wer ist da?« erklang auch schon die knurrige Stimme der alten Katze. »Wer ist da draußen? Mit wem hast du gesprochen, du unverschämtes kleines . . .«

»Laß sie in Ruhe. Streite dich mit jemandem, der so groß ist wie du«, fauchte Mustard durch die Katzentür.

»Wer ist da? Bist *du* das, Mustard? Du bist tot, Asche, verschwunden, kaputt. Das warme Plätzchen vorm Fernseher bekommst du nicht mehr. Das gehört jetzt mir – für immer!«

Aus dem Innern des Hauses erklang das Tappen von Pfoten, und durch den Vorhang am Glasfenster der Wohnungstür konnte Mustard sehen, daß das alte Mädel auf ein hohes Regal gesprungen war, so daß sie wie immer auf ihn hinunterschauen konnte. Mustard starrte zurück und rief: »Ja, sicher, bis auch du das Giftzeug frißt und schlimmere Bauchschmerzen bekommst, als du dir vorstellen kannst! Und dann wirst du dich in Todesqualen winden, bis auch du ein Gespenst bist, genau wie ich und der gute alte Blackie.«

»Ein Gespenst?« Sie beugte sich so weit vor, daß sie vom Regal fiel. Mustard hörte, wie das Kätzchen von irgendeinem hohen, sicheren Platz aus kicherte. Dann vernahm er, wie das alte Mädel sich heftig schüttelte, bevor sie zur Katzentür gelaufen kam, sich davor auf den Boden legte und schnüffelte. »Es gibt keine Katzengespenster.«

»Oh, das ist ja großartig. Eine Katze, die nicht an Gespenster glaubt. Tja, es gibt aber welche. Ich habe sie mit eigenen Augen gesehen. Ehrlich gesagt – ich bin selbst eins. Und ob es dir gefällt oder nicht, dir kann es genauso ergehen, wenn du nicht endlich mit deinen Boshaftigkeiten aufhörst und uns hilfst. Weißt du, was mich getötet hat? Wie ich gestorben bin? Wer oder was Blackie auf dem Gewissen hat?«

»Natürlich nicht. Und was soll *ich* dagegen tun, wenn die dummen Viecher in dieser Gegend alles vergiftete Zeug fressen, das sie finden? Ich habe hier ganz allein überlebt, zwei Jahre lang, als diese *Leute* fortzogen und mich als junges Kätzchen allein ließen. Damals war ich kaum größer als unser kleiner Frechdachs hier und ...«

»Ja, ja, wir alle wissen, wie schlimm es damals für dich war, als du in der Gegend herumgestreunt bist und nach Futter gebettelt hast ...«

»He, du Klugscheißer. Du hast mich was gefragt, und ich versuche dir eine Antwort zu geben. Was ich sagen will ... in den zwei Jahren des Herumstreunens habe ich in der ganzen Gegend meine Runden gemacht, und glaub mir, es gibt hier keinen Menschen, der einer Katze etwas Böses antun würde, nicht mal eins von den Kindern. In dieser Gegend werden Kinder und Hunde dazu erzogen, uns Katzen die gebührende Achtung und Zuneigung entgegenzubringen. Ich hätte jederzeit ein richtiges Zuhause bekommen können, aber ich wollte keins. Ich wollte in mein altes Haus zurück. Und kaum hatte ich Susan gefragt, ob sie mich aufnimmt, hat sie mich zu sich genommen und mich den anderen vorgezogen – auch dir, obwohl sie euch aus ihrem alten Haus mit hierhergebracht hatte. Denn sie *wußte*, daß dies hier *mein* Haus ist.«

»Hast ja recht«, sagte Mustard, diesmal mit einem tröstenden Schnurren. »Aber das alles ist jetzt nicht so wichtig. Auch wenn ich nun ein Gespenst bin, vermisse ich dich und die Kleine und habe Angst, daß auch ihr...«

»Ja, und *ich* vermisse den entsetzten Ausdruck auf deinem gelben Gesicht, wenn ich dich durch die Wohnung jage«, erwiderte das alte Mädel mürrisch. »Oder den Anblick, wenn du dich auf die Hinterpfoten stellst und dich reckst. Wie, um alles in der Welt, machst du das eigentlich?«

Mustard antwortete nicht darauf und sagte bloß: »Ich komme wieder. Paß mir gut auf die Kleine auf, hörst du? Denk daran, daß sie eine kräftige junge Erwachsene sein wird, wenn Susan wieder streunende Katzen bei sich aufnimmt. Dann brauchst du vielleicht jemanden, der *dich* beschützt. Es ist nie zu spät, altes Mädel.«

»Mag schon sein«, knurrte sie leise und fügte bedauernd hinzu: »Ohne dich ist es hier richtig langweilig. Du kommst wieder zu uns zurück, sagst du?«

»Wenigstens für kurze Zeit. Ich muß erst herausfinden, was hier passiert ist. Die Kleine meint, Steinway und Merlin könnten vielleicht etwas gesehen haben.«

»Schon möglich. Tut mir leid, daß ich dir nicht mehr über Boston Blackie erzählen kann. In der einen Minute habe ich noch gesehen, wie er sich am Picknicktisch herumwälzte, und in der nächsten bekam der alte Knabe kaum noch ein Wort heraus, weil ihm das Maul so weh tat...«

Genauso hat es bei mir angefangen, erkannte Mustard, wenngleich er nicht mehr wußte, was zu dem Zeitpunkt mit ihm geschehen war. Er versuchte sich zu erinnern, wann die Schmerzen eingesetzt hatten, doch alles war verschwommen und unwirklich, denn er hatte versucht, Schmerz und Übelkeit durch Schlaf zu verdrängen, solange es eben ging. Er verließ das nachdenkliche alte Mädel und schlenderte zum Nachbarhaus, um mit Merlin und Steinway zu sprechen, wobei letzterer bei Mustards Anblick wie verrückt zu bellen anfing.

»Katzengespenst auf zwei Uhr!« brüllte er. »Katzengespenst! Katzengespenst!«

Mustard trat ganz dicht an den Zaun und fauchte den wild auf und ab springenden, kläffenden schwarzen Labrador so boshaft an, daß dieser erschreckt zurückwich, sich zu Boden kauerte und winselte.

»Braver Hund«, sagte Mustard. »Grüß dich, Steinway. Schön, dich wieder mal zu sehen. Kann ich mit dir reden?«

Der Hund winselte weiter, als plötzlich eine schwarze Katze erschien, so groß wie Boston Blackie, wenngleich nicht so gut gebaut, dicht gefolgt von einem langfelligen, grau und weiß gefleckten Artgenossen. »He, du da. Das ist *unser* Hund. Wenn er mal angefaucht werden muß, erledigen wir das selbst«, sagte die schwarze Katze.

»Merlin!« rief Mustard. »Ich wollte dich sprechen.«

»Mustard? Na, so was. Offenbar waren die Gerüchte, daß du tot bist, ein bißchen übertrieben.«

»Nun ja, zur Zeit befinde ich mich sozusagen zwischen zwei Leben. Aber mit dem Leben Nummer zwei komme ich nicht recht voran, solange ich nicht weiß, wie ich Leben Nummer eins verloren habe. Übrigens ist Boston Blackie offenbar auf dieselbe Weise gestorben wie ich.«

»Blackie ist tot?« sagte Merlin mit aufrichtigem Bedauern. »War ein prächtiger Bursche. Hatte ein genauso schönes schwarzes Fell wie ich. Der arme Kerl. Dabei war er gestern noch so glücklich, hat sich am Picknicktisch hin und her gewälzt und geschnurrt. Ich glaube, er hatte einen Besucher.«

»Hat jemand von euch eine Ahnung, wer das gewesen ist?« fragte Mustard, schaute von der einen Katze zur anderen und blickte dann zum Hund hinüber, der seine Nase mit den Pfoten bedeckte und immer noch winselte. »War jemand in der Gegend, der euch irgendwie aufgefallen ist?«

Wieder winselte Steinway. »Du weißt doch, wie's bei euch zugeht. Jeder, der zu den Häusern will, in denen eure Nachbarn wohnen, läßt dein Frauchen einfach über den Hof gehen. Sie ist viel zu nachlässig, als daß ich euer Haus und den Hof vernünftig im Auge behalten könnte, obgleich ich's versucht habe. Und was ist der Dank dafür? ›Sei still, Steinway‹, sagen die Menschen zu mir. Und hochnäsige Katzen aus der Nachbarschaft, die eigentlich tot sein müßten, fauchen mich an. Das hat man nun von seiner Gutmütigkeit.«

»Du brichst mir das Herz«, sagte Mustard. »Aber sag mal, inzwischen müßtest du doch die meisten Leute kennen, die bei uns über den Hof gehen. War jemand dabei, den du nicht erkannt hast?«

Steinway schüttelte den Kopf. »Waren bloß die Leute, die in den Häusern hinter dem von Susan wohnen, und die üblichen Besucher. Natürlich könnte es sein, daß ein Unbekannter über den Hof kam, als ich gerade mein Schläfchen gemacht habe. Sogar ich brauche ab und zu eine Pause. Da fällt mir ein ... ich war gerade aus meinem Nickerchen aufgewacht, als ich gesehen habe, wie Blackie sich am Picknicktisch auf dem Rücken wälzte.«

»Interessant«, murmelte Mustard. »Auch ich war zuletzt am Picknicktisch, und irgend etwas ist da geschehen. Aber ich kann mich nicht erinnern. Am besten, ich gehe der Sache auf den Grund. Könnte sein, daß der Picknicktisch der Schauplatz des Verbrechens war.«

Es hatte vor kurzem geregnet, so daß der Tisch naß und sauber war, doch das Holz war alt und rissig; es konnte sein, daß Spuren des Giftes in die Ritzen und Spalten gesickert war.

Mustard trottete wieder zur Katzentür und fragte laut: »He, ihr da drinnen! Könnt ihr mir sagen, wann genau Blackie krank geworden ist?«

Das alte Mädel lag immer noch auf der anderen Seite der Tür. Mustard konnte hören, wie sie mit der kahlen Stelle an ihrem

Kopf über das Holz schubbelte. »Keine Ahnung. Warte mal ...
gestern nachmittag habe ich gesehen, wie Blackie sich am Picknicktisch herumwälzte. Am Abend hat Susan dann bemerkt,
daß er krank ist, und hat ihn zu Tony gebracht ... äh, wenn mein
Gedächtnis mich nicht täuscht.«

Mustard hörte, wie kleine, weiche Pfoten hinter der Katzentür
auf den Fußboden prallten. »Nein, das stimmt so nicht«, erklang
die Stimme des Kätzchens. »Als Blackie hereinkam, habe ich
ihn gefragt, ob was nicht in Ordnung ist. Ich habe gesehen, daß
es ihm schlechtging. Er war mürrisch und seltsam schlapp. Und
er roch so komisch.«

»Was meinst du mit ›komisch‹, Kleine?« fragte Mustard.

»Er roch nach diesem scheußlichen Zeug, das Susan an Weihnachten über den Fußboden streute ... dieses Zeug, das euch alle
so verrückt gemacht hat, daß mir angst und bange wurde.«

»Du bist doch immer ängst ... «, setzte das alte Mädel mit mür-
rischer Stimme an, bis sie Mustards warnendes Knurren hörte.
Ein wenig ruhiger wiederholte sie: »Du bist doch immer ängstlich. Dabei hättest du dich vor diesem Zeug gar nicht fürchten
müssen. War doch bloß Katzenminze.«

Katzenminze! Natürlich! Mustard rannte wieder zum regennas-
sen Picknicktisch und schnüffelte, denn es mochten sich noch
winzige Reste der Katzenminze in den Ritzen des Holzes befinden, doch Mustard konnte nichts sehen, nichts riechen. Er
sprang zu Boden, krallte sich an den Tischbeinen fest, schnüffelte an der Unterseite der Platte – und verzog das Maul. »Katzenminze«, murmelte er, und der Geruch ließ plötzlich Übelkeit in
ihm aufsteigen.

Er flitzte die Straße hinauf, an Dianes Haus vorbei und zu der
Hütte, die Diane an Drew vermietet hatte.

Sadie, die Hündin, stieß ein warnendes Gebell aus, doch
Mustard huschte an ihr vorüber zu einem der Fenster und kratzte am Glas. Nichts rührte sich. Mustard spähte durch die Schei-
be. Das Innere der Hütte hatte sich verändert: Drews Bücher

waren verschwunden, ebenso sein Bett und die Weihnachtsbeleuchtungen, sogar der Futternapf von Moonshadow. Die Hütte war vollkommen leer und geruchlos.

Mustard wollte Sadie schon fragen, wohin sein Freund verschwunden war, als er plötzlich hörte, wie der Kombi von Dr. Tony und Jeannette die Auffahrt hinaufkam. Diane empfing die beiden an der Tür und bat sie herein. Sadie zerrte an der Leine und bellte wieder.

»Sei still!« zischte Mustard. »Was ist geschehen?«

»Es geht um Moonshadow. Er hat die letzten beiden Tage, als Diane fort war, in der Hütte gelegen.«

»Ist er tot?«

»Nein, aber sehr schwach. Ach, der arme Moonshadow! Er war so einsam, seit Diane ihn fortgeschickt hat.«

»Wen fortgeschickt?«

»Na, Drew. Sie hat ihn aus der Hütte hinausgeworfen.«

»Warum? Drew ist doch sehr nett.«

»Keine Ahnung. Vielleicht hat Drew auf den Teppich gepinkelt.«

»War er in den letzten zwei Tagen noch mal hier?« fragte Mustard.

»Ja. Vorgestern. Am Freitag, dem dreizehnten. Er hat ein paar Sachen geholt. Ich habe gehört, wie er Diane durch die Tür angeschrien hat, aber sie war gar nicht da. Drew hat uns gestreichelt, hat Moonshadow etwas Katzenminze gegeben und ist dann verschwunden.«

»Katzenminze!« rief Mustard aus und jagte auch schon los, flitzte die Straße hinunter und zur Katzentür an Susans Haus. »Altes Mädel! Kleines! Seid ihr da? Und wo bleibt Susan denn so lange?«

Das Kätzchen antwortete mit einem klagenden Miauen: »Sie ist fort, um Drew zu holen. Er soll auf uns aufpassen, wenn sie ihre Freunde in Copperton besucht. Sie wollte nicht, daß wir allein sind, wo hier in letzter Zeit so viele Katzenmorde verübt werden.«

Verzweifelt zerrte Mustard mit den Krallen an der verschlossenen Katzentür. Er war schrecklich aufgeregt und wußte nicht, was er tun sollte. Schließlich sagte er: »Hört zu, laßt Drew bloß nicht in eure Nähe! Eßt nichts von dem Futter, das er euch gibt oder das er anfaßt. Trinkt nicht einmal von dem Wasser, das er euch hinstellt. Und vor allem – nehmt keine Katzenminze von ihm!«

»Igitt«, sagte das Kätzchen. »Dieses scheußliche Zeug. Ich bin doch keins von den Jungen mit Drogenproblemen, Onkel Mustard. Katzenminze ist echt abartig.«

»Das kann man wohl sagen«, sagte Mustard und stutzte kurz, als er beiläufig bemerkte, daß das Kätzchen bereits das Vokabular der Halbwüchsigen benutzte.

Er wollte gerade zurück zu Dianes Haus rennen, um nach Moonshadow zu sehen, als Susan angefahren kam. Sie stieg auf der einen Seite aus dem Wagen, Drew auf der anderen. »Danke, daß du mich abgeholt hast, Susan«, sagte er. »Ich hätte sonst nicht gewußt, wie ich hierherkommen soll, wo ich außerhalb der Stadt arbeiten mußte und Dianes Wagen kaputt ist. Aber ich freue mich, daß ich die Kätzchen mal wieder sehe. Nur werde ich Blackie und Mustard sehr vermiss . . . « Er verstummte und starrte Mustard an, der langsam herübergeschlendert kam, sich vor Drew auf den Boden setzte und zu ihm hinaufschaute.

»Der Mörder kehrt an den Ort seines Verbrechens zurück, hm?« sagte er, doch Drew verstand ihn nicht. Er erkannte Mustard jedoch als den, der er war – was bei Susan unglücklicherweise nicht der Fall war.

»Was ist los? Oh, sieh dir nur diese wunderschöne weiße Katze an, Drew! – Hallo, meine Süße. Du solltest in dieser Gegend sehr, sehr vorsichtig sein.«

Weiße Katze? Hatte Susan den Verstand verloren? Mustard betrachtete sein orange gestreiftes Fell und blickte dann zu Susan hinauf. Nun ja, Mu Mao hatte gesagt, Mustard würde nun ein zweites Leben führen; vielleicht erkannte Susan ihn deshalb nicht wieder. Aber eine *weiße* Katze? Wie unpraktisch.

Mustard wandte seine Aufmerksamkeit wieder dem Mörder zu, der weiß Gott schuldig genug aussah. Drew hatte stets irgend etwas Katzenhaftes, ja sogar Löwenhaftes an sich gehabt. Gerade das mochten die Katzen an ihm. War auch Drew in seinem letzten Leben eine Katze gewesen, so wie Tony und Jeannette? Aber ein Bodhisattwa war er bestimmt nicht, auch wenn Mustard es vor einiger Zeit vielleicht noch angenommen hätte. Er hatte Susan und Diane oft sagen hören, daß Drew sehr tierlieb sei. Trotzdem hatte Diane ihn aus der Hütte hinausgeworfen. Und bestimmt nicht, dachte Mustard, weil Drew auf den Teppich gepinkelt hat. Sie mußte irgend etwas über ihn herausgefunden haben, das für sie Grund genug gewesen war, ihn fortzujagen, doch sie hatte Susan noch nichts erzählt – was eigentlich kein Wunder war. Kurz nachdem Susan und Drew sich kennengelernt hatten, war ein böser Streit zwischen Susan und Diane ausgebrochen, obwohl die beiden jahrelang die besten Freundinnen gewesen waren. Aber aus welchem Grund hatte Drew die Katzen vergiftet? Seine Freunde! Denn Mustard war jetzt sicher, daß Drew der Mörder war: Man konnte sogar jetzt noch die vergiftete Katzenminze an ihm riechen. Wahrscheinlich hatte er eine Tüte mit dem Zeug in der Tasche, um Susans altes Mädel und das Kätzchen damit zu füttern.

Na, der Kerl wird nie mehr in meine Nähe kommen! schwor sich Mustard. Oder in die Nähe einer anderen Katze, oder in Susans Nähe. Jedenfalls nicht, solange Mustard es verhindern konnte. Er tat das einzige, was in seiner Macht stand, und sprang Drew an die Kehle, biß und kratzte ihn, wobei Drew fluchend versuchte, seinen Angreifer abzuschütteln.

»Das verdammte Biest ist tollwütig!« kreischte Drew, während Susan versuchte, Mustard von seinem Mörder loszuzerren. »Bring ihn um!«

»Nein! Ich habe ihn, keine Angst. Ich halte ihn fest«, erwiderte Susan und hielt den fauchenden Mustard von seinem Opfer fern. »Aber du brauchst einen Arzt.«

»Nein, ich …«

»Sei nicht dumm. Ich habe Tonys Auto vor Dianes Haus gesehen. Tony kann sich deine Kratzwunden anschauen und die Katze auf Tollwut untersuchen. Warte einen Augenblick, ich lege ihn in die Tragetasche auf dem Rücksitz. Die Tasche ist noch drin, seit ich Blackie …« Ihre Stimme brach, und sie blickte tieftraurig drein. »Ich habe Blackie in dieser Tasche getragen, weißt du.«

Natürlich benahm sich Mustard – ob nun mit weißem Fell oder nicht – Susan gegenüber artig; er fauchte nur über ihre Schulter hinweg Drew an, der Mustard zu dessen Erstaunen jedoch die Zunge herausstreckte und mit seinen riesigen Händen eine Geste vollführte, als würde er ihm den Hals umdrehen, bevor Susan Mustard in die Tasche auf dem Rücksitz legte.

Dann fuhr sie mit Drew die Straße hinunter und hielt vor Dianes Haus, gerade als Tony zur Tür herauskam. Jeannette hielt Moonshadow in den Armen. Die Katze miaute kläglich. Susan und Drew stiegen aus, und auch Mustard sprang aus dem Wagen. Er sah, daß Drew zu dem Arzt und dem kranken Moonshadow hinüberging.

»Laß ihn nicht in deine Nähe, Moon!« rief Mustard. »Er hat versucht, dich zu ermorden!«

Als Drew die Hand ausstreckte, um Moonshadow zu streicheln, kuschelte er sich schutzsuchend an Jeannette, legte die Ohren zurück, fauchte und versuchte, trotz seiner Krankheit Drews Finger zu zerkratzen.

Gerade noch rechtzeitig zog Drew die Hand zurück; dann zischte er die Katze an. »*Verräter*«, fauchte er und versuchte, enttäuscht und verletzt dreinzuschauen. »Offenbar ist das blöde Vieh nicht mehr bei Sinnen«, sagte er zu Tony und Jeannette. »Es scheint mich gar nicht zu erkennen.«

Es war Mustards Glück, daß Tony und Jeannette anders waren, als Drew auch nur ahnen konnte. *Sie* hielten ihn nicht für eine weiße Katze, und trotz des weißen Fells erkannten sie, wen sie vor sich hatten. Während Tony Drews Kratzer untersuchte, rief Jeannette Susan und Diane herbei, die sich Drews Hemd anschauen sollten. Die Tasche war von Mustards Krallen aufgerissen, und der Inhalt einer kleinen Packung mit der vergifteten Katzenminze fiel auf den Bürgersteig.

»Was ist das denn?« fragte Jeannette.

»Ein Leckerbissen für die Katzen«, erklärte Drew und rief *»Autsch!«*, als Tony ihm einen Kratzer auswusch.

»Das riecht aber komisch. Sie haben doch nichts dagegen, wenn ich es genauer untersuche, oder?«

»Es ist etwas Besonderes und hat mich eine Menge Geld gekostet. Aber für meine Katzen ist mir nichts gut genug.«

»Hat Moonshadow deshalb so große Angst vor Ihnen?« fragte Jeannette. »Weil Sie ihm dieses Zeug zu fressen gaben?«

»Angst vor mir? Weshalb sollte Moonshadow Angst vor mir haben? Ich habe ihn zu mir genommen, weil Diane ihn nicht aufnehmen konnte, denn er hat sich immer mit Rasta gestritten. Aber meint ihr, Moonshadow hätte eine Pfote für mich gerührt, als Diane mich hinausgeworfen hat? Nichts dergleichen! Und Susan – sie würde nicht mal meine Hand halten, aber ihre Katzen hat sie wie Könige behandelt. Und sie verlangte von mir, es ebenfalls zu tun! Sie hat mir nicht mal einen Kinobesuch bezahlt, aber alle vierzehn Tage hat sie dreißig Dollar für Katzenfutter ausgegeben!« Drews Augen, die stets blau gewesen waren, loderten nun giftgrün vor Eifersucht. Kein Zweifel. Drew war ein Halunke, der sogar auf die Katzen eifersüchtig war. Und falls Mustard recht hatte, war auch *Drew* in seinem letzten Leben eine Katze gewesen. Andererseits... auch Katzen waren eifersüchtig auf ihre Artgenossen. Mustard selbst, zum Beispiel. Verlegen leckte er sich die rechte Vorderpfote, während die Befragung Drews ihren Fortgang nahm. Es dauerte nicht lange, und die anderen hatten ein Geständnis aus ihm herausgequetscht.

Wie Drew bereits gesagt hatte, als er die Katze aus dem Sack ließ: Er hatte Mustard, Blackie und Moonshadow vergiftet, weil er wütend auf Diane war, daß sie ihn hinausgeworfen hatte und wütend auf Susan, als sie ihm den Laufpaß gab – wobei Mustard letzteres völlig entgangen war. Aber verständlicherweise interessierte ihn das Paarungsverhalten der Menschen nicht sonderlich.

Mustard erzählte Mu Mao und den anderen die ganze Geschichte, als sie später bei dem regungslosen Körper Boston Blackies die Totenwache hielten.

»Aber weshalb hat Drew die Katzen getötet, wo er sich doch so viel Mühe gegeben hat, sich mit ihnen anzufreunden?« fragte Paka.

»Na ja, er war ein Heiratsschwindler, nehme ich an, der sehr häßlich reagierte, wenn seine Opfer ihn zurückwiesen. Zu uns Katzen war er deshalb freundlich, weil es ihm eine gute Möglichkeit bot, die nähere Bekanntschaft alleinstehender, unabhängiger Frauen zu machen, die Katzen lieben, so wie Diane und Susan. Er hat gedroht, es ihnen heimzuzahlen, falls sie ihn abwiesen, und dann versucht, diese Drohung zurückzunehmen, indem er ihnen sagte, er hätte ihnen bloß angst machen wollen. Deshalb haben Diane und Susan sich in der Not wieder an ihn gewandt, als die Katzenmorde begannen – denn beide glaubten, daß zumindest Drews Liebe zu uns Katzen nicht gespielt sei.«

»Und deine Susan wäre beinahe auf ihn hereingefallen«, sagte Mu Mao.

»Sie ist sehr lieb, nur leider nicht immer die Klügste«, gab Mustard zu. »Aber wenigstens sind die Katzen jetzt vor dem Giftmörder sicher.«

»Du hast gute Arbeit geleistet, mein Bruder«, sagte Mu Mao, und Mustard fiel auf, daß er ihn diesmal mit »Bruder« anredete, und nicht mit »Sohn«. »Wirst du nun zu Susan zurückkehren, auch wenn sie dich für eine fremde weiße Katze hält?«

»Ich habe es mir anders überlegt«, erwiderte Mustard. »Ich will lieber eure Bruderschaft ein bißchen besser kennenlernen. Es gibt hier viele junge Kätzchen, die nie ein schönes Zuhause hatten. Susan wird sich irgendwann wieder verlieben, und unser kleines Kätzchen wird mit ihr und dem Mann spielen, und das alte Mädel wird ihre gewohnten Wutanfälle bekommen. Aber diesmal wird alles in Ordnung sein.«

»Daß du nicht zurück zu Susan willst, liegt doch nicht daran, daß sie dich nicht erkannt und dadurch deine Gefühle verletzt hat, oder?« fragte Schwester Paka.

»Aber nein«, erwiderte Mustard, obwohl ein Körnchen Wahrheit darin steckte. »Ich war niemals ihre Lieblingskatze. Und ich glaube, jetzt weiß ich auch den Grund. Ich habe die anderen Katzen immer gehaßt. Ich haßte sogar Susan dafür, daß sie die anderen geliebt hat. Aber ich brauchte euch alle, um mir endlich darüber klarzuwerden.«

»Du bist zu bescheiden«, sagte Mu Mao. »Du selbst hast die Eifersucht auf deine Hauspartner überwunden, um ihnen das Leben zu retten. Du machst rasche Fortschritte, mein Bruder, und deine Erleuchtung wächst.«

Liebevoll leckte Bruder Paddy Mustards Ohr, und ausnahmsweise störte es Mustard nicht. »Und nicht nur das«, sagte Paddy. »Mustard ist sehr scharfsinnig. Das war er schon immer. He, jetzt ist er ein richtiger Detektiv, so wie in einem von Susans Büchern!«

»Oder wie im Fernsehen«, murmelte Blackie, der sich plötzlich bewegte und sich aufsetzte. Die anderen Katzen umringten ihn, leckten sein Fell und schnurrten – eine Geste, die auch Blackie ein leises Schnurren entlockte.

»Die Krimi-Serien«, sagte Schwester Paka. »Stimmt! Oh, Mustard, du mußt hierbleiben. Nicht wahr, Meister Mu Mao?«

»Wenn es sein Wunsch ist – selbstverständlich. Es liegt ganz bei ihm. Aber es wäre ein großer Gewinn für den Orden, hätten wir einen eigenen Bruder Catfael in unseren Reihen.«

Originaltitel: Final Vows
Deutsch von Wolfgang Neuhaus

Ed Gorman

Der Käfig

**Ich habe sie** wirklich geliebt. Wenn Sie in unserer kleinen Stadt aufgewachsen wären, hätten Sie das bestimmt gewußt. Damals gab es noch ein Filmtheater in der Stadt. Damals, das war in den achtziger Jahren. Sie hätten uns immer am Samstagabend gemeinsam vor dem Kino sehen können, ein Junge aus der zehnten Klasse und ein Mädchen aus der neunten. Damals gab es das Großkino im Einkaufszentrum noch nicht, das dafür sorgte, daß das Rialto schließen mußte.

Jane, so hieß sie. Jane McCoy. Sie war das intelligenteste Mädchen in der Klasse und das dritthübscheste. Diese Bewertungsskala stammte nicht von mir, Davey Thornton hatte sie aufgestellt. Er beurteilte die Mädchen immer nach den verschiedenen Körperteilen. Mir war es egal, ob sie die hübscheste war oder erst an sechzehnter Stelle kam. Seit der zweiten Klasse war ich in sie verliebt. Ihre Familie zog in unsere Stadt, und ihr Vater eröffnete seinen Malerladen genau gegenüber der Apotheke meines Vaters.

Im Abschlußjahr der Oberschule fragten die Leute schon: »Also, wann heiratet ihr denn endlich, du und Jane?« und »Wann werdet ihr eine Familie gründen?« Mich machten diese Äußerungen verlegen, denn ich bin im Grunde ein schüchterner und zurückgezogener Mensch, andererseits fühlte ich mich großartig, denn die Leute bestätigten meine Wünsche: Wir würden beide an der Universität von Iowa studieren, unseren Abschluß machen und dann in unsere Stadt zurückkehren, um zu heiraten. Dad wollte dann eine zweite Apotheke eröffnen, die dreimal so groß sein sollte wie die jetzige, und ich sollte sie leiten. Jane wollte Krankenschwester werden und am Stadtkrankenhaus arbeiten.

Tiere liebte sie über alles. Im Sommer vor dem letzten Schuljahr hatte ich für sie einen großen Käfig gebaut, der nun im Hof stand, und darin lebten alle möglichen verletzten und vergessenen Tiere. Einmal sah ich ein Rotkehlchen zusammen mit einem Zaunkönig, einem Opossum und einem Waschbären. In der Nähe des Käfigs stand ein verwitterter Pfahl aus Holz. Eines Tages kam ein Opossum zu Besuch, das ganz verrückt danach war, den Pfahl immer wieder hoch und runter zu klettern. Es paßte wunderbar zu den anderen. Janes Tiere waren alle seltsam, krank oder behindert genug, um sich gegenseitig in Ruhe zu lassen. Wie eine Mutter kümmerte sie sich leidenschaftlich und fürsorglich um die Tiere.

Der einzige, mit dem ich nicht gerechnet hatte, war Bob O'Day. Der Herzensbrecher der Klasse. Ich sage das ohne jeden Sarkasmus. Andere Jungs taten sich beim Sport, in Musik oder den Wissenschaften hervor. Der gutaussehende Bob zeichnete sich dadurch aus, daß er die Mädchen für sich gewann. Normalerweise verbrachte er seine Zeit damit, die Herzen der Mädchen aus der Klasse über uns zu brechen. Es machte mehr Eindruck, wenn es das Herz eines älteren Mädchens war. Aber irgendwann waren wir die Ältesten, und es gab nur noch jüngere Mädchen. Also konzentrierte er sich auf unseren Jahrgang. Sein Reichtum war dabei natürlich nicht von Nachteil. Vor sechs Jahren hatte sein Vater die Stadt finanziell gerettet, indem er mit seiner Fabrik für Luftfahrtelektronik von Chicago zu uns gezogen war. Er stellte einen großen Teil der Leute hier ein und gab ihnen gutbezahlte Jobs. Inzwischen war die Stadt vollkommen abhängig von ihm. Hätte er vorgehabt, sein Geschäft woanders fortzusetzen, der ganze Ort wäre erledigt gewesen. Alle wußten das und behandelten ihn dementsprechend. Die O'Days hatten zwei Söhne. Der jüngere, Ken, war ein hoffnungsloser Fall und ein absoluter Versager. Wenigstens rieb Bob einem nicht dauernd unter die Nase, daß sie Geld hatten. Aber für Ken war das Vermögen seines Vaters alles, was er hatte. Er war weder klug noch gutaussehend und noch nicht einmal nett. Er konnte nichts anderes als angeben.

Es begann an einem Nachmittag während des Abschlußjahres. Die Turnhalle roch angenehm frisch geputzt, durch das hohe schmale Fenster fielen golden die warmen Sonnenstrahlen herein, und die Halle für die Jahresfeier war in leuchtenden klaren Farben dekoriert. Bob O'Day tanzte mit Jane. Als ich sie auf der Tanzfläche zusammen sah, hatte ich plötzlich das furchtbare Gefühl, daß sich von nun an mein Leben ändern würde.

Zuerst sagten meine Freunde, ich würde es mir nur einbilden. Und weil ich danach suchte, würde ich natürlich auch etwas finden, um meinen Verdacht zu bestätigen. Aber zweifellos hatte sich etwas geändert. Irgendwann wird jedem das Herz gebrochen, und jetzt war offensichtlich meine Zeit gekommen.

Ich mußte sie regelrecht überreden, damit sie überhaupt noch mit mir schlief. Sie lachte auch nicht mehr so häufig, wenn ich versuchte, witzig zu sein. Sobald ich ihre Hand nahm, fand sie immer nach kurzer Zeit einen Vorwand, um sie mir wieder zu entziehen.

Das erste Mal erwischte ich sie bei Pizza Hut auf dem Highway 149. Es war ein kalter Oktoberabend, und alle freuten sich wie verrückt auf das geplante Basketballspiel. Sie hatte sich nur vage über ihre Pläne für diesen Abend geäußert. Als ich zu ihr fuhr, um sie zu besuchen, kam ihr Vater an die Tür und sagte, sie sei nicht da. Er sagte mir nicht, wo sie war. Er sah irgendwie traurig aus. Er hatte mich immer gemocht, obwohl ich vermutete, daß Janes Mutter für ihre Tochter immer nach Höherem strebte.

»Ich glaube, sie macht gerade so eine Phase durch«, sagte er. Sein Malergeschäft lief recht gut, aber er war trotzdem kein typischer Geschäftsmann. Er war ein einfacher Handwerker geblieben. Deshalb verstanden wir uns auch so gut. Auch ich war eher der einfache Mann aus dem Volk, obwohl mein Vater eine angesehene Persönlichkeit in der Stadt war. Mein Vater war im Vorstand der evangelischen Kirche und Mitglied des Stadtrates, außerdem war er Vorsitzender der Stadtbibliothek.

An diesem Abend kam es im Pizza Hut zu keiner Szene. Auch am nächsten Tag nicht, als ich sie zu ihrem Schließfach begleitete und sie mir meinen Ring zurückgab. Sie wurde zu einer anderen Person, und auch ich veränderte mich. Als mir bewußt wurde, daß Schluß war, betrank ich mich und lieh mir die Harley meines älteren Bruders. Ich schrieb ihr viele wütende Briefe, aber ich war vernünftig genug, sie nicht abzuschicken. Ich ging mit anderen Mädchen aus, aber es endete stets damit, daß ich nur von Jane sprach, sie Mitleid bekamen und früh nach Hause wollten. Einige Monate lang benahm ich mich total daneben und landete eines Nachts im Gefängnis, weil ich betrunken war und mich gesetzeswidrig verhalten hatte. Die 250 Dollar Bußgeld mußte ich von meinem Collegegeld abzweigen, das ich mir im letzten Sommer selbst verdient hatte. Die Strafe war dafür, daß ich in einem leeren Lagerhaus die Fensterscheiben eingeschmissen hatte. Ich weiß nicht, wer sich mehr schämte, meine Eltern oder ich.

An einem regnerischen Tag, ein paar Wochen nach meinem Schulabschluß, stand ich mühsam auf, verkatert und zittrig nach zuviel Bier und Marihuana, und ging zur Rekrutierungsstelle, wo ich den Sermon des schwarzen Corporals über mich ergehen ließ. Mein Eintritt in die Armee war eine Art Pendant des Mittelwestens zum Eintritt in die Fremdenlegion. Unnötig zu erwähnen, daß meine Familie stocksauer war, aber ich hatte die Tests bestanden. Ich war kerngesund und achtzehn Jahre alt. Vier Jahre blieb ich dort und wurde Militärpolizist.

Während dieser Zeit kam ich dreimal nach Hause. Bei meinem ersten Besuch erfuhr ich, daß Jane und Bob geheiratet hatten. Anderthalb Jahre später, bei meinem zweiten Besuch, hörte ich, daß sie ihr erstes Kind, ein Mädchen, bekommen hatten. Beim dritten Besuch daheim, das war noch ein Jahr später, hörte ich, daß sie mit ihrem zweiten Kind schwanger war. Ich erfuhr auch, daß er sie häufig schlug.

Nach Beendigung meines Armeedienstes kehrte ich nach Hause zurück. Die Stadt erschien mir klein. Ich muß sagen, ich fühlte mich irgendwie überlegen, denn ich war ein Jahr in England und ein Jahr in Deutschland stationiert gewesen. Meine Familie erwartete von mir, daß ich entweder für meinen Vater arbeitete oder mich an der Universität von Iowa einschrieb, die etwa sechzig Meilen östlich von hier liegt. Ich tat weder das eine noch das andere. Bei der Polizei wurde eine Stelle frei, ich machte eine Prüfung und bestand sie. Damit war ich Polizist, was meinen Eltern nicht sonderlich gefiel. Sie waren stolz auf ihre gesellschaftliche Stellung, und ein Polizist paßte nicht in ihre soziale Schicht.

Im ersten Jahr nach meiner Rückkehr traf ich Jane ein paar Mal. Aber es war nicht besonders aufregend. Ich sah sie, sprach mit ihr und wußte, daß ich sie immer noch liebte. Diese Erkenntnis tat weh, und ich fühlte mich einsam, aber es war auszuhalten. Ich war jetzt ein großer Junge und warf keine Fenster mehr ein. Bob hatte für sie eine Villa auf einem Hügel errichtet. Ein weißer Zaun, etwa eine Viertelmeile lang, hob sich wunderschön vom sommerlichen Grün des Grases ab. Hier durften auch seine Vollblutpferde laufen.

Jane hatte keinen Kontakt mehr zu ihren alten Freunden. Sie besaß jetzt einen schnittigen, kleinen roten BMW. Eines Nachmittags sah ich sie und ihren Wagen auf dem Parkplatz des Supermarktes. Sie stand neben dem Auto, und als ich zu ihr hinüberging, räumte gerade ein Angestellter des Geschäftes die Einkaufstüten in den Kofferraum. In den letzten sechs Jahren, seit wir die High School verlassen hatten, war sie ziemlich gealtert. Ihr Glanz war verflogen. Als ich es zum ersten Mal bemerkte, freute ich mich. Es geschah ihr ganz recht, daß sie nicht mehr so strahlte wie früher, schließlich hatte sie einen netten Typen wie mich einfach sitzenlassen. Aber als ich jetzt ihren viel zu dünnen Körper sah, das Gesicht mit den vielen Falten, den traurigen, ausdruckslosen Augen, tat sie mir leid. Am liebsten hätte ich sie in den Arm genommen und festgehalten, was früher ihre Persönlichkeit ausgemacht hatte: ihre Freude, ihre Intelligenz und ihr liebliches Gesicht. Aber dafür war es längst zu spät. Selbst die teuren Jeans, die weiße Seidenbluse und das rote BMW-Cabriolet konnten nicht darüber hinwegtäuschen. Es war zu spät.

Dann drehte sie sich zu mir um. Ihr Nasenbein war gebrochen. Es war ein kleiner blauer Fleck zu sehen, der unter ihrem Auge weiterlief und sich dort gelb verfärbte. Wahrscheinlich war ihre Nase vor drei oder vier Wochen gebrochen worden. Ich konnte mir genau vorstellen, wie es passiert war.

Als sie bemerkte, wo ich hinstarrte, sagte sie: »Ich bin gestolpert und gegen den Zaun gefallen.«

»Normalerweise ist es ein Türrahmen.«

»Ein Türrahmen?«

Ich wartete so lange, bis der Junge mit den Sommersprossen sein Trinkgeld in Empfang genommen hatte und gegangen war. »Wenn es zu Übergriffen in der Familie gekommen ist und wir gerufen werden, kommt es vor, daß die Ehefrauen ihre Meinung ändern und die Anzeige zurückziehen. Sie sagen dann immer, daß es nicht ihr Mann war, sondern daß sie gestolpert und gegen den Türrahmen gefallen sind.«

Peinlich berührt, errötete sie. Wahrscheinlich hatte sie allen Grund dazu. »Du mußt diesen Unsinn nicht glauben, den sie über Bob erzählen. Die Leute hassen ihn, weil er reich ist.«

»Also hat er dir nie etwas getan?«

Sie starrte mich an. Wir standen uns auf diesem Parkplatz ganz nah gegenüber, und es war so viel Zeit vergangen. Der Nachmittag war warm und träge, es war Sommer und die Luft voller Schmetterlinge. Damals in der High School habe ich mir niemals vorgestellt, wir würden so einen Augenblick zusammen erleben. Inzwischen waren wir Erwachsene, oder so gut wie erwachsen, und ich mußte feststellen, daß die Frau, die ich liebte, mir vollkommen fremd geworden war. Die Frau, die sie einst gewesen war, existierte nicht mehr. Und dennoch fühlte ich mich von ihr angezogen. Ich hätte sie immer noch gern berührt, so wie man etwas unvorstellbar Kostbares berührt. Ich weiß nicht, was sie in meinem Gesicht zu finden hoffte. Vielleicht hat sie es gefunden, vielleicht auch nicht. Sie sagte: »Nein, er hat mir nie etwas getan. Das sind alles nur Gerüchte, Ted, ehrlich.«

»Ich werde dich wohl beim Wort nehmen müssen, oder?«

Plötzlich sagte sie trotzig: »Ich liebe ihn, Ted. Er hat seine Schwächen, aber die haben wir alle.«

»Seine Frau zu schlagen ist keine Schwäche, Jane.«

»Sein Leben ist vielleicht auch nicht so leicht, wie alle annehmen. Geld zu haben bedeutet nicht, daß sich alle Probleme von selbst lösen, weißt du.«

Ich versuchte, dem Gespräch eine angenehmere Wendung zu geben. »Ich habe gehört, daß du den Käfig noch hast, den ich dir gebaut habe.«

Das hatte mir irgendwer vor kurzem erzählt. Wenn man ein krankes, herumstreunendes Tier fand, brachte man es zu Jane, und sie pflegte es gesund.

Vielleicht konnte sie verwirklichen, was ihr versagt war, indem sie für die Tiere sorgte und sie pflegte. Jetzt lächelte sie zum ersten Mal. Es war der Anflug eines Lächelns, aber immerhin. »Diese Tiere sind gute Freunde.« Ihre Stimme klang auf einmal traurig. Sie versuchte nicht einmal, ihren Kummer zu verbergen. »Manchmal kommt es mir vor, als sorgten sie sich ebenso um mich wie ich mich um sie.« Da stand sie nun mit ihrem blauen Auge, das sich rundum verfärbte, und sagte: »Weißt du, was komisch ist?«

»Was?«

»Er ist ein wunderbarer Vater. Er geht sehr liebevoll mit den Kindern um. Und sie lieben ihn.«

»Sie sind noch nicht alt genug, um zu verstehen, was er dir antut. Noch nicht. Aber sehr bald schon werden sie es merken.«

»Sie lieben ihn mehr als mich. Wenn er jemals fortgehen sollte...«

Einige Wochen später saß ich mit Bill Hastings, dem Banker, in Henry's Restaurant und aß zu Mittag. Auf einmal fragte er mich: »Hast du Jane in letzter Zeit gesehen?«

»Ja, einmal.«

»Na ja, sie macht im Moment ziemlich viel durch.«

Insgeheim rechnete ich damit, daß er mir erzählen würde, wie sie geschlagen wurde, und fragte mich schon, welchen ihrer Knochen er jetzt gebrochen hatte. Aber Hastings sagte: »Im letzten Jahr sind einige seiner Investitionen schlecht gelaufen. Und jetzt will sein dummer kleiner Bruder an eine große Gesellschaft an der Ostküste verkaufen und die Firma hier schließen. Kannst du dir vorstellen, was dann mit dieser Stadt passieren wird?«

»Er hat doch eine Menge Geld. Er kann das locker sehen.«

Hastings lächelte kühl. »Genau das tut er.«

»Oh? Was meinst du?«

Er schüttelte den Kopf mit den langsam ergrauenden Haaren.

»Ich meine eine Frau. Du kennst doch die neue Boutique, die im Einkaufszentrum eröffnet hat?«

»Ich denke schon.«

»Es handelt sich um eine Ladenkette. Das Mädchen ist aus Chicago gekommen, um sich um das Geschäft zu kümmern. Du solltest sie sehen. Ich sage dir, sie ist so sexy wie keine andere in der Stadt.«

»Und er trifft sich mit ihr.«

»Ja, ständig.«

Ich konnte an nichts anderes mehr denken als an Janes gebrochene Nase und daran, daß die Kinder ihn lieber hatten als sie, und wie verzweifelt sie wären, wenn er sie verlassen würde. Die Jane, die ich gekannt hatte, hätte sich nichts dergleichen gefallen lassen. Aber Jane war schon lange nicht mehr diejenige, die ich gekannt hatte.

Der Sommer kam, und der Chief sprach davon, daß er zurücktreten wolle, was er in Abständen immer mal wieder tat. Er war der Meinung, daß diese Abendkurse über Kriminologie, die ich in Iowa besuchte, sich eines Tages auszahlen würden und daß er mich für seinen Posten vorschlagen könnte, wenn ich soweit wäre.

Sonntags aß ich wie immer bei meiner Familie zu Mittag. Als ich ihnen erzählte, was der Chief gesagt hatte, kam von meiner Mutter nur: »Das ist ja schön, Liebling.« Und mein Vater sagte: »Du weißt ja, es ist noch nicht zu spät, Pharmazie zu studieren.« Sie konnten immer noch nicht verstehen, daß ich meine Arbeit mochte. Ich vermute, sie hielten mich für einen verwirrten Siebenundzwanzigjährigen, der Räuber und Gendarm für Erwachsene spielte. Wenn ein Mann die Möglichkeit hatte, Apotheker zu werden, war Polizist ein vergleichsweise schlechter Job.

In diesem Sommer ging ich oft aus. Es war der Sommer, in dem sechs verschiedene Frauen nacheinander in meinem neuen Firebird saßen und ich feststellen mußte, wie sehr ich Jane immer noch liebte. Ich schlief mit der einen oder anderen und empfand sogar etwas Zärtlichkeit. Aber keine war wie Jane. Und keine von ihnen würde je so sein wie sie.

Eines Abends klingelte das Telefon. Es war Anfang September, und der Wind, der von den Pinienhügeln hinunter in den Norden der Stadt wehte, trug den Duft des Herbstes mit sich. Ich hatte nicht viel geschlafen. Neuerdings hatte ich Gefallen an Steinbeck gefunden und las gerade noch einmal *Von Mäusen und Menschen*.

»Ted.«

»Ja.«

»Tom Wolverton.«

Dr. Wolverton war der neue Arzt am Krankenhaus. Unser Krankenhaus war klein, und ein Arzt konnte gleichzeitig Notdienst haben und die Patienten im Krankenhaus betreuen.

»Was ist los, Tom?«

»Könnten Sie vielleicht für ein paar Minuten herkommen?«

»Sicher.«

Er fuhr leise fort. »Ich habe gehört, daß Sie Jane O'Day besser kennen?«

»Ja, das ist richtig.«

»Nun, es wäre sehr nett, wenn Sie mit ihr sprechen könnten.«

Dr. Wolverton sah aus wie ein Schuljunge, der sich als Erwachsener ausgeben wollte. Der weiße Kittel sah nett aus, und auch die schwarze Hornbrille stand ihm gut. Er führte mich durch mehrere weißgekachelte Räume bis zu einem kleinen Zimmer, in dem Jane auf einer Liege lag. Eine Krankenschwester legte gerade noch Hand an einen Gipsverband, der Janes linken Arm umschloß. Jane hatte ein blaues Auge. Ihre Unterlippe war geschwollen und blutig. Sie sah noch älter aus als beim letzten Mal.

»Ich habe dich nicht gebeten zu kommen«, sagte sie.

»Ich habe ihn darum gebeten«, sagte Dr. Wolverton. »Vorfälle wie diese muß ich der Polizei melden.«

»Welche Vorfälle?« fragte sie schnippisch. »Ich bin die Treppe hinuntergefallen.«

»Ich denke, wir lassen sie besser allein, oder?« sagte Dr. Wolverton zu der Krankenschwester, die zustimmend nickte. Dann verließen sie zusammen den Raum, und ich zog einen Stuhl an die Liege. Die Türen zweier Glasschränke reflektierten das grelle weiße Neonlicht der Deckenlampe. Der Geruch der Medikamente erinnerte mich an meine Kindheit. Damals gab es einen Arzt namens Riley, der heute nicht mehr lebt. Als Junge durftest du nicht jammern, wenn du eine Spritze bekamst, sonst piekste er dich so kräftig, wie du es noch nie zuvor erlebt hattest. Die Mädchen durften jammern. Meine Schwestern gaben bühnenreife Vorstellungen, aber Jungs durften das nicht.

»Ich möchte nicht, daß du hier bist.«

»Ich möchte auch nicht hiersein«, sagte ich.

»Gut. Dann geh doch.«

»Er wird dich noch umbringen.«

»Du hast ja keine Ahnung, was du da sagst.«

»Wirklich nicht?« Die Leute in der Stadt erzählten, daß sie ihn immer noch liebte, sich nicht scheiden lassen wollte und auf keines seiner diesbezüglichen Angebote einging. Er war in seine neue Freundin verliebt. Er hatte ein Alkoholproblem und viele Schulden, die er nicht in den Griff bekam. Er hatte eine Frau, die er nicht liebte, und er wußte nicht, wie er sich sonst helfen sollte, also schlug er sie.

»Du bist doch nur sauer, weil ich dich damals in der Schule abserviert habe.«

»Wahrscheinlich hast du recht.«

»Er ist im Moment nur durcheinander, und er hat Angst. Sein Bruder drängt ihn dazu, die Firma zu verkaufen. Ich glaube, daß Bob meint, er schulde es der Stadt, hierzubleiben. Aber für uns wird schon alles wieder in Ordnung kommen. Ich weiß es.«

Ich wechselte das Thema. »Wie läuft es mit deinem Tierkäfig?« Es schien sie zu besänftigen, wenn wir darüber sprachen. »Im Moment habe ich nur einen Vogel. Ein Rotkehlchen. Ich habe nicht herausfinden können, was es hat. Es schien sterben zu wollen. Aber jetzt geht es ihm wieder besser. Vielleicht kann es in einigen Wochen wieder fliegen.«

Die Liege war hochgestellt worden, so daß sie den Rücken anlehnen konnte und eher saß als lag. Sie trug eine gelbe Bluse und eine Jeans. An einem Haken an der Wand hing ihr brauner Wildledermantel.

»Du mußt ihn verlassen.«

»Es tut mir leid, was ich gesagt habe – ich meine, daß ich dich damals abserviert habe. Ich war wirklich sehr verliebt in dich, Ted.«

»Er wird dich umbringen.«

»Es tut mir leid, daß ich dich verletzt habe.«

»Hör mir zu.«

In ihren Augen glitzerten die Tränen. Sie schaute weg und blick-te zu ihrem Mantel. »Ich kann einfach nicht aufhören, ihn zu lieben, Ted. Ich kann es nicht. Und ich kann ihn auch nicht ver-lassen.«

»Ich kenne das, Jane. Es läuft immer nach demselben Muster ab. Ich erlebe es jeden Tag. Er hört nicht auf zu trinken, und er nimmt keine Hilfe an, um den Teufelskreis aus Alkohol und Gewalt zu durchbrechen. Er ist zu stolz. So geht es immer wei-ter. Und es wird von Mal zu Mal schlimmer. Verstehst du das?«

Sie zog die Nase hoch, um die Tränen aufzuhalten, und sagte: »Manchmal frage ich mich, wie es wohl gewesen wäre, wenn ich dich geheiratet hätte.«

»Ich wäre dir zu langweilig gewesen, Jane. Wenn ich mich erin-nere, gab es dafür genügend Hinweise. Du wolltest, daß ich auf-regend bin, aber ich war es nicht und werde es auch nie sein. Und ich wollte, daß du genauso häuslich bist wie ich. Es wäre nicht gutgegangen.«

Sie schaute mich eine Zeitlang aufmerksam an. »Wärst du ver-letzt, wenn ich jetzt sage, daß du recht hast?«

Ich mußte lachen. »Nun, ich hätte wohl lieber gehört, daß ich mich geirrt habe und wir ein zauberhaftes Paar abgegeben hät-ten. Aber ich weiß es besser. Und du auch.«

»Wie wäre es mit einem kleinen Kuß?«

»Mit Vergnügen.«

»Aber ich muß dich warnen. Mein Atem riecht wahrscheinlich wie ein Katzenklo.«

»Das ist eine besonders romantische Vorstellung.«

Ich küßte sie sanft auf den Mund, und das war alles, was sie woll-te. Sie tat es aus Freundschaft und Angst, für mich war es der Abschied von einem Traum, den ich nun für immer begraben mußte. Es war so, als müßte ich etwas auf den Speicher räumen, um es nie wieder zu sehen. Und all das geschah in diesem kleinen, engen Notaufnahmeraum. Dieser keusche Kuß und die Ereignisse, die auf ihn folgten, befreiten mich schließlich nach so vielen Jahren von meinem langjährigen Traum.

»Wenn er dir das nächste Mal auch nur den kleinsten Schubs versetzt, dann rufst du mich an. Ist das klar?« ermahnte ich sie auf väterliche Art.

Sie nickte. Wieder traten Tränen in ihre Augen. »Es wird schon gutgehen, Ted. Wirklich.«

Aber es ging nicht gut. Am zweiten Mai des darauffolgenden Jahres meldete Ob O'Day seine Frau beim Polizeichef als vermißt. Er gab an, sie wäre seit vierundzwanzig Stunden verschwunden. Er sagte, er hätte die Befürchtung, sie könne etwas Dummes getan haben. Sie hätten sich gestritten und gegenseitig blöde, wütende Sachen an den Kopf geworfen. Er wäre mitten in der Nacht aufgestanden, und sie wäre weg gewesen. Er hätte alle Freunde und Verwandte angerufen, aber niemand hätte sie gesehen. Ihm käme es auch komisch vor, daß ihr roter BMW noch in der Garage stünde. Der Chief antwortete, er sei in einer Stunde bei ihm. Ich fragte, ob ich mitkommen könne, und er verneinte. »Ihr beide habt doch ein Problem, Ted. Ich denke nicht, daß sich das fördernd auf die Polizeiarbeit auswirkt.« Ich hätte gern erwidert, daß O'Day trotz seiner finanziellen Schwierigkeiten noch immer der reichste Mann der Stadt war und daß er ihn wohl deshalb nicht vor den Kopf stoßen wollte. Aber ich mochte den Chief und meinen Job sogar noch mehr.

Als der Chief wiederkehrte, sagte er, ihr Verschwinden sei wirklich merkwürdig. Ich erwiderte, daß sie nicht verschwunden, sondern von ihrem Mann Bob ermordet worden wäre. Er antwortete: »Mit deinem Gerede kannst du uns in große Schwierigkeiten bringen. Das ist das letzte Mal, daß ich so was höre, ist das klar?« Wie schon gesagt, ich mochte meinen Job und wußte, wann ich meinen Mund halten mußte. Aber ich hielt es im Büro nicht mehr aus und ging in der Innenstadt spazieren.

Seitdem eine Teilstrecke der neuen Autobahn an unserer Stadt vorbeiführte, hatten zwei neue Einkaufszentren eröffnet. Viele der Schaufenster in der Innenstadt waren schwarz verklebt, aber am traurigsten sah das geschlossene Kino aus. Wenn man sich hinstellte und lauschte, konnte man im Dunkeln immer noch das übermütige Gelächter der Kinder am Samstagnachmittag oder das Geflüster der Liebespaare am Freitagabend hören.

Ich ging zum letzten kleinen Laden, der hier noch offen war, zu Kronin's. Hier roch es so angenehm wie früher. Ich wollte einer jungen Frau hallo sagen, die vor kurzem aus Chicago zurückgekommen war. Sie hieß Teresa Conners. Als sie fortging, war sie ein süßes kleines Collegemädchen gewesen. Jetzt war sie eine geschiedene Frau, die eine Fehlgeburt hinter sich hatte. Ich war nicht gerade in sie verliebt, aber ich fühlte mich seltsam zu ihr hingezogen. Und ihr schien es ebenso zu gehen. Heute trug sie ein elegantes blaues Haarband, das süß und sexy zugleich aussah. Ich wollte, daß sie über meinen Verdacht lachte, aber als wir an der Kasse standen, erwiderte sie nur: »Du weißt, daß er sie umgebracht hat, Ted. Du weißt aber auch, daß sich dein Chef dem politischen Druck fügt. Du solltest dich da einmischen. Du hast keine andere Wahl.« Sie schwieg und fuhr dann fort: »Du hast sie geliebt, Ted. Du schuldest es ihr.«

Die zweistöckige Villa war aus rotem Stein, den Eingang säumten weiße Säulen im Kolonialstil. Die Garage hatte drei Stellplätze, und der große Garten ging in einen dichten Wald über. In der Luft lag der süße Duft von Pinien, und es wehte ein leichter, warmer Wind. In der Nähe des Waldes befand sich ein grüner Hochstand, der vor kurzem neu gestrichen worden war. Man konnte noch die Farbe riechen. In der Nähe des Hochstandes stand der Käfig für die verletzten Vögel, die Jane gesund gepflegt hatte. Der Käfig war vier Fuß hoch, drei Seiten waren aus dickem Sperrholz errichtet, die Vorderseite war aus Draht und hatte eine Tür. Ein Vogel, ein ziemlich großes Rotkehlchen, hatte den Käfig für sich ganz allein. Es schaute mich flüchtig an, dann hinkte es davon. Ich fragte mich, was ihm fehlte, und ob der kleine Fleck auf seiner hellroten Brust etwas damit zu tun hätte. Ich überlegte immer noch, als eine Stimme hinter mir sagte: »Der Chief hat mir gesagt, daß Sie mit dem Fall nichts zu tun hätten.«

Der Alkohol hatte ihm nicht gutgetan. Er tat immer noch großspurig, aber er sah längst nicht mehr so attraktiv aus. Er war blaß und wirkte aufgedunsen. Außerdem sah er wütend aus. Er war es nicht gewohnt, daß sich jemand auf seinem Grundstück herumtrieb. Es sei denn, dieser Jemand konnte ihm von Nutzen sein. Aber ich paßte eindeutig nicht in diese Kategorie. Er trug ein blaues Hemd mit Button-Down-Kragen, das er über der Jeans trug, um seinen zunehmenden Bauchumfang zu verstecken. Dazu trug er Moccasins. An seinem behaarten Handgelenk war eine Rolex zu erkennen.

»Ich dachte mir, ich schau' mich mal um.«

»Sie haben nicht das Recht, sich hier umzuschauen.«

Ich sah ihn an und lächelte. »Man sollte doch meinen, daß ein Mann, der seine Frau vermißt, jede erdenkliche Hilfe in Anspruch nimmt. Es sei denn, er hätte etwas zu verbergen.«

»Ich tue ja gar nicht so, als würde ich diese Schlampe vermissen. Schließlich ist sie einfach abgehauen und hat unsere drei Kinder allein gelassen.«

»Nennen Sie sie nicht noch mal Schlampe, ja?« Wir starrten uns gegenseitig an wie zwei Kampfhähne. Er war größer als ich, aber nicht so kräftig. Sicherlich konnte er mir im Handumdrehen meinen Job wegnehmen, aber vorher hätte ich es ihm noch einmal so richtig gezeigt. Im Moment tat es schon gut, sich diesem Gefühl mit Mühe zu widersetzen.

Plötzlich lächelte er: »Immer noch scharf auf sie, was?«

»Mag sein.«

»Na ja, aber eine Frau, die abhaut und ihre Kinder im Stich läßt ...«

»Hören Sie auf damit, O'Day. Sie haben sie umgebracht. Ich

weiß es, Sie wissen es, und der Chief weiß es auch. Die Sache ist die, daß ich der einzige sein werde, der etwas unternimmt.«

Ich ging zum Vogelkäfig. Wenn sich mein Verdacht bestätigte, wußte ich bereits, wie er es gemacht hatte. Mir war nur noch nicht klar, wohin er die Leiche gebracht hatte.

Er holte ein Funktelefon aus seiner Hosentasche, gab unwillig ein paar Zahlen ein und sagte dann: »Chief. Hier ist Bob O'Day. Ihr Assistent ist hier, ohne Vollmacht und ohne meine Erlaubnis. Er hat mich gerade beschuldigt, Jane ermordet zu haben.« Treffer. Dann gab er mir das Telefon. »Ihr Chef will Sie sprechen.«

Sie können sich schon vorstellen, was er mir zu sagen hatte. Er fing schon an mit: »Beweg deinen Arsch sofort hierher. Ich habe dir nicht gesagt, daß du da hingehen sollst, ich will auch nicht, daß du dort bist. Du hast dich in diese Angelegenheit nicht einzumischen, das weißt du genau.«

Ich gab O'Day das Telefon zurück. »Wenn ich Sie hier noch einmal sehe, dann bringe ich Sie um. Verstanden?«

Ich ging zum Vogelkäfig und fragte: »Wie lange ist das Rotkehlchen schon hier drin?«

»Woher, zum Teufel, soll ich das denn wissen. Schätzungsweise ein paar Tage. Und jetzt verschwinden Sie von meinem Grundstück, verdammt noch mal.«

Was ich verdammt noch mal auch tat.

Am selben Abend kam ich gegen elf wieder. Ich ging durch den Wald und näherte mich dem Grundstück von hinten. Die Äste schlugen mir ins Gesicht, dornige Pflanzen zerkratzten mir Arme und Beine. Immer wieder trat ich in kleine Löcher und stolperte durch die Gegend wie in einem schlechten Schauspiel. Das fahle Licht des Mondes, das durch die Zweige mit den zart knospenden Blättern fiel, warf goldene Muster auf den schlammigen Weg vor mir. Das Laub roch feucht und moderig vom Schnee des Winters und dem Frühlingsregen. Ich hätte mich gern als Naturburschen gesehen, aber eigentlich war der Wald bei Nacht eine mir unbekannte Welt. Aus dem dunklen Gebüsch leuchteten mir geheimnisvolle Augen entgegen, und die Schreie der Tiere waren abwechselnd klagend oder wütend. In der Natur zu sein bedeutete für mich, an einem sonnigen Tag am Fluß zu angeln, in der Hand die Pepsi und im Walkman die Musik von Garth Brooks. Das hier war eine fremde Welt.

Die Villa war dunkel, nur im Erdgeschoß brannte eine einsame Lampe. Der Rasen war feucht vom Tau, so daß meine Schuhe naß wurden. Ich hatte Bewegungsmelder erwartet, aber ich befand mich offensichtlich außer ihrer Reichweite. Ein Haus, das so groß war, daß es eher wie ein öffentliches Gebäude als ein Wohnhaus aussah, wirkte hier draußen fehl am Platz. So etwas sah man eher an der Ost- oder Westküste.

Das Rotkehlchen machte mir keine Schwierigkeiten. Ich tat genau das, was mir meine Freundin Lisa vom gerichtsmedizinischen Labor gesagt hatte. Ich schnitt dem Vogel das Stück seines Brustgefieders ab, auf dem sich der Fleck befand, und steckte es in einen Briefumschlag. Ich ging sehr gewissenhaft vor, denn ich vergaß vollkommen, daß mich O'Day hier draußen sehen konnte. Nun, er hatte mich nicht nur gesehen, er hatte auch beschlossen, etwas zu unternehmen. Er kam mit einem Jagdgewehr in der Hand herausgerannt und zielte auf mich. Er trug ein Fußballtrikot und Jeans, aber keine Schuhe.

»Ich habe den Chief schon angerufen«, sagte er. »Also bleiben Sie, wo Sie sind.«

Inzwischen hatte ich das Rotkehlchen wieder in den Käfig gesetzt und die Tür verschlossen. Der Briefumschlag befand sich in der Tasche meiner Windjacke. Bevor ich irgend etwas erwidern konnte, erschien eine kleine Gestalt in Pyjamas an der Tür zum Garten. Sie rieb sich müde die Augen. Dann kam sie über das feuchte Gras zu uns gelaufen.

Zuerst sah O'Day so aus, als wüßte er nicht, was er machen solle. War es besser, die Waffe weiter auf mich zu richten, oder sollte er sich lieber bücken, um seine jüngste Tochter, Tandy, hochzuheben. Er schob das Gewehr unter einen Arm und hielt es damit fest, mit dem anderen Arm hob er sie hoch. Ich war regelrecht schockiert, als ich sah, mit welcher Zärtlichkeit er das tat. Mittlerweile weinte sie ziemlich heftig, und unter vielen Schluchzern, wie nur kleine Mädchen sie hervorbringen können, sagte sie: »Ich habe dich gesucht, aber du warst nicht in deinem Bett, Daddy.«

»Ich bin ja hier, Süße. Es ist alles in Ordnung.«

»Niki und Michelle haben auch Angst.«

»Ich bin sofort wieder bei euch, Liebling.« Er küßte ihre Tränen vom Gesicht und fuhr fort: »Jetzt bist du ein braves Mädchen und gehst wieder hinein.«

Aber sie ging nicht wieder ins Haus. Sie klammerte sich verzweifelt an ihren Vater und verbarg ihr Gesicht in seinem Nakken. Er ging so sanft mit ihr um, als hätte er Angst, sie überhaupt anzufassen. Ich hätte gern geglaubt, daß er das nur zur Show machte, damit ich den Eindruck bekam, er sei ein guter Vater. Aber dann fiel mir ein, daß Jane erzählt hatte, die Kinder hätten nichts von seinen Schlägen und seiner Gewalttätigkeit mitbekommen, und daß sie ihn liebten.

Natürlich wollen wir alle, daß der Schurke unseren Erwartungen entspricht und durch und durch ein schlechter Mensch ist. Er soll sich unserem Bild entsprechend verhalten und nicht anders als erwartet. Es störte mich, daß er in diesem Augenblick ein vorbildlicher Vater war. Er war ein Killer. Er hatte kein Recht, sich so zu verhalten.

Plötzlich war der Chief da. Er hatte die Scheinwerfer seines Autos angelassen. Sie strahlten über das Gras bis zum Hochstand. Tandy war an der Schulter ihres Vaters eingeschlafen.

»Sie haben hier draußen nichts zu suchen, Ted.«

»Das hat mir O'Day auch gerade gesagt«, sagte ich und gab mir wenig Mühe, nicht sarkastisch zu klingen.

»Es tut mir leid, Bob.«

O'Day sah mich an, als er sprach: »Ich möchte, daß er gefeuert wird, Chief. Haben wir uns verstanden?«

»Aber Bob . . .«, fing der Chief an.

»Werfen Sie ihn raus, verstanden?«

Tandy war wieder aufgewacht und murmelte beunruhigt etwas vor sich hin. »Die junge Lady hier muß ins Bett«, sagte O'Day und hielt sie fest an sich gedrückt, so daß sie nicht fallen konnte. »Und Sie haben Ihre Arbeit zu erledigen, Chief.« Er schaute mich noch einmal kurz an, dann ging er ins Haus zurück.

Ich wollte etwas sagen, aber der Chief fiel mir ins Wort: »Halt's Maul, du dummer Idiot.«

Dann sagte er: »Wir treffen uns in zehn Minuten im Hawkeye.« Und dann ging auch er.

Früher einmal war das Hawkeye eine Arbeiterkneipe gewesen. Auf den Tresen hatten die Henkelmänner im trüben Licht geschimmert, und die meisten der Männer hatten Stahlkappen an ihren Arbeitsschuhen. Sie gehörten der Arbeiterklasse an, deren Ursprung auf die Zeit des Eisenbahnbaus zurückging. Aber jetzt gab es all das nicht mehr. Die Firma von O'Day hatte eine Cafeteria für ihre Angestellten, und die beliebteste Schuhmarke schien Reebok zu sein. Hatte jemand Schwierigkeiten im Job, dann ging er zum firmeninternen Psychiater. Und Hawkeye war nicht mehr die Arbeiterkneipe von früher. Hier wurde jetzt Sport geschaut, im Hof gab es eine Satellitenschüssel und drinnen zwei riesige Fernsehapparate. Die Kellnerinnen, von denen die Mehrzahl nach Chicago gefahren war, um sich billige Brustimplantate fertigen zu lassen, trugen fesche Miniröcke und Sweatshirts in den Farben der Universität von Iowa, schwarz und gold.

Eine Kellnerin hatte uns gerade unser Bud gebracht und war gegangen, da beugte der Chief sich zu mir hinüber und sagte: »Laß es sein, Ted.«

»Er hat sie umgebracht.«

»Du kannst es nicht beweisen. Wie ich schon sagte, laß es sein.«

»Sie wissen, daß er sie umgebracht hat, Chief.«

»Was ich vermute und was ich weiß, sind zwei verschiedene Dinge. Ich habe keine Beweise und du auch nicht.«

Ich erzählte ihm nichts von dem Flecken auf der Brust des Rotkehlchens.

Er lehnte sich zurück und sagte: »Schau dich doch mal um.«

»Was soll ich mir anschauen?«

»Die Leute.«

Ich schaute mich um und sah für eine Kleinstadt in Iowa die verschiedensten Gesichter und Hautfarben: weiß, schwarz, braun, gelb. Und sie alle saßen friedlich zusammen in diesem Lokal und tranken miteinander.

»Uns geht es ziemlich gut in dieser Stadt.«

»Ich weiß.«

Wir hatten es hier wirklich gut. Im Durchschnitt passierte nur alle sechs Jahre ein Mord, Diebstähle kamen selten vor, und obwohl die Schüler der Highschool permanent neue Drogen ausprobierten, hatten wir auch damit bisher keine größeren Probleme gehabt.

»Wenn wir Bob O'Day festnehmen«, sagte der Chief, »dann wird sich hier alles ändern.«

»Wovon reden Sie?«

»Ich spreche davon, daß die Fabrik von O'Day sofort nach Süden abwandert, wenn sein Bruder sie übernimmt. Dann fallen eine Menge Arbeitsplätze weg. Und alle wissen das.«

»Also verhaften wir ihn nicht?«

Er seufzte: »Du weißt doch sicherlich, was mit dem kleineren Übel gemeint ist, oder?«

»Ich weiß, aber ich halte nichts davon.«

»Viele Familien würden kaputtgehen, Ted.«

Mir fiel mein Krach mit O'Day wieder ein. »Na, ich brauche mir ja wohl ohnehin keine weiteren Gedanken mehr zu machen, denn ich bin ja nicht mehr bei der Polizei beschäftigt.«

Er machte eine wegwerfende Handbewegung. In diesem Moment wurde es in der Bar lebhaft, denn beim Hockey war ein Tor gefallen. »Ach, verdammt. Der droht den Leuten doch nur. Ich werde mit ihm reden.« Er schaute mich besorgt an. »Aber du wirst über das nachdenken, was ich dir gesagt habe, ja?«

»Darüber, daß wir ihn laufenlassen?«

»Das habe ich nie gesagt.«

»Aber Sie haben es so gemeint.«

»Habe ich das?«

Ich hatte mich gefragt, warum er so milde mit O'Day umging, und jetzt wußte ich es. Er war das kleinere Übel. Wenn man für das Gesetz arbeitete und sich für die Einhaltung von Recht und Ordnung einsetzte, dann war es schlimm, so zu denken.

»Morgen soll es schön werden. Warum machst du nicht mal eine Fahrt durch die Stadt? Erinnere dich daran, wie es war, hier aufzuwachsen, und halte dir vor Augen, was mit anderen Städten in der Umgebung passierte, als die großen Industrien fortzogen.«

Er schob sich aus der Nische, in der wir saßen. Es kostete ihn einige Mühe, denn sein Bauch war ziemlich dick geworden.

»Ich weiß, daß du mich jetzt mit anderen Augen siehst, Ted. Ich denke, du hattest zumindest etwas Respekt vor mir, und der ist jetzt weg, stimmt's?«

Ich erwiderte nichts, sondern starrte auf mein Bier.

»Wir sollten uns nicht um O'Day Gedanken machen, Ted. Es geht hier um die ganze Stadt. Die Leute, die hier leben, Ted. Um viele Menschenleben.« Er ging.

Ich bin am nächsten Tag nicht umhergefahren und auch am darauffolgenden Tag nicht. In der Wohnwagenkolonie am Stadtrand hatte es eine Schießerei gegeben, und ich war mit der Untersuchung betraut worden. Es handelte sich um eine Art Dreiecksgeschichte, ein Mann, seine Frau und deren Liebhaber. Die Sache wurde noch komplizierter, weil keiner von ihnen reden wollte. Der Ehemann hatte eine Kugel in die Schulter bekommen und mußte eine Nacht im Krankenhaus verbringen.

Aber er wollte nichts sagen, und wir konnten nichts unternehmen. Sehen Sie, der Liebhaber der Frau war auch noch der Bruder des Ehemannes. In der Stadt waren solche Geschichten sehr beliebt, auch wenn sie in der Wohnwagenkolonie passierten, die außerhalb der Stadtgrenze lag.

Drei Tage später kam der Sommer. So war das in Iowa. Man ging abends zu Bett, draußen nieselte es, und das Thermometer zeigte fünf Grad. Morgens stand man auf, und wenn man die Vorhänge aufzog, blendete einen die Sonne. Die Vögel zwitscherten, ihr köstlicher Gesang erfüllte Ohr und Seele. Es waren über zwanzig Grad. Die Jungs, die gern den Mädchen nachschauten, kamen jetzt auf ihre Kosten, denn die Straßen waren voll von Mädchen, die gerade so viel am Körper trugen, daß es keinen Anstoß erregte.

Drei Tage später rief meine Freundin Lisa mich aus dem Labor an. Ich erfuhr, was ich hören wollte, und ging mit dieser Neuigkeit sofort zum Chief.

»Ted, daß ich dich jetzt richtig verstehe.«

»Verstehen Sie, was Sie wollen.«

»Du hast ein Stück aus der Brust eines Rotkehlchens geschnitten?«

»Richtig.«

»Dann hast du es ins Labor geschickt.«

»Richtig.«

»Und die haben bestätigt, daß der Fleck ein Blutfleck war.«

»Richtig.«

»Und du bist sicher, daß es sich dabei um Jane O'Days Blut handelt.«

»Das bin ich.«

»Weshalb bist du dir so sicher?«

»Es ist ihre Blutgruppe.«

»Blutgruppe A sagtest du.«

»Richtig.«

»Die kommt aber häufiger vor.«

»Er ist von hinten an sie herangetreten und hat sie mit irgend-einem Gegenstand niedergeschlagen. Dabei spritzte Blut auf das Gefieder des Vogels.«

»Und wo ist die Leiche jetzt?«

»Da, wo er sie begraben hat.«

»Das wird den Bezirksstaatsanwalt nicht überzeugen.«

»Aber es wird ihn überzeugen, wenn sie nach dreißig Tagen im-mer noch vermißt ist. Dann wird es nämlich keine andere Erklä-rung geben, als daß sie ermordet wurde. Und dann gibt es nur eine Person, die als Mörder in Frage kommt. Bob O'Day.«

»Hast du die Fahrt gemacht?«

»Welche Fahrt?«

»Bist du durch die Stadt gefahren und hast dir angeguckt, wie schön der Ort ist, in dem wir leben? Bei uns haben fast alle Arbeit. Gut bezahlte Arbeit.«

»Was Sie sagen, beeindruckt mich nicht, Chief. Er hat sie umge-bracht, und ich will, daß er dafür bestraft wird.«

»Und dann die Kinder.«

»Welche Kinder?«

»Seine Kinder. Ihre Kinder. Meinst du, sie hätte gewollt, daß der Vater ihrer Kinder im Gefängnis landet?«

»Dort gehört er aber hin.«

»Das mag sein. Aber sicherlich ist es für die Kinder nicht gut, wenn er die nächsten zehn Jahre in Fort Madison sitzt. Also tu mir jetzt den Gefallen, und mach dich auf den Weg.«

»Ich sage Ihnen, das wird bei mir nichts nützen. Selbst wenn Sie ihn laufenlassen, wird er sich zu Tode saufen, und sein Bruder muß die Firma übernehmen. Dann sind die Arbeitsplätze auch weg.«

»Jetzt nimmst du dir frei und fährst durch die Stadt. Das ist ein Befehl.«

»Er ist schuldig.«

»Um Himmels willen, fahr endlich, und hör auf, mich zu be-quatschen.«

Unsere Stadt ist gewissermaßen erst durch den Bürgerkrieg entstanden. Vorher war sie mehr oder weniger nur Postkutschenstation. Da jedoch der Mississippi nicht weit entfernt war, meinte der Gouverneur, es sei hilfreich, ein kleines Krankenhaus für die Verwundeten zu bauen. Sobald es den Soldaten besserging, konnte man sie mit der Postkutsche in ihre Heimatstädte transportieren. So fing es an.

Einige Jahre später stellten Händler fest, daß es keine zentrale Ein- und Verkaufsmöglichkeit für die Bauern des Umlandes gab. Also ließen sie sich hinter dem Krankenhaus nieder. Und plötzlich war unsere Stadt entstanden. Es gibt immer noch Stellen im Ort, da stehen entlang der Bürgersteige die Pfosten für die Pferde. Auch die tief eingelassenen Gleise der ersten elektrischen Straßenbahn sind noch zu erkennen. Die alte Scheune, in der einmal ein Schmied seiner Arbeit nachging, steht noch, ebenso wie die Kneipe, in der John Dillinger durch die Gegend ballerte, weil er meinte, er werde beim Poker betrogen.

Das ist die Stadt von damals. In der Stadt von heute findet man große Familienkutschen und eine neue Highschool, das Krankenhaus ist erweitert worden, und es gibt ein Einkaufszentrum, in dem sieben Tage in der Woche Hochbetrieb herrscht, eine Stadtbücherei und einen Flughafen, der nächstes Jahr vergrößert werden soll.

Und nun hatte der Chief mir die ganze Verantwortung für all das zugeschoben. Aber leider hatte er nicht übertrieben. Wenn O'Day mit seiner Fabrik abwandern würde, käme es kurze Zeit später zum Aufruhr. Die Handelskammer würde tapfer dafür kämpfen, daß man O'Day durch eine neue Firma ersetzte. Aber damals hatten verschiedene wirtschaftliche Voraussetzungen die Niederlassung seiner Firma begünstigt, und diese Umstände waren heute nicht mehr gegeben. Es bestünde vielleicht die Möglichkeit, ein oder zwei Produktionsbetriebe dadurch anzulocken, daß wir ihnen Steuervergünstigungen anbieten und ihnen einige Parzellen Land schenken würden, aber O'Day konnte dadurch nie und nimmer ersetzt werden.

Ich fuhr los. Ich wußte, worüber ich nachdenken sollte, und ich tat es auch. So betrachtete ich also die netten Mittelstandshäuser mit den gepflegten Vorgärten und schaute in die lachenden Gesichter der Kinder im Sonnenschein. Ich wußte, daß sich das alles ändern würde, wenn O'Day wegzog. Es war auch schon anderen Städten mit nur einem großen Industrieunternehmen so ergangen. Man konnte darüber meckern, daß es viel zu unsicher sei, wenn eine Stadt nur von einem einzigen Arbeitgeber und seinem Unternehmen abhing. Aber in diesem Dilemma befinden sich heutzutage immer mehr Kleinstädte, weil die großen Familien in den Süden abwandern oder ganz das Land verlassen.

Gegen Abend hielt ich an einer Kneipe und trank ein Bier. Ich hatte frei und mußte den Staub in meiner Kehle hinunterspülen. Meine Rundfahrt hatte schließlich in den Felsen oberhalb des Flusses geendet, wo Jane und ich in unseren Highschooltagen auf staubigen Wegen spazierengegangen waren.

Ich hatte mein Glas zur Hälfte getrunken, da setzte sich der Chief neben mich. Er hatte jetzt auch Feierabend. Er hätte jedem einen Tritt in den Hintern verpaßt, der ihn während des Dienstes beim Trinken erwischt hätte. Seine Ansicht über Trinken und Autofahren, auch wenn man frei hatte, war mindestens genauso rigoros. Zwei Bier oder ein Drink, mehr nicht.

»Hast du dir die Stadt angeschaut?«

»Ja.«

»Und?«

Ich beugte mich zu ihm hinüber. »Er hat sie umgebracht.«

»Erzähle mir was Neues.«

»Ich möchte nur, daß Sie es einmal sagen.«

»Welchen Unterschied macht das schon?«

Der Barmann brachte das Budweiser und ein Glas für den Chief. Als er wieder gegangen war, sagte ich: »Sagen Sie es?«

»Du bist wie ein kleines Kind, weißt du das?«

Ich sah ihn nur an.

»Du Scheißkerl«, sagte er.

Ich schaute ihn weiter an.

Er seufzte. »In Ordnung, du Nervensäge, er hat sie umgebracht. Aber das hat uns jetzt auch nicht weitergeholfen, oder?«

»Mir schon. Ich wollte mich nur davon überzeugen, daß Sie nicht ständig alles so rational sehen.«

Er schüttelte den Kopf. »Ich habe darüber nachgedacht, was du gesagt hast. Auch wenn Bob hierbleibt, könnte sein Bruder die Firma übernehmen, falls Bob weiterhin trinkt. Wenn er erst einmal im Entzug ist, hat Bruder Bill ganz offiziell das Recht, ihm die Firma wegzunehmen. Egal, wie wir es auch drehen, wir sind immer die Dummen. Eine Menge Leute werden in Kürze ihren Job verlieren.«

»Vielleicht nicht.«

»Ach?« sagte er skeptisch. »Hast du eine Idee oder was?«

»Ich nicht, aber Jane.«

»Jane?« fragte er. Dann sah er mich merkwürdig an. Ich kannte diesen Blick. Genauso hatte er mich angesehen, als er mich mit einem Buch erwischte, das von Leuten berichtete, die nur knapp dem Tod entronnen waren.

»Ja. Ich habe heute ihr Grab besucht und mit ihr gesprochen.«

Ich hatte erwartet, daß er lachen würde, aber statt dessen sagte er: »Ja, das mache ich auch. Ich meine, ich gehe auch zum Grab meiner Frau und rede mit ihr.« Er schaute von seinem Drink auf. »Also, was hat Jane zu dir gesagt?«

Ich schüttelte den Kopf. »Ich werde Ihnen bald mehr darüber sagen können.«

Er hob sein Bierglas, und dann stießen wir an.

»Viel Glück.«

»Ja«, sagte ich. »Das kann ich sicherlich brauchen.«

Ich rief Bob vom Auto aus an. Er war nicht sehr glücklich, von mir zu hören.

»Ich habe dem Chief gesagt, daß Sie Ihren Job behalten können, solange Sie mich nicht mehr belästigen.«

»Das war verdammt nett von Ihnen.«

»Ihr Anruf ist aber eine Belästigung.«

»Ist Ihr Hausmädchen da?«

»Unser Hausmädchen? Was, zum Teufel, wollen Sie von ihr?«

»Ist sie da?«

»Ja, sie ist hier. Ich lege auf.«

»Ich bin in zehn Minuten bei Ihnen und hole Sie ab.«

»Sobald Sie hier sind, sind Sie Ihren Job los.«

»Wenn Sie nicht draußen warten, komme ich ins Haus und hole Sie.«

Er legte nicht auf. Aber ich tat es.

Als ich zur Villa kam, brannte überall Licht. Ich mußte daran denken, wie Klein Jane immer in ihrem eigenen Haus gewirkt hatte. Sie war gefangen in dieser furchtbaren Ehe, und mit den Jahren schien sie regelrecht zu schrumpfen. Unbegreiflicherweise hatte sie trotzdem immer zu ihm gehalten. Wie ein Kind hatte sie sich an ihn geklammert. Wohl zum hundertsten Mal seit den letzten Tagen hätte ich ihn am liebsten umgebracht. Ich konnte mir gut vorstellen, mit welchem Vergnügen ich meine Hände um seine Kehle legen würde und seine Luftröhre mit den Daumen zudrückte, während er nach Luft schnappte.

Dann kam er und stand auf der Veranda. Er trug eine dunkle Jacke und Jeans. In seiner rechten Hand hielt er eine Pistole. Er stieg die Treppe hinab und kam zu meinem Auto. Ich kurbelte das Fenster hinunter, und er streckte mir die Pistole entgegen. »Ich konnte den Chief nicht erreichen. Aber er soll mich zurückrufen. In der Zwischenzeit geben Sie mir Ihre Waffe und Ihre Dienstmarke.«

»Seien Sie kein Blödmann, O'Day.«

»Sie meinen wohl, ich hätte Angst, Sie zu erschießen.«

»Sie haben ja auch nicht gezögert, Jane umzubringen. Dann werden Sie kaum davor zurückschrecken, mich zu erschießen.«

»Steigen Sie aus.«

»Sie müssen mich schon hier drin erschießen.«

»Steigen Sie aus. Sofort.«

»Ich bewege mich nicht von der Stelle, O'Day.«

Er hielt die Pistole auf mich gerichtet. »Ich zähle bis fünf.«

»Wohl mal wieder zuviel Krimis geschaut, was?«

»Vier.«

Das Hausmädchen erschien auf der Verandatreppe und unterbrach damit das dramatische Schauspiel. Sie konnte von oben seine Pistole nicht sehen, weil sein Körper sie verdeckte.

»Der Chief ist am Telefon. Er möchte Sie sprechen, Mr. O'Day.«

»Danke, Brenda. Sagen Sie ihm, daß ich gleich komme.«

Sie nickte, drehte sich um und ging zurück ins Haus.

»Sie haben Glück. Jetzt kümmert sich der Chief persönlich um Sie.«

Ich sagte nichts.

»Verlassen Sie sofort mein Grundstück. Haben Sie mich verstanden?«

Ich starrte weiter geradeaus.

»Hast du mich verstanden, du Scheißkerl?« Als er die Worte ins Wageninnere brüllte, schlug mir seine Whiskyfahne entgegen.

Ich starrte weiter geradeaus, ohne ein Wort zu sagen.

Aber der Chief wartete am Telefon, also ging er ins Haus. Er beschimpfte mich noch einmal, dann drehte er sich um und ging zur Treppe.

Es mußte schnell gehen. Ich sprang aus dem Auto, zog die Pistole und schoß.

Ich hatte ihn getroffen. Direkt unter dem Knie. Vor lauter Schreck vergaß er, daß er selbst eine Waffe hatte. Sie flog auf die Steinplatten.

Er kniete auf seinem gesunden Bein, legte beide Hände auf die Wunde und schickte die wildesten Flüche gen Himmel.

Ich rannte um den Wagen herum und packte ihn. Dabei ging ich nicht gerade sanft mit ihm um. Ich zerrte ihn zum Kofferraum.

Ich war so wütend, daß er mir trotz seiner hundert Kilo Körpergewicht leichter vorkam als erwartet. Wieder fing er an zu schreien, aber ich zog ihm mit dem Pistolenknauf kräftig eins über, und er verstummte. Er war bewußtlos. Sein Kopf schlug auf den Wagenheber, als ich ihn in den Kofferraum hievte. Es roch darin nach Reifengummi und Benzin.

Ich schloß den Kofferraum und fuhr los. In meinem Rückspiegel konnte ich das Hausmädchen sehen, das gerade wieder aufgetaucht war.

Als wir die Stadt verlassen hatten, befreite ich ihn aus dem Kofferraum und schleppte ihn zum Beifahrersitz.

Die Fischerhütte gehörte meinem Onkel. Sie lag einsam am felsigen Ufer eines Armes des Cedar River. Grillen, Kojoten und Schleiereulen übten in der Abenddämmerung für ihr Konzert, das beginnen würde, sobald der Mond im Zenit stand. Noch waren am rotgoldenen Himmel nur vereinzelte Sterne zu sehen.

O'Day ging es nicht gut. Er bedachte mich mit allen Schimpfwörtern, die er kannte. Inzwischen gab er kaum mehr Verständliches von sich und ächzte und stöhnte nur noch. Er hatte die Hände wieder um sein verwundetes Knie gelegt und hielt es fest.

»Schauen Sie mal, wieviel Blut ich verliere«, sagte er hysterisch.

»Ja, und ich hab's schon überall im Auto.«

»Sie werden dafür ins Gefängnis kommen.«

»Das werden wir noch sehen.«

Als wir bei der dunklen, verriegelten Hütte anhielten, konnte ich im Scheinwerferlicht einen kräftigen, muskulösen Hirsch erkennen, der blitzschnell an uns vorbeischoß. Die Fenster waren schmutzig und voller Spinnweben. Die Hütte war seit langem nicht mehr bewohnt. Stromaufwärts hatte ein neuer Damm das Gewässer, das früher reich an Fischen gewesen war, umgeleitet. Da die Hütte weder über Strom noch sanitäre Anlagen verfügte, wurde sie nur noch selten benutzt.

Ich brachte ihn hinein und band ihn auf einem Stuhl fest. Dann ging ich zum Auto und holte eine Laterne aus dem Kofferraum. Ich wischte den Staub vom Küchentisch und stellte die Laterne und einen Kassettenrekorder darauf. Auf einem Stuhl in der Ecke hockte eine große fette Ratte und beobachtete uns.

»Warum schießen Sie das Mistvieh nicht über den Haufen?« fragte O'Day.

»Es tut doch niemandem was.«

»Das ist eine Ratte.«

Ich lächelte ihn an. »Das sind Sie auch.«

In der Hütte gab es nur diesen einen Raum. Über einem Tisch, der zum Kochen diente, hingen zwei Küchenschränke. Die Tür des einen Schranks hing nur noch an einer Angel. Auf die Schranktür stand mit Farbe ein Schimpfwort gesprüht. In der Hütte stank es nach Moder und Schimmel und zahlreichen Exkrementen. Der Staub war schrecklich. Beide mußten wir ständig niesen.

»Ich muß ins Krankenhaus.«

»Ja, das stimmt.«

»Dann sollten Sie mich da auch verdammt noch mal hinbringen.«

»Das werde ich auch«, sagte ich. »Sobald Sie mir gesagt haben, was ich wissen will.«

»Sie werden im Gefängnis landen. Das wissen Sie doch, oder?«

»Im Moment schert mich das einen Scheißdreck. Ehrlich, O'Day. Sie sollten das besser nicht vergessen.«

»Ich verliere ununterbrochen Blut.« Seine Stimme klang wieder leicht hysterisch.

Ich schaltete den Kassettenrekorder ein. Das Licht der Laterne warf rote und gelbe Streifen auf sein Gesicht. Plötzlich konnte ich den salzigen Geruch seines Schweißes und den durchdringenden Blutgeruch wahrnehmen.

Ich begann das Verhör, indem ich zunächst die üblichen Angaben zu meiner Person machte und dann Datum, Zeit, Ort und Namen der zu verhörenden Person nannte.

»Das ist alles Scheiße hier«, sagte er. Er beugte sich nach vorn zum Rekorder und rief: »Ich bin von diesem Mann ins Bein geschossen worden, und jetzt hat er mich an einen Stuhl gefesselt! Er will mich dazu zwingen, daß ich ein falsches Geständnis ablege! Ich möchte, daß Sie das richtig verstehen! Ich soll gezwungen werden, ein Geständnis abzulegen!«

Er sackte erschöpft auf seinem Stuhl zusammen und sagte kein Wort mehr. Im flackernden Licht der Laterne glänzte sein schweißnasses Gesicht.

Ich griff in meine Jackentasche und holte den Laborbericht heraus. Ich hielt ihm den Bericht hin. »Das stammt aus dem Labor. Ich habe von dem Rotkehlchen, das Jane in ihrem Käfig hielt, ein wenig Gefieder abgeschnitten und es zur Untersuchung geschickt. Blutgruppe A. Das ist die von Jane.«

Abwechselnd jammerte er vor Schmerz und sah dann wieder zur Tür, hinter der die Freiheit lag. Er schien die Bedeutung dessen, was er gehört hatte, nicht zu begreifen.

»Meiner Meinung nach sind Sie von hinten an sie herangetreten und haben sie mit einem schweren Gegenstand niedergeschlagen. Der Hieb muß so kräftig gewesen sein, daß das Blut bis in den Käfig und auf den Vogel spritzte. Ich hatte übrigens Glück. Die Leute vom Labor sagten, daß das Blut zwar getrocknet, aber nicht geronnen war. Für den Fall hätten sie keine DNA-Proben entnehmen können. Interessant, was?«

»Das können Sie nicht machen«, sagte er und umklammerte sein Bein.

»Ich kann es nicht?«

»Sie haben mir weder meine Rechte verlesen, noch ist mein Rechtsanwalt anwesend.«

»Wir führen doch nur eine nette kleine Unterhaltung.«

»Mir ist schon ganz schwindelig. Sie müssen mich ins Krankenhaus bringen.«

»Ist es so in etwa passiert?« fragte ich. »So, wie ich es eben beschrieben habe?«

»Ich weiß nicht, wovon Sie reden.«

»Das wissen Sie ganz genau. Sie haben ihr von hinten eins über-gehauen.«

Jetzt fing er an zu schreien. Ich hätte auch geschrien, wenn man mir gegen mein verwundetes Bein tritt.

»Sie können es mir leicht- oder schwermachen, O'Day. Und glauben Sie mir, ich hoffe, daß Sie es mir nicht leichtmachen, denn dann habe ich meinen Spaß.«

Ich trat ihn noch einmal. Dieses Mal legte er seinen Kopf auf den Tisch wie ein Kind und fing leise an zu weinen.

Unter Tränen sagte er: »So geht das nicht. Das Gericht wird ein erzwungenes Geständnis nicht anerkennen. Selbst wenn ich zu-geben würde, sie ermordet zu haben.«

»Stimmt«, sagte ich, »wenn Sie mir nur sagen würden, daß Sie Jane ermordet haben. Aber Sie werden mir noch mehr erzählen, und das kann nur der echte Mörder wissen.«

»Wovon reden Sie, verdammt?«

»Sie werden mir jetzt sagen, was Sie mit ihrer Leiche gemacht haben.«

Es dauerte noch eine Stunde. Ich mußte ihn mehrmals treten, einmal fiel er vom Stuhl, und ich trat ihm ziemlich kräftig auf die Hand. Aber es waren nicht die Schmerzen, die ihn schließlich nachgeben ließen, es war der hohe Blutverlust. Ich hatte auch Angst, denn wenn es so weiterging, starb er, und damit wäre nie-mandem geholfen.

Schließlich sagte er: »Es war ein Unfall.«

»In Ordnung.«

»Wirklich, es war ein Unfall.«

»Dann erzählen Sie mir davon.«

»Wir hatten ein Vogelbad abgerissen, und ich hatte ein paar Backsteine in der Hand. Jane war streitlustig und provozierte mich. Ich warf die Steine hin und schleuderte einen in ihre Rich-tung. Ich wollte sie nicht treffen. Der Stein traf sie am Hinterkopf. Das Blut spritzte in alle Richtungen. Es war einer dieser verrückten Unfälle. Wirklich. Ich erwarte nicht, daß Sie mich verstehen. Aber es ist die Wahrheit. Ich geriet in Panik.« Er schwitzte, es war kalter Schweiß. Er zitterte am ganzen Körper, und ich vermutete, daß er in die Hosen gemacht hatte. Es roch danach. Er sagte: »Ich muß ins Krankenhaus. Wenn Sie mich nicht bald dahin bringen, werde ich sterben.« Er fuhr sich mit der Zunge über die aufgesprungenen Lippen.

»Ich werde Ihnen einen Gefallen tun, O'Day.«

»Was für einen Gefallen?« Seine Stimme klang benommen.

»Ich werde aus Ihnen einen mustergültigen Vater und Bürger machen.«

»Ich verstehe Sie nicht.«

»Es ist ganz einfach. Sie werden aufhören zu trinken und kein Bordell mehr besuchen. Dann widmen Sie sich wieder Ihrer Familie. Und Sie werden sicherstellen, daß kein einziger Arbeitsplatz verlorengeht.«

»Ich weiß nicht, wovon Sie reden«, sagte er. »Ich werde aus Ihnen nicht schlau.«

Ich trat noch einmal zu, kräftiger als zuvor. Dann stand ich auf, packte ihn an den Haaren und riß ein kleines Büschel heraus.

»Also, was haben Sie mit Janes Leiche gemacht?«

»Sie werden damit nicht durchkommen.«

»Sagen Sie mir, wohin Sie die Leiche geschafft haben.«

»Sie werden im Gefängnis landen.«

Ich trat ihn noch einmal kräftig gegen das verletzte Bein. Er fing an zu weinen.

»Wo ist sie?« fragte ich.

»Ich werde Ihnen nichts sagen.«

»Sicher werden Sie das«, sagte ich und trat noch einmal zu.

Ich mußte ihn noch einige Male treten, was mir persönlich überhaupt nichts ausmachte, bis er es mir endlich sagte. Ich rief den Chief an und nannte ihm den Ort, wo er eine kleine Grube suchen solle, die vor kurzem ausgehoben worden war. Er rief fünfundzwanzig Minuten später zurück und bestätigte, er habe die Leiche gefunden. Wir verabredeten uns am Krankenhaus. Unseren guten Freund Bob O'Day würde ich mitbringen. Inzwischen hatte O'Day das Bewußtsein verloren. Er atmete nur noch unregelmäßig und keuchend.

Nun waren viele Erklärungen fällig. O'Day mußte erklären, wie er zu seiner Schußwunde gekommen war (ein Unfall), und wir mußten skeptischen Leuten in der Stadt erklären, warum wir O'Day nicht verhafteten (es gab nicht genügend Beweise). Es gab viele verschiedene Mutmaßungen; die beliebteste Theorie war die, daß O'Day sich freigekauft und uns bestochen hatte. Aber die Monate vergingen, und die Öffentlichkeit fand andere Dinge, die ihr Interesse beschäftigte. Da war der Überfall auf dem Jahrmarkt, dann der Bankskandal, in den der seriöse Präsident und seine Sekretärin verwickelt waren; und dann der Ärger im Krankenhaus, als einige der Krankenschwestern versuchten, sich der Gewerkschaft anzuschließen – sehr zum Mißfallen der gesamten Stadtbevölkerung.
O'Day gehörte hinter Gitter, und das konnte ich nicht vergessen. Also ging ich zweimal die Woche an den Ort, wo Jane begraben war, und setzte mich, um mit ihr zu sprechen. Selbst als es anfing zu schneien, ging ich dorthin. Ich glaube, daß sie eines Tages tatsächlich mit mir sprach und mir sagte, daß ich richtig gehandelt hatte, wenn man bedenkt, was die Firma für die Stadt bedeutete. Ich glaube auch, daß sie es war, die mir sagte, daß ich um Teresa Conners Hand anhalten sollte, was ich auch prompt tat. Wir haben im letzten Monat geheiratet und sind in das Haus gezogen, in dem ich aufgewachsen bin. Ich habe außerdem noch etwas in den Garten gestellt. Es ist der Käfig, den ich für Jane vor langer Zeit gebaut hatte. Jetzt bin ich derjenige, der sich um streunende und kranke Tiere kümmert.
Was Bob O'Day anbetrifft, ist soweit alles gut. Zwei Jahre sind vergangen. Er hat sich den anonymen Alkoholikern angeschlos-

sen und ist dort sehr aktiv. Ansonsten verbringt er seine freie Zeit meistens mit den Kindern. Fast jeden Sonntag sehe ich ihn in der Kirche. Er scheint sich für die neue Chorleiterin zu interessieren, eine nette, vernünftige Frau.

Auch die Firma läuft gut. Jetzt, da Bob nicht mehr trinkt und seine Arbeit macht, konnten zusätzlich fünfundsiebzig Leute eingestellt werden.

Vor kurzem traf ich O'Day auf der Straße. Er weiß, daß ich ihn beobachte. Ich kann nicht behaupten, daß er sich freut, mich zu sehen. Aber gestern kam er auf mich zu. Es war ein schöner, windiger Tag im Frühherbst. Er sagte: »Ich habe Jane wirklich nicht absichtlich getötet. Ich bezweifle, daß Sie es mir je glauben werden, aber es ist die Wahrheit.«

»Aber all die anderen Male«, sagte ich, »die vielen blauen Augen und gebrochenen Knochen. Das war sehr wohl Absicht.«

Er lächelte bitter. »Ich schätze, Sie werden mich nie sonderlich mögen, was?«

Ich sah ihn direkt an. »Nein, ich denke nicht.«

Dann ging ich nach Hause. Teresa war in der Stadt. Ich ging zum Käfig und schaute nach dem Waschbärjungen. Es hatte sich die Pfote verletzt und humpelte fürchterlich. Es wog kaum drei Pfund. Ich brachte es zum Tierarzt, der mir riet, ich solle es eine Weile im Käfig behalten, damit es sich erholen könne.

Vermutlich lernt man erst mit zunehmendem Alter, daß man Leute und Dinge, an denen einem etwas liegt, gehen lassen muß, auch wenn man weiß, daß man darunter leidet.

Ich gab dem Waschbären Futter und ging wieder hinein, öffnete mir ein Bier und legte eine Videokassette ein, auf der ich ein Footballspiel aufgenommen hatte, das ich eigentlich letzten Samstag hatte sehen wollen. Und dann saß ich einfach da und fühlte mich alt und trostlos und sehr, sehr einsam.

Originaltitel: The Cage
Deutsch von Barbara Schäfer

Kurzbiographien der AutorInnen

Anne Perry

Anne Perry ist so etwas wie das Urbild der modernen Autorin historischer Kriminalromane und kann sich deren steigende Popularität fast alleine zuschreiben. Ihre beiden Romanserien, die eine mit Thomas und Charlotte Pitt und die andere mit dem unter Gedächtnisschwund leidenden Inspektor Monk, liefern ein detailliertes Bild von Kultur, Stil und Gebräuchen des viktorianischen England, das zugleich auch die düsteren und komplizierten gesellschaftlichen Widersprüche jener Ära aufzeigt. Sie lebt und schreibt in einem Dorf am Meer im äußersten Norden von Schottland und hatte sichtliches Vergnügen daran, sich in dieser Story mit weniger schwerwiegenden Problemen auseinanderzusetzen.

Obwohl die Akteure dieser Story überwiegend Hunde sind, gilt für ihr wirkliches Leben das genaue Gegenteil. Ihr Haus beherbergt einen achtjährigen gelben Labrador namens Tara, eine fünfzehnjährige schwarzweiße Katze, Pansy, eine drei Jahre alte *Lilac Point* Siamesenkatze Thea, einen silbernen Angorakater namens Sandokhar und zwei »Zuzügler« – Humphrey, ein großen, weißrot geschecktem Kater, und Archie, eine rotweiße Katze. Sie räumt ein, »Geschmack« an Tiergeschichten zu entwickeln. Weitere Geschichten sind in Planung. Ihre jüngsten Bücher sind *Brunswick Gardens* und *Bedford Square*.

Toni L. P. Kelner

Dies ist Toni L. P. Kelners erster fiktionaler Ausflug in den Zirkus, aber sie besucht die reale Vorstellung so oft sie kann. Sie ist Mitglied der Circus Fans Association of America, und ihre Sammlung an Nachschlagewerken zum Thema umfaßt über sechzig Exemplare. Sie hat eine besondere Schwäche für die Elefantennummern und feierte den Abschluß dieser Geschichte, indem sie sich einen Ritt auf Carol gönnte, einer talentierten Dickhäuterdame des Royal Hanneford Circus. Kelners persönliche Darstellung eines Drei-Manegen-Zirkus ist ein Versuch, ihren grausamen Tod vor zwei Jahren etwas zu mildern, als sie im Bostoner Verkehr starb.

Ihre Romane spielen in einer Umgebung, die vielleicht noch exotischer anmutet als der Zirkus: Es handelt sich um die Industrieansiedlungen in North Carolina. In *Tight as a Tick*, dem fünften Buch ihrer Krimireihe, ermittelt ihre Protagonistin Laura verdeckt, um herauszufinden, wer den widerwärtigen Flohmarkthändler aus dem Hinterhalt ermordet hat. *Carpetbag Corruption* wird im Mai 1999 erscheinen. Es geht darin um Investoren, die versessen darauf sind, eine Fabrik zu kaufen, und sich auch nicht aufhalten lassen, als einer von ihnen ermordet wird.

Nancy Pickard

Die gefeierte Schöpferin der Jenny-Cain-Krimis, Nancy Pickard, lebt mit ihrem Sohn, zwei langhaarigen Zwergdackeln und zwei neun Monate alten Katzen, die alle bestens miteinander auskommen, in der Nähe von Kansas City. Ihre Namen sind – beim Sohn angefangen – Nick, Ducky, Lucy, Jimmy und Cloud. Nancy hat den Agathy, Anthony, Shamus und Macavity Award gewonnen, und ihre Kurzgeschichten erscheinen in Sammelbänden der Jahresbesten. Alle ihre Tiere stellen sich in einer Reihe in der Tür des Badezimmers auf, wenn sie es putzt, weswegen sie schon überlegt, ob deren Standard vielleicht höher als der ihre ist.

Dorothy Cannell

Die in Nottingham geborene Dorothy Cannell lebt seit über dreißig Jahren zusammen mit ihrem Ehemann Julian Cannell in Peoria, Illinois. Im Illinois Central College ermutigte sie ein Englisch-Dozent zur Veröffentlichung ihrer Werke; sieben Jahre später verkaufte sie ihre erste Kurzgeschichte. 1994 gewann sie mit »The Family Jewels« einen Agatha-Krimi-Preis für Kurzgeschichten. In Dorothys Romanen vermischt sich Mord auf ganz natürliche Weise mit einem durch und durch großartigen Sinn für Humor. *The Thin Woman*, ihr Erstlingswerk von 1984 mit der Protagonistin Ellie Haskell, ist seither für Krimi-Buchhandlungen ein ständiger Top-ten-Bestseller. Aus diesem Jahr stammen *The Spring Cleaner* von Viking und *Down the Garden Path*. Zu Dorothys Errungenschaften gehören außer neun Romanen und zahlreichen Kurzgeschichten auch vier Kinder, drei Enkelsöhne, zwei Hunde und eine Katze.

Jan Grape

Wenn Jan nicht auf Nick und Nora (ihre wirklichen Namen) aufpaßt, arbeitet sie an einer Kurzgeschichte (sechzehn sind bereits veröffentlicht), und drei Geschichten erschienen 1998 – »Funny How Deceiving Looks Can Be« in *Lethal Ladies II*, bei Berkley; »Julia Dent Grant, a.k.a. Private Eye« in *The First Lady Murders*, bei Pocket; »Cat On Nine Lives« in *Cat Crimes Through Time*, bei Donald I. Fine, oder sie macht Werbung für *Deadly Women*, ein Sachbuch über Krimiautorinnen, das sie mit Dean James und der verstorbenen Ellen Nehr herausgegeben hat. Jan schreibt für *Mystery Scene* und den Krimiautoren-Newsletter »Reflections in a Private Eye«. Gelegentlich hilft sie ihrem Mann, Elmer, in ihrer gemeinsamen Buchhandlung »Mysteries and More« in Austin, Texas. Nick und Nora haben die Fakten der Geschichte überprüft, indem sie auf Jans Schoß saßen, als sie tippte, und Nora überwachte den letzten Ausdruck, indem sie neben dem Drucker saß.

Bill Crider

Tagsüber unterrichtet Bill Crider am Alvin Community College, am Abend macht er Schwarzarbeit für fünf. Neben drei in Texas angesiedelten Krimi-Serien, Sheriff Dan Rhodes, Carl Burns und Truman Smith PI, hat er ebenso Western und Horror-Fiktionen geschrieben sowie zahlreiche Katzengeschichten, einschließlich seiner Edgar-Preis-Nominierung »Wie ich eine Katze fand, die wahre Liebe verlor und in die Bank von Monte Carlo einbrach«. Sein Roman *Zum Sterben zu spät* gewann den Anthony-Preis. Crider wurde für den besten Detektiv-Erstlings-Roman, den Shamus-Preis, nominiert. Bill kann es jedoch nicht lassen, immer wieder zu Tierkrimis zurückzukehren, dieses Mal allerdings ohne die übliche Katzenprotagonistin. Mit seiner Frau Judy lebt er im idyllischen Alvin in Texas zusammen mit drei zahmen Hauskatzen, Speedo, Geraldine und Sam.

Esther M. Friesner und Walter J. Stutzman

Esther M. Friesner und Walter J. Stutzman teilen sich ein Zuhause, zwei halbwüchsige Kinder, mehrere Science-fiction-Preise und eine Heiratsurkunde. Außerdem versorgen sie zwei große Kater, Oliver James und Nero, sowie Bertie, den Haushamster. Bertie ist der letzte in einer Reihe ehrwürdiger Haushamster, zu denen Lady Morgana, Boris, Woody und, als erster, Huey, der Orakelhamster, gehört haben.

Esther schreibt hauptsächlich Science-fiction und Fantasy. Von ihr sind bisher rund fünfundzwanzig Romane, mehr als hundert Kurzgeschichten sowie diverse Gedichte und Artikel erschienen. Zweimal hat sie den von den Science-fiction und Fantasy Writers of America vergebenen Nebula Award gewonnen und war einmal in der Endausscheidung um den begehrten Hugo Award.

Carolyn Wheat

Der Anwalt aus Brooklyn Cass Jameson hatte sein Debüt in Carolyn Wheats Roman *Dead Man's Thought*, der für den Edgar nominiert wurde. Auch *Mean Streak*, der vierte Teil der Serie, erhielt 1996 eine Edgar-Nominierung von den Mystery Writers of America. Von den Cass-Jameson-Krimis existieren sechs, und Carolyn gewann 1997 den Agatha-, den Anthony- und den Macavity-Short-Story-Award. Sie unterrichtet Krimischreiben an der New School for Social Research in New York City und war Artist in Residence an der Oklahoma State University. Obwohl sie zusammen mit vier Katzen in einem Apartment in Brooklyn wohnte, lebt sie nun in Kalifornien ohne den Vorzug vierbeiniger Gesellschaft. Ihre Brooklyn-Katzen, bekannt als die Viererbande, werden in »The Black Hawthorne« gefürchtet (Cat Crimes in D.C.), »Cat Lady« taucht in *Cat Crimes II* auf. Zur Zeit arbeitet sie an einer Geschichte über einen Rettungshund, aus dem einfachen Grund, weil es keine Rettungskatzen gibt (mit der bemerkenswerten Ausnahme von Midnight Louie natürlich).

Jean Hager

Jean Hager stammt aus Oklahoma und hat mehr als fünfzig Romane verfaßt, darunter vierzehn Krimis in drei Serien: die Mitch Bushyhead und Molly Bearpaw Cherokee-Serien, erschienen bei Mysterious Press/Warner und die Iris House Bed and Breakfast Serie, erschienen bei Avon. Sie war zweimal Finalistin beim Agatha Award, und zahlreiche ihrer Geschichten sind in Erzählbänden erschienen. Sie ist Mitglied der Oklahoma Writers Hall of Fame – eine Auszeichnung, die vom Staat Oklahoma verliehen wird –, und die University of Oklahoma hat sie zur »Schriftstellerin des Jahres« ernannt. Sie lebt in Tulsa mit ihrem Ehemann Ken und der »Königin des Haushalts«, einem Zwerg-Schnauzer namens Missy, der das Paar auf seinen Reisen häufig begleitet.

Lisa Lepovetsky

Als Marathonläuferin in der Kunst der Kurzform-Literatur hat Lisa Lepovetsky mehr als 150 Geschichten, Aufsätze und Gedichte in Zeitschriften *(Ellery Queen's Mystery Magazine, Grue, Space and Time* usw.) und Anthologien *(Death in Dixie, Dark Destiny I und II, 100 Wicked Little Witches* usw.) veröffentlicht. Da ist es nicht erstaunlich, daß sie Schreib-/Literatur-/Kommunikationsklassen an der Universität Pittsburgh unterrichtet. Zur Ablenkung schreibt und moderiert sie Krimitheater und Dinnertheater bei Organisationen, Restaurants und Kreuzfahrten. Als aktives Mitglied von Mystery Writers of America, Sisters in Crime und Horror Writers' Association, ist sie als Vorsitzende für Pennwriters tätig. Lisa hat in ihrem Leben eine Vielfalt an Vögeln, Hunden, Nagetieren und Reptilien großgezogen und führte sieben Jahre lang ein eigenes Geschäft für Haustierpflege. Sie hat zwei erwachsene Töchter und lebt in St. Marys, Pennsylvania mit ihrem Ehemann, Howard, und einem Aquarium mit tropischen Fischen.

Barbara Paul

Die Krimiautorin Barbara Paul promovierte in Theatergeschichte und -kritik, arbeitete als Dozentin an der Universität von Pittsburgh. Seit Ende der Siebziger schreibt sie hauptberuflich Science-fiction und Krimis. Ihr aktuelles Buch ist *Full Frontal Murder*, eine neue Folge ihrer bei Scribner erschienenen Marian-Larch-Serie.

Ihre »andere« Beschäftigung besteht, wie sie selbst sagt, darin, Türen aufzuhalten und Dosen zu öffnen. Aus diesem Hinweis wird der intuitive Krimileser auf die Anwesenheit von mehreren Katzen in ihrem Leben schließen. Die ersten waren Godfrey und Daniel, zwei elegante, von ihren Besitzern ausgesetzte Kater. Die Nachricht machte in der Nachbarschaft schnell die Runde, und schon bald lud sich Slick ein, in dem gastfreundlichen Haus zu residieren. Während eines Schneesturms tauchten zwei verwaiste Katzenkinder auf der verschneiten Türschwelle auf. So wurden Mimi und Pest Mitglieder des Haushalts. Jetzt hängt ein Schild mit der Aufschrift »Kein Zimmer frei« über der Hintertür.

Carole Nelson Douglas

Der echte Midnight Louie war ursprünglich das Thema einer Kolumne, an der Carole als Journalistin in Minnesota arbeitete. Als der große, schwarze Straßenkater in seiner fiktiven Form in ihre Karriere als Multi-Genre-Autorin trat, wurde sie die Gehilfin eines tierischen Detektivs, der als Sam Spade in Katzenform seine eigenen Kapitel schreibt. Midnight Louie ist der Star zweier preisgekrönter Krimi-Serien *(Cat in a Golden Garland, Cat on a Hyacinth Hunt)*. Sein Konterfei ziert zahllose T-Shirts, es gibt ein Midnight-Louie-Fanzine, und er hat eine eigene Homepage im Internet. Carole ist gleichzeitig die Erfinderin einer beliebten Krimi-Serie, die im historischen England spielt und in deren Mittelpunkt Irene Adler steht, die einzige Frau, die Sherlock Holmes den Rang abläuft. Carole ist es gelungen, Louies Alleinherrschaft zwischenzeitlich zu entrinnen und eine Anthologie mit dem Titel *Marilyn: Shades of Blonde* herauszugeben. Sie und ihr Ehemann Sam Douglas teilen sich das Zuhause in Fort Worth mit einer bunten Schar, die ihnen durch die Bank weg zugelaufen ist. Sie haben sieben Katzen: die Straßenkater Longfellow, Panache und Midnight Louie Junior, sowie die weiblichen Perserkatzen Summer, Smoke, Victoria und ihre Tochter Secret. Xanadu, eine Chow-chow-Mischlingshündin, die sie auf der Straße fanden, hat mittlerweile Kontakt zu der in ihr verborgenen Katze aufgenommen. Homepage: http://www.catwriter.com/cdouglas.

Bruce Holland Rogers

Ein vielseitiger Autor von mehr als fünfzig Kurzgeschichten in verschiedenen Genres, besitzt Bruce Holland Rogers einen Magistergrad in kreativem Schreiben. Er leitete Autoren-Workshops an Universitäten in Colorado und Illinois. Heute lebt er mit seiner Frau, Holly Arrow, und Osha, ihrer gemeinsamen dreibeinigen Katze, als freier Schriftsteller in Eugene, Oregon. Die dreibeinige Osha ist eine graue Schildpattkatze, deren brauner Stirnfleck ein weiteres unverwechselbares Merkmal darstellt, da der Fleck wie der griechische Buchstabe Lambda aussieht.

In *Enduring as Dust*, einer Satire über die Washingtoner Bürokratie, tritt eine Reihe von Katzen namens *Dust* auf. Zu dieser Satire wurde Bruce durch eine unberechenbare, streunende weibliche Katze gleichen Namens angeregt, die aus ihrem Zuhause flüchtet, das Bruce und Holly für sie gefunden hatte. Die Story wurde für den Edgar Allen Poe Award der Mystery Writers of America nominiert und gewann den Johnny Cat Literary Award der Cat Writers' Association (CWA). Die erste Story über Maddie, Bruces Helden der vorliegenden Kurzgeschichte, die unter dem Titel *Hollywood considered as a Seal Point in the Sun* erschien, wurde mit dem Muse Medaillon, dem Kurzgeschichtenpreis der CWA, ausgezeichnet. Diesmal aber steht Bruces »kluge und anpassungsfähige« städtische Waschbären-Familie im Rampenlicht.

Elizabeth Ann Scarborough

Die Ausflüge der gestandenen Fantasy-Schriftstellerin Elizabeth Ann Scarborough beschränken sich nicht allein auf Kurzgeschichten. Ihr neuestes, soeben erschienenes Buch *The Lady in the Loch* ist ein Schauerroman, der im Edinburgh des achtzehnten Jahrhunderts spielt und dessen Held der junge Walter Scott ist. Gemeinsam mit Anne McCaffrey hat sie den Bestseller *Powers That Be* geschrieben, und sie ist die Verfasserin von mehr als zwanzig Fantasy-Romanen, darunter *The Healer's War*, der mit dem Nebula Award ausgezeichnet wurde, eine der höchsten Ehrungen für Fantasy- und SF-Autoren in Amerika. Außerdem stammt die Godmother-Reihe aus Elizabeth Ann Scarboroughs Feder; der neueste Band dieser Reihe trägt den Titel *The Godmother's Web*. Sie wohnt im US-Staat Washington, in einem Blockhaus aus den vierziger Jahren, zusammen mit vier Katzen: Kittibits, eine kuschelige orangefarbene Main Coon; Trixie, ein pelziges schwarzes Kätzchen; Treat, »ein großer, geschmeidiger Doppelgänger von Midnight Louie«, und Popsicle, eine brummige alte Gescheckte.

Ed Gorman

Als produktiver, ideenreicher Schriftsteller, der die unterschiedlichsten Gattungen von Kurzgeschichte bis zum Roman beherrscht, mischt Ed Gorman natürlich auch in der Krimiszene mit, zumal er der Mitbegründer der Zeitschrift *Mystery Scene* ist. Seine Kriminalromane wurden von vielen Buchgemeinschaften ausgewählt. Er hat Preise wie Shamus, Spur und International Fiction Writer's Awards erhalten. Er ist ebenso für Krimipreise wie Edgar, Anthony, Britain's Golden Dagger und den Bram Stoker Horror Award nominiert worden. In den letzten Jahren konzentrierte sich Gorman vorwiegend auf Kriminalliteratur. In diesem Jahr neu erschienen ist *Harlot's Moon*, das dritte Buch in einer Reihe, zu der *Blood Moon* und *Hawk Moon* gehören. *Black River Falls*, ebenfalls ein kürzlich erschienener Kriminalroman, ist ein Bestseller in England.

Er lebt mit seiner Frau Carol Gorman in Cedar Rapids. Sie schreibt Romane für junge Erwachsene. Die Katzen Tasha und Crystal sind ihnen zugelaufen, Tess, die regulär erworben wurde, ist auch nicht reinrassig. Wie Ed sagt: »Es sind alles Promenadenmischlinge.«

Quellenverzeichnis

Daisy und der Silberpokal, Originaltitel: Daisy and the Silver Quaich (c) 1998 Anne Perry

Wohin geht eine Herde Elefanten?, Originaltitel: Where Does a Herd of Elephants Go? (c) 1998 Toni L. P. Kelner

Der Dunkle, Originaltitel: The Dark One (c) 1988 Lilian Jackson Braun, first published in *Ellery Queen's Mystery Magazine*, 1966

Dr. Couch rettet einen Vogel, Originaltitel: Dr. Couch Saves a Bird (c) 1998 Nancy Pickard

Fetch, Originaltitel: Fetch (c) 1998 Dorothy Cannell

Katzenjunge spielen Detektiv, Originaltitel: Kittens Take Detection 101 (c) 1998 Jan Grape

El Lobo reitet allein, Originaltitel: El Lobo Rides Alone (c) 1998 Bill Crider

Ein unbedeutender Hamster, Originaltitel: A Hamster of No Importance (c) 1998 Esther M. Friesner and Walter J. Stutzman

Ein gutes Zuhause für Mandy, Originaltitel: Mandy: »Free to Good Home« (c) 1998 J. A. Jance

Bestechlich, Originaltitel: On the Take (c) 1998 Carolyn Wheat

Der Todesbote, Originaltitel: Harbinger (c) 1998 Jean Hager

Das letzte Treffen, Originaltitel: Final Reunion (c) 1998 Lisa Lepovetsky

Zum Teufel mit dir!, Originaltitel: Go to the Devil (c) 1998 Barbara Paul

Midnight Louie in der Baker Street, Originaltitel: A Baker Street Irregular (c) 1998 Carole Nelson Douglas

Maskierte Marodeure, Originaltitel: Masked Marauders of the Mossbelt (c) 1998 Bruce Holland Rogers

Letzte Gelübde, Originaltitel: Final Vows (c) 1998 Elizabeth Ann Scarborough

Der Käfig, Originaltitel: The Cage (c) 1998 Ed Gorman

Dorothy Cannell

**Nur eine tote
Schwiegermutter …**

Krimi

336 Seiten

TB 25084-1

Deutsche Erstausgabe

Ellie Haskell ahnt nichts Böses, als sie ihre Schwiegereltern einlädt, auf Merlin's Court ihren 28. Hochzeitstag zu feiern. Beinahe entzückt ist sie von ihrer eigenen Idee, die Schwiegermutter mit einer alten Freundin zu überraschen. Nur die folgenden Entwicklungen hat sie nicht vorausgesehen, denn plötzlich hat sie eine neue Hausgenossin, die ziemlich anspruchsvoll ist: ihre eigene Schwiegermutter.

Heimlich schmiedet Ellie mit ihren Leidensgenossinnen Mordpläne, bis plötzlich ein wirklicher Schwiegermutterkiller auf den Plan tritt …

»Wenn es eine gibt, die noch besser schreibt als Dorothy Cannell, dann möchte ich sie kennenlernen, wenn meine Lachmuskeln sich erholt haben.«

Nancy Pickard

»Hochgiftig und sehr amüsant«

Publishers Weekly

Charlotte Carter
Mitternachtsblues
Krimi
224 Seiten
TB 25238-0
Deutsche Erstausgabe

Nanette ist jung und schwarz – und sie steht an einer Straßenecke New Yorks und spielt Saxophon. Sie liebt die Musik, und auch wenn alle auf sie einreden – ihr Freund, ihre Mutter – , sie kann sich nichts Schöneres vorstellen als so ungezwungen und frei ihr Leben zu führen. Auch als ihr Freund Walter mal wieder auszieht, sieht Nanette keinen Grund, ihren Lebensstil zu ändern. Dann jedoch überstürzen sich die Ereignisse. Ein Undercoveragent, der sich als Straßenmusiker tarnte, stirbt in ihrer Wohnung – und Nanette findet in seinem Saxophon über 60 000 Dollar.

Ein Roman so heiß und intensiv, so voller Musik und Spannung, wie es nur eine Nacht in New York sein kann.